ASSOCIATION INTERNATIONALE DES HAUTES JURIDICTIONS ADMINISTRATIVES

INTERNATIONAL ASSOCIATION OF SUPREME ADMINISTRATIVE JURISDICTIONS

Recueil de décisions

des hautes juridictions administratives

Selection of decisions

of Supreme Administrative Jurisdictions

2000

La **documentation** Française

ISBN 2-11-004560-4

SOMMAIRE

Directeur de la publication : Martine de Boisdeffre
Secrétaire général de l'AIHJA,
Secrétaire général du Conseil d'État de France

Directeur de la rédaction : Chantal Lévêque
Secrétaire de l'AIHJA,
Attaché d'administration au Conseil d'État de France

Conception et réalisation : Olivia Bui-Xuan
Élise Launay

Bureau de l'Association internationale des hautes juridictions administratives

Le bureau de l'AIHJA est composé comme suit :

- **Monsieur Ousmane CAMARA**, président du Conseil d'État du Sénégal.

- **Monsieur Renaud DENOIX de SAINT MARC**, vice-président du Conseil d'État de France, vice-président de l'Association.

- **Monsieur Hanna Nashed MINA**, président du Conseil d'État d'Égypte, vice-président de l'Association.

- **Monsieur Taïeb ELOUMI**, président du Tribunal administratif de Tunisie, vice-président de l'Association.

- **Monsieur Jesus-Maria CARILLO BALESTEROS**, conseiller d'État au Conseil d'État de Colombie, vice-président de l'Association.

- **Madame Martine de BOISDEFFRE**, secrétaire général du Conseil d'État de France, secrétaire général de l'Association.

- **Monsieur Yves KREINS**, conseiller d'État au Conseil d'État de Belgique, trésorier de l'Association.

- **Monsieur Leif LINDSTAM**, conseiller à la Cour administrative suprême de Suède, commissaire aux comptes de l'Association.

- **Madame Chantal LÉVÊQUE**, attachée d'administration au Conseil d'État de France, secrétaire de l'Association.

Board of the International Association of Supreme Administrative Jurisdictions

The members of the board of the IASAJ are the followings :

- **Mr. Ousmane CAMARA**, President of the Council of State of Senegal.

- **Mr. Renaud DENOIX de SAINT MARC**, Vice-President of the Council of State of France, Vice-President of the Association.

- **Mr. Hanna Nashed MINA**, President of the Council of State of Egypt, Vice-President of the Association.

- **Mr. Taïeb ELOUMI**, President of the Administrative Court of Tunisia, Vice-President of the Association.

- **Mr. Jesus-Maria CARILLO BALESTEROS**, Councillor of State at the Council of State of Colombia, Vice-President of the Association.

- **Mrs. Martine de BOISDEFFRE**, General Secretary of the Council of State of France, General Secretary of the Association.

- **Mr. Yves KREINS**, Councillor of State at the Council of State of Belgium, Treasurer of the Association.

- **Mr. Leif LINDSTAM**, Councillor at the Administrative Supreme Court of Sweden, Auditor of the Association.

- **Mrs. Chantal LÉVÊQUE**, Administration Attaché, Secretary of the Association.

INTRODUCTION

L'édition 2000 du recueil des décisions rendues par les juridictions des États membres, invités ou observateurs de l'**Association internationale des hautes juridictions administratives** (AIHJA) est la deuxième du genre. Mais, alors que le premier recueil, publié en 1998, rassemblait des décisions rendues sur des thèmes les plus divers, l'Association a choisi de présenter, cette année, des décisions concernant "l'application du droit international par le juge administratif", thème du congrès tenu à Lisbonne en avril 1998.

Regrouper des décisions des hautes juridictions administratives autour d'un thème précis facilite ainsi l'approche comparatiste et la connaissance des systèmes juridiques et juridictionnels des pays membres de l'Association.

Ce recueil est destiné à un public très large : l'ensemble des membres des tribunaux de l'ordre administratif, les instituts de droit comparé, mais aussi les professeurs d'université, les bibliothèques universitaires, leurs étudiants...

Initiatrice de ce recueil comprenant deux arrêts choisis par les juridictions suprêmes actives en son sein, l'AIHJA a été créée lors du congrès de Paris de 1983, à la suite de voeux formulés en 1980 à Madrid, au congrès de l'Institut international des sciences administratives (IFSA). Elle regroupe aujourd'hui quatre-vingt deux juridictions nationales ou internationales dont les statuts au sein de l'association sont divers (membres, observateurs ou invités). Par ailleurs, l'AIHJA poursuit son ouverture en direction de pays dont la jurisprudence est peu connue, en publiant pour la première fois des arrêts de la haute juridiction administrative du Bénin, de la Chine, de la Nouvelle-Zélande et du Sénégal.

L'objet du présent recueil est de faire apparaître les modalités selon lesquelles ces juridictions, à travers leurs spécificités, la diversité de leur place au sein des institutions de leur pays, de leurs méthodes de travail, de leurs compétences ou de leurs modalités de recrutement, contrôlent l'activité de l'administration.

Diversité des juridictions d'abord : si la Cour suprême du Canada se trouve placée au sommet de l'ensemble des tribunaux, conformément au "modèle anglo-saxon", de nombreux autres pays ont adopté le modèle français de séparation des juridictions judiciaires et administratives, comprenant une cour suprême à la tête de chaque ordre.

Diversité ensuite dans la conception des jugements : le Tribunal administratif de l'Organisation internationale du travail ou le Tribunal suprême espagnol ont recours à de longs développements argumentés, d'autres comme le Conseil d'État français ou le Tribunal administratif tunisien cultivent la concision.

Certains pays surtout, et la différence est, là, plus fondamentale, *(Nouvelle-Zélande, Cour d'appel de Wellington, arrêt Tavista v/ Minister of Immigration du 17 décembre 1993*) laissent une large part aux "dissenting" et "concurring opinions", alors que d'autres les proscrivent.

Diversité enfin dans le recrutement : les membres de la chambre administrative de la Cour suprême espagnole sont au deux tiers recrutés par voie de concours parmi les magistrats de l'ordre judiciaire et pour le tiers restant parmi les professionnels du droit ayant plus de quinze années de pratique. A l'inverse, les membres du Tribunal fédéral des assurances (Suisse) sont élus pour six ans par l'Assemblée fédérale.

Ainsi, par la publication de ce second recueil, l'AIHJA espère non seulement oeuvrer à l'amélioration de la recherche en droit administratif comparé mais encore faciliter le travail des professionnels de la justice, bref faire de ce recueil un outil à la disposition d'un vaste public.

Il ne s'agit pas, en effet, d'imiter la démarche d'Aristote qui compara les constitutions de 153 villes grecques ou de Théophraste qui étudia les différents systèmes de droit en Grèce et tenta d'en dégager les principes généraux, les traits communs et d'unifier ce qui divergeait, mais plus simplement d'être fidèle aux buts qu'assignait le Pr René Rodière au droit comparé : "*il confronte les sources du droit étranger et les documents de la pratique extrajudiciaire sans les isoler de leur cadre ni de leur évolution historique ; il a pour fonction de proposer les bases essentielles de réforme pour les législations internes en rapprochant les principes juridiques qui expriment dans les divers pays membres d'une même communauté internationale les aspirations et les besoins communs des individus qui les composent*".

La connaissance de systèmes juridiques divers et des solutions dégagées par les juridictions des autres pays apparaît ainsi comme un élément important permettant une meilleure appréhension des problèmes nationaux. Comme le dit Mr Lawson (cité in R. David et C. Geoffrey-Spinozi): "*l'effort de comprendre la solution étrangère d'un problème qui nous est familier est souvent récompensé par une compréhension plus nette pour notre droit. On peut être un bien meilleur juriste anglais si l'on connaît un peu le droit français*".

Les arrêts présentés dans ce recueil, sélectionnés par les juridictions elles-mêmes en fonction de leur intérêt et des avancées qu'ils ont représenté pour elles, s'organisent en deux parties.

Dans une première partie, ont été regroupées les décisions relatives au thème retenu cette année: "l'application du droit international par le juge administratif". Mais, comme certains pays ne disposaient pas de décisions significatives sur ce thème, sont publiées dans la deuxième partie des décisions diverses dont certaines peuvent être rapprochées des premières puisqu'elles ont trait à des question de nationalité ou de séjour des étrangers.

Si les décisions relatives à l'"application du droit international par le juge administratif" sont diverses, certains traités sont évoqués dans plusieurs décisions et des thèmes communs se dégagent. Trois, en particulier, rythment les décisions de nombreuses juridictions : la protection des droits et libertés fondamentaux, l'application du droit communautaire par les juridctions nationales et les droits des fonctionnaires.

La protection des droits et libertés fondamentaux

Elle constitue le coeur de ce recueil. Au sein de ces décisions, il convient de distinguer celles relatives aux droits civils et politiques, aux droits économiques et sociaux et aux droits de l'enfant.

La protection des droits civils et politiques

Deux traités internationaux sont invoqués en ce domaine : la Convention européenne de sauvegarde des droits de l'homme du 4 novembre 1950 et le Pacte des Nations unies relatif aux droits civils et politiques du 19 décembre 1966. C'est ainsi que, par exemple, le Conseil d'État néerlandais a examiné la conformité d'une décision du secrétaire d'État à la Justice, refusant le statut de réfugié aux requérants de nationalité bosniaque, aux articles 6 et 14 de la Convention européenne de sauvegarde des droits de l'homme et à l'article 26 du Pacte international de 1966 (*décision D.G. et D.D. c/ Secrétariat d'État à la Justice, rendue le 15 janvier 1996*). De même, la Cour d'appel de Wellington (Nouvelle Zélande) a jugé que la décision du service de l'immigration refusant d'annuler un mandat d'expulsion n'avait pas pris en compte le Pacte relatif aux droits civils et politiques de 1966 (*arrêt Tavita v/ Minister of Immigration of December 17th 1993*).

La protection des droits économiques et sociaux

Différents accords internationaux sont invoqués pour protéger les droits économiques et sociaux. Il s'agit notamment de la Charte sociale européenne et du Pacte international relatif aux droits économiques, sociaux et culturels de 1966. L'arrêt du Conseil d'État de Belgique *Henry c/ La Poste du 22 mars 1995* illustre bien l'intervention du juge administratif en ce domaine. Il a en effet annulé la décision sanctionnant un agent des postes à la suite d'une grève, en se fondant sur la violation de l'article 6 de la Charte sociale européenne et de l'article 8.D du Pacte international relatifs aux droits économiques, sociaux et culturels.

La protection des droits de l'enfant

La Convention de l'Organisation des Nations unies sur les droits de l'enfant (1990) est invoquée dans plusieurs des décisions publiées. C'est par exemple le cas de la Cour administrative suprême de Finlande qui, le 26 septembre 1997, a annulé la décision d'expulsion d'un étranger sur ce fondement.

L'application du droit communautaire

De nombreuses décisions publiées dans ce recueil ont trait au droit communautaire, droit communautaire originaire et dérivé. Outre les décisions de la Cour de justice des Communautés européennes, on peut citer à titre d'exemple les arrêts du Conseil d'État italien *(Arrêt n°1123/98 du 3 août 1998 et arrêt n°1412/97 du 12 décembre 1997*). La décision de la Cour supérieure d'Olomouc, en République tchèque, (*arrêt 2A 6/96 rendu le 29 novembre 1996*) présente, d'autre part, un intérêt particulier puisqu'elle illustre quelles peuvent être les relations des Communautés européennes avec les pays tiers.

Les droits et obligations des fonctionnaires

Les traités relatifs aux droits des fonctionnaires concernent les agents diplomatiques ou les fonctionnaires des anciennes colonies. La Cour administrative fédérale allemande a, par exemple, décidé que les agents diplomatiques étrangers ne bénéficiaient pas des principes posés par le droit allemand de la sécurité sociale jugés incompatibles avec le statut du service diplomatique régi par le droit international (*décision BverwG 5 C 23.95 du 29 février 1996*). Concernant les droits des fonctionnaires d'Outre-Mer, le Tribunal administratif suprême du Portugal a, par exemple, jugé que la renonciation à la conservation de la nationalité portugaise ne fait pas obstacle à l'octroi de la pension de retraite aux fonctionnaires de l'ancienne administration portugaise d'outre-mer qui ont accompli plus de cinq années de service et effectué les déductions demandées pour cet effet (*arrêt n°42211 du 18 décembre 1997*).

Les juridictions administratives suprêmes, aujourd'hui présentes sous différentes formes dans la plupart des pays, ont un rôle essentiel ; elles sont à l'origine d'un droit prétorien très fourni qui encadre de plus en plus rigoureusement, mais sans y faire entrave, l'activité administrative.

Les décisions rassemblées dans ce recueil permettent d'avoir une vision d'ensemble de l'application du droit international par les juridictions administratives suprêmes d'une trentaine de pays. Cette vision peut être utilement complétée par la lecture du rapport du VIème congrès de l'Association relatif à "l'application du droit international par le juge administratif", rapport issu de la synthèse des rapports nationaux des juridictions ayant participé à ce VIème congrès, publié ci-après.

VIème CONGRÈS DE L'ASSOCIATION INTERNATIONALES DES HAUTES JURIDICTIONS ADMINISTRATIVES

Lisbonne (Portugal), 20-22 avril 1998
sous la présidence de Monsieur Manuel Fernando SANTOS SERRA,
président du Tribunal administratif suprême du Portugal

L'APPLICATION DU DROIT INTERNATIONAL PAR LE JUGE ADMINISTRATIF

RAPPORT GÉNÉRAL

Rapporteur général : Conseiller José da Cruz Rodrigues,
Juge du Tribunal administratif suprême du Portugal

Introduction

Le VIème Congrès de l'Association internationale des hautes juridictions administratives (AIHJA) a pour thème général "**l'application du droit international par le juge administratif**", sous-divisé en trois thèmes spéciaux:
-les normes de droit international et leur articulation avec le droit interne;
-la définition et l'interprétation des normes de droit international par le juge;
-l'invocation et les effets des règles de droit international.

Le thème du présent Congrès s'inscrit dans le développement logique des thèmes traités précédemment, à savoir :
-le Congrès de Paris (1983) a traité du *contrôle juridictionnel de la légalité des actes unilatéraux de l'administration publique* sous le triple point de vue des juridictions habilitées à exercer le contrôle de l'administration, des actes soumis audit contrôle, des conditions du recours et du champ d'action dudit contrôle, ainsi que des pouvoirs correspondants du juge ;
-le Congrès de Tunis (1986) avait pour objet *l'accès des citoyens à la juridiction administrative.* On y a cherché à savoir qui a accès, par la loi, à cette juridiction et qui y a effectivement recours, quels sont les actes pouvant faire l'objet de recours, selon les diverses catégories de requérants possibles et dans quelles conditions le tribunal peut être appelé à intervenir;
-le Congrès d'Helsinki (1989) a analysé *le déroulement de la procédure devant les juridictions administratives suprêmes,* en ce qui concerne notamment la structure de la juridiction administrative et les principes qui en régissent la procédure, les méthodes de travail des hautes juridictions, les différentes phases

de la procédure et le jugement des recours.
-le Congrès du Luxembourg (1992) s'est penché sur *les effets juridiques et pratiques des jugements en matière administrative* pour ce qui est des pouvoirs du juge, de la force et de la portée juridique des décisions et de leur exécution;
-le Congrès de Rome (1995) a étudié *les mesures provisoires d'urgence et les procédures accélérées* et, pour ce qui est des premières, en particulier, il s'est penché sur les pouvoirs du juge, la recevabilité de la demande et la procédure.

Lors des trois premiers congrès on a procédé a une caractérisation des divers modèles de justice administrative d'un point de vue institutionnel et on a analysé, de façon générique, l'accès à ladite juridiction, son fonctionnement interne et sa procédure normale, tandis que lors des IVème et Vème Congrès, on s'était penché sur des thèmes spécifique de la procédure (la force des décisions des tribunaux administratifs et leur exécution, ainsi que les spécificités des procédures provisoires d'urgence).
Le moment est arrivé d'analyser les questions suscitées par l'application du droit international par le juge administratif, un sujet qui offre un intérêt tout particulier à une organisation internationale telle l'AIHJA et qui permettra de comparer les divers systèmes de transposition du droit international (général et conventionnel, multilatéral et bilatéral) dans les ordres juridiques internes (monisme ou dualisme), les mécanismes utilisés pour cette transposition (ratification, approbation, publication), les circonstances variables qui l'accompagnent, sa position hiérarchique par rapport au droit interne (constitutionnel et ordinaire, antérieur et postérieur), sa définition et son interprétation par le juge national et, finalement, la faculté pour les requérants de l'invoquer directement, la possibilité pour le juge de constater d'office sa violation et l'admissibilité de l'engagement de la responsabilité de l'État au motif de violation du droit international en vertu de l'adoption de normes de droit interne.

Pour la rédaction du présent rapport nous avons tenu compte des rapports nationaux reçus jusqu'à la fin du mois de février 1998 et qui couvrent les pays suivants : Allemagne, Autriche, Burkina Faso, Burundi, Canada, Chypre, Colombie, Égypte, Espagne, Finlande, France. Grèce, Pays-Bas, Hongrie, Israël, Italie, Luxembourg, Mali, Panama, Portugal, Suède, Suisse, Thaïlande, Tunisie et Turquie.
Il convient de souligner ici que quelques-unes des demandes du questionnaire n'ont pas été interprétées de façon uniforme par tous les rapporteurs nationaux et que, parfois, des doutes ont surgi quant à la signification exacte de certaines

affirmations comprises dans les rapports nationaux, à cause, probablement, d'insuffisances dans la traduction dans les langues officielles du Congrès. Nous espérons qu'au cours des travaux il sera possible de corriger les imprécisions ou erreurs du texte.

Premier thème : Les règles de droit international et leur articulation avec le droit interne

1.Les règles de droit international

1.1 *Règles multilatérales*

- Droit originel

Étant donné que les règles du droit communautaire européen et des conventions relatives aux droits de l'homme ont été exclues du thème de ce Congrès, les principaux instruments internationaux le plus souvent invoqués devant les juridictions administratives sont, d'après les informations dont font état les rapports nationaux, outre la Charte des Nations Unies, les suivants :
- la convention de Genève sur le statut des réfugiés de 1951 (Allemagne, Canada, France, Pays-Bas, Hongrie, Israël, Luxembourg),
- la convention relative au statut des apatrides de 1954 (Allemagne, Suède),
- la convention de Genève relative à la protection des civils en temps de guerre de 1949 (Canada, Israël),
- la convention de Genève relative au traitement accordé aux prisonniers de guerre (Canada),
- la convention de Paris pour la protection de la propriété Industrielle de 1883 (Israël),
- la convention de La Haye relative à la protection des mineurs de 1961 (Allemagne)
- la convention sur la réduction des cas de nationalité multiple (Allemagne),
- les conventions de l'O.I.T. (Finlande, France, Grèce), les conventions de protection de la nature, notamment celles de Berne (France) et de Vienne pour la protection de la couche d'ozone (Canada, Finlande),
- les conventions pour la protection du patrimoine culturel (Finlande, Grèce),
- la convention de La Haye pour la protection de la propriété culturelle en cas de conflit armé (Israël)
- la convention pour la protection du patrimoine architectonique de l'Europe (Finlande),

- la convention de Chicago sur l'aviation civile internationale de 1944 (Finlande, France, Israël)
- la convention de Vienne sur le droit des traités (Allemagne, Finlande, Pays-Bas, Suède),
- la convention de Vienne sur les relations diplomatiques (Canada, France),
- la convention de Vienne sur les relations consulaires (Canada, Chypre, Pays-Bas),
- les conventions en matière de coopération judiciaire et d'extradition (Suisse),
- la convention pour l'assistance administrative mutuelle en matière de fiscalité (Finlande, Suède).

- Droit dérivé

En dehors du droit communautaire européen, les organisations internationales qui produisent du droit dérivé contraignant susceptible d'être appliqué par les tribunaux administratifs sont en petit nombre (Allemagne, France). Cependant, sont parfois invoquées des résolutions et des recommandations émanées du comité des ministres du Conseil de Sécurité ou de l'assemblée générale de l'O.N.U. (Suisse).

1.2. Règles bilatérales

Les conventions bilatérales le plus souvent mentionnées portent sur l'extradition (Canada, France, Israël), l'entrée et le séjour d'étrangers (Allemagne, France), les travailleurs migrants (Allemagne, Suisse), la reconnaissance mutuelle de passeports et d'autres documents (Allemagne), la sécurité sociale (Finlande, Pays-Bas, Suède, Suisse), la double imposition (Canada, Finlande, France, Suède, Suisse) et l'évasion fiscale (Finlande), la coopération judiciaire (Canada), le transport aérien (Canada).

1.3. Coutume internationale et principes généraux de droit

L'importance pratique de la coutume internationale, même dans les pays qui en reconnaissent la valeur juridique (Allemagne, Autriche, Canada, Pays-Bas, Israël, Suède, Thaïlande), est venue en décroissant, soit en vertu de son incorporation dans les principes généraux du droit international (Finlande), soit en raison de sa codification dans des conventions internationales[1] et du changement de nature de sa source qui en découle, soit encore du fait qu'elle

1.Le droit de la mer, par exemple, a longtemps été un droit coutumier mais aujourd'hui il est codifié par la convention de Montego Bay.

revêt peu de signification dans le domaine de la juridiction administrative.[2] Par contre, plusieurs juridictions administratives (Autriche, Pays-Bas, Hongrie, Luxembourg, Suède) reconnaissent que les principes généraux du droit international peuvent être invoqués devant elles. Toutefois, là aussi, leur rôle s'affaiblit à mesure qu'ils sont absorbés par des traités (Thaïlande) ou par le droit interne (Canada).
En cas d'ambiguïté ou de lacunes dans l'interprétation du droit international, le recours aux principes généraux du droit peut, cependant, se montrer utile (Thaïlande).

En ce qui concerne le Portugal, parmi les règles multilatérales qui lient l'État portugais et qui sont applicables dans l'ordre interne, sont comprises celles qui découlent des principes structurants de la communauté internationale ; que ce soit ceux qui sont énumérés à l'art. 7. § 1 et 3. de la Constitution. ou ceux de la Déclaration universelle des droits de l'homme, ou encore les règles fondamentales de la Charte des Nations Unies, les normes de droit international de garantie des droits fondamentaux contenues dans d'autres déclarations, pactes ou conventions générales, les normes de chartes, pactes ou traités internationaux universels non inclus ci-dessus et le droit international, général ou commun (qu'il soit ou non codifié dans des déclarations, traités ou conventions), y compris la coutume et les principes généraux du droit international (en vigueur dans l'ordre juridique interne portugais incorporés en géneral et directement en vertu de l'art. 8, § 1 de la Constitution), les traités multilatéraux restants et, en outre, en matière de droit dérivé, aussi bien les résolutions prises par le Conseil de sécurité de l'O.N.U. en application du chapitre VII de la Charte, que celles qui émanent d'organes créés par un traité multilatéral dont les normes créatrices prévoient cette source de droit.

2. Articulation entre les règles de droit international et le droit interne

2.1. *Introduction dans le droit interne*

- Ratification et approbation (existence et régularité)
En cette matière la grande division se fait entre les États qui suivent le monisme

---

2. En France, par exemple, pendant longtemps, le Conseil d'État a rejeté toute invocation de la coutume et ce n'est qu'à la suite d'un arrêt de 1997 qu'il a admis que la coutume était susceptible d' être invoquée dans tous les types de contentieux.

et ceux qui ont adopté le système dualiste. Toutefois, comme on le verra plus loin, même à l'intérieur de chacun de ces groupes il existe des différences quant aux moyens utilisés pour incorporer le droit international au droit interne et aux pouvoirs de contrôle du juge administratif par rapport à l'existence et à la régularité desdits moyens.

En **Allemagne**, la transposition de la loi internationale dans le droit interne varie selon la nature de la première.
- les règles générales de droit international, en vertu de l'art. 25 de la Loi fondamentale, font partie intégrante de la loi fédérale. Par conséquent, les principes généraux du droit et de la coutume sont incorporés à la loi interne par la Constitution elle-même, ils font partie de l'ordre juridique allemand *(objektive Rechtsordnung*) et, dans les cas où ils sont susceptibles d'être invoqués devant les tribunaux, ils peuvent être directement appliqués. Les traités *(Staatsvertriäge)* ayant pour objet des matières du domaine de la législation fédérale sont soumis par le Gouvernement fédéral, pour approbation, au Parlement fédéral *(Bundestag)* et au Conseil fédéral *(Bundesrat)* après l'acte de signature. L'approbation par le *Bundestag* est toujours requise, tandis que celle *du Bundesrat* ne l'est que dans les cas où le traité porte sur des matières au sujet desquelles la Fédération ne peut pas légiférer sans son consentement. Après approbation par les corps législatifs, le Président fédéral peut ratifier le traité, l'acte devant être validé moyennant contreseing du Chancelier ou du Ministre fédéral compétent. En revanche, les accords administratifs *(Verwaltungsabkommen)* sont transposés dans l'ordre interne en conformité avec les normes qui régissent l'administration fédérale, lesquelles font la distinction entre accords du Gouvernement fédéral et accords d'un département fédéral. Les premiers sont liants à partir du moment de leur signature par le Gouvernement fédéral, les seconds à partir du moment de leur signature par le Département fédéral concerné et de la communication de celle-ci à l'autre partie.

En **Autriche**, les traités "politiques" et ceux dont le contenu apporte des modifications ou un complément à la loi en vigueur ne peuvent être conclus qu'après avoir été sanctionnés par le *Nationalrat,* et, quand ils ont pour objet des matières du domaine de compétence autonome des *Länder,* est en outre requise l'approbation par *Bundesrat.* L'adaptation de la loi est nécessaire toute les fois que le traité n'est pas *self-executing* c'est-à-dire, s'il ne comporte pas les spécifications nécessaires pour que les tribunaux soient habilités à juger si son application par l'administration publique ou par les tribunaux inférieurs a été correcte.

Au **Canada**, compte tenu de la nature parlementaire du système de Gouvernement, le pouvoir exécutif' fédéral, dans l'exercice de ses compétences en matière de relations internationales, ne peut pas créer directement le droit sans autorisation préalable du corps législatif. Une fois signé et ratifié, le traité lie le Canada sur le plan international mais il ne devient source formelle de droit interne que s'il y est incorporé par une loi nationale adoptée à cet effet. Dans la mesure où la mise en oeuvre correcte d'un traité exige la modification d'une loi antérieure ou l'adoption d'une nouvelle loi, le traité devra être incorporé expressément à la loi interne par le biais d'une loi de mise en oeuvre, d'où il s'en suit qu'un traité, en l'absence d'une confirmation par la loi, ne crée ni des droits, ni des obligations dans les rapports entre particuliers, ou entre ceux-ci et l'État. Les traités, dont la portée ne dépasse pas l'ordre international ou qui ne requièrent pas de transformations dans l'ordre interne, n'exigent pas d'intervention législative sur le plan interne pour y être incorporés (c'est le cas des traité de paix). La mise en oeuvre d'un traité peut se faire selon trois modalités :
- la loi déclare directement l'entrée en vigueur d'un accord international
- une simple loi introductoire incorpore au droit canadien, dans leur tout ou en partie, les dispositions d'un traité dont le texte est joint en annexe à la loi ;
- le plus souvent, la loi s'inspire des dispositions du traité mais ne les reproduit pas, se bornant parfois à mentionner simplement le traité qu'elle vise mettre en oeuvre.

En **Égypte**, c'est au Président de la République qu'il incombe de conclure les traités internationaux et d'en informer le Parlement. Cependant, certains traités, tels ceux de paix, d'alliance, de commerce, de navigation et ceux qui entraînent une modification du territoire de l'État ou des obligations financières non inscrites dans le budget doivent être approuvés au préalable par le Parlement.

En **Finlande**, en vertu de la section 33 de l'Acte constitutionnel, les traités doivent être approuvés par le Parlement du moment qu'ils contiennent des clauses portant matière du domaine législatif de celui-ci ou bien si la Constitution l'exige sous une quelconque forme. Les traités et les conventions sont en général incorporés moyennant l'adoption de lois ou de décrets visant leur entrée en vigueur (le texte du traité étant publié en annexe).

En **France**, en vertu de l'art. 55 de la Constitution de 1958, "les traités ou accords régulièrement ratifiés ou approuvés ont, dès leur publication une autorité supérieure à celle des lois, sous réserve, pour chaque traité ou accord, de son application par l'autre partie". Le même titre prévoit, outre la procédure de ratification qui met en jeu le Président de la République, l'approbation par le Gouvernement des accords en forme simplifiée. La Constitution n'établit pas clairement la distinction entre les cas où la ratification est requise et ceux dans lesquels l'approbation peut suffire. Indépendamment de cela, l'art. 53 de la Constitution dispose que la ratification ou la publication doit être précédée d'une autorisation du Parlement dans les cas qu'il énumère. En vertu d'une jurisprudence ancienne et constante, le Conseil d'État considère qu'il n'appartient pas au juge administratif de se prononcer au sujet de la régularité de la procédure de ratification ou d'approbation d'un traité international. La décision de ratifier ou d'approuver un traité ou un accord est un acte indétachable de la conduite des relations internationales, laquelle appartient à la catégorie très restreinte des actes du Gouvernement qui échappent à la compétence de la juridiction administrative. Le Conseil d'État n'exerce donc aucun contrôle ni sur le choix qui est opéré en faveur soit de l'approbation, soit de la ratification, ni sur la décision de solliciter ou non l'autorisation préalable du Parlement. Il contrôle, en revanche. l'existence de la ratification ou de l'approbation.

En **Grèce**, tandis que la lettre de l'art. 28, §1, de la Constitution laisse entendre que la ratification par une loi formelle constitue la condition indispensable pour l'intégration d'une convention internationale dans l'ordre juridique interne, l'art. 36, § 2, quant à lui, dispose que la ratification d'une convention internationale par une loi formelle n'est pas nécessaire pour qu'elle soit appliquée internement sauf si ladite convention porte sur l'une des matières énumérées dans même article. L'interprétation la plus appropriée est que toute convention qui ne porte pas sur l'une des matières énoncées dans le paragraphe mentionné s'applique dans l'ordre juridique interne sans que soit nécessaire au préalable sa ratification par une loi formelle.

Les **Pays-Bas**, en vertu de l'art. 91 de la Constitution. ne peuvent pas se lier par des traités et ne peuvent pas dénoncer un traité sans l'approbation préalable, expresse ou tacite, du Parlement. Les traités qui dérogent aux clauses constitutionnelles sont tenus d'être approuvés expressément par les deux chambres du Parlement et à la majorité de deux tiers au moins. Il existe des exceptions, par exemple si le nouveau traité vise uniquement la mise en oeuvre d'un traité déjà approuvé précédemment ou s'il modifie uniquement une annexe de nature exécutoire. L'approbation étant accordée, l'État peut procéder à la ratification, c'est à dire, au dépôt des instruments de ratification.

En **Hongrie**, les plus importants traités internationaux sont ratifiés, après signature, par décret du Parlement et ils sont promulgués par la loi. Les accords conclus entre gouvernements sont approuvés et promulgués par le Gouvernement, par décret.

En **Italie**, c'est le Président de la République qui ratifie les traités internationaux après autorisation des chambres du Parlement lorsqu'il s'agit de traités de nature politique, s'ils visent des arbitrages ou des règlements judiciaires, s'ils comportent des modifications territoriales ou des engagements de nature financière ou bien des modifications des lois en vigueur.

Au **Luxembourg,** les traités internationaux, pour valoir dans l'ordre interne, doivent exister internationalement (au moment de l'application), doivent avoir été régulièrement approuvés par le pouvoir législatif en vertu d'une loi d'approbation, et ils doivent avoir été publiés au journal officiel. Les dispositions des traités régulièrement approuvés sont immédiatement appliquées dans l'ordre interne *(self executing)* et leur violation conduit à la nullité de l'acte administratif qui les contrarie.

Au **Panama**, les traités et les accords internationaux, une fois négociés par l'exécutif, doivent être soumis au pouvoir législatif (Assemblée Nationale) pour approbation. S'ils sont approuvés, ils doivent être publiés au journal officiel. Par la suite, ils devront être accompagnés d'une procédure de ratification par l'exécutif, lequel démontre ainsi à la communauté internationale qu'il consent à se soumettre au traité approuvé par l'Assemblée Nationale.

Au **Portugal**, L'État s'engage en matière de droit international conventionnel moyennant la ratification des traités et l'approbation des autres conventions. Il importe de souligner que la procédure d'approbation exigée par la Constitution est plus complexe que la signature visée par la Convention de Vienne. Pour cette raison, le Portugal, pour satisfaire à son art. 24, § 4, doit utiliser la notification des parties engagées dans la négociation visée à l'art. 47 de la convention de Vienne.

En **Suède**, le Gouvernement est habilité à conclure un accord ou traité international liant l'État, le consentement du Parlement n'étant requis que si l'accord exige des mesures législatives de la compétence de ce dernier. Il n'existe pas de règles particulières concernant la méthode d'incorporation des règles de droit international. Le juge administratif n'exerce aucun contrôle sur l'incorporation régulière du droit international.

En **Suisse**, qui a opté pour le monisme, avec la primauté du droit international, le Tribunal fédéral reconnaît, depuis le XIXe siècle, que le droit international public est une partie intégrante de l'ordre juridique interne sans qu'un acte concret d'incorporation soit nécessaire à cet effet (clause générale de pleine incorporation).

En **Thaïlande**, le Roi a le pouvoir de conclure des traités par l'intermédiaire du Conseil des ministres et des divers départements gouvernementaux, bien que la conclusion de certains traités soit sujette à l'approbation parlementaire en vertu de l'art. 224 de la Constitution.

La Constitution de la **Tunisie** comporte deux procédures différentes pour l'incorporation des traités dans l'ordre interne, l'une générale et l'autre spécifique, pour les traités conclus dans l'intérêt du Grand Maghreb Arabe. Cependant, en matière de conclusion des traités la pratique tunisienne est suivie par la plupart des États, c'est-à-dire qu'elle tient compte des quatre phases traditionnelles (négociation, signature, ratification et publication). En ce qui concerne la ratification, il existe plusieurs positions doctrinales, mais, compte tenu de l'art. 33 de la Constitution, il est entendu que la ratification des traités appartient exclusivement au pouvoir législatif. Toutefois, tous les accords internationaux sont soumis à la ratification. Il existe en Tunisie une procédure particulière relative à cette dernière, créée par l'art. 2 de la Constitution, lequel stipule que : "La République tunisienne constitue une partie du Grand Maghreb Arabe et pour l'unité de celui-ci, elle doit donc tenir compte de l'intérêt commun. Les traités conclus dans cette perspective, et dont la nature entraîne une modification de la Constitution, seront soumis par le Président de la République à un référendum après que celui-ci ait été accepté par la Chambre des Députés". L'importance de cette clause est telle qu'elle exige qu'il y ait consensus entre la Chambre, le Président de la République et le peuple. Le pouvoir de ratifier n'appartient ni au Président, ni à la Chambre des Députés, car le vote de celle-ci n'est qu'une condition préalable à l'adoption du traité par le peuple tunisien, et seule cette dernière décision compte. Nous voilà donc en présence d'un système très particulier, car il s'agit, finalement, d'une ratification populaire.

- Publication

Dans la généralité des pays, la loi qui transpose un traité dans l'ordre interne et le texte lui-même du traité sont tous les deux publiés au journal officiel ; il en va de même pour les réserves et les résolutions interprétatives le concernant, les modifications ultérieures du traité et sa dénonciation.

La publication est en général une condition de l'efficacité de la convention sur le plan interne ; néanmoins, une convention déjà publiée n'entre en vigueur qu'à partir du moment où elle est en vigueur internationalement. Dans certains pays (dont notamment, le Portugal) ceci fait l'objet d'un avis publié également au Journal officiel.

En revanche, la possibilité du contrôle juridictionnel de la régularité de la publication n'existe en général pas, ou bien elle est très limitée. C'est ainsi qu'en France, la contestation, dans le cadre d'un recours porté devant la juridiction administrative, du contenu de la convention ou de la régularité de la procédure de ratification n'est pas admise, le juge ne pouvant que censurer les vices du décret de publication (compétence de l'auteur, règles du contreseing) et l'exactitude du texte publié par rapport à l'original du traité.

- Entrée en vigueur et maintien des traités (clause *rebus sic stantibus* et clause de réciprocité)

En règle générale, les traités entrent en vigueur dans l'ordre interne après leur ratification et publication, mais jamais avant leur entrée en vigueur internationale. Il est cependant parfois admis que le législateur national établisse qu'un traité est applicable dans l'ordre interne avant même qu'il ne soit entré en vigueur au niveau international (ceci a été le cas pour l'Allemagne, avec la convention de Genève sur les réfugiés de 1949).

Les traités qui ne prévoient pas de limitations à leur application dans le temps ou qui admettent leur propre extinction par décision unilatérale sont considérés comme étant permanent. Le changement des circonstances permet à la partie, à l'encontre de laquelle le changement s'opère de suspendre ou de dénoncer le traité.

En règle générale aussi, la vérification par l'autre partie du fait que la clause de réciprocité (législative ou concrète) inscrite dans une convention internationale est respectée n'est pas entreprise d'office par les tribunaux administratifs. Il appartient à la partie intéressée d'invoquer devant ces derniers le moyen correspondant et de présenter toutes les preuves nécessaires, les tribunaux pouvant, dans tous les cas, solliciter aux services compétents du ministère des affaires étrangères des informations au sujet de la mise en application des conventions dans les autres États signataires.

En **France,** la dénonciation ou la suspension d'un traité ou d'un accord constituent des actes du Gouvernement, dont la légalité échappe au contrôle du juge administratif. Il n'exerce pas de contrôle sur leur bien fondé, et, notamment, sur l'application de la règle *rebus sic stantibus.* Cependant il est appelé à vérifier s'il y a eu décision et si elle a été rendue opposable par la notification.

Au **Portugal**, on peut considérer que la Constitution (art.8 § 2) consacre le dégagement international des obligations d'une convention en raison du changement des circonstances.

2.2. Force juridique des règles de droit international reçues dans l'ordre interne

- Règles de droit international général et loi constitutionnelle

Dans la généralité des pays, les règles de droit international général ne prévalent pas sur les dispositions constitutionnelles.

Néanmoins, au **Luxembourg**, le droit international occupe le sommet de la hiérarchie, à côté du droit constitutionnel, sans que soient connus des cas de conflits entre les deux, et, en **Suisse**, un récent arrêt du Tribunal fédéral a affirmé la primauté du droit international sur le droit interne, y compris le droit constitutionnel, ce qui rend inapplicable toute règle interne contraire au droit international général.

Au **Portugal**, on estime que les règles de droit international général qui structurent l'ordre juridique international, le *jus cogens* et les normes de droit international de sauvegarde des droits de l'homme prévalent sur la Constitution. Les normes restantes sont au même niveau que la loi commune interne.

- Règles de droit international conventionnel et loi constitutionnelle

Ici aussi le principe général est celui de la primauté de la loi constitutionnelle sur les règles de droit international conventionnel, bien que soient mentionnés quelques cas de pays qui se sont vu obligés de modifier leur Constitution quand un traité international contenait une disposition la violant (Panama).

La **Finlande** constitue un cas à part. Les conflits entre la Constitution et les règles de droit international y sont résolus au moment de l'incorporation de la norme internationale dans l'ordre interne : la position des traités internationaux dans la hiérarchie des normes de droit national dépend de la position hiérarchique de la clause de transformation correspondante. Les parties des traités qui entrent en conflit avec la Constitution sont adoptées par un acte du Parlement pris en conformité avec la procédure exigée pour les normes constitutionnelles.

En **France,** un traité qui comporte des règles contraires à la Constitution ne peut pas être ratifié avant que la Constitution ne soit modifiée. La constitutionnalité d'un engagement international peut être attaquée devant le Conseil constitutionnel et, au cas où celui-ci estime que le traité est contraire à la Constitution, sa ratification est interdite sauf si une modification de la Constitution ou une réserve au traité en annule la contradiction. La Constitution ne prévoit toutefois pas de mécanismes de contrôle de la constitutionnalité d'un traité dejà ratifié. Le juge administratif ne s'est jamais vu confronté à une vraie contradiction entre un traité international et une norme de valeur constitutionnelle. Il a cependant jugé que les traités internationaux devaient, dans la mesure du possible, être interprétés conformément à la Constitution. Néanmoins, il semble que le juge administratif ne pourrait pas se dérober à l'application d'un traité ratifié.

- Règles de droit des organisations internationales et loi constitutionnelle

Au **Portugal,** parmi les règles de droit provenant des organisations internationales et qui ne sont pas des normes de droit international général ou commun, seules les mesures adoptées par le Conseil de Sécurité des Nations Unies en application du chapître VII de la Charte et celles qui sont posées par une institution créée par un traité leur conférant force juridique immédiate dans l'ordre interne, produisent des effets, en qualité de normes juridiques, au plan national. Ces normes ont la primauté sur la loi ordinaire et, en cas de conflit avec les normes constitutionnelles, ou bien celui-ci est évité, en ce qui concerne le droit dérivé d'institutions d'organisations internationales comme l'UE, grâce à des mécanismes appropriés, ou bien il est nécessairement résolu en faveur de la supériorité des mesures spéciales précitées du Conseil de sécurité.

- Règles de droit international et règles écrites ou non écrites de droit ordinaire

La tendance apparemment dominante attribue aux traités et accords régulièrement ratifiés une autorité supérieure à celle des lois ordinaires.

Quant aux normes de droit international non écrites, la tendance dominante paraît, par contre, aller dans le sens de ne pas leur reconnaître la primauté sur les lois internes.

Deuxième thème : Définition et interprétation des règles internationales par le juge

1. Définition de la règle de droit international

1.1. *Prise en compte par le juge des règles non incorporées dans le droit interne*

- Coutumes et pratiques internationales, droits des gens

Dans les pays qui suivent le système moniste, les règles internationales, les règles non écrites comprises, sont susceptibles d'application comme telles dans l'ordre interne et, par conséquent, il n'y a pas lieu, en principe, de tenir compte des règles non incorporées au droit interne.

Dans les systèmes dualistes, le juge, lorsqu'il applique des lois nationales visant les mêmes matières, est supposé prendre en considération les règles de droit international engageant l'État mais n'ayant pas été incorporées.

1.2. Qualification d'un texte comme traité international

Dans certains pays, tel la **Suisse,** on considère qu'une juridiction interne n'est pas compétente pour définir arbitrairement des dispositions internationales comme étant ou non des traités, car une telle qualification découle des catégories mêmes du droit international, tout particulièrement de la Convention de Vienne de 1969, s'agissant des règles internationales conventionnelles.

Dans d'autres, qui ont opté pour le dualisme, le juge administratif n'a aucun besoin de qualifier un texte donné comme étant un traité international puisque les traités, du fait qu'ils sont incorporés dans législation interne. sont appliqués en tant que loi nationale.

2. Interprétation de la règle de droit international

2.1. ***Le cas des actes clairs***

En règle générale, les rapports nationaux disent que le juge applique les règles d'interprétation posées aux arts. 31 et 33 de la Convention de Vienne (la bonne foi, le sens ordinaire à attribuer àchaque terme dans le contexte du traité, compte tenu de son objet et de son but).

En **France,** avant un arrêt de 1990, le Conseil d'État ne s'estimait pas compétent pour interpréter un traité international auquel la France était partie. Quand l'issue d'un litige dépendait d'une question d'interprétation d'un acte international, le ministre des affaires étrangères était saisi d'une question préjudicielle et le Conseil d'État avait sursis à statuer (il suspendait sa délibération) dans l'attente de l'interprétation par le ministre. La réponse de celui-ci ne pouvait pas être contestée devant le juge. Dans tous les cas où l'interprétation du traité ne laissait pas de doutes, le Conseil d' État estimait que, du moment que l'acte était clair, il n'y avait pas lieu de saisir le ministre des affaires étrangères d'une question préjudicielle. Toutefois, depuis 1990, le Conseil d État considère qu'il appartient au juge administratif d'interpréter lui-même les actes et accords internationaux qu'il applique à un litige particulier. Lorsqu'il rencontre une sérieuse difficulté d'interprétation, il peut demander au ministre des affaires étrangères de produire des observations sur le sens et la portée du traité, mais il n'est plus tenu par l'interprétation du ministre. Le Conseil d'État s'efforce d'interpréter les traités pour limiter les risques de contrariété du traité avec la Constitution.

Au **Luxembourg,** en cas de désaccord quant à l'application de la doctrine de l'acte clair, la pratique luxembourgeoise est de consulter le Gouvernement au sujet de l'interprétation des traités internationaux. C'est également vrai en cas de conflit entre normes de droit international.

Au **Canada,** étant donné que le juge canadien interprète le droit international conventionnel en tant que loi et à la lumière d'une loi, ce sont les règles d'interprétation générales qui sont appliquées avec quelques modifications. Une loi n'ayant pas de précédents internationaux est interprétée uniquement sur la base de son texte, des précédents judiciaires et des jugements de *common law*. Confronté à une loi d'origine internationale, le juge a recours au texte du traité et il s'en inspire pour attribuer à la loi le sens ou l'effet voulu par le législateur et qu'autrement il ne pourrait pas dégager. Le recours au texte international dans l'interprétation de la loi, bien que parfaitement clair et sans ambiguïté explicite, peut contenir une ambiguïté dont l'origine est à chercher dans des facteurs extrinsèques à la loi que l'on doit interpréter, notamment dans la convention internationale qui la précède. Il est, par conséquent, parfaitement raisonnable de remonter au texte international dès le début de l'interprétation.

2.2. Le cas d'un conflit entre normes de droit international

Rares sont les cas rapportés de conflit entre normes de droit international.

En règle générale, ce conflit étant considéré comme équivalent au conflit entre normes de droit interne, il est rangé selon les règles usuelles *(lex superior, lex posterior,* hiérarchie des valeurs, moindre grief, prudence, proportionnalité et harmonisation relative des intérêts en présence) quand on n'aboutit pas à une interprétation qui réussit à harmoniser les normes.

En **Suisse**, en cas de conflit entre règles de droit international conventionnel et une norme internationale de protection des droits de l'homme, c'est cette dernière qui prévaut sur les premières, selon la jurisprudence du Tribunal fédéral. Ainsi, les arts 3, 5 et 6 de la Convention européenne des droits de l'homme et l'art. 3 de la Convention européenne d'extradition sont considérés *jus cogens,* empêchant la Suisse d'extrader un individu vers un État qui n'observe pas lesdits principes, bien que l'extradition soit prévue par un traité.

Troisième thème : Invocation et effets des règles de droit international

1. Faculté pour le requérant d'invoquer ou non une règle de droit international

1. 1. Invocation des règles de droit international conventionnel

Ici aussi l'on est tenu de considérer si le système adopté est de type moniste ou dualiste.

Selon le premier, et c'est le cas de l'**Allemagne** ou de la **Grèce**, le requérant peut invoquer un traité international si celui-ci a été transposé dans l'ordre juridique allemand, s'il est directement applicable *(unmittelbar anwendbar),* et s'il confère au demandeur des droits subjectifs. L'on estime qu'une disposition d'un traité est directement applicable du moment qu'il n'est pas nécessaire pour l'appliquer de produire une loi complémentaire ou, autrement dit, quand les autorités administratives et les tribunaux peuvent déduire de ce traité des effets juridiques applicables en l'espèce.

Il en va autrement dans des pays tels le **Canada** ou la **Finlande,** par exemple, où le droit international est incorporé au droit interne par voie législative. Les parties, dans un différend de droit interne, ne peuvent pas, par conséquent, invoquer directement la violation de règles de droit international conventionnel. Ce qu'elles peuvent faire, c'est invoquer une norme de droit interne en vigueur qui se fonde sur un traité international.

1.2. Invocation des principes généraux du droit

Comme pour l'alinéa précédent et en prenant comme cas paradigmatiques l'**Allemagne** et le **Canada,** on s'aperçoit que :
- en **Allemagne,** les requérants peuvent invoquer les règles générales de droit international (droit international coutumier et principes généraux de droit international) dans le cadre d'affaires judiciaires en cours, du moment que ces règles font partie de l'ordre juridique allemand, ce qui est souvent le cas à l'occasion d'affaires criminelles et de demandes d'extradition mais exceptionnel devant les tribunaux administratifs.

- au **Canada**, étant donné que la plupart des principes généraux de droit des systèmes de droit civil et du *common law* (la bonne foi, l'équité, l'abus de droit, les droits acquis, l'enrichissement sans juste cause, la règle du raisonnable, l'autorité de la chose jugée) font déjà partie intégrante du droit interne canadien, en vertu du *common law* ou du droit civil codifié, ils peuvent être invoqués en tant que tels.

En **France**, du moment qu'une règle internationale coutumière a été identifiée, le juge doit s'interroger sur l'effet direct de cette norme, c'est-à-dire qu'il doit se demander si elle crée des droits et des obligations pour les particuliers et si elle est suffisament précise et inconditionnelle pour pouvoir être appliquée à des cas individuels ou si elle s'adresse uniquement aux États.

Au **Portugal,** les particuliers peuvent invoquer devant les tribunaux administratifs des principes généraux de droit international, lesquels, pour autant qu'ils soient reconnus quant à leur existence et à leur contenu, seront appliqués au rapport matériel controversé de la même façon que toute autre règle de droit positif. Cependant, les principes généraux de droit international, sauf s'ils font partie du *jus cogens*, jouent en principe un rôle subsidiaire et ne sont donc pas valables s'il existe une coutume générale ou même un traité régissant cette matière. Compte tenu de cette réserve, ils ont une valeur hiérarchique égale à celle du droit international général ou commun.

2. Compétence du juge pour connaître de la violation d'une règle de droit international

2.1. Possibilité pour le juge d'invoquer d'office la violation d'une règle de droit international

La possibilité pour le juge d'invoquer d' office la violation d'une règle de droit international dépend, simultanément, du système de transposition du droit international adopté dans un pays et des normes spécifiques régissant la connaissance des vices affectant l'acte administratif contesté. En effet, dans les pays qui font la distinction entre les vices qui engendrent la nullité et les vices qui déterminent simplement l'annulabilité de l'acte contesté, il est assez commun d'attribuer au juge la compétence pour connaître d'office les premiers, et partant, si à la base de ce vice, l'on trouve la violation d'une règle de droit international, il est possible pour le juge de connaître une telle violation. Par contre, si le vice qui découle de la violation par l'acte administratif contesté, d'une règle de droit international, n' en provoque que l'annulabilité et si le requérant n'a pas invoqué ledit vice, le juge n'est pas habilité à l'examiner ni, par conséquent, à connaître d'office la violation de la règle de droit international.

2.2. Violation directe d'une règle de droit international soit par un acte administratif, soit par une norme de droit interne sur la base de laquelle l'acte adminsitratif est intervenu

A des fins de comparaison, les cas allemand et canadien apparaissent de nouveau comme particulièrement suggestifs.

En **Allemagne**, si un acte administratif viole le droit international, le tribunal administratif doit l'annuler. Si la violation du droit international est particulièrement grave et évidente, l'acte sera déclaré nul. Si une norme de droit interne, en application de laquelle un acte administratif donné a été pratiqué, viole le droit international, le tribunal administratif ne peut l'annuler, (ceci en partant du principe que ce dernier était conforme avec la loi interne) que si le norme de droit international est supérieure à la loi interne, ce qui dépend fondamentalement de sa nature ; à savoir,
- une régle générale de droit international a la primauté sur une loi interne et, s'il existe des doutes au sujet de l'incorporation de la règle générale de droit international en question au droit interne ou sur le fait qu'elle crée ou non directement des droits et des devoirs pour l'intéressé, le tribunal administratif doit en premier lieu obtenir à ce propos une décision de la Cour constitutionnelle fédérale ;
- si la norme de droit interne viole un traité international et que le conflit n'est pas susceptible d'une résolution favorable dans le sens des dispositions internationales par la voie de l'interprétation, le tribunal est tenu d'appliquer la loi interne et il n'a aucune possibilité de déclarer la nullité de la loi interne, en application de laquelle a été pratiqué l'acte administratif, car seule la Cour constitutionnelle est habilitée à statuer sur la nullité des lois et ceci uniquement en cas d'inconstitutionnalité (et non pas au motif de violation d'un traité international, ce qui ne peut être résolu que par le législateur).
Par ailleurs, si un tribunal, au cours d'une affaire, déclare inconstitutionnelles les dispositions d'un traité applicable en l'espèce, il doit surseoir au jugement et obtenir une décision de la Cour constitutionnelle au sujet de la constitutionnalité de la loi d'incorporation du traité à l'ordre juridique interne.

- au **Canada**, en raison du système particulier d'incorporation du droit international conventionnel (système de transformation) et de la doctrine moniste de primauté du droit interne adoptée vis-à-vis du droit international coutumier, il n'est pas possible d'invoquer devant le juge canadien la violation directe d'une règle de droit international.

Citons encore le cas de la **France**, où un acte administratif qui contrarie directement un traité est suceptible d'annulation au motif de violation de la loi *(excès de pouvoir)* pour autant qu'il intervienne dans le champ d'application d'un traité. S'il s'agit d'un acte règlementaire il peut être déclaré illégal à l'occasion d'un recours formé contre un acte individuel d'application. Il est également possible, à l'occasion d'un recours contre un acte administratif, de contester la compatibilité de la loi, sur laquelle se fonde ledit acte, avec un traité international et, dès lors que le juge constate que la loi est contraire au traité ; il devra en tirer la conséquence que l'acte administratif est privé de base légale.

Au **Portugal**, quand un acte administratif viole directement une règle de droit international, la sanction applicable est l'annulabilité car toute violation d'une norme constitue un vice de violation de la loi. Si l'acte administratif a appliqué une loi interne qui contrarie la norme internationale applicable, le tribunal administratif déclare inapplicable la norme interne contraire à la norme de droit international du moment qu'il l'estime hiérarchiquement supérieure et, par conséquent, il annule également l'acte au motif de violation de la loi. Cependant le juge n'est pas habilité à se prononcer, même à la demande des parties, au sujet de la validité de la norme internationale, aussi bien en tant que question principale ou incidente, étant donné que la norme internationale, même conventionnelle, en vigueur appartient à un ordre juridique qui échappe au contrôle de légalité du tribunal national.

2.3. Degré d'invalidité ou d'inefficacité d'une norme de droit interne violant une règle de droit international

Tandis que, dans des systèmes comme l'**Allemagne**, si une loi interne viole une norme de droit international (règle générale ou traité) et que la norme internationale prévaut sur la norme interne, celle-ci ne peut pas être appliquée et il s'ensuit qu'elle devient inefficace mais n'est pas pour autant frappée de nullité, dans des systèmes comme le **Canada**, à partir du moment où la loi internationale est transformée en loi interne, la question se pose en terme de conflit entre lois internes, résoluble en conformité avec les principes de la supériorité de la loi postérieure et de la loi spéciale.

3. Conséquences en matière de responsabilité de la violation d'une règle de droit international par une norme de droit interne

3.1. Responsabilité pour faute

Dans la plupart des pays, la possibilité d'engager la responsabilité de l'État juridictionnellement (et en particulier, devant la juridiction administrative) en raison d'actes législatifs apparaît extrêmement problématique.

C'est ainsi qu'en **Allemagne**, si le législateur adopte une loi nationale violant de ce fait une norme de droit international, il ne sera normalement pas susceptible d'être responsabilisé à ce titre devant les tribunaux allemands. La responsabilité de l'État et des autres corps publiques dépend en principe du fait que l'un de ses fonctionnaires a négligé ses devoirs vis-à-vis de tiers dans l'exercice de fonctions publiques. Or, étant donné que le législateur agit en fonction de l'intérêt du public en général et non pas de personnes individualisées, les conditions pour engager la responsabilité de l'État ne sont pas remplies, à moins que le législateur n'eut légiféré pour un cas individuel, ce qui est peu probable car c'est inconstitutionnel. Ainsi, quand un individu est atteint dans ses droits par une loi qui viole le droit international, il ne pourra normalement pas porter plainte en justice contre le législateur au motif des dommages subis, mais il pourra, en revanche, saisir un tribunal administratif d'un recours qui porterait à l'annulation de l'acte administratif fondé sur cette loi, pour autant que le conflit entre les deux sources de droit ait été tranché en faveur de la norme de droit international en question.

En **Grèce**, par contre, le fondement possible pour une action en indemnisation tendant à la réparation des dommages causés à un particulier par la violation d'une norme d'origine interne peut se rencontrer dans l'art. 105 de la loi n° 2783/1941 sur l'entrée en vigueur du code civil, qui consacre le principe da la responsabilité civile de l'État pour tous les actes ou omissions frappés d'illégalité pratiqués par ses organes "dans l'exercice de l'autorité publique qui leur a été confiée". S'il est certain que la jurisprudence s'est traditionnellement montrée peu encline à reconnaître, sur la base de ladite disposition, la responsabilité de l'État pour les actes ou omissions des organes du pouvoir législatif, un changement lent mais sûr est en train de se dessiner et la disposition susmentionnée a déjà été reconnue comme fondement pour des actions en indemnisation tendant à la réparation de griefs causés à des particuliers, soit par des dispositions internes contraires au droit communautaire, soit en vertu de la non transposition dans le droit interne d'une directive communautaire.

En **Italie**, les juges n'ont pas le pouvoir de déclarer l'État responsable au motif de la publication d'une loi contraire au droit international, et par conséquent, personne ne pourra obtenir des tribunaux la condamnation de l'État au payement d'indemnités en raison des dommages causés par ladite loi, encore qu'elle ait été annulée par la Cour constitutionnelle au motif de sa contrariété avec une règle internationale reçue comme norme constitutionnelle et même s'il était certain que le Parlement a voté la loi sachant qu'elle était contraire au droit international.

Au **Portugal**, l'adoption, par voie conventionnelle, d'une règlementation matérielle donnée entraînant des conséquences pour les particuliers, tout comme l'omission de l'édiction de normes internes de mise en oeuvre d'une obligation internationale, causant ainsi préjudice à des particuliers individualisés, n'engendrent pas de responsabilité de l'administration. En revanche, il en découle une responsabilité politique ou législative, laquelle, au cas où la responsabilité de l'État serait engagé (et pour cela il est indispensable que s'avèrent les conditions de la responsabilité civile, ce qui est, dans la pratique, difficile à constater) est du ressort des tribunaux communs. Seule la violation des règles de droit international en vigueur et applicable par les organes ou les agents de l'État, dans le cadre de leur activité de gestion publique, peut donner lieu à des actions en demande de réparation, pour lesquelles les tribunaux administratifs sont compétents, tout se passant, dans cette dernière hypothèse, en ce qui concerne l'examen de ladite responsabilité, comme dans le cas parallèle, où le particulier prétend fonder la responsabilité sur la violation de normes de droit interne.

3.2. Responsabilité pour risque

En **France**, dans un arrêt de 1966, il a été admis que la responsabilité de l'État peut être engagée sur le fondement de l'égalité des citoyens devant les charges publiques, pour garantir la réparation de préjudices nés de conventions passées entre la France et d'autres États et régulièrement transposées dans l'ordre juridique interne pour autant que, d'une part, ni la convention elle-même, ni la loi en ayant éventuellement autorisé la ratification, ne puissent être interprétées comme ayant entendu exclure toute indemnisation et, d'autre part, que le grief dont la réparation est exigée soit suffisamment grave et présente un caractère spécial.

Au **Portugal**, la responsabilité civile se fonde en principe sur la faute. Par ailleurs, il existe des cas où les tribunaux administratifs peuvent être appelés à trancher au sujet de la responsabilité de l'État et des autres corps publics, indépendamment de la faute, si ceux-ci :
- provoquent des dommages spéciaux et anormaux en raison de services exceptionnellement dangereux ou au motif de choses ou d'activités de la même nature (sauf en cas de force majeure ou de faute du lésé) ;
- quand ils provoquent, dans un but d'intérêt général, moyennant des actes licite, des dommages spéciaux et anormaux ;
- quand en état de nécessité ou pour des motifs impérieux d'intérêt public, ils ont sacrifié spécialement une chose ou un droit d'un particulier.

En **Tunisie**, la loi n° 39 du 3 juin 1996, qui a expressément admis la responsabilité du fait de risque, en a cependant limité l'application aux préjudices causés par des travaux publics et des activités dangereuses de l'administration : il en découle, que la responsabilité de l'État provoquée par ses actes législatifs ne pourra éventuellement être prononcée que sur la base de la faute.

Il y a, par conséquent, lieu de conclure que la possibilité d'engager la responsabilité de l'État - en se fondant ou non sur la faute- (en raison de son activité législative ou de l'omission de celle-ci) entraînant violation de règles de droit international n'est pas légalement admise, ou dans les cas où elle l'est, ce n'est pas aux tribunaux administratifs qu'il appartient de connaître de cette responsabilité. Au demeurant, c'est une hypothèse qui semble vouée à l'échec.

The edition for the year 2000 of the compilation of decisions of the administrative authorities of the states that are members, guests or observers of the International Association of Supreme Administrative Jurisdictions (IASAJ), is the second of this kind. Although the first collection, published in 1998, included decisions on a great variety of subjects, IASAJ has decided, for this edition, to collect only decisions concerning the application of international law by administrative judges, the theme of the convention held at Lisbon in April of 1998.

Collecting decisions of the supreme administrative authorities on one particular subject will facilitate a comparative review and an appreciation of the scope of the jurisdictions of the member states.

This collection is addressed to a number of audiences : administrative judges, institutes of comparative law, and also to university professors, students and libraries...

IASAJ, which initiated the publication of this collection consisting of two decisions chosen by supreme authorities active within it, was created at the time of the convention in Paris of 1983, following agreements made in 1980 at the convention held in Madrid, of the International Institute of Administrative Science. Today, IASAJ includes eighty-two national or international jurisdictions of varying status (member, observer or guest). In addition, IASAJ is looking outward toward states whose jurisprudence is little known, by publishing for the first time decisions of the supreme administrative tribunals of Belgium, Benin, China, New Zealand and Senegal.

The objective of this collection is to elucidate the methods by which the various tribunals control administrative action in their states, taking into account their specific characteristics, the diversity of their places within the institutions of their states, their methods of work, their jurisdictional limits, and their methods of recruiting.

Diversity, first, in the nature of their jurisdictions : while the Supreme Court of Canada finds itself at the summmit of all Canadian courts, in accordance with the anglo-saxon model, other states have adopted the French model of separate systems for judicial and administrative tribunals, with a supreme tribunal at the head of each system or, as with the German example, a single supreme tribunal having a specialized division.

Diversity, secondly, in the conception of judgements : the decisions of the administrative tribunal of the International Labor Organization and the Spanish Supreme Tribunal include long, reasoned discussions, while others, such as the French Council of State and the Tunisian Administrative Tribunal favor brevity.

Certain states particularly, and the difference is most fundamental, (New Zealand, Court of Appeals of Wellington, *decision in Tavista v. Minister of Immigration, of December 17, 1993*) allow dissenting and concurring opinions to play an important role, while other tribunals prohibit them.

Diversity, finally, in their systems of recruitment : two-thirds of the members of the administrative division of the Spanish Supreme Court are chosen through examinations taken by judges of the judicial system, while the remaining third are chosen from professionals of the legal system having more than fifteen years of experience (as a matter of fact, the decision in a case concerning the nomination of a judge to the post of State general prosecutor, according to these same methods, is one of the two annexed decisions). In contrast, the members of the Swiss Federal Insurance Tribunal are elected for six-year terms by the Federal Assembly.

Thus, by the publication of this second collection, IASAJ hopes not only to work toward improving research in comparative administrative law but also to aid those working in the field of justice, in brief to make of this collection a tool at the disposition of the public at large.

It is not a question of imitating the work of Aristotle who compared the constitutions of 153 different Greek cities or the work of Theophrastes who studied the varying systems of law in Greece and attempted to draw from them general principles of law, common features, and to unify those which diverged, but more simply to remain true to the goals that Professor Rene Rodiere established for comparative law: "it should deliniate the sources of foreign law and the written sources of extra-judicial practice without isolating them either from their framework or from their historical evolution ; its function is to propose the necessary bases for domestic legislation in reconciling the juridical principles that set out, in the different states belonging to the same international community, the common desires and needs of the individuals of which they are composed."

A knowledge of the judicial systems that differ from those of one's own state, and the solutions arrived at by other states, thus seem to be an important element allowing a better understanding of national problems. As was said by Mr. Lawson (cited in R. David and C. Geoffrey-Spinozi) : "the effort to understand foreign solutions to a problem that is familiar to us is often paid for by a better understanding of our own law. One can be a much better English jurist if one knows a bit of French law."

The decisions presented in this collection, selected by the judicial systems themselves in view of their importance and of the advances that they represent, are organized in two parts.

The first part consists of decisions relating to the theme chosen for this year: "the application of international law by the administrative law judge". But, since some states did not have significant decisions on this theme, the second part consists of decisions on varying subjects, certain of which are related to the theme of the first part in that they concern questions of nationality or of residence of non-citizens. Examples of this are the decisions of the Austrian Administrative Supreme Court, of September 6, 1995, and of the Supreme Court of Cyprus, of November 26, 1985.

If the decisions relating to the application of international law by administrative judges are diverse, certain common themes are displayed, and certain treaties are involved in several decisions. In addition to those which involve the application of a bilateral treaty, such as the Treaty of Spanish-Chilean Cultural Cooperation (*Supreme Court of Spain, decision of October 8, 1996*, or the aggrement between Cap-Vert and Portugal (*Supreme Administrative Tribunal of Portugal, decision of July 11, 1996*), or the Spanish-Swiss Social Security Convention (*Federal Insurance Tribunal, decision of December 19, 1994*), three themes have frequently been dealt with by different judicial systems : the protection of fundamental rights and liberties, the application of European Community law by national judicial systems, and the rights of public servants.

The protection of fundamental rights and liberties

This constitutes the heart of the collection. Within these decisions, it is useful to distinguish between those relating to : civil and political rights, economic and social rights, and the rights of children.

The protection of civil and political rights

Two international treaties are referred to in this area: The European Convention for the Safeguarding of the Rights of Man of November 4, 1950, and the United Nations Pact Concerning Civil and Political Rights of December 19, 1966. Thus, for example, the Council of State of the Netherlands examined the conformity of a decision of the Secretary of State for Justice refusing to grant refugee status to applicants with Bosnian nationality with Articles 6 and 14 of the European Convention for the Safguarding of the Rights of Man and with Article 26 of the International Pact of 1966 (*Decision D.G. and D.D. concerning the Secretary of State for Justice, of January 15, 1996*). In the same vein, the Court of Appeals of Wellington (New Zealand) decided that the decision of the immigration service refusing to annul an order of expulsion had not taken into account the Pact Concerning Civil and Political Rights of 1996 (Decision in *Tavita v. Minister of Immigration, December 17, 1993*).

The protection of economic and social rights

Different international agreements are cited to protect economic and social rights. Notably, the European Social Charter and the International Pact Concerning Economic, Social and Cultural Rights of 1996. The decision of the Council of State of Belgium (*Henry v. Postal Service, March 22, 1995*) is a good illustration of the involvment of the administrative judge in this area. His decision effectively annulled disciplinary action taken against a postal employee following a strike, based on Article 6 of the European Social Charter and Article 8 of the International Pact Concerning Economic, Social and Cultural Rights.

The protection of the rights of children

The United Nations Convention on the Rights of Children (1990) has been cited in many of the published decisions. An example is the case in which the Supreme Administrative Court of Finland, on September 26, 1997, annulled a decision to expell a foreigner, citing this agreement.

The application of European Community Law

Many decisions published in this collection discuss European Community Law--both original and derived European Community Law. In addition to decisions of the European Community Court of Justice, one can also cite as examples the decisions of the Council of State of Italy in *Decision No. 1123/98 of August 3, 1998* and *Decision No. 1412/97 of December 12, 1997*. The decision of the Supreme Court of Olomouc (*Decision 2A 6/96, decided November 29, 1996*) displays, additionally, a special interest in that it illustrates the relationships that can exist between the European Community and third countries.

The rights and obligations of public servants

Treaties concerning the rights of public servants apply to diplomatic personnel and public servants of former colonies. The Administrative Court of Germany has, for example, decided that foreign diplomatic personnel are not protected by the provisions of German social security law judged incompatible with the status of the diplomatic service as established by international law (*Decision BverwG 5 C23.95 of February 29, 1996*). Concerning the rights of public servants of foreign territories, the Supreme Administrative Tribunal of Portugal, for example, decided that a decision not to retain Portuguese citizenship did not preclude the receipt of a pension by public servants of former overseas colonies who had completed more than five years of service and who had made the payments establised for entitlement to such pensions. (*Decision No. 42211 of December 18, 1997*).

■

Supreme administrative tribunals, today existing in a number of different forms in the various states, have an essential role : they establish a detailed system of law of the sovereign, which must encompass and control administrative action, but not hamper it.

The decisions set out in this collection furnish an overall view of the application of international law by the supreme administrative tribunals of thirty-some states. It could usefully be supplemented by studying the report of the Sixth Congress of the Association relating to "the application of international law by administrative judges", a report resulting from the synthesis of the national reports of the tribunals that participated in the Sixth Congress, published hereafter.

VIth CONGRESS
OF THE GENERAL ASSOCIATION OF SUPREME ADMINISTRATIVE JURISDICTIONS

Lisbon (Portugal), April 20-22, 1998

THE APPLICATION OF INTERNATIONAL LAW BY THE ADMINISTRATIVE JUDGE

GENERAL REPORT

***Rapporteur* : Conselheiro JOSÉ DA CRUZ RODRIGUEZ**
Judge of the Supreme Administrative Court of Portugal

Introduction

The general theme of the VIth Congress of the International Association of High Administrative Jurisdictions (AIHJA) is **The Application of International law by the Administrative Judge**. This is subdivided into three more specific themes, viz. :
- the norms of international law and their articulation with national legislation;
- definition and interpretation of the norms of international law by the judge ;
- enforcement and effects of the rules of international law.

The theme of this Congress is a logical follow-up of the themes that have been broached in the five previous Congresses.

- The Congress held in Paris in 1983 dealt with *the jurisdictional supervision of the legality of unilateral acts of procedure on the part of the public administration*, from the triple point of view of the competence of jurisdictions to carry out the supervision of the administration, the acts subjected to suchcontrol and of the conditions under which decisions can be appealed, in connexion with the ambit of such control and the relevant powers of the judge;
- The Congress in Tunis, held in 1986, concerned itself with *the access of citizens to the administrative jurisdictions*, with a survey of who is legally empowered to such such access, and who actually resorts to it, which are the acts than be contended by each category of applicants, and under which

conditions the Tribunal can be called to intervene ;

- The Congress of Helsinki, in 1989, analysed *the progress of proceedings before the supreme administrative jurisdictions* in particular with respect to the structure of administrative jurisdictions and to the principles which underpin the process, the working methods of the high courts, the various phases of the proceedings and the award regarding the petition ;
- During the Congress held in Luxembourg (1992), *the legal and pratical effects of awards in administrative matters* were compared, specifically with respect to the powers of the judge, the legal value and impact of the awards, and their implementation ;
- The Congress of Rome (1995) studied *the provisional emergency measures and the accelerated proceedings* and, particularly with respect to the former, the powers of the judge, the conditions of admissibility of petitions and the procedure.

Consequently, while the first three Congresss characterised the specificity of the various models of administrative jurisdictions in institutional perspective, and analysed, in general terms, the access to these jurisdictions, their rules of procedure and the normal course of proceedings, the fourth and fifth Congress focalised on specific themes of this process (the binding force and implementation of awards of the administrative tribunals and the specific attributes of urgent and the specific attributes of urgent and precautionary proceedings).
The time has come now to review matters related to the enforcement of international organisation such as AIHJA, and will enable it to compare the several procedures according to which international law (general and conventional, multilateral and bilateral) is acknowledged by national legal systems (monistic or dualistic), the tool for such acceptance (ratification, approval, publication), the ups and downs of its enforcement, its ranking with respect to national law (constitutional and ordinary, prior or subsequent), its definition and interpretation by the national judge, the possibility for applicants to invoke it directly, the possibility of an informal control, by the judge, of any breach, and the admissibility of a responsibility of the State for infringements to international law through the adoption of rules of national legislation.

The preparation of this general report took into account national reports received from the following countries before the end of February 1998 :
Austria, Burkina Faso, Burundi, Canada, Cyprus, Columbia, Egypt, Finland, France, Germany, Greece, Hungary, Israel, Italy, Luxembourg, Mali, the Netherlands, Panama, Poland, Portugal, Spain, Switzerland, Thailand, Tunisia and Turkey.

It has to be stated as from now that some of the queries in the questionnaire were not interpreted uniformly through the national reporting authorities and that in some instances, presumably in view of problems encountered by the reporting authorities in the translation into the official lanquages of the Congress, some doubts arose as to the exact meaning of some statements included in these country reports ; it is hoped that some errors may be corrected during the sessions of the Congress.

First theme : The rules of international law and its articulation with national legislation

1. The rules of international law

1.1 Multilateral rules

- Original legislation

As the rules of law of the European Community and the conventions pertaining to Human Rights are excluded from the ambit of this Congress, the major international instruments which are most frequently referred to before administrative jurisdictions are, according to information covered in the country reports, in addition to the Charter of the United Nations : the Geneva Convention of 1951 on the Status of Refugees (Canada, France, Germany, Hungary, Israel, Luxembourg, the Netherlands), the Convention of 1954 relating to the Status of Stateless Persons (Germany, Sweden), the Geneva Convention of 1949 relative to the Protection of Civilian Persons in Time of War (Canada, Israel), the Geneva Convention relative to the Treatment of Prisoners of War (Canada), the Convention of Paris of 1983 on the Protection of Industrial Property (Israel), the Convention of theHague (1961) on the Protection of Minors (Germany), the Convention on the Reduction of Cases of Multiple Nationality and on Military Obligations in Case of Multiple Nationality (Germany), the ILO Conventions (Finland, France, Greece), the Conventions relating to the Protection of Nature and in particular the Convention of Bern (France) and of Vienna relating to the Protection of the Ozonz Layer (Canada, Finland), the Conventions for the Protection of the Cultural Heritage (Finland, Greece), the Convention of the Hague on the Protection of Cultural Property in Case of Armed Conflict, the Convention relating to the European Architectonic Heritage (Finland), the Convention of Chicago of 1944 relating to the International Civil Aviation (Finland, France, Israel), the Vienna Convention on the Law of Treaties (Finland, Germany, the

Netherlands, Sweden), the Vienna Convention on Diplomatic Relations (Canada, France), the Vienna Convention on Consular Relations (Canada, Cyprus, the Netherlands), the Conventions relating to Co-operation on Legal Matters and Extradition (Switzerland), the Convention on Mutual Administrative Assistance on Tax Matters (Finland, Sweden).

- Derived Law

Beyond the European Community, the number of international organisations producing binding derived legislation that might be enforced by administrative tribunals is rather limited (Germany, France). Meanwhile, resolutions and recommandations from the Committee of Ministers of the Council of Europe are sometimes called upon or from the United Nations General Assembly or Security Council are sometimes referred to (Switzerland).

1.2 ***Bilateral rules***

The bilateral conventions most frequently referred to concern extradition (Canada, France, Israel), entry and stay of aliens (Germany, France), migrant workers (Germany), social security (Finland, the Netherlands, Sweden, Switzerland), double taxation (Canada, Finland, France, Sweden, Switzerland) and tax evasion (Finland), legal co-operation (Canada), air transport (Canada).

1.3 ***International custom and general principes of law***

International custom, even in countries that acknowledge its legal value (Austria, Canada, Germany, Israel, the Netherlands, Sweden, Thailand) sees its practical relevance being reduced, either because of its incorporation in the general principles of international law (Finland), or because it is being codified in international conventions [2] and consequently there is an alteration of the nature of its source, or because of its scarce relevance in administrative jurisdictions[3].

On the other hand, it is generically recognised that the general principles of international law may be invoked before administrative jurisdictions (Austria, Hungary, Luxembourg, the Netherlands, Sweden) but their role has been

2.For example, the Law of the Sea, sometimes called upon, which has, for a long time, been common law has now been codified by the Convention of Montego Bay.

3.E.g., in France, for quite a long time, the Council of State rejected the invocation of custom and it was not until 1997 that, by virtue of an award, that it admitted that it could be invoked in all types of disputes.

reduced too since they are being incorporated in treaties (Thailand) or by national legislation (Canada). In any event, in cases of ambiguities, or where there is a gap in the interpretation of international law, it may be useful to refer to the general principles of law (Thailand).

As far as Portugal is concerned, among the multilateral rules that bind the Portuguese State and are applicable in the national ambit, one will have to quote : those that ensue from the principles that structure the international community, i.e. the stipulations of art. 7, n° 1 and 3 of the Constitution, the Universal Declaration of Human Rights, as well as the basic rules of the UN Charter, the norms of international law that guarantee permanent basic rights inherent in other Statements, Treaties or general Conventions, the norms that underpin universal Charters, Treaties or international Agreements not included under item 1, and the international general or common law (whether or not codified in statements, treaties or conventions) including custom and the general principles of international law (that are applicable under Portuguese national legislation, acknowledged generically and directly by art. 8, 1 of the Constitution) ; all other multilateral traeties including, with respect to derived law, measures taken by the Security Council of the United Nations according to the terms of Chapter VII of the Charter, as well as prescriptions emanated by the bodies set up under a multilateral treaty that foresees such source of legislation in its prescriptions.

2 . Connexion between the rules of international law and national legislation

2.1 Incorporation into the internal legislation

- Ratification and approval (existence and lawfulness)
In this matter, the major division occurs between States that follow a monist model and those which adopt a dualistic pattern ; yet in each of these groups, differences exist, with respect to the methods of incorporation of international law into the internal legislation and to the powers of the judge to control the existence and lawfulness of these methods, as we will see.

In **Austria**, “political” treaties and such other that modify or complement the legislation in force can only be conclued with the sanction of the *Nationalrat* (National Council) and, when they cover matters which pertain to the autonomous competence of the *Länder*, the approval of the *Bundesrat* is also required. An adjustment is required whenever the treaty is not self-executing, i.e. when it does not include the specifications necessary for the tribunals to deliberate on their proper implementation by the public administration or by the lower courts.

In **Canada**, considering the parliamentary nature of the system of government, the federal executive power may not directly create legislation - in the exercise of its prerogatives in the field of foreign relations - without prior approval of the legislative body. Once signed and ratified, the traty obligates Canada at the international level, but only constitutes a formal source of internal law once it has been integrated into the national legislation established to this effect. As far as appropriate implementation of a treaty requires a modification of pre-existing legislation, the treaty must be expressly adopted in the internal legal order by means of new empowering legislation. It follows that in the absence of legislative confirmation, a treaty does not create rights or obligations between individuals or between persons and the State. Treaties which merely have an impact on the international order, or which do not require any modification of the internal order do not, therefore, require a legislative intervention for their incorporation (example : peace treaties). The implementation of a treaty can take on three forms :
- an international agreement may be directly put into effect by the law ;
- a brief introductory law incorporates into the Canadian legislation all or part of the provisions of a treaty, the text of which is annexed to the treaty, without reproducing them, and sometimes hardly refers to the treaty which it implements.

In **Egypt**, it pertains to the President of the Republic to conclude international treaties. He then informs the Parliament. However, some treaties, such as peace treaties, alliances, commercial agreements, shipping agreements, and those which require a modification of the State territory or financial levies not foreseen in the budget, must be previously agreed to by the Parliament.

In **Finland**, according to section 33 of the Constitutional Law, treaties have to be approved by the Parliament whenever they contain clauses pertaining to its legislative sphere or if parliamentary approval is required in any other way by the Constitution. As a rule, treaties and conventions are incorporated by means of empowering laws or decrees (the text of the treaty is annexed).

In **France**, according to art. 55 of the Constitution of 1958 “from the time of their publication and conditioned by their implementation by the other pary, regulary ratified or approved treaties and agreements have a higher ranking, as to their autoritativeness, than laws”. The same article stipulates also the ratification process, with the intervention of the President of the Republic, and government approval for agreements in simplified form. The Constitution is not very specific about cases when ratification is required and instances in which approval will suffice. Independently from this matter, art. 53 of the Constitution establishes that the ratification or publication must be preceded by a parliamentary authorisation in the cases listed. According to constant case law, the Council of State considers that it is not up to approve a treaty or agreement cannot be separated from the conduct of international affairs, which is closely connected to the well-defined category of government actions and therefore is beyond the field of competence of the administrative jurisdiction. The Council of State therefore does not carry out any control on the selection between approval and ratification, nor on the decision to request - or not - prior approval by the Parliament. It merely supervises the existence of such approval or ratification.

In **Germany**, the transposition of international law in the internal legislation differs according to the nature of the former : the general rules of international law, by virtue of Art 25 of the Basic Law, are an integral part of federal legislation. In other words, the general principles of law, as well as of custom, are incorporated into the internal legislation by the Constitution itself, are objectively part and parcel of the German legal order (*objektive Rechtsordnung*). If and when they are invoked in court, they will be directly applicable. Treaties (*Staatsverträge*) with respect to matters of federal legislation are sbmitted by the Federal Government, after signature, to the Lower House of the Federal Parliament (*Bundestag*) and then to the Higher House (*Bundesrat*) for approval. The approval of the *Bundestag* is required in any case, while the approval of the *Bundesrat* is only required when the treaty impinges on matters on which the Federation is not able to legislate without its consent. After approval by the legislative bodies, the Federal President may ratify the treaty, such ratification being valid only after having been countersigned by the Chancellor or the Federal Minister in charge. On the other hand, administrative agreements (*Verwaltungsablommen*) are transposed in the internal legal order in accordancewith the Federal Government while the latter after having been signed by the relevant federal department and nitification to the other party.

In **Greece**, while the text of art. 28 par. 1 of the Constitution leads to the assumption that the ratification by a formal law is a mandatory requirement to integrate an international convention into the internal legal order, art. 36 par. 2 states that the ratification through a formal law is not required for the implementation of an international convention by the internal legislation unless such convention applies to matters listed in that same article. The most appropriate interpretation is that any convention not related to one of the matters listed in that paragraph is applicable in the internal legal order without any need for formal ratification by a specific law.

In **Hungary**, the most important international treaties are ratified by a decree of the Parliament after having been signed, and then promulgated by a law. Agreements concluded between governments are approved and promulgated by the government by decree.

In **Italy**, the President of the Republic ratifies the most important international treaties, after approval of the Houses of Parliament whenever the treaty is of a political nature, stipulates an arbitration or legal undertaking, implies a modification of the territory or a financial burden, or if they modify legislation in force.

In **Luxembourg**, to be internally valid, international treaties must have international existence at the time of their implementation, have been legally approved by the legislative bodies, by a law of approval, and published in the official gazette. The provisions of formally approved treaties will have to be immediately implemented in the internal order (i.e. self-executing), and any infringement will lead to the annulment of the contrary administrative action.

In the **Netherlands**, according to art. 91 of the Constitution, treaties may neither become biding, nor be abrogated without prior formal or tacit approval by the Assembly. Treaties that constitute a departure from constitutional clauses must be formally approved by at least 2/3 of voting members of both Houses of the Assembly. Some exceptions to the need for approval are known, such as when the new treaty merely purprts to implement an already approved treaty, or when the new treaty amends an annex of an executive nature. Once the approval has been secured, the State may proceed with the ratification, and deposit the ratification instruments.

In **Panama**, international treaties and agreements, once negociated by the executive, have to be submitted to the legislative authorities (National Assembly), for approval. When this has been secured, they become law of the Republic, and must be publicised in the official gazette. At a later stage, they have to be accompanied by a ratification process carried out by the executive authority which, in this manner, shows the international community that it accepts to subject to the treaty approved by the National Assembly.

In **Portugal**, the State becomes bound by the international law through ratification of the treaties and approval of the other agreements. It has to be stressed that the approval procedure required by the Constitution is more complex than the signature foreseen in the Vienna convention inasmuch as in order to give effect to the relevant article 24, n° 4, Portugal has to resort to the notification to parties involved in the negociations, as foreseen under art. 47 of the Vienna Convention.

In **Sweden**, the government may conclude an international agreement/treaty that commits the State, and the consent of the Parliament is only required whenever the agreement demands legislative measures which fall into its sphere of competence. There are no specific rules with respect to the mode of integration of the international law. The administrative judge does not exercise any type of supervision with respect to the lawful incorporation of the international law.

In **Switzerland**, monism is in force, with the supremacy of international law. The Federal Tribunal has recognised since the 19th century that international public law is an integral part of the internal legal order without a specific empowering act being required (general clause of full reception).

In **Thailand**, the king exercises the right to conclude treaties through the Council of Ministers and the several government departments, although the conclusion of some treaties is subjected to parliamentary approval by virtue of art. 224 of Constitution.

The Constitution of **Tunisia** foresees two distinct processes for the incorporation of treaties into the internal order. One is general, the other, specific to treaties concluded in the interests of the Major Arab Maghreb. In any case, regarding the preparation of treaties, Tunisian practice is conform to that applied by the vast majority of States and requres the four traditional phases (negociation, signature, ratification and publication). Regarding ratification, there are differences between various positions of doctrine. However, in the face of art. 33 of the Constitution, it is considered that the ratification of treaties is the sole responsability of the legislative authorities. In fact, not all international agreements require ratification. Tunisia applies a particular procedure with respect to ratification, instituted by art. 2 of the Constitution, which reads : "The Tunisian Republic is an integral part of the Major Arab Maghreb, for the unity of which it has to consider the common interest. Treaties concluded in this perspective, the nature of which entails any amount of modification of the present Constitution, will be submitted to a referendum by the President of the Republic after having been approved by the Chamber of Deputies". The importance of this mechanism is such that it requires agreement between the Chamber, the President of the Republic and the people. The competence, regarding ratification, is neither of the President, nor of the Chamber of Deputies, as its vote is merely a condition to the approval by the Tunisian population of the agreement (this last decision being the only relevant one). We are confronted with a very special system, basically equivalent to a ratification by the people.

- Publication

In most countries, the law that conveys a treaty into the internal order, as well as the text itself of the agreement are published in the official gazette, together with relevant reservations and interpretative statements, additional amendments and claims.

As a rule, such publication conditions the internal validity of the convention which, however, takes effect from its entry into force on the international level which, in some countries (including Portugal), is subject to an announcement similarly published in the official gazette.

In fact, the possibility of jurisdictional control of the lawfulness of the publication, either does not exist, or is extremely limited. For instance, in France, neither the constents of the convention, nor the lawfulness of the ratification procedure, can be appealed against, before an administrative jurisdiction, which could only censor formal flaws of the decree regarding publication (competence of the author, counter-signature rules, etc) and the aacuracy of the text published, with respect to the original treaty.

-Entry into force and continued enforcement (clause *rebus sic stantibus* and clause of reciprocity)

As a rule, treaties enter into force in the internal order after they have been ratified and publicised, an in any case, never before their entry into force at the international level. Sometimes it has been admitted, nevertheless, that the national legislator provide that a treaty may be implemented as national law even before its entry into force at the international level. This happened in Germany with respect to the Geneve Convention regarding refugees, of 1949.

Treaties that do not foresee time limits to their implementation, or which stipulate an extinguishment by unilateral decision are to be considered permanent. An alteration of circumstances enables the party against which it occurs to suspend or denounce the treaty.

Also as a rule, the control of the respect, by the other party, of the reciprocity clause (legislative or real), as embodied in an international convention, is not carried out informally by the administrative tribunals. It pertains to the interested party to invoke before them the appropriate means, and to secure all the required proofs, while the tribunals retain the right, at all times, to require from the relevant officials of Ministry of Forign Affairs information as to the implementation of the conventions by the other signatory parties.

In **France**, the faculty to suspend or denounce a treaty or agreement is an act government, the legality of which, as such, eludes the control of the administrative judge. He does not exercise control over its basis or the application of the rule *rebus sic stantibus*. He may verify if the decision exists and that it may be objected to by virtue of its notification.

In **Portugal**, it may be considered that the Constitution (art. 8, n° 2) admits international release from the norms of a convention due to alteration of circumstances.

2.2 *Legal strength of the rules of international law incorporated in the internal order*

- Rules of international general law and constitutional law

In the majority of countries, the rules of general international law do not prevail over constitutional prescriptions.

In **Luxembourg**, however, international law is prevailing, at a par with constitutional law and no case of conflict between both is known. In **Switzerland**, a recent award of the Federal Tribunal states that international law prevails over internal legislation, including constitutional law, which entails invalidity of any internal rule contrary to general international law.

In **Portugal**, it is considered that the rules of international general law which structure the international legal order, i.e., the *jus cogens*, and the norms of international law applicable to the protection of human rights prevail over the Constitution. All others are at a par with statutory national law.

- Rules in international law of treaties and constitutional law

Here again, the general principle is that of primacy of constitutional law over the rules of the international law of treaties although cases have been quoted in which countries had to alter their Constitution when an international treaty contained provisions that violated it (Panama).

Finland constitutes a particular case, where conflicts between the Constitution and the rules of international law are resolved from the point in time when the international rule has been integrated in the internal order : the position of international treaties in the hierarchy of the norms of national legislation depends on the hierarchic position of the corresponding clause of amendment. Such parts of treaties as are conflicting with the Constitution are adopted through an act of Parliament emanated in accordance with the procedure required for constitutional norms.

In **France**, any treaty incorporating provisions that are contrary to the Constitution cannot be ratified before the latter has been amended. The constitutionality of an international undertaking may be impugned before the Constitutional Council and if the Council considers that the treaty is in opposition with the Constitution, its ratification is prohibited, unless an amendment of the Constitution, or a reservation in the treaty overrules the contradiction. The Constitution does not, however, foresee any mechanism for the control of the constitutionality of a treaty that has already been ratified. The administrative judge has never been confroted with a proper contradiction between an international treaty and a rule of a constitutional nature. It has, nonetheless, been decided that international treaties should, as far as possible, be interpreted in such a way as to conform to the Constitution. It appears, in the final analysis, that the administrative judge can not repel the application of a ratified treaty.

- Rules of the law of international organisations and constitutional law

In **Portugal**, with regard to the rules emanated by international organisations which are not norms of international general law, only such measures as are adopted by the Security Council of the United Nations in terms of Chapter VII of the Charter and such as are enunciated by an institution set up under a treaty that confers them immediate legal strength in the internal order produce internal effects as legal norms. Such norms prevail over ordinary legislation and any conflict with constitutional law is either avoided by appropriate mechanisms with respect to the derived law is of bodies of the international organisations such as the EEC, or have to be resolved by the necessary prevalence inasmuch as special measures of the Security Council are concerned.

- Rules of international law and written or unwritten rules of normal legislation

The policy that apparently prevails confers appropriately ratified treaties and agreements authority beyond that of normal legislation.

With respect to norms in unwritten international law, it would appear that the general inclination is that they cannot prevail over internal law.

Second theme : Definition and interpretation of international rules by the judge

1. Definition of the rule of international law

1.1 *Knowledge, by the judge, of rules not integrated in internal legislation*

- International custom and practice, law of nations

In countries that apply a monistic system, the international rules, including the unwritten ones, may be applied as such in the internal legislation and there is not, therefore, any reason of principle for considering rules that are not incorporated in internal legislation.
Where dualistic systems apply, the judge is expected to consider rules of international law that are binding, yet not incorporated, whenever internal legislation connected to similar matters is applied.

1.2 *Qualification of a text as an international treaty*

In some countries, such as **Switzerland**, it is understood that an internal jurisdiction has no competence to classify arbitrarily international prescriptions as being or not being treaties as such classification follows from the categories of international law, with particuler stress on the Vienna Convention of 1969 with regard to international rules regarding conventions.

In other states, that follow a dualistic system, the administrative judge has no need to define a given text as an international treaty, considering that such treaties, when incorporated in the internal legislation, will be implemented as national legislation.

2. Interpretation of the norms of international law

2.1. *The case of clear acts*

As a rule, country reports refer that, with respect to interpretation, the judge applies the rules spelled out in art. 31-33 of the Vienna Convention of 1969 on the Law of Treaties (good faith, giving each word its literal meaning taking into consideration its context and the object and purpose of the treaty).

In **France** before an award in 1990, the Council of State did not deem itself competent to interpret an international treaty in which France was a party. Whenever a dispute was dependent on the interpretation of an international text, a question of principle was submitted to the Minister of Foreign Affairs, and the Council of State did not express an opinion (suspended its deliberations) until such time as the reply of the Minister was known. This reply could not be challenged by the judge. In all the cases in which the interpretation of the treaty did not raise any doubts, the Council of State deemed that, as the text was clear, there was no requirement to present a question of principle to the Minister of Foreign Affairs. Nonetheless, after 1990, the Council of State has been considering that it falls within the ambit of competence of the administrative judge to interpret international texts and agreements applicable to the concrete case. Whenever it comes across serious difficulties of interpretation, it may request the Minister of Foreign Affairs to provide comments about the meaning or scope of the treaty. It is, however, under no obligation to follow the Minister's interpretation. The Council of State endeavours, in its interpretation, to decrease the risks of contradictions between the treaty and the Constitution.

In **Luxembourg**, in case of a discrepancy with respect to the applicability of the doctrine of the clear act, the practise is to consult with the Government as to the interpretation of international treaties. The same applies in case of conflicting norms of international law.

In **Canada**, as the Canadian judge interprets international law in treaties as a matter of law and in the light of the law, the rules of general interpretation are applicable, although with some departures. Any law without international precedents is interpreted merely on the face of the text, of case law and of awards in common law. With respect to a text of international origin, the judge appeals to the text of the treaty and seeks his inspiration in it, to give a law a meaning or an effect which it would otherwise be impossible to state as being the intention of the legislator. The reference to the international text in the interpretation of the law contributes to the full implementation of the treaty. The quest for the intention of the legislator may not be abstracted from the context of the adoption of the legislative clause. It follows that the text of the law, despite its being perfectly clear and devoid of explicit ambiguity, may encompass some ambiguity which derives from factors that are extrinsic to the law being interpreted - namely the convention to be adopted. It is therefore reasonable to refer to the international text from the outset of the interpretation.

2.2 The case of conflict between norms of international law

Some very few cases of conflicting norms in international law have been reported.

As a rule, the discrepancy is considered equivalent to a departure between norms of internal law, and such conflicts are resolved according to the usual principles (*lex superior, lex posterior,* hierarchy of values, of lesser damage, of caution and of relative reconciliation of interests) in cases when it is not possible to determine a interpretation that will harmonise the norms.

In **Switzerland**, in case of conflict between rules regarding the international law of agreements and a domestic norm regarding the protection of human rights, the latter prevails, according to the case law of the Federal Tribunal. Consequently, articles 3, 5 and 6 of the European Convention of Human Rights and art. 3 of Chapter II of the European Convention on Extradition are considered *jus cogens* and therefore prevent Switzerland from extraditing a person to a country which does not observe such principles, even when such extradition is stipulated in a treaty.

Third Theme : Acknowledgement and effects of rules of international law

1. Ability for a claimant to invoke a rule of international law

1.1 *Petition to the rules of international law with respect to conventions*

Here too, one has to discuss the adoption of a monistic or dualistic system.

According to the former, as is the case in **Germany**, or in **Greece**, the claimant may invoke an international treaty if this has been integrated into the German legal order, if this is directly applicable (*unmittelbar anwendbar*) and confers subjective rights to the claimant, it being deemed that a prescription in a treaty is directly applicable whenever no complementary legislation is required - in other words, when legal effects may be derived from the treaty in individual cases by the administrative authorities and tribunals.

On the other hand, in countries such as **Canada** or **Finland**, where international law is introduced in the internal order through legislative action, parties to a dispute on internal law may not directly claim an infringement of the rules of international law in respect of conventions. What they can do is invoke a norm of national law in force on the basis of an international treaty.

1.2 Call upon the general principles of law

As in the previous item, if one takes the paradigmatic cases of **Germany** and **Canada**, it may be stated that :

- in **Germany**, the claimant may call upon the general rules of international law - international common law and general principles of international law - in legal proceedings whenever these rules are part and parcel of the German legal order, which happens quite frequently in criminal suits and extradition cases, but only exceptionally before administrative tribunals.

- in **Canada**, as the major part of the general principles of law pertaining to the systems of civil right and common law (good faith, equity, abuse of authority, acquired rights, undue enrichment, standard of fairness, authority of *res judicata*) are already an integral part of the Canadian national law, whether by common law or by statutory law in civil matters, they may be called upon as such.

- In **France**, whenever a prescription of international common law has been identified, the judge has to ponder about the direct effect of such norm, i.e. whether it creates rights and obligations for the individual and whether it is sufficiently precise and unconditional to be applied in individual cases, or whether it merely refers to states.

- In **Portugal**, individuals before an administrative tribunal may call upon general principles of international law which, being acknowledged as to their existence and content, will be applied in the issue challenged like any other rule of positive law. Nevertheless, the general principles of international law, unless they integrate *jus cogens*, tend to be of a complementary nature, which entails that they do not have any value if the existence of a general custom, or even of a treaty that regulates the matter has been determined. With this exception, their hierarchic value is the same as that of general or common international law.

2. Competence of the judge to deal with infringements of a rule of international law

2.1 Possibility for the judge to consider, ex officio, an infringement of a rule in international law

The possibility for a judge to consider, ex officio, an infringement of rule in international law depends simultaneously on the system according to which the international law is being integrated and on the specific rules for the analysis of vices existing in the administrative act challenged in the proceedings. Actually, in countries that operate a distinction between vices that entail nullity and vices generate the mere possibility to nullify the challenged act, the judge is commonly granted competence to scrutinise the former *ex officio* and, consequently, if the vice has been generated by the infringement of a rule of international law, he may consider this infringement. Contrariwise, if the vice that would be generated by the infringement by the administrative act of a rule in international law merely generates the possibility to annul the act, and if the claimant has not argued this vice, the judge may not appraise it nor, consequently, consider *ex oficio* the infringement of the rule of international law.

2.2 Direct infringement of a rule of international law either by an administrative act or by a norm in national law on the basis of which the administrative act was produced

For the purpose of comparison, again the case of **Germany** and **Canada** come up as being particularly significant :

- In **Germany**, if an *administrative act* violates international law, the administrative tribunal has to annul it. If the infringement of the international legislation has been particularly serious and obvious, the act will be declared null and void. If a norm of *domestic legislation* on the basis of which an administrative act was carried out violates international law, the administrative tribunal may annul the administrative act - assuming that it is consonant with the internal legislation - only if the norm of the international law prevail over national legislation, which depends, basically on its nature. This entails that :
- a general rule of international law takes precedence over the internal law and, in case of doubts as to the integration of the alleged general rule of international law in the internal legislation or as to whether it establishes directly or not rights and obligations for the individual in cause, the administrative tribunal

Tribunal as to this question ;
- if a norm in internal law violates an international treaty and if the discrepancy cannot be resolved in favour of the international prescription by virtue of mere interpretation, the tribunal has to implement the internal law without any possibility of declaring the nullity of the internal law on the basis of which the administrative act has been taken. This is because only the Constitutional Tribunal may declare the nullity of laws, and only in cases when they are unconstitutional, not for a violation of an international treaty, in which hypothesis the discrepancy can only be resolved by the legislator. On the other and, if a tribunal in the proceedings of a case, considers that the prescriptions of a treaty to be applied in the case are unconstitutional, it must suspend proceedings and secure an award from the Constitutional Tribunal with respect to the constitutionality of the law that incorporated the treaty in the national legislation.

In **Canada**, in view of the specific way in the which the international law derived from agreements is integrated " transformation system" and of the monistic doctrine on the basis of which the domestic legislation adopted for customary international law prevails, the direct violation of a rule of international law may not be claimed before a canadian judge.

The case of **France** can also be cited, where in administrative act that is directly contrary to a treaty calls for annulment for abuse of power (*excès de pouvoir*) when it occurs within the scope of a treaty. In case of regulatory acts, they may be declared illegal within the framework of in appeal lodged against an individual administrative enforcement act. It is also possible, within the ambit of an appeal against an administrative act, to challenge the compatibility of the law, on the basis of which it has been taken, with an international treaty. And if the judge ascertains that the law is contrary to the treaty, he will conclude that, consequently, the act is devoid of a legal basis.

In **Portugal**, whenever an administrative act violates directly a rule in international law, the relevant sanction is the possibility of annulment, inasmuch as any infringement upon a legal standard gives rise to the vice of violation of the law. If the administrative act implemented an internal law that is contrary to the international norm applicable, the administrative tribunal states thet the internal standard is contrary to the norm of international law, which it considers of prevalent hierarchy and, therefore, the act itself is also annulled, for breach of law. However, the judge has no competence to express an opinion as to the validity of the international norm, even with respect to conventions, internally in force, pertains to a legal oerder that is beyond the validity control of national tribunals

2.3 *Degree of invalidity or inefficiency of a standard of internal legislation that infringes upon a rule of international law*

Whereas in systems such as that of **Germany**, if an internal law infringes upon a rule of international legislation - whether a general rule or a treaty - and where the international norm prevails over the internal order, it can not be applied and therefore becomes ineffective without, however, being null and void, in the **Canadian** system, once the international law has been transformed into an internal law, the matter becomes one of conflicting internal laws, that may be resolved according to the principles of prevalence of the later law, and that of the special law.

3. Consequences with respect to the responsability for the infringement of a rule of international law by a norm of the national legislation

3.1 *Responsibility for faulty action*

In most countries, the possibility of establishing a fault of the State (and in particular before the administrative jurisdictions) with respect to legislative actions gives rise to many doubts...

In **Germany**, for instance, if the legislator adopts a national law that violates a standard of international law, he will normally not be called to responsibility for such action before the German tribunals. The responsibility of the State and of other public bodies is in principle dependent on the fact one of its civil servants has carried out negligently his duties with respect to a third party in the execution of public duties. Now, as the legislator acts in the interests of the general public and not in the interests of specific individuals, the conditions for claiming the responsibility of the State are not fulfilled, unless the legislator should legislate in a concrete case, which is hardly likely, as this would be unconstitutional. Therefore, should an individual be affected in his rights by a law that infringes upon international law, he will not normally be entitled to file an action against the legislator for prejudice caused, but he may lodge an appeal in an administrative tribunal, which would result in the annulment of the administrative act based on the law whenever the conflict between the two sources of law is resolved in favour of the relevant international rule of law.

In **Greece**, on the other hand, the possible basis for an action to claim damages aiming at atoning damage caused to an individual by the violation of a rule of international law by a rule of internal origin may be found in art. 105 of Law 2783/1941, regarding the entry into force of the (Civil) Code of Law, which establishes the principle of the responsibility of the State for all illegal actions or omissions of its organs "in carrying out the public authority with which they have been entrusted". If it is quite cetain that the case law has been traditionally reticent at recognising the responsibility of the State for actions or omissions of its legislative bodies on the basis of that prescription, a slow but certain change is emerging in view of the fact that this provision has already been acknowledged as a basis for actions of redress aiming at restoring the damage sustained by individuals either through internal provisions that are contrasting with Community law, or through the transposition into the internal legislation of a Community directive.

In **Italy**, judges are not empowered to declare the State responsible because of the issuance of a law that is contrary to the international law and therefore, no one will be entitled to receive from the tribunals a condemnation of the State to pay compensation for damages produced by that law, even though it has been annulled by the Constitutional Tribunal for being contrary to an international rule adopted as a constitutional rule and even though it ma be certain that the Parliament has adopted the law fully cognisant of the fact that it was contrary to international law.

In **Portugal**, the adoption, by virtue of a convention, of given material regulation impinging in the individual, as well as the failure to adopt internal rules deriving from an international obligation, and thus causing damage specific individuals, does not entail administrative responsibility. Such responsibility is political or legislative and in entailing the responsibility of the State (and the determination of the conditions of civil responsibility would be required, while in practice, difficult to figure out) pertains to ordinary tribunals. Only a violation of rules of international law, that are in force and applicable, by the bodies and agents of the State, in their duties of public management, when they cause prejudice, may give rise to claims for remedy - for which the administrative tribunals are competent - and, in such case, in determining such responsibility, the same occurs as in the parallel case in which a private person wants to establish the responsability on the grounds of violation of national legal rules.

3.2 *Responsibility for risk*

In **France**, in an award of 1966, it was admitted that the responsibility of the State may be claimed, on the basis of the equality between citizens before public authorities, to ensure compensation for damages originating in conventions concluded between France and other countries and regularly incorporated in the internal legal order inasmuch as neither the convention itself, nor the law which had eventually authorised its ratification may be deemed to have excluded any compensation is claimed, and on the other hand, the prejudice for which compensation is claimed is severe enough and of an exceptional nature.

In **Portugal**, the civil responsibility is, in principle, based on fault. Nevertheless, tribunals may, in some cases, be called on to find the responsibility of the State and other public authorities, independently from any fault, in the following cases :
- when they provoke special and abnormal damage because of the operation of partularly dangerous services, or for things and activities of the same nature (with the exception of acts of God, *force majeur* or fault of the damaged party);
- when they entail, in the interests of the general public, trough lawful action, special and abnormal prejudice ;
- when, in case of need or for stringent reasons of public interest, they have sacrificed especially things or rights of a private person.

In **Tunisia**, Law N° 39 of 3 June 1996, which explicitly admitted the notion of responsibility for risk, limited, however, its implementation to prejudice caused by public works and dangerous activities of the administration. The responsibility of the Government entailed by its legislative action therefore can only be declared on the basis of fault.

It was therefore concluded that the possibility to claim the responsibility of the State, whether or not based on fault, on grounds that its lawgiving actions (or omissions) infringe upon rules of international law, is either not legally admissible or, whenever this is not the case, it does not pertain to the administrative tribunals to appreciate this responsibility. In any event, such a claim can hardly be expected to be very successful.

DÉCISIONS RELATIVES À “L’APPLICATION DU DROIT INTERNATIONAL PAR LE JUGE ADMINISTRATIF”

ALLEMAGNE

Cour administrative fédérale
Compétences et attributions

La juridiction administrative allemande se prononce en principe sur les droits subjectifs des requérants. Elle intervient pour annuler un acte administratif individuel ou, plus rarement, pour un règlement, pour condamner l'administration à des prestations, notamment prendre un acte administratif et constater l'existence ou l'inexistence d'un droit.

Trois instances sont prévues dans la juridiction administrative. La Cour suprême administrative (Bundesverwaltungsgericht) est en général juge de cassation. Elle est liée par les faits constatés par les instances précédentes et ne traite que les questions de droit.

Federal Administrative Court
Decision of July 2, 1981 - BverwG 5 C 67.80

1. Actes législatifs et administratifs - Accords internationaux - Applicabilité - *Traité d'amitié, de commerce et de navigation du 29 octobre 1954* - Actes législatifs - *Loi relative au droit de propriété foncière*

Summary

Land ownership may be reformed by means of a procedure carried out by an authority in order to improve the production and working conditions in agriculture and forestry (land consolidation). Each procedure is carried out in respect of a certain area, with the involvement of all landowners.

The plaintiff is a U.S citizen. He challenges the inclusion of his plots of land in the land consolidation procedure on grounds that such measures are allegedly not permissible because of an International Treaty concluded between the United States of America and the Federal Republic of Germany.

However, as Customary International Law, this Treaty contains no territorial or personal restriction of the original power of state legislation within the territorial jurisdiction of the Federal Republic.

The fact that such a land reform is inexistent in the United States does not entail the violation of the principle of reciprocity contained in this Treaty as both parties have committed themselves to apply the "principle of national and unconditional most-favored nation treatment reciprocally accorded".

Résumé

Le requérant, citoyen américain, conteste l'inclusion de son lot de terre dans une opération de remembrement au moyen de l'incompatibilité de la procédure avec les dispositions d'un traité international conclu entre les États-Unis et la république fédérale d'Allemagne.

Cependant, le traité invoqué ne contient aucune stipulation portant restriction du champ d'application personnel et territorial de la législation allemande.

L'inexistence d'une telle procédure de remembrement aux États-Unis n'emporte pas violation du principe de réciprocité dès lors que les parties ont fondé la conclusion du traité sur l'application mutuelle du principe du traitement de la nation la plus favorisée.

Decision

[...]

The complaint submitted by the plaintiff asserting the inadmissibility of all official and judicial measures in respect of his land ownership on the basis of the Treaty of Friendship, Commerce and Navigation dated October 29th 1954 between the Federal Republic of Germany and United States of America (Federal Law Gazette [BGBI] 1956 Part II p. 488) is ill-founded.

[...]

The Federal Parliament (Bundestag) assented to the Treaty with the consent of the Federal Council (Bundesrat) by means of the Treaty (Vertraggesetz) dated May 7th 1956 (Federal Law Gazette [BGBI] 1956 Part II p. 487) and promulgated the text of the Treaty. The parallel domestic Law (national law) brought about by this is Federal Law in accordance with the Basic Law (Grundgesetz), and as such can be revised.

[...]

In the same way, however, as Customary International Law, this Treaty also contains no territorial or personal International Law restriction of the original power of state legislation within the territorial jurisdiction of the Federal Republic. This territorial jurisdiction enables the state to also apply its own land ownership law to non-nationals in connection with domestic land ownership. The internal relationship existing by virtue of the legal situation as it has arisen in reality justifies the state in which the land is situated including non-nationals in the area of application of its own statutes (lex rei sitae). The applicability of the Land Consolidation Act (Flurbereinigungsgesetz) is, therefore, not subjected to restrictions under international law within its area of application (there is no need to take account of restrictions and consideration for reasons of extraterritoriality).

[...]

The principle of reciprocity contained in this Treaty also does not pose a hindrance to the application of the Land Consolidation Act because, possibly, there is no comparable land consolidation procedure in the USA. Under International Law, the principle of reciprocity only entails requesting the other state to afford "reciprocity" to aliens. Pursuant to the Preface to the abovereferenced Treaty, both states elected to conclude the Treaty, guided by this principle "based in general upon the principles of national and of unconditional most-favored nation treatment reciprocally accorded". Accordingly, the national treatment illustrated in Art.XXV is also expressly set forth in several Articles (such as in Art. V with regard to the protection of property, as well as in respect of the possibility of expropriation; Art. VI concerning legal protection and Art. IX regarding rights to immovable property). It emerges from this that the abovereferenced Treaty has no legal effect with regard to the land consolidation procedure which was ordered.

■

Federal Administrative Court
Decision of February 29, 1996 - BverwG 5 C 23.95

1. Sécurité sociale - *Agents diplomatiques bénéficiant du statut diplomatique*
2. Actes législatifs et administratifs - Accords internationaux - *Convention de Vienne du 18 avril 1961*

Summary

In accordance with German Law on social assistance, aliens on principle also receive maintenance from public authorities in the event that they are unable to support themselves.
A decision was to be taken in the legal dispute regarding the question of whether foreign diplomatic agents may also lay claim to such assistance. The Federal Administrative Court gave a negative answer to this question on grounds of such assistance being incompatible with the status of the diplomatic service, which is governed by international law.

Résumé

Selon les principes posés par le droit allemand de la Sécurité sociale, les étrangers reçoivent assistance des autorités publiques dès lors qu'ils sont dans l'incapacité de s'assumer financièrement. A la question de savoir si les agents diplomatiques étrangers sont en droit de bénéficier d'un tel dispositif, la Cour administrative fédérale répond par la négative au motif qu'une telle aide serait incompatible avec le statut du service diplomatique régi par le droit international.

Facts of the case

The plaintiffs are foreign nationals and hold diplomatic passports. In January 1992 they applied for social assistance from the defendant town because their home country had allegedly ceased paying salaries to its diplomatic agents world-wide from September 1990 onwards and their savings and assets had been used up. They could not be expected to return to their home country at that time because of the catastrophic situation there.

The town rejected the application, referring to the plaintiffs' diplomatic status. The Administrative Court at first instance placed the town under an obligation to provide assistance because it was stated to be only an issue of the actual need of the aliens in this respect, but not of their legal status.

The Federal Administrative Court, on the other hand, decided that, as a rule, aliens with diplomatic status may not claim social assistance in Germany. Exceptions may only be considered if the alien has first left the diplomatic service of his/her home country, or has in fact ceased to perform all diplomatic functions because of the incapacity of his/her home State to act.

With regard to the clarification of the question of whether the actual requirements of such an exception have been met here, the legal dispute was referred back to the court of first instance. As an appeal court, the Federal Administrative Court is only competent for clarifying legal questions, but not for investigating the facts of the case.

Decision

In concordance with Federal law, the Administrative Court held the action to be admissible. In particular, the plaintiffs are not excluded from the jurisdiction of the German (administrative) Courts, as a consequence of the immunity of members of diplomatic missions and their family members. Diplomatic agents are not prevented by their immunity from going to the German Courts actively as plaintiffs.

[...]

The Administrative Court had taken the point of view that the action was allegedly also well-founded because, irrespective of their legal status, as governed by the Vienna Convention on Diplomatic relations dated April 18th 1961 (Federal Law Gazette [BGBI] 1964 Part II p. 959), it was stated that the plaintiffs were entitled to claim benefits under the Federal Social Assistance Act (Bundessozialhilfe gesetz). This is, however, compatible with Federal law only in special, exceptional cases, which have not yet been sufficiently clarified in this case from a factual point of view.

In accordance with section 120 of the Federal Social Assistance Act (BSHG), aliens who are in fact in the area of application of this Act should be granted maintenance and medical assistance, amongst other things. As a general rule, however, this provision does not apply to persons covered by the above referenced international agreement.

It is debatable whether, as asserted by the defendant, the plaintiffs are already excluded from making claims under the Federal Social Assistance Act by Art. 33 of the Vienna Convention, in accordance with which diplomatic agents are exempted with respect to services rendered for the sending State from social security provisions of the receiving State. Irrespective of the scope of exclusion from the social security system of the receiving State, on the basis of Art.33 of the Vienna Convention, aliens with diplomatic status are, as a rule, certainly unable to claim social assistance because this is incompatible with the nature and the function of the diplomatic service. Therefore, anyone who belongs, or has belonged, to a foreign diplomatic mission in the Federal Republic of Germany may only have a claim to social assistance if he/she had first (formally) left the diplomatic service of the sending State, or, in the event of the incapacity of his/her sending State to act, has definitely ceased to perform any diplomatic functions. It is irrelevant here whether something similar follows from a restrictive interpretation of section 120 of the Federal Social Assistance Act, orientated towards the rules of international law relating to the diplomatic service, or is to be derived from the rules of internationl law, which take priority over section 120 of the Act.

The functions of the diplomatic service and the fact that "peoples of all nations from ancient times have recognized the status of diplomatic agents" (cf. Preamble to the Vienna Convention) rule out receiving social assistance in the receiving State. Diplomatic missions are an organ of the sending State. It can only be assured that their functions are performed (cf. Art. 3 of the Vienna Convention) if diplomatic agents are able to perform their functions in complete independence. Their status is to be awarded to diplomatic agents in the interest of fulfilling the function of diplomatic missions, namely to represent the sending State in the receiving State (cf. Art. para. 1 (a) of the Vienna Convention). See also para. 5 of the Preamble to the Convention: "Realizing that the purpose of such privileges and immunities is not to benefit individuals but to ensure the efficient performance of the functions of diplomatic missions as representing States". The essence of this legal status includes the inviolability of the person of a diplomatic agent (cf. Art. 29 of the Convention) and their immunity, which releases them from the coercive power of the receiving State (Art.31 of the Convention). Diplomatic agents are therefore only subject to the civil and administrative jurisdiction of the receiving State in exceptional cases (cf. Art. 31 para. 1 second sentence of the Convention). Even if they are bound by the general norms of the receiving

State, their enforcement is impeded as a result of a diplomatic immunity in order that foreign diplomatic agents are not prevented from fulfilling their sovereign tasks by virtue of the deployment of the law enforcement apparatus of the receiving State. Accordingly, immunity is afforded to them because it would not otherwise be possible to perform the functions of the diplomatic mission as a representative organ of the sending State. It would not be compatible with this function, and with the "sovereign equality of States" (Preamble to the Vienna Convention) if the maintenance of officials called upon to represent states were to depend on their receiving benefits from the receiving State which are subordinate to other state social benefits, irrespective of any contributions made. Rather, the sending States alone are liable for the remuneration of their diplomatic agents.

Claiming benefits in accordance with the Federal Social Assistance Act is, therefore, essentially conditional on having left the diplomatic service. Beyond cases of cessation of employment , benefits under the Federal Social Assistance Act may also be considered by way of exception if material obstacles stand in the way of terminating diplomatic status because the sending State is, or has become, unable to act, and diplomatic agents are unable to return to their sending (home) State. A claim to social assistance in such cases is conditional on the mission of the diplomatic agent having ceased to exist, at least in factual terms. If the exclusion of a diplomatic agent from claiming social assistance is founded in safeguarding the function of the diplomatic service, such grounds for exclusion cannot be held against individual diplomatic agents if they are no longer able to fulfil their diplomatic functions, for instance because of a civil war in their country of origin, and therefore have in fact ceased to perform any service-related function. In this respect, they can be expected to document their desire to also continue to refrain from exercising diplomatic functions, for instance by returning their diplomatic passports.

[...]

There is no indication in this case that the plaintiffs'diplomatic mission had ceased by virtue of their being recalled. The fact that the sending State had ceased to pay salaries cannot be considered as a recall. The latter is a formal procedure involving, customarily, either the head of state or the Ministry of Foreign Affairs of the receiving State. Whether the sending State had (continued) to exist as a subject of International Law during the relevant period during 1992, but was unable to act in respect of maintaining its diplomatic service, and whether the plaintiffs had in fact ceased to perform their official functions, was not investigated by the administrative court - and indeed this was not relevant from their legal point of view. It will therefore be necessary to subsequently carry out this investigation.

[...]

AUTRICHE

Cour suprême administrative
Compétences et attributions

La Cour suprême administrative contrôle la légalité de l'action de l'administration publique (les affaires de finances et une grande partie des affaires d'assurances sociales sont également soumises à son contrôle).

La Cour administrative statue exclusivement sur les recours dans lesquels sont alléguées : l'illégalité d'une décision des autorités administratives, la carence d'action des autorités administratives, l'illégalité de certaines directives dans le domaine scolaire.

Les juges de la Cour administrative statuent régulièrement à l'annulation (à l'exception des cas d'inaction, dans lesquels la Cour statue sur l'affaire elle-même).

Cour administrative suprême
Decision of October 3rd 1996, n° 95/06/0246

1. Expropriation pour cause d'utilité publique - Notions générales - Notion d'utilité publique - Existence - Infrastructures de transport - Voies routières
2. Nature et environnement - Protection de la nature - Étude d'impact
3. Communautés européennes - Portée des règles de droit communautaire - Directives communautaires

Summary

By ratifying the EEA- European Economic Area-Agreement, Austria has commited itself to adhere to the original and derived provisions of the European Economic Community, including among others the Directive 85/337 EEC. Yet, even if the directive is directly applicable under EEA-law, it does not enjoy primacy over later Austrian law as the EEA does not possess the supranational character of the EEC. As a consequence, § 46 (4) of the Federal law on Environmental Impact Assessments 1993 (Umwel tverträglich-keitsprüfungsgesetz 1993/ UVP-G 1993), regarding the temporal sphere of validity for the execution of an environmental impact assessment is valid domestic law and has not been displaced by the EEA-Agreement.

Résumé

En vertu de l'accord international portant création de l'EEE, Espace économique européen, l'Autriche s'est engagée à respecter l'ensemble de l'acquis communautaire de la Communauté européenne, c'est-à-dire l'ensemble des dispositions du droit originaire et dérivé de la Communauté économique européenne. À ce titre, la directive 85/337 CEE est applicable en droit autrichien. Cependant, elle ne prime pas sur la loi autrichienne postérieure. Aussi les dispositions de la loi fédérale relative aux études d'impact environnemental entrées en vigueur le 1er juillet 1994 ont-elles abrogé les stipulations directement applicables de la directive 85/337 CEE.

Decision

The complainants JS and MS (the complaint brought by NS was rejected by the Court as inadmissible) were owners of real estate within the territory of the Land of Burgenland. With a Decree dated August 10th 1995, the Governor of the Land Burgenland expropriated parts of the complainants'properties for the purpose of constructing a Federal Highway. The FMEA (Federal Minister for Economic Affairs) dismissed the complainants'appeal on the grounds that no further environmental impact assessment was necessary or even possible under valid Austrian laws for the construction of this specific Federal highway.

The complainants have submitted that, since Austria was a member of the EEA as of January 1st 1994, it was obliged to implement the directive 85/387/EEC of the EEC Council, concerning environmental impact assessments for certain public and private projects, as of that date. The Austrian Federal UVP-G, however, excludes its applicability for Federal highway projects, if the relevant hearing procedures have been initiated by June 30th 1994. The complainants have submitted that directive 85/387/EEC is directly applicable and therefore displaces the relevant paragraphs of the UVP-G.

The Court holds this to be incorrect.

Both according to its goals and systematically, the EEA-Agreement represents a traditional International Treaty. By ratifying the EEA-Agreement, Austria has obliged itself under International Law to adhere to the provisions of said Agreement and to the legal provisions declared binding for the treaty members by the EEA-Agreement, containing, among others, the directive 85/337/EEC.

Article 6 of the EEA-Agreement provides that interpretation of provisions of the Agreement, in as far as they are essentially identical with the respective provisions of the EEC-Treaty and the ECSC (European Coal and Steel Community) -Treaty and of secondary law based on these two latter treaties, must be in accordance with existing adjudication of the ECJ (European Court of Justice), notwithstanding the future development of said adjudication.

Whilst it may be sustained that Art. 6 of the EEA-Agreement differs from other international law treaties in as far as its technique of circumscribing the contents of the Agreement is concerned, the basis for its validity for the

Austrian legal sphere is still (as with other international law treaties) the resolution of the Austrian Nationalrat (chamber of parliament) according to Art. 50 (1) and (3) B-VG (Bundes-Verfassungsgesetz, Federal Constitution Law). The EEA-Agreement does not provide for a general transfer of legislative power to institutions of the EU or common institutions of the EU and member states of EFTA.

Article 3 of the EEA-Agreement provides that the Contracting Parties will take all necessary measures in order to meet their obligations under the Agreement. Whilst it is therefore textually comparable to Art. 5 of the EC-Treaty, it has been pointed out by Azizi (in: Hummer (ed.), Der Europäische Wirtschaftsraum und Österreich, 43) that the doctrine of primacy of EC-law developed by the ECJ on the basis of Art. 5 of the EC-Treaty is expressly based on the supranational character of the EC. The EEA, however, as pointed out above, does not possess this supranational character. Art. 3 of the EEA-Agreement is therefore not "essentially" comparable with Art. 5 of the EC-Treaty. No comparable primacy over Austrian law has therefore been accorded to EEA-law by Austria upon entering into the EEA-Agreement. This theory is also supported by the historic materials to the Austrian EWR-Bundesverfassungsgesetz (EEA-Constitutional Law 1993).
It follows that, even if a Directive is directly applicable under EEA-law, it does not enjoy primacy over later Austrian law. Since the here relevant parts of the Austrian UVP-G went into force on July 1st 1994, they materially abrogated any possibly directly applicable relevant parts of the directive 85/337/EEC.

Under valid Austrian Law, the authorities therefore correctly assumed that no further environmental impact assessment was necessary for the here relevant Federal highway project. Complaint dismissed.

BELGIQUE

Conseil d'État

Compétences et attributions

Le contentieux de l'annulation est l'attribution la plus importante de la section d'administration : à la requête de quiconque justifie d'un intérêt, la section peut annuler les règlements et les actes juridiques unilatéraux de toute autorité administrative ainsi que les décisions contentieuses administratives, c'est-à-dire celles des juridictions administratives, et ce pour un motif d'illégalité déduite de la violation des formes substantielles ou prescrites à peine de nullité, de l'excès ou du détournement de pouvoir.

S'y ajoutent le plein contentieux dans certaines matières (contentieux électoral, contentieux concernant la délimitation communale), la réparation d'un préjudice exceptionnel (réparation d'un dommage exceptionnel moral ou matériel) et quelques contentieux particuliers (accès aux documents administratifs, mutualités ...).

Les conflits d'attribution sont réglés par la Cour de cassation (la plus haute juridiction judiciaire).

Le Conseil d'État, saisi d'un recours en annulation contre un règlement qui a été pris en exécution d'une loi, saisit la Cour d'arbitrage (Cour constitutionnelle) d'une question préjudicielle s'il considère que le vice de constitutionnalité reproché affecte tant le règlement que la loi qu'il exécute.

Le Conseil d'État dispose également de compétences consultatives : les avant-projets, projets, et propositions de loi, de décret et d'ordonnance, ainsi que les arrêtés réglementaires lui sont soumis. Il peut être aussi chargé de la coordination, de la codification ou de la simplification de la législation, ainsi que de la rédaction des textes d'avant-projets de lois, de décrets, d'ordonnances, de règlements ou d'amendements.

Conseil d'État
Arrêt du 26 juin 1989 n° 32.786 - Evers c/ commune de Flémalle

1. Fonctionnaires et agents publics - Statuts, droits, obligations et garanties - Obligation de résidence
2. Actes législatifs et administratifs - Accords internationaux - *Protocole n° 4 de la Convention européenne de sauvegarde des droits de l'homme et des libertés fondamentales du 16 septembre 1963 - Pacte international relatif aux droits civils et politiques du 19 décembre 1966*

Résumé

Le requérant, Monsieur Guy Evers, demande l'annulation de la décision du conseil communal de Flémalle du 28 octobre 1987, le déclarant démis d'office de ses fonctions de commis technique. Il lui est reproché d'avoir recouru à une "manoeuvre frauduleuse" en établissant une "fausse déclaration de domicile" dans le but de se conformer à l'obligation de domicile et de résidence effective inscrite dans le statut administratif du personnel.

Le requérant contestant la légalité de ce statut, le Conseil d'État a précisé que "l'obligation d'habiter dans un rayon déterminé du lieu où la fonction publique est exercée ne peut être imposée par une administration communale que s'il existe des raisons exceptionnelles de décider que l'exercice de cette liberté individuelle doit être limitée par une mesure préventive". En outre, "il ne peut être fait application de cette obligation que s'il se vérifie dans chaque cas d'espèce que la limitation de l'exercice de la liberté individuelle répond à une nécessité d'un intérêt supérieur à celle de son respect".

En l'espèce, un règlement communal ne peut imposer l'obligation de résidence à tous les titulaires des emplois des niveaux I, II et III et ce, sans aucune possibilité de déroger à cette obligation. En outre, la loi du 11 juillet 1988, invoquée par la partie adverse et qui permet au conseil communal d'exiger des membres du personnel de conserver leur domicile et leur résidence effective sur le territoire communal, n'est pas applicable en l'espèce car elle est entrée en vigueur postérieurement à l'acte attaqué. De surcroît, celle-ci devrait être conforme tant à l'article 2 du protocole n° 4 de la Convention européenne de sauvegarde des droits de l'homme et des libertés fondamentales (en date du 16 septembre 1963) qu'à l'article 12 du Pacte international relatif aux droits civils et politiques du 19 décembre 1966. La délibération du conseil communal de Flémalle est, par conséquent, annulée.

Summary

The claimant, Mr. Guy Evers, requires the annulment of decision of the town council of Flemalle dated the October 28th 1987, which declared him automatically dismissed from his functions as technical assistant. He was reproched to have had recourse to a fraudulent manoeuvre by establishing a false declaration of domicile in order to fulfill the obligation of domicile and residence contained in the administrative statute of the staff.

To the contest by the claimant of the legality of this statute, the Council of State has replied that the obligation to settle in an area determined from the place where the public office is exercised can only be imposed by town administration if exist exceptional reasons to decide that the exercice of individual liberty has to be limited by a preventive measure. Moreover, the Council of State has precised that the obligation can only be applied if the hindrance to individual freedom is motivated by a general interest greater than the protection of individual rights.

In the case in point, a town regulation can not impose an obligation of residence to all of the employees when no derogation to this obligation is admitted. Moreover, the Law of July 11th 1988, put forward by the adverse party and which allows the town council to require from its staff an effective settlement within the town territory is not applicable to the case in point as it came into force subsequently to the act under attack. Finally, this law would have to be conformed not only to article 2 of the Protocole n°4 added to the European Convention on Human Rights but also to article 12 of the International Pact of Civil and Political Rights of December 19th 1966. The deliberation of the town council of Flemalle is therefore annuled.

Décision

Vu la requête introduite le 30 décembre 1987 par Guy Evers qui demande l'annulation de la délibération du 28 octobre 1987 par laquelle le conseil communal de Flémalle décide que le requérant est démis d'office de ses fonctions de commis technique à partir du 29 octobre 1987 ;

[...]

Considérant que les faits en cause peuvent être résumés comme suit :

1. Par une délibération du 26 juin 1978 du conseil communal de Flémalle, Guy Evers est nommé, à partir du 1er septembre 1978, en qualité de commis technique stagiaire.
L'intéressé est nommé à titre définitif par le conseil communal, le 12 octobre 1979, avec effet au 1er septembre 1979.
Au moment de sa nomination, Guy Evers est domicilié à Flémalle (Awirs), rue de Fexhe, 103.

2. Le 23 juillet 1980, Guy Evers transfère son domicile à Flémalle, rue Elva, 30/11.
Depuis le 30 juillet, il est domicilié à Flémalle, rue des Awirs, 133.

3. Le 8 octobre 1987, un rapport de police est rédigé au sujet du domicile de Guy Evers à Flémalle, rue des Awirs, 133, et contient le passage suivant :
"En fait, il s'agissait d'un domicile fictif effectué par le prinicipe des mutations intérieures et ce au domicile réel de ses parents.
"D'autre part, l'intéressé résidait en permanence à Grâce-Hollogne, rue du Village, 147.
"Interpellé à ce sujet, il reconnaît les faits.
"Procès-verbal pour non-changement de domicile, articles 7, 9 et 26 de l'arrêté royal du 1.4.60, a été rédigé par mes soins. Il est daté du 15.9.87, porte le n° 5929/87, transmis le 18.9.87, à Monsieur le Procureur du Roi, section du Tribunal de Police à Liège".

4. Par une lettre du 13 octobre 1987, Guy Evers est convoqué à comparaître devant le collège des bourgmestres et échevins pour s'expliquer au sujet de la *"fausse déclaration de domicile"* relevée par le rapport de police du 8 octobre 1987.

La lettre de convocation précise que *"par cette manoeuvre frauduleuse, (il a) vicié la base même de (sa) nomination"* dont une des conditions est *"d'établir son domicile dans la commune de Flémalle et d'y résider effectivement dans les six mois qui suivent la nomination définitive"*.

5. Guy Evers est entendu le 16 octobre 1987 par le collège des bourgmestres et échevins et déclare que *"la maison sise rue des Awirs, n° 133, lui appartient et qu'il est habilité à se faire domicilier dans cet immeuble"*.

6. Par une lettre du 16 octobre 1987, le bourgmestre confirme à Guy Evers qu'à la suite de son audition, le collège proposera au conseil communal sa démission d'office à partir du 29 octobre 1987. La même lettre le met *"en congé"* à partir du 21 octobre 1987 jusqu'au jour où le conseil communal statuera sur la démission d'office.

7. Par sa délibération du 28 octobre 1987, le conseil communal, siégeant à huis-clos, décide *"de démissionner d'office Monsieur Guy Evers de ses fonctions de commis technique de la commune de Flémalle, à partir du 29 octobre 1987, en application des dispositions du statut administratif du personnel communal non enseignant"*.
Cette délibération constitue l'acte attaqué.

8. Guy Evers est informé de la décision du conseil communal par une lettre du 30 octobre 1987 qui précise que le texte de cette décision lui sera transmis *"dès approbation par l'autorité de tutelle"*.

9. Par une lettre du 17 décembre 1987, le gouverneur de la Province de Liège rejette la réclamation dont il avait été saisi par Guy Evers et motive ce rejet par la considération qu'ayant sa résidence effective à Grâce-Hollogne, celui-ci ne réunit pas la condition de domicile dans la commune, prévue par le statut administratif du personnel.
Le même jour, le gouverneur informe le bourgmestre que la décision du 28 octobre 1987, qui résulte d'une application régulière du statut administratif du personnel, peut produire ses effets ;

Considérant que le requérant s'appuie sur le deuxième moyen de sa requête, celui de l'illégalité de la disposition du statut administratif qui prévoit l'obligation de domicile et de résidence effective et sur laquelle se fonde la décision attaquée, en ce que le statut impose cette obligation de façon générale à tous les titulaires des emplois des niveaux I, II et III, sans avoir égard à l'intérêt d'une bonne exécution du service, c'est-à-dire sans faire de distinction entre ceux qui sont susceptibles d'être appelés à tout moment et les autres, à l'exception des agents du niveau IV,

Alors que ces derniers pourraient très bien, au même titre que certains agents des autres niveaux, être amenés à être rappelés à tout moment pour répondre à des appels imprévus, alors qu'il résulte de la jurisprudence du Conseil d'État (arrêts De Mayer, n° 16.210, du 22 janvier 1974, Manchon, n° 19.313, du 6 décembre 1978, et commune d'Ixelles, n° 20.795, du 11 décembre 1980) et d'une circulaire du 6 août 1974 du ministre de l'Intérieur relative à l'obligation de résidence, que l'obligation d'habiter dans un rayon déterminé du lieu où la fonction publique est exercée ne peut, sauf dispositions ou autorisations légales expresses, être imposée par une administration communale que dans l'intérêt d'une bonne exécution du service, et ne l'est généralement que pour cette sorte de fonctions qui font, de par leur nature, qu'il entre dans les obligations normales de service de leur titulaire de pouvoir répondre immédiatement à des appels imprévus (arrêt n° 16.210).
et alors que l'emploi de commis technique ne fait pas partie de ces fonctions;

Considérant que l'emploi de commis technique appartient au niveau III et figure parmi les emplois visés par les conditions particulières de recrutement et de promotion; que les conditions générales fixées par la délibération du 25 octobre 1977 du conseil communal de Flémalle établissant le statut administratif du personnel communal non enseignant contiennent la disposition suivante :

"K) Pour les emplois des niveaux I, II et III, repris aux conditions particulières, il y a lieu, pour l'agent, d'établir son domicile dans la commune et (d') y résider effectivement dans les six mois qui suivent la nomination définitive";

que cette disposition ne prévoit aucune possibilité de dérogation à l'obligation de résidence ; que le statut administratif porte la disposition suivante sous l'intitulé *"de la cessation définitive des fonctions :*

"Entraînent cessation définitive des fonctions de l'agent définitif :
" (...).
"4° la démission d'office et la révocation disciplinaire.

"1° les agents dont la nomination a été viciée par leur manoeuvres frauduleuses ;
"2° ceux qui se trouvent dans le cas où l'application des lois civiles et pénales entraîne la cessation des fonctions";

que le nouveau statut administratif du personnel communal non enseignant, tel qu'il procède des délibérations des 10 juin 1987, 30 juin 1987 et 28 octobre 1987, approuvées le 13 novembre 1987, reproduit les mêmes dispositions ;

Considérant que la partie adverse répond que depuis l'arrêt De Mayer, n° 16.210, du 22 janvier 1974, il existe une évolution marquée en ce qui concerne la légalité des dispositions statutaires qui imposent la domiciliation et la résidence effective des agents communaux sur le territoire de la commune; qu'elle invoque à cet égard l'article 197 de la loi communale, inséré par la loi du 11 février 1986, qui témoigne de ce que la légalité de telles dispositions statutaires n'est plus contestable en ce qui concerne les membres de la police communale et, par analogie de motifs, en ce qui concerne tous les autre agents communaux, qu'en effet, en fonction des impératifs inhérents à la fonction administrative et aux principes généraux qui en découlent, les autorités communales doivent pouvoir à tout moment être en mesure de faire appel (même d'urgence) à l'un quelconque de leurs agents, et ce dans l'intérêt évident du service public; qu'elle fait encore état du projet devenu la loi du 11 juillet 1988 complétant l'article 84 de la loi communale relatif à la nomination des membres du personnel communal, loi dont l'article unique a inséré l'alinéa suivant entre les alinéas 1er et 2 de l'article 84 ;

"Il (le conseil communal) peut exiger, lors de toute nomination définitive des membres du personnel communal, que les intéressés aient et conservent leur domicile et leur résidence effective sur le territoire communal. Le conseil communal motive sa décision";

Considérant que, dérogeant au droit revenant à tout Belge ou à tout étranger de fixer librement sa résidence et de changer librement de résidence, l'obligation d'habiter dans un rayon déterminé du lieu où la fonction publique est exercée ne peut être imposée par une administration communale que s'il existe des raisons exceptionnelles de décider que l'exercice de cette liberté individuelle doit être limité par une mesure préventive, l'intérêt personnel de ceux qui sont chargés de ces missions s'effaçant alors devant l'intérêt supérieur du service à rendre à la collectivité ou à ses membres ; qu'il ne peut être fait application de cette obligation que s'il se vérifie dans chaque cas d'espèce que la limitation de l'exercice de la liberté individuelle répond à une nécessité d'un intérêt supérieur à celle de son respect, soit parce qu'il existe des raisons tenant à la santé publique, à la sécurité publique ou à l'ordre public justifiant la mesure, soit parce que l'intérêt du service implique que l'agent soit effectivement disponible de façon permanente, par exemple, lorsqu'il entre dans les obligations normales de la fonction considérée que le titulaire de celle-ci puisse répondre immédiatement à des appels imprévus ;

Considérant qu'en l'espèce, le règlement communal n'a pas prévu l'obligation de résidence pour certaines catégories déterminées de fonctions mais l'a imposée à tous les titulaires des emplois de niveaux I, II et III, et ce, sans aucune possibilité de déroger à cette obligation ; que loin de justifier l'obligation de résidence par des considérations propres à certains cas d'espèce ou à certaines fonctions, le *"rapport au conseil"* du 21 décembre 1977 invoque la motivation suivante :

"Tous les agents communaux des niveaux I, II et III ont des contacts plus ou moins directs et plus ou moins fréquents avec la population. Il est donc souhaitable, sinon indispensable, qu'ils la connaissent, surtout sa mentalité, qui peut être différente de celle que l'on rencontre dans d'autres communes, même relativement proches.

"Le meilleur moyen pour acquérir cette connaissance est de participer aux activités diverses de cette collectivité en y vivant avec sa famille.
"Le fait de pouvoir répondre rapidement à un appel urgent ne peut compenser une présence permanente car l'agent communal ne peut être considéré par l'habitant comme un "étranger" à sa commune.
"D'autre part, le problème de trouver et même de choisir un logement ou un terrain à bâtir s'est simplifié, avec la fusion, dans la mesure où le territoire communal s'est agrandi.
"Enfin, cette obligation généralisée restaure l'équité qui faisait défaut entre différentes catégories ou différents grades" ;

Considérant que, entrée en vigueur postérieurement à l'acte attaqué, la loi du 11 juillet 1988 n'est pas applicable à celui-ci ; qu'au surplus, elle pourrait d'autant moins en couvrir l'illégalité qu'elle devrait, pour son interprétation, être présumée conforme à la fois à l'article 7 de la Constitution, à l'article 2 du protocole n° 4 du 16 septembre 1963 de la Convention européenne de sauvegarde des droits de l'homme et de libertés fondamentales et à l'article 12 du Pacte international relatif aux droits civils et politiques, fait à New-York le

19 décembre 1966 et approuvé par la loi du 15 mai 1981, toutes ces dispositions étant d'application directe et garantissent le libre choix de la résidence; que le moyen est fondé ; qu'il suffit à entraîner l'annulation de l'acte attaqué; que l'examen des autres moyens serait sans intérêt.

(Annulation de la décision du 28 octobre 1987 par laquelle le conseil communal de Flémalle décide que Guy Evers est démis d'office de ses fonctions de commis technique à partir du 29 octobre 1987 - dépens à charge de la partie adverse).

Conseil d'État
Arrêt du 22 mars 1995 - Henry c/ La Poste

1. Fonctionnaires et agents publics - Statuts, droits, obligations et garanties - Droit de grève - Limitation du droit de grève
2. Actes législatifs et administratifs - Accords internationaux - *Charte sociale européenne* - *Pacte international concernant les droits économiques, sociaux et culturels*

Résumé

Le requérant, agent des postes principal, s'est vu infliger un blâme à la suite d'une grève d'une partie du personnel. Après avoir exprimé son désaccord quant à la sanction disciplinaire reçue, celle-ci fut remplacée par un rappel à l'ordre. Cette nouvelle sanction constitue l'acte attaqué par le requérant.

Le Conseil d'État rejette, d'une part, les deux exceptions d'irrecevabilité soulevées par la partie adverse, et, d'autre part, décide de faire droit au premier moyen du requérant, tiré de la violation de l'article 6 de la Charte sociale européenne et de l'article 8.D du Pacte international concernant les droits économiques, sociaux et culturels. Il considère en effet que l'exercice du droit de grève par le requérant ne constitue pas un abus de droit et qu'en l'espèce, la partie adverse a sanctionné le mouvement de grève " en tant que tel". La décision attaquée a donc été annulée.

Summary

The claimant, agent of the Post Office, has incurred a reprimand in the aftermath of a strike of part of the staff. As a consequence of the desapproval expressed by the claimant, the sanction has been reduced to a blame. The latter is the object of the present claim.

The Council of State rejects, on the one hand, the two exceptions of irrecevability put forward by the adverse party, and on the other hand, decides to give right to the first mean of the claimant alleging the violation of article 6 of the European Social Charter and of article 8.D of the International Pact of Economic, Social and Cultural Rights. He considers that the exercice of the right of strike by the claimant does not constitute an abuse of right. In the case in point, the adverse party has censured the "movement of strike per se". The decision under attacked is therefore annuled.

Décision

Considérant que les faits utiles à l'examen de la requête se présentent comme suit:

1. Robert Henry est agent des postes principal à Mons 1 et affilié au Syndicat libre de la fonction publique (S.L.F.P).

2. Le 6 octobre 1993 à 3 heures 30, certains agents de Mons 1, dont le requérant, se mettent en grève. Cet arrêt de travail durera jusqu'au 8 octobre.
Le même 6 octobre, le secrétaire du S.L.F.P adresse au président de Commission paritaire à Bruxelles et au directeur régional des postes à Mons la lettre suivante :
"Objet: grève à Mons 1.
Le S.L.F.P regrette mais couvre, à dater de ce matin 6 octobre 3h30, tout agent participant au mouvement spontané cité sous rubrique.

Des prestations supplémentaires effectuées par certains membres du personnel ont été partiellement enlevées et, malgré notre demande, n'ont toujours pas été restituées.
Les suppléments prévus pour la distribution d'ENA (envois non adressés) en sus du nombre prévu aux OSP (organisations de service de la Poste) ne sont pas octroyés.
L'intégrité de responsables est mise en cause.
Nous espérons qu'une solution rapide sera trouvée".

Cette lettre se réfère ainsi à deux différends qui opposent depuis un certain temps le S.F.L.P et la Poste :

a) celui relatif à la comptabilisation des heures supplémentaires accomplies par certains agents durant le mois d'août 1993 : le 26 août 1993, Mme Veri, percepteur principal A ad interim à Mons 1, estimant que Mme Jourdain, contrôleur adjoint, a crédité certains agents d'un nombre trop important d'heures supplémentaires par rapport aux services assurés, décide de réduire de moitié les suppléments accordés depuis le 1er août 1993 ; Mme Jourdain a pris connaissance de cette décision le 14 septembre 1993 ; une collègue du requérant, Françoise jacoby, explique avoir été informée de cette décision le matin de la grève par un collègue;

b) celui relatif au crédit d'heures à accorder aux agents des postes pour la distribution des envois non adressés (E.N.A) non prévue dans le document intitulé "Organisation de Service de la Poste" (O.S.P) : le 6 septembre 1993, le directeur régional des postes a.i à Mons informe le S.L.F.P de la position adoptée par la Poste quant à ce litige en ces termes :

"Objet: supplément de temps à accorder pour la distribution des E.N.A à Mons 1.
Suite à votre lettre concernant l'objet repris ci-dessus, mes services ont mené des recherches à Mons 1 afin de rassembler le maximum d'éléments.

Après examen de ces éléments par la Division 5.2.1.2, il s'avère que :
- il s'impose de restituer aux agents des postes 11 minutes par 100 ENA pour chaque sorte supplémentaire non prévue aux OSP ;
- même si les en-têtes des OSP ne mentionnent plus explicitement le nombre d'ENA compris dans l'organisation du service, celle-ci inclut bien une sorte d'ENA par semaine ;
- compte tenu des chiffres que Mons 1 nous a communiqués (moyenne annuelle

d'ENA distribués par les adp de Mons 1), il ne saurait être question d'envisager la restitution en temps pour les ENA distribués ;
- enfin, lorsqu'il s'agit d'ENA relatif s à la promotion des services postaux, il ne peut être question d'attribuer une compensation spéciale pour la distribution de dépliants postaux qui assurent la pérennité du travail de chaque distributeur".

3. Le 7 octobre 1993, l'organe régional de consultation se réunit à Mons sous la présidence du directeur régional a.i Canon. [...]

4. Le 11 octobre 1993, invité à justifier son "absence de ce 06.10.1993", le requérant déclare avoir suivi le mot d'ordre de grève de son syndicat. Il n'était d'ailleurs pas personnellement concerné par le problème du crédit d'heures supplémentaires injustifiées.

5. Le 13 octobre 1993, Mme Veri décide d'infliger un blâme au requérant, outre la non rémunération des 6, 7, et 8 octobre pour "absence irrégulière des 6, 7, 8 octobre 1993 (arrêt spontané de travail)".

Cette décision, selon le requérant, lui a été notifiée immédiatement. Selon la partie adverse (voir sa lettre du 27 juillet 1994 à Mme le premier auditeur Dagnelie), elle lui a été notifiée le 22 octobre 1993.
Le 22 octobre 1993, le requérant marque son désaccord par la mention "vu et pas d'accord. Les membres du SLFP ne veulent pas servir d'exemple".
La sanction disciplinaire du blâme sera remplacée par celle du rappel à l'ordre par une rature sur le document original qui ne porte aucune autre date, sinon celles des 23 et 24 novembre 1993.
Selon le requérant, cette nouvelle sanction disciplinaire lui aurait été notifiée le 27 octobre 1993. Dans sa lettre précitée du 27 juillet 1994, la partie adverse indique que le changement de peine disciplinaire a été notifié aux agents le 27 octobre 1993.
Cette sanction disciplinaire modifiée constitue l'acte attaqué ;

Considérant que, dans son mémoire en réponse, la partie adverse soulève une exception d'irrecevabilité de la requête, déduite de sa tardiveté ;

Considérant que, dans sa lettre précitée du 27 juillet 1994, elle indique que le changement de peine disciplinaire "a été notifié aux agents le 27 octobre 1993"; que, dès lors, le soixantième jour suivant cette notification était le dimanche 26 décembre 1993, en sorte que le dernier jour utile était le lundi 27 décembre 1993, date à laquelle le recours a effectivement été introduit ; que partant, l'exception ne peut être accueillie ;

Considérant que la partie adverse déduit une seconde exception d'irrecevabilité de l'absence d'intérêt du requérant au présent recours ; que, selon elle, le rappel à l'ordre étant radié après six mois, et la radiation ayant pour effet qu'il ne peut plus être tenu compte de la peine disciplinaire radiée notamment pour l'appréciation des titres à la promotion ni lors de l'attribution du signalement, le requérant n'a plus intérêt à poursuivre l'annulation demandée ;

Considérant que la radiation ne supprime pas la peine disciplinaire ; qu'elle consiste seulement à biffer l'inscription qui en est faite dans le dossier de signalement ; qu'elle ne vaut que pour l'avenir et est sans effet sur les situations passées ; que, seule, l'annulation fait disparaître la peine disciplinaire de l'ordonnancement juridique, de sorte qu'elle est censée ne jamais avoir existé; que, partant, le requérant garde intérêt au recours et que l'exception ne peut être accueillie ;

Considérant que le requérant prend un moyen, le premier de sa requête, "de la violation de l'article 6 de la charte sociale européenne approuvée par la loi belge du 11 juillet 1990, et de l'article 8.D du pacte international concernant les droits économiques, sociaux et culturels du 19 décembre 1966 approuvé par la loi belge du 15 mai 1981" ; que, selon lui, le droit de grève reconnu par les dispositions au moyen "est évidemment méconnu dès lors que sont prises des sanctions disciplinaires en rétorsion" ; qu'il souligne que la revendication avait un caractère professionnel et que le droit de grève n'a pas été détourné de sa finalité;

Considérant que la partie adverse répond qu'il découle de l'article 7 de l'arrêté royal du 2 octobre 1937 portant statut des agents de l'Etat "que de telles absences non justifiées peuvent motiver une peine disciplinaire" ; qu'elle ajoute qu'elle n'a pas voulu, en l'occurence, sanctionner le droit de grève, mais bien "la manière selon laquelle le requérant a mené l'arrêt de travail" ; qu'elle souligne que "la procédure convenue avec les organisations syndicales représentatives n'a pas été suivie par le S.L.F.P", qui n'a pas introduit de préavis de grève au moins 8 jours à l'avance ; que, selon elle, "l'utilisation de la grève comme moyen d'obtenir les exigences était déraisonnable" et, en outre, "fort prématurée" ; qu'elle en conclut que "l'exercice du droit de grève par le requérant constitue dans l'affaire en cause un abus de droit" ;

Considérant que les dispositions légales visées au moyen reconnaissent le principe du droit de grève, tout en admettant que son exercice peut être soumis à des restrictions résultant de conventions collectives ou de la loi s'il s'agit des membres des forces armées, de la police ou de la fonction publique ;

Considérant que la manière dont peut s'exercer le droit de grève à la Poste n'est pas réglée ;

Considérant que, si l'on peut concevoir que le recours abusif à la grève fasse l'objet d'une sanction disciplinaire, encore conviendrait-il qu'il apparaisse clairement de la décision que c'est cet abus qui est sanctionné, et non, en soi, l'exercice du droit de grève ;

Considérant qu'en l'espèce, l'acte attaqué montre que l'autorité compétente de la partie adverse, placée devant le fait d'un mouvement de grève, a entendu le sanctionner en tant que tel, et non en tant que ce mouvement n'aurait pas respecté le protocole d'accord du 30 décembre 1988, ni davantage en tant que ce mouvement aurait été abusif, n'aurait pas raisonnablement usé de toutes les possibilités de conciliation sociale, ou aurait compromis la continuité d'un service public pour des motifs sensément futiles ; que l'acte attaqué n'entre pas dans ces nuances et se contente d'assimiler un fait de grève à une absence irrégulière ; que, tel qu'il se présente, cet acte attaqué viole les dispositions visées au moyen, qui doit dès lors être accueilli ;

Considérant que l'examen du second moyen, qui critique la motivation de l'acte attaqué, ne paraît pas de nature à aboutir à une annulation aux effets plus étendus,

Décide

Article 1er : Est annulée la décision prise par le percepteur principal Veri d'infliger au requérant la peine disciplinaire du rappel à l'ordre.

Article 2 : Les dépens, liquidés à la somme de 4.000 francs, sont mis à charge de la partie adverse.

CANADA

Cour suprême
Compétences et attributions

La Cour suprême du Canada se prononce en dernier ressort en matières civile, criminelle, constitutionnelle ou administrative. Cette Cour est le plus haut tribunal du pays. Elle peut rejeter l'appel ou se substituer à la juridiction inférieure pour prononcer le jugement et l'engagement de moyens de contraintes ou d'autres procédures.

La Cour a également des attributions consultatives : elle examine les questions en matière constitutionnelle que lui soumet le gouverneur.

Cour suprême
Arrêt du 17 septembre 1998, Pushpanathan c/ Canada (Ministre de la Citoyenneté et de l'Immigration), [1998] 1 R.C.S. 982

1. Actes législatifs et administratifs - Actes législatifs - *Loi sur l'immigration* - Accords internationaux - *Convention relative au statut des réfugiés*
2. Étrangers - Expulsion - *Procédure* - Réfugiés et apatrides - *Qualité de réfugié ou d'apatride*

Le texte qui suit est le sommaire du jugement rendu par la Cour suprême du Canada.
Le texte intégral de la décision est disponible en anglais et en français au site Internet www.droit.umontreal.ca. (La version intégrale française sous la cote: www.droit.umontreal.ca/doc/csc-scc/fr/pub/1998/vol1/index.html en format WP, Word, Text et Html)

Résumé

La commission de l'immigration et du statut de réfugié ne peut interpréter l'alinéa *c*) de l'article1F de la *convention relative au statut des réfugiés* de manière à exclure du statut de réfugié un individu reconnu coupable au Canada d'une grave infraction liée aux stupéfiants. L'objet de l'alinéa *c*) est d'exclure les personnes responsables de violations graves, soutenues ou systématiques des droits fondamentaux de la personne qui constituent une persécution dans un contexte qui n'est pas celui de la guerre. L'alinéa *c*) peut s'appliquer à une personne qui n'agit pas au nom de l'État. Le complot en vue de faire le trafic d'un stupéfiant n'est toutefois pas une violation visée par cet alinéa. Le trafic international des drogues constitue un problème extrêmement grave que les Nations unies ont tenté de résoudre en prenant des mesures extraordinaires mais, en l'absence d'indications claires que ce trafic est considéré par la communauté internationale comme une violation suffisamment grave et soutenue des droits fondamentaux de la personne pour constituer une persécution, nul ne doit être privé du bénéfice des protections essentielles contenues dans la convention pour avoir commis de tels actes.

Décision

En 1985, l'appelant a revendiqué le statut de réfugié aux termes de la *convention relative au statut des réfugiés* des NU («Convention»), mise en œuvre par la *loi sur l'immigration*, mais sa demande n'a été l'objet d'aucune décision car il s'est vu reconnaître le statut de résident permanent en application d'un programme administratif. L'appelant a ultérieurement été arrêté au Canada et accusé de complot en vue de faire le trafic d'un stupéfiant. Au moment de son arrestation, il faisait partie d'un groupe qui avait en sa possession une quantité d'héroïne dont la valeur marchande était d'environ 10 millions de dollars. Il a plaidé coupable et a été condamné à huit années d'emprisonnement. En 1991, l'appelant, qui bénéficiait alors d'une libération conditionnelle, a renouvelé sa demande de reconnaissance du statut de réfugié au sens de la convention. Subséquemment, Emploi et Immigration Canada a pris une mesure d'expulsion conditionnelle à son endroit en vertu de l'al. 27(1)*d*) et du par. 32.1(2) de la loi. Comme l'expulsion visée par ces dispositions est subordonnée au rejet de la revendication du statut de réfugié au sens de la convention, la demande de l'appelant a été déférée à la section du statut de réfugié de la commission de l'immigration et du statut de réfugié. La commission a décidé que l'appelant n'était pas un réfugié en raison de l'exclusion prévue à la section F*c*) de l'article premier de la convention, qui prévoit que les dispositions de la convention ne s'appliquent pas aux personnes qui «se sont rendues coupables d'agissements contraires aux buts et aux principes des Nations unies». La section de première instance de la Cour fédérale a rejeté la demande de contrôle judiciaire présentée par l'appelant et elle a certifié ce qui suit comme question grave de portée générale à être examinée par la cour d'appel : la section du statut de réfugié commet-elle une erreur de droit en interprétant la section F*c*) de l'article premier de la convention de manière à exclure du statut de réfugié un individu coupable d'une grave infraction liée aux stupéfiants qui a été commise au Canada? La cour d'appel fédérale a répondu par la négative et elle a confirmé le jugement de la section de première instance.

Arrêt (les juges Cory et Major sont dissidents) : le pourvoi est accueilli.

Les juges L'Heureux-Dubé, Gonthier, McLachlin et Bastarache : il ressort d'une analyse pragmatique et fonctionnelle de la *loi sur l'immigration* qu'il y a lieu en l'espèce d'apprécier la décision de la commission selon la norme de la décision correcte. L'élément clé de l'intention du législateur quant à la norme de contrôle est l'utilisation, au par. 83(1) de la loi, des mots «une question grave de portée générale». La portée générale de la question, c'est-à-dire son applicabilité à un grand nombre de cas dans le futur, justifie son examen par une cour de justice. Au surplus, la section F*c*) de l'article premier de la convention a pour objectif la protection des droits de la personne, et la commission ne semble avoir aucune expertise relative dans ce domaine. L'expertise de la commission consiste à apprécier de façon exacte si les critères nécessaires pour obtenir le statut de réfugié ont été respectés et, plus particulièrement, à apprécier la nature du risque de persécution auquel sera confronté le demandeur s'il est renvoyé dans son pays d'origine. Le lien entre l'expertise de la commission et la section F*c*) de l'article premier est donc ténu. Et rien n'indique que l'expérience acquise par la commission en matière de détermination factuelle du risque de persécution lui donne quelque connaissance supplémentaire du sens ou de l'évolution souhaitable de cette disposition. En l'espèce, le principe de droit peut aisément être séparé des faits non contestés de l'affaire et aurait sans aucun doute une grande valeur comme précédent. L'expertise factuelle dont jouit la commission ne lui est d'aucun secours pour l'interprétation de ce principe de droit général. En outre, la commission elle-même n'est pas responsable de l'élaboration des politiques. Enfin, l'absence d'une clause privative stricte est un autre facteur qui milite contre la retenue judiciaire.

Comme l'objet de l'intégration de la section F*c*) de l'article premier à la *loi sur l'immigration* est de mettre en œuvre la convention sous-jacente, il convient d'adopter une interprétation compatible avec les obligations du Canada en vertu de la convention. On aura donc recours au texte de la convention et aux règles d'interprétation des traités pour déterminer le sens de la section F*c*) de l'article premier en droit interne. En raison de leur généralité, les mots «aux buts et aux principes des Nations Unies» employés à la section F*c*) de l'article premier ne sont pas clairs au point d'interdire tout examen des autres indications quant au sens à donner à cette disposition. L'examen de l'objet et du contexte de la convention dans son ensemble, ainsi que de l'objet de la disposition en cause tel qu'il ressort des travaux préparatoires, peut guider utilement l'interprétation.

La convention est un instrument de défense des droits de la personne. Bien que l'article premier de la convention définisse le terme «réfugié», l'objet général de la section F de l'article premier est d'exclure *ab initio* ceux qui ne sont pas des réfugiés authentiques au moment de la présentation de leur revendication. À l'opposé, l'objet de l'art. 33 de la convention est de permettre le refoulement d'un réfugié authentique vers son pays natal s'il constitue un danger pour le pays d'accueil ou pour la communauté. Bien que tous les actes visés à la section F de l'article premier puissent vraisemblablement être assimilés aux motifs de refoulement visés à l'art. 33, ce sont des dispositions distinctes. La section F*c*) de l'article premier ne s'applique pas qu'aux actes commis en dehors du pays d'accueil. Le critère pertinent en ce qui concerne la section F*c*) de l'article premier est le moment où le statut de réfugié a été reconnu, et tout acte accompli avant qu'une personne ait obtenu ce statut doit être tenu pour pertinent au regard de la section F*c*) de l'article premier. La raison d'être de la section F de l'article premier de la convention est que ceux qui sont responsables d'une persécution qui crée des réfugiés ne doivent pas pouvoir invoquer à leur profit une convention conçue pour protéger ces réfugiés. Étant donné les objectifs généraux de la convention et les indications tirées des travaux préparatoires quant à la portée relative des sections F*a*) et F*c*) de l'article premier, l'objet de la section F*c*) de l'article premier est d'exclure les personnes responsables de violations graves, soutenues ou systématiques des droits fondamentaux de la personne qui constituent une persécution dans un contexte qui n'est pas celui de la guerre. La section F*c*) de l'article premier peut s'appliquer à une personne qui n'agit pas au nom de l'État. Quoiqu'il soit plus difficile pour celui qui n'agit pas au nom de l'État de perpétrer des violations des droits de la personne à une échelle suffisante pour constituer une persécution sans la complaisance implicite de l'État, il ne faut pas écarter cette possibilité a priori.

La section F*c*) de l'article premier s'applique donc lorsqu'il y a consensus en droit international sur des agissements particuliers qui sont tenus pour être des violations suffisamment graves et soutenues des droits fondamentaux de la personne pour constituer une persécution, ou qui sont explicitement reconnus comme contraires aux buts et aux principes des NU. Premièrement, lorsqu'un accord international généralement accepté ou une résolution des NU déclare explicitement que certains agissements sont contraires aux buts et aux principes des NU, cela constitue une forte indication que ces agissements sont visés par la section F*c*) de l'article premier. Lorsque de telles déclarations ou résolutions représentent un consensus raisonnable de la communauté internationale, il convient de considérer pareille désignation comme décisive. La deuxième catégorie d'agissements visés par la section F*c*) de l'article premier comprend ceux qu'un tribunal peut lui-même reconnaître comme des violations graves, soutenues et systématiques des droits fondamentaux de la personne constituant une persécution. Lorsque la règle violée est assimilable aux principes fondamentaux les plus sacrés des droits de la personne et que sa transgression est reconnue comme immédiatement sujette à la réprobation et au châtiment de la communauté internationale, alors même une violation isolée peut entraîner une exclusion fondée sur la section F*c*) de l'article premier. Le fait que la violation soit considérée comme une infraction justiciable des tribunaux dans tous les États serait une indication persuasive que même une violation isolée constitue une persécution. Une violation grave et soutenue des droits de la personne constituant une persécution peut se dégager en outre d'une situation de fait particulièrement flagrante, y compris de l'importance de la complicité du demandeur.

Le complot en vue de faire le trafic d'un stupéfiant n'est pas une violation visée par la section F*c*) de l'article premier. Même si le trafic international des drogues constitue un problème extrêmement grave que les NU ont tenté de résoudre en prenant des mesures extraordinaires, en l'absence d'indications claires que ce trafic est considéré par la communauté internationale comme une violation suffisamment grave et soutenue des droits fondamentaux de la personne pour constituer une persécution, soit parce qu'il a été désigné expressément comme un acte contraire aux buts et aux principes des NU, ou parce qu'il est visé par des instruments internationaux précisant par ailleurs que ce trafic est une violation grave des droits fondamentaux de la personne, des personnes ne doivent pas être privées du bénéfice des protections essentielles contenues dans la convention pour avoir commis de tels actes. L'article 33 de la convention et les dispositions de la *loi sur l'immigration* qui lui font pendant, les art. 53 et 19, prévoient l'expulsion des personnes qui constituent un danger pour la société canadienne, et les motifs justifiant cette mesure ont une portée plus large et sont formulés plus clairement. Le ministre n'est donc pas empêché de prendre les mesures qui s'imposent pour assurer la sécurité des Canadiens. Enfin, l'existence de la section F*b*) de l'article premier, qui exclut de la protection de la convention les personnes qui ont commis un crime grave de droit commun en dehors du pays d'accueil avant leur admission dans ce pays à titre de réfugié, semble indiquer que même un crime grave de droit commun, tel le trafic des drogues, ne doit pas être inclus dans la section F*c*) de l'article premier.

Les juges Cory et Major (dissidents) : La question de savoir ce qui constitue un agissement contraire «aux buts et aux principes des Nations Unies» pour l'application de la convention est une question de droit. Bien qu'il faille faire preuve d'une certaine retenue à l'égard des conclusions de fait de la commission de l'immigration et du statut de réfugié, il n'en va pas de même à l'égard de ses conclusions de droit. La commission ne jouit pas d'une expertise particulière sur le plan juridique. Par conséquent, la question qui se pose est de savoir si la décision que la commission a rendue relativement à la question de droit était correcte.

La catégorie des agissements contraires aux buts et aux principes des NU ne devrait pas être limitée aux seuls agissements qui font expressément l'objet d'une déclaration en ce sens. Un tribunal national peut, après examen des éléments pertinents, conclure que d'autres types d'agissements sont visés. Bien que chaque mesure des NU ne saurait être si essentielle à la réalisation de ses buts et de ses principes que tout acte y contrevenant ou en réduisant l'efficacité soit contraire aux buts et aux principes des NU, la communauté internationale a reconnu que certains problèmes, en raison de leur gravité et de leur nature, constituent une menace pour l'ensemble de la communauté internationale et l'ordre public international. Le comportement qui exerce une action directe ou importante sur ces problèmes ou qui porte atteinte à des obligations ou à des principes recueillant l'adhésion générale devrait, dans les cas qui s'y prêtent, être tenu pour contraire aux buts et aux principes des NU.

Certes, une violation grave ou systématique des droits de la personne constituerait un comportement contraire aux buts et aux principes des NU, mais il ne s'agit pas du seul comportement qui doive être pris en considération pour interpréter la section F*c*) de l'article premier de la convention. L'analyse effectuée pour déterminer ce qu'est un agissement contraire aux buts et aux principes des NU ne doit pas forcément porter sur un seul but, même s'il s'agit d'un but important et que la convention est un instrument de défense des droits de la personne. Même si le but d'un instrument est pris en considération pour en interpréter les dispositions, il ne doit pas restreindre la portée de l'exclusion de manière qu'elle vise seulement le comportement lié directement aux droits de la personne. Il doit être tenu compte de tous les buts et de tous les principes des NU. En outre, certains types de comportement peuvent concourir indirectement, mais substantiellement, à la violation des droits de la personne. La convention devrait être interprétée de façon à tenir compte du contexte contemporain. Le sens donné à des termes tels «agissements contraires aux buts et aux principes des Nations unies» devrait pouvoir suivre l'évolution du droit international. Les tribunaux devraient reconnaître que les indications fournies par les outils d'interprétation que sont les travaux préparatoires et la pratique ultérieurement suivie doivent être considérées à la lumière de l'état actuel du droit et des ententes internationales. Il convient de tenir compte des travaux préparatoires, mais cela ne signifie pas que les tribunaux soient tenus de les interpréter strictement. Il y a lieu plutôt de tenir compte des principes et des préoccupations qui les sous-tendent en vue de leur donner un sens adapté au contexte contemporain. De même, en ce qui concerne la pratique étatique, il convient d'assurer une certaine harmonisation avec l'interprétation établie par la pratique suivie par les États, mais cette interprétation doit être adaptée selon l'évolution des notions et des principes du droit international.

Bien que, suivant la thèse traditionnelle, les buts et les principes des NU, tout comme le droit international en général, ne visent que les États et ne peuvent être violés que par leurs représentants, il est généralement admis, désormais, que le particulier agissant à titre privé peut accomplir des actes qui portent atteinte aux règles du droit international.

Le trafic d'une drogue illicite dangereuse, pratiqué sur une vaste échelle, peut constituer un agissement contraire aux buts et aux principes des NU et justifierait donc l'exclusion du statut de réfugié suivant la section F*c*) de l'article premier. La raison pour laquelle la section F*c*) de l'article premier devrait s'appliquer au trafic des drogues illicites est que, tant sur le plan juridique que pratique, cette activité est reconnue non seulement comme un acte criminel à l'échelle nationale, mais aussi comme une source de maux très graves et très importants infligés à la communauté internationale. Le fait qu'un acte constitue un crime international ou un crime d'intérêt international n'est pas déterminant pour trancher la question. Le facteur supplémentaire qui distingue le trafic des drogues illicites d'autres «crimes d'intérêt international» ou des mesures des NU est la nature et la gravité des maux infligés aux populations dans le monde et à la communauté internationale dans son ensemble. Les méfaits du trafic illicite de la drogue sont d'une gravité extrême. Il n'épargne ni la vie des personnes, ni celles des familles et des collectivités. Il déstabilise des nations et des régions entières et en retarde le développement. Le trafic des drogues illicites menace désormais la paix et la sécurité à l'échelon national et international. Il porte atteinte à la souveraineté de certains États, au droit à l'autodétermination et à un gouvernement démocratique, à la stabilité économique, sociale et politique, ainsi qu'aux droits de la personne. Bon nombre des buts et des principes des NU sont directement ou indirectement minés par le commerce international des drogues illicites. C'est pourquoi il y a lieu de conclure que les agissements d'au moins certaines des personnes qui participent à cette activité doivent être tenus pour contraires aux buts et aux principes des NU.

Les déclarations de la communauté internationale sur le sujet, y compris les conventions et les résolutions de l'Assemblée générale pertinentes, dénotent une sensibilisation aiguë à la nature et à la gravité du problème et une condamnation sévère des activités qui sont à l'origine de ce problème. Il est vrai que les NU n'ont jamais expressément déclaré que le trafic de la drogue était contraire à leurs buts et à leurs principes, mais elles ont clairement et fréquemment reconnu et dénoncé les méfaits de cette activité. En outre, de nombreuses déclarations dénotent une sensibilisation au fait que le trafic des drogues menace des aspects essentiels des buts et des principes des NU. Les déclarations des NU et de la communauté internationale mènent inexorablement à la conclusion que ceux qui se livrent au trafic des drogues illicites sont responsables, directement ou indirectement, de maux d'une ampleur telle et d'une gravité telle qu'ils sapent les buts et les principes mêmes sur lesquels sont fondées les NU. Il s'ensuit que leurs actes doivent être considérés comme des «agissements contraires aux buts et aux principes des Nations unies» et ils sont donc visés par l'exclusion prévue à la section F*c*) de l'article premier. Cependant, tous les actes compris dans la catégorie générale du trafic des drogues illicites ne constituent pas des agissements contraires aux buts et aux principes des NU. Il est nécessaire d'établir certaines distinctions en fonction de la nature et de l'ampleur des activités. Ce sont les personnes qui se livrent de fait au trafic de la drogue qui touchent la plus grande partie des profits, causent les dommages les plus importants et donc sont responsables au premier chef de la perpétuation de ce commerce illicite. Les simples consommateurs sont souvent eux-mêmes des victimes et ne sauraient se voir imputer la même responsabilité.

Dans la présente espèce, l'appelant a joué un rôle important dans le cadre d'une opération d'envergure menée par un groupe organisé se livrant au trafic de l'héroïne. Il a pratiqué sur une vaste échelle le trafic de l'une des drogues les plus débilitantes. Même si toutes les infractions liées aux stupéfiants qui sont perpétrées au pays ne permettront pas d'invoquer l'exclusion prévue à la section F*c*) de l'article premier, compte tenu de la gravité du crime de l'appelant, il y a lieu de l'exclure en raison des actes qu'il a commis.

Supreme Court
Decision of September 17, 1998, Puspanathan v/ Canada (Minister of Citizenship and Immigration), [1998] 1 S.C.R. 982

1. Legislative and administrative acts - Legislative acts - *Immigration Act* - International agreements - *Convention relating to the Status of Refugees*
2. Aliens - Deportation - *Proceedings* - Refugees and stateless - *Status of refugee or stateless*

Summary

The Immigration and Refugee Board cannot interpret Article 1F, paragraph c) of the Convention relating to the Status of Refugees in order to exclude an individual who is guilty of a serious infringement relating to narcotics in Canada from the status of refugee. Paragraph c) consists in excluding people who are responsible for serious, sustained or systemic violations of human rights which constitute a persecution in a non-war setting. Paragraph c) is applicable to a person who does not act in the name of State. Conspiring to traffic in a narcotic is not a violation of this paragraph. International drug traffic is an extremely serious problem that the United Nations tried to resolve by adopting extraordinary measures but in absence of clear indications about the question to know if this traffic is considered as a sufficiently serious and sustained violation of human rights and therefore to be considered as a persecution, no one should be deprived of the essential protections contained in the Convention for having committed those acts.

Decision

In 1985, the appellant claimed refugee status under the UN *Convention Relating to the Status of Refugees* ("Convention"), as implemented by the *Immigration Act*, but his claim was never adjudicated as he was granted permanent residence status in Canada under an administrative program. The appellant was later arrested in Canada and charged with conspiracy to traffic in a narcotic. At the time of his arrest, he was a member of a group in possession of heroin with a street value of some $10 million. He pleaded guilty and was sentenced to eight years in prison. In 1991, the appellant, then on parole, renewed his claim for Convention refugee status. Employment and Immigration Canada subsequently issued a conditional deportation order against him under ss. 27(1)(*d*) and 32.1(2) of the Act. Since the deportation pursuant to those sections is conditional upon a determination that the claimant is not a Convention refugee, the appellant's claim was referred to the Convention Refugee Determination Division of the Immigration and Refugee Board. The Board decided that the appellant was not a refugee by virtue of the exclusion clause in Art. 1F(c) of the Convention, which provides that the provisions of the Convention do not apply to a person who "has been guilty of acts contrary to the purposes and principles of the United Nations". The

Federal Court, Trial Division dismissed the appellant's application for judicial review and certified the following as a serious question of general importance for consideration : is it an error of law for the Refugee Division to interpret Art. 1F(c) of the Convention to exclude from refugee status an individual guilty of a serious narcotics offence committed in Canada? The Federal Court of Appeal answered "no" and upheld the judgment of the Trial Division.

Held (Cory and Major JJ. dissenting) : The appeal should be allowed.

Per L'Heureux-Dubé, Gonthier, McLachlin and Bastarache JJ. : a pragmatic and functional analysis of the *Immigration Act* leads to the conclusion that, in this case, the correctness standard should be applied to the Board's decision. The use of the words "a serious question of general importance" in s. 83(1) of the Act is the key to the legislative intention as to the standard of review. The general importance of the question - that is, its applicability to numerous future cases - warrants the review by a court of justice. Moreover, the purpose of Art. 1F(c) of the Convention is to protect human rights and the Board appears to enjoy no relative expertise in that matter. The Board's expertise is in accurately evaluating whether the criteria for refugee status have been met and, in particular, in assessing the nature of the risk of persecution faced by the applicant if returned to his country of origin. The relationship between the Board's expertise and Art. 1F(c) is thus remote. Nor is there any indication that the Board's experience with previous factual determinations of risk of persecution gives it any added in sight into the meaning or desirable future development of that provision. The legal principle here is easily separable from the undisputed facts of the case and would undoubtedly have a wide precedential value. The factual expertise enjoyed by the Board does not aid it in the interpretation of this general legal principle. Furthermore, the Board itself is not responsible for policy evolution. Finally, the absence of a strong privative clause is another factor militating against deference.

Since the purpose of the *Immigration Act* incorporating Art. 1F(c) is to implement the underlying Convention, an interpretation consistent with Canada's obligations under the Convention must be adopted. The wording of the Convention and the rules of treaty interpretation are therefore applicable to determine the meaning of Art. 1F(c) in domestic law. The general words "purposes and principles of the United Nations" in Art. 1F(c) are not so unambiguous as to foreclose examination of other indications of the proper scope of the provision. The purpose and context of the Convention as a whole, as well as the purpose of the individual provision in question as suggested by the *travaux préparatoires*, provide helpful interpretative guidelines.

The Convention has a human rights character. While Art. 1 of the Convention defines who is a refugee, the general purpose of Art. 1F is to exclude *ab initio* those who are not *bona fide* refugees at the time of their claim for refugee status. The purpose of Art. 33 of the Convention, by contrast, is to allow for the *refoulement* of a *bona fide* refugee to his native country where he poses a danger to the security of the country of refuge, or to the safety of the community. Although all of the acts described in Art. 1F could presumably fall within the grounds for *refoulement* described in Art. 33, the two are distinct. Article 1F(c) is not limited to acts performed outside the country of refuge. The relevant criterion under Art. 1F(c) is the time at which refugee status is obtained and any act performed before a person has obtained that status must be considered relevant pursuant to Art. 1F(c). The rationale of Art. 1F of the Convention is that those who are responsible for the persecution which creates refugees should not enjoy the benefits of a convention designed to protect those refugees. In the light of the general purposes of the Convention and the indications in the *travaux préparatoires* as to the relative ambit of Arts. 1F(a) and 1F(c), the purpose of Art. 1F(c) is to exclude those individuals responsible for serious, sustained or systemic violations of fundamental human rights which amount to persecution in a non-war setting. Article 1F(c) may be applicable to non-state actors. Although it may be more difficult for a non-state actor to perpetrate human rights violations on a scale amounting to persecution without the state thereby implicitly adopting those acts, the possibility should not be excluded *a priori*.

Article 1F(c) will thus be applicable where there is consensus in international law that particular acts constitute sufficiently serious and sustained violations of fundamental human rights as to amount to persecution, or are explicitly recognized as contrary to the UN purposes and principles. First, where a widely accepted international agreement or UN resolution explicitly declares that the commission of certain acts is contrary to the UN purposes and principles, then there is a strong indication that those acts will fall within Art. 1F(c). Where such declarations or resolutions represent a reasonable consensus of the international community, then that designation should be considered determinative. A second category of acts which fall within the scope of Art. 1F(c) are those which a court is able, for itself, to characterize as serious, sustained and systemic violations of fundamental human rights constituting persecution. Where the rule which has been violated is very near the core of the most valued principles of human rights and is recognized as immediately subject to international condemnation and punishment, then even an isolated violation could lead to an exclusion under Art. 1F(c). The status of a violated rule as a universal jurisdiction offence would be a compelling indication that even an isolated violation constitutes persecution. A serious and sustained violation of human rights amounting to persecution may also arise from a particularly egregious factual situation, including the extent of the complicity of the claimant.

Conspiring to traffic in a narcotic is not a violation of Art. 1F(c). Even though international trafficking in drugs is an extremely serious problem that the UN has taken extraordinary measures to eradicate, in the absence of clear indications that the international community recognizes drug trafficking as a sufficiently serious and sustained violation of fundamental human rights as to amount to persecution, either through a specific designation as an act contrary to the UN purposes and principles, or through international instruments which otherwise indicate that trafficking is a serious violation of fundamental human rights, individuals should not be deprived of the essential protections contained in the Convention for having committed those acts. Article 33 of the Convention and its counterparts in the *Immigration Act*, ss. 53 and 19, are designed to deal with the expulsion of individuals who present a threat to Canadian society, and the grounds for such a determination are wider and more clearly articulated. The Minister, therefore, is not precluded from taking appropriate measures to ensure the safety of Canadians. Lastly, the presence of Art. 1F(b), which excludes from the protection of the Convention a person who has committed a serious non-political crime outside the country of refuge prior to his admission to that country as a refugee, suggests that even a serious non-political crime such as drug trafficking should not be included in Art. 1F(c).

Per Cory and Major JJ. (dissenting) : What constitutes an act "contrary to the purposes and principles of the United Nations" for the purposes of the Convention is a question of law. While the Immigration and Refugee Board must be accorded some deference in its findings of fact, that deference should not be extended to a finding on a question of law. The Board cannot be said to have any particular expertise in legal matters. Therefore the issue is whether the Board's decision on the question of law was correct.

The category of acts contrary to the UN purposes and principles should not be restricted to those expressly declared to be so. A domestic tribunal is entitled, upon considering the relevant material, to find that the phrase includes other types of acts. While not every UN initiative is so central to its purposes and principles that any act which violates or undermines those initiatives is contrary to the UN purposes and principles, some problems have been recognized by the international community as being so serious and of such a nature that they pose a threat to the entire international community and the principles of its social order. Conduct which directly or significantly contributes to these problems or which violates agreed principles or obligations with respect to them should, in appropriate cases, be regarded as contrary to the UN purposes and principles.

While serious or systematic violation of human rights would be conduct that is contrary to the UN purposes and principles, it is not the only conduct that should be considered in interpreting Art. 1F(c) of the Convention. The determination of what constitutes an act contrary to the UN purposes and principles need not be limited to the consideration of one purpose notwithstanding the fact that it is important and that the Convention is a human rights instrument. Although the purpose of the instrument will be taken into account in interpreting its provisions, it must not restrict the content of the exclusion so as to limit it to conduct relating directly to human rights. All of the UN purposes and principles should be considered. Furthermore, some types of conduct may indirectly but significantly contribute to the violation of human rights.

The Convention should be interpreted in a manner consistent with the contemporary context. As international law develops, the content of a phrase such as "acts contrary to the purposes and principles of the United Nations" must be capable of development. Courts should recognize that the guidance provided by interpretative aids such as the *travaux préparatoires* and subsequent practice must be considered in the light of the current state of the law and international understandings. The *travaux préparatoires* should be taken into account, yet this does not mean that courts are restricted to a precise interpretation of that material. Rather, consideration should be given to the underlying principles and concerns that they express with the aim of giving them a contemporary meaning. Similarly, with regard to state practice, some consistency should be maintained with the line of interpretation revealed by the practice of state parties, but that interpretation must be adjusted to take into account evolving ideas and principles in international law.

Although traditionally it was thought that the UN purposes and principles, like international law generally, are addressed only to states, and can be violated only by state actors, it is now generally accepted that an individual acting in his private capacity can commit acts which constitute violations of international law.

Significant trafficking in a dangerous illicit drug can constitute an act which is contrary to the UN purposes and principles and would thus form the basis of exclusion from refugee status pursuant to Art. 1F(c). The rationale for including illicit drug trafficking in Art. 1F(c) is the reality that this activity is recognized, both legally and practically, as an activity that not only is a domestic criminal offence, but occasions very serious and significant harm in the international community. The categorization of an act as an international crime or crime of international concern is not determinative of the question. The additional factor which distinguishes illicit drug trafficking from some other "crimes of international concern" or UN initiatives is the nature and gravity of the harm to people in countries around the world and to the international community as a whole that results from this activity. The harm caused by the illicit traffic in drugs is of the utmost severity. This illicit traffic takes a dreadful toll on the lives of individuals, families and communities. It destabilizes and retards the development of whole nations and regions. Drug trafficking now also threatens peace and security at a national and international level. It affects the sovereignty of some states, the right of self-determination and democratic government, economic, social and political stability and the enjoyment of human rights. Many of the UN purposes and principles are undermined, directly or indirectly, by the international trade in illicit drugs. It is on this basis that at least some individuals who participate in and contribute to this activity must be considered to be committing acts contrary to the UN purposes and principles.

The statements on this subject by the international community, including the relevant conventions and General Assembly resolutions, reflect an acute awareness of the nature and gravity of the problem, and a severe condemnation of the activities that give rise to the problem. While the UN has never specifically declared that drug trafficking is contrary to its purposes and principles, it has clearly and frequently recognized and denounced the evils of this activity. There are also many statements reflecting an awareness that trafficking threatens essential aspects of the UN purposes and principles. The statements of the UN and of the international community lead inexorably to the conclusion that those engaged in trafficking in illicit drugs are responsible, directly or indirectly, for harms that are so widespread and so severe that they undermine the very purposes and principles upon which the UN is based. It follows that their actions must be considered "acts contrary to the purposes and principles of the United Nations" and thus come within the exclusion set out in Art. 1F(c). However, not all acts within the broad category of illicit drug trafficking constitute acts contrary to the UN purposes and principles. Distinctions must be drawn based on the type and scale of activities. It is those actually engaged in trafficking who reap most of the profits, cause the greatest harm and therefore bear the greatest responsibility for perpetuating the illicit trade. Those who are merely consumers are often victims themselves and do not bear the same responsibility.

Here, the appellant was an important participant in a major drug operation with an organized group trafficking in heroin. He trafficked on a large scale in the most debilitating of drugs. While not every domestic narcotics offence will provide a basis for exclusion under Art. 1F(c), in light of the seriousness of the appellant's crime he should, as a result of his actions, be excluded.

CHYPRE

Cour suprême

Compétences et attributions

La Cour suprême de Chypre est à la fois Cour administrative, Cour constitutionnelle et juge d'appel en dernier ressort de toutes les cours de première instance. Si elle a un pouvoir d'annulation, elle ne peut pas ordonner de sanctions financières ou octroyer des dommages-intérêts dans le domaine administratif. Le requérant qui parvient à obtenir l'annulation d'un acte peut engager une action devant les juridictions civiles de première instance.

Supreme Court of Cyprus
Decision of January 20, 1973 - Case n°137/72

1. Répartition des compétences entre les deux ordres de juridiction
2. Actes législatifs et administratifs - Accords internationaux - Applicabilité - *Protocole de La Haye du 12 avril 1930*

Summary

The applicant was a citizen of Cyprus and also a citizen of the United States of America, residing permanently in the United States of America since 1963. By his recourse he sought a declaration that the decision of the administration to the effect that he is not exempted from liability for military service is null and void, inter alia, on the ground that the said decision is contrary to Article 1 of the Protocol of Hague of the 12th April, 1930.
The Court dismissed the recourse. It held that the said Protocol is a Treaty which creates rights in favour of persons who have double nationality. There is no dispute that it is a self-executing Treaty. Nevertheless, recourse is dismissed on the ground that the contested decision, which is not an executory act, does not come within province.

Résumé

Le requérant, possédant la double nationalité chypriote et américaine, résidait en permanence aux États-Unis depuis 1963. Par son recours, il cherchait à attester que la décision de l'administration, selon laquelle il n'était pas dispensé de son obligation de service militaire, était nulle, au motif que ladite décision était contraire à l'article 1 du protocole de La Haye du 12 avril 1930.
La Cour a rejeté sa demande. Elle a jugé que ledit protocole est un traité qui crée des droits en faveur des personnes qui ont la double nationalité. Il n'est pas contesté que c'est un traité auto-exécutoire. Cependant, le recours n'est pas recevable au motif que la décision attaquée, qui ne constitue pas un acte executoire, n'entre pas dans le champ de compétence de la Cour.

Decision

Administrative acts or decisions which alone can be made the subject of a recourse - Article 146-1 of the Constitution - Legal advice from the office of the Attorney General on legal points arising from an application of the applicant to the Council of Ministers for exemption from military service [...]
International Protocol of Hague of the 12th April 1930 relating to military obligations and exemptions therefrom in certain cases of double nationality [...]

The applicant is a citizen of Cyprus and also a citizen of the United States of America, residing permanently in the United States of America since 1963. By his recourse he seeks a declaration that the alleged decision to the effect that he is not exempted from liability for service in the National Guard is null and void, *inter alia*, on the ground that the said decision is contrary to Article 1 of the Protocol of Hague of the 12th April, 1930. Article 1 reads as follows: "A person possessing two or more nationalities who habitually resides in one of the contries whose nationality he possesses and who is in fact most closely connected with that contry, shall be exempt from all military obligations in the other contry or countries."

On a preliminary point raised by the respondents, the learned Judge of the Supreme Court dismissed this recourse on the sole ground that the so called "decision" challenged thereby cannot be made the subject of a recourse under Article 146 of the Constitution; and the learned Judge held :
The so called "decision" attacked by the present recourse is not "the act or decision of any organ, authority or person exercising any executive or administrative authority" in the sense of paragraph 1 of Article 146 of the Constitution, but a legal advice of the Attorney-General (dated April 12th, 1972) in respect of the legal points arising from the applicant's application to the Council of Ministers dated February, 1972, whereby he was seeking that he should be exempted from military service with the National Guard "in accordance with Article 1 of the Protocol of Hague dated April 12 th, 1930..."

Consequently, there has been in this case no executory administrative decision which could be made the subject of a recourse under Article 146.

Recourse dismissed ; no order as to costs.
[...]

COLOMBIE

Conseil d'État

Compétences et attributions

Le Conseil d'État de Colombie a des fonctions consultatives et juridictionnelles.

Le Conseil d'État et les tribunaux administratifs contrôlent par voie juridictionnelle l'administration nationale, départementale et municipale.

Relèvent de la compétence de la juridiction administrative toute activité de l'administration, y compris les actes politiques ou de gouvernement, notamment le contentieux de la validité des contrats administratifs, la responsabilité administrative et le contentieux électoral.

Le Conseil d'État est, en matière juridictionnelle, le tribunal suprême de la juridiction contentieuse administrative. Il est juge en appel des décisions des tribunaux administratifs et juge en premier et dernier ressort, notamment, des actes administratifs de portée nationale et des actes administratifs pour lesquels aucune règle de compétence n'est définie.

Il existe, au sein du Conseil d'État, une chambre consultative. Le Conseil d'État peut, en effet, être consulté par le Gouvernement pour toutes les affaires administratives. Son avis est obligatoire en cas de transit de troupes étrangères sur le territoire national. En outre, il prépare et présente des projets de lois et d'actes de révision de la Constitution.

Conseil d'État
Décision n°IJ -001, Vitel Vina Rojas Robles (1998)

1. Actes législatifs et administratifs - Accords internationaux - Applicabilité - *Convention de Vienne concernant les relations diplomatiques du 18 avril 1961*
2. Responsabilité de la puissance publique - Faits susceptibles ou non d'ouvrir une action en responsabilité - Fondement de la responsabilité - Responsabilité fondée sur l'égalité devant les charges publiques - *Responsabilité du fait des traités ou des conventions internationales* - *Responsabilité du fait de la loi*
3. Fonctionnaires et agents publics

Summary

The appellants claimed damages of the prejudice caused by a diplomatic agent - subject to the diplomatic immunity according to the Convention of Vienna of April 18th 1961 - who has killed appellants'husband and father, when he was working. The Council of State declared the State responsible on the ground of the rupture of equality of the public offices.

Résumé

Les requérants ont demandé réparation du préjudice qui leur a été causé par un agent diplomatique - bénéficiant de l'immunité diplomatique en vertu de la convention de Vienne du 18 avril 1861 - qui a donné la mort du mari et père des demandeurs, dans l'exercice de ses fonctions. Le Conseil d'État a déclaré l'État colombien responsable sur la base dela rupture de l'égalité devant les charges publiques.

Décision

La Chambre décide le reccours en appel interjeté par les mandataires des parties contre l'arrêt du 9 Février 1995 prononcé par le Tribunal administratif de Cun-

-dinmarça qui, dans sa partie résolutoire, dispose declarer responsable a la nation colombiene pour les prejudices causés a N.N., et suite condamne à dédommager les préjudices moraux et matériels.

I. Antécédents

A. La requête

Dans l'exercice de l'action de réparation directe, Mme R. et ses enfants les mineurs C. ont intenté une action en justice contre le ministère des Affaires étrangères et le Congrès de la République, représenté dans l'affaire par le ministère de l'Intérieur, pour les conséquences découlant de l'application de l'immunité juridictionnelle conférée par la loi 6° de 1972.

En effet, ils demandent que l'État colombien soit déclaré responsable *"par suite de l'acte législatif consistant à délivrer, sanctionner et promulguer la loi 6° de 1972 qui a approuvé la convention de Vienne concernant les relations diplomatiques, laquelle a établi l'immunité de juridiction diplomatique.",* dont l'application les empêche de demander en justicel'ambassade des USA, dans le but d'obtenir la réparation conséquente pour la mort de leur époux et père.
Les intéressés exigent comme dédommagement l'équivalent de 4.000 grammes d'or pour chacun des demandeurs et, comme compensation pour les préjudices matériaux, la somme de mille six cent millions de pesos.

Il a été déposé que, le 10 octobre 1991, à 2lh30, dans la rue 114 A Autopista Norte, Mr C. a été renversé par un véhicule appartenant à l'ambassade des États Unis qui était conduit par le Colonel de l'armée de ce pays, Mr. S.
Les demandeurs avaient présenté une réclamation directe auprès de l'ambassade correspondante ; cette requête a été rejetée le 14 Octobre 1992. Ensuite, ils ont recouru à la Cour suprême de justice mais leur requête a été rejetée par défaut de juridiction. Pour appuyer cette décision, la Cour a allégué que l'ambassade des États-Unis était protégée par l'immunité consacrée par la convention de Vienne, incorporée à notre législation à travers la loi 6° de 1972.

Les demandeurs déclarent que, le jour des faits, le défunt Mr. C. avait 46 ans, travaillait pour le secrétariat de l'Éducation du district, et que les week-ends il effectuait des travaux agricoles dans la commune de Ciénaga (Boyacà). Finalement, que sa femme et ses enfants dépendaient économiquement de leur époux et père.

Dans cette affaire, le tribunal a déclaré responsable l'État colombien conformément aux considérations transcrites dans cet arrêt, mais ladite décision a été l'objet d'une contestation par les parties.

B. Les appels

Vu que les parties n'étaient pas d'accord avec l'arrêt de première instance, ils ont interjeté appel.

C. L'avis du ministère public

Dans une étude profonde et bien documentée, avec des antécédents législatifs et des citations doctrinaires, le représentant du Ministère public a manifesté son assentiment à l'arrêt du tribunal mais il a formulé des objections en affirmant que la responsabilité del'État législateur n'est compromise que dans l'hypothèse de textes légaux, déclarés anticonstitutionnels.

Aujourd'hui, on peut affirmer que la responsabilité de l'État législateur est acceptée sur la base du principe d'égalité face aux charges publiques; que l'indemnité est un devoir dès qu'il se produit un déséquilibre, sauf exclusion expresse du législateur. Sur cette matière convergent la jurisprudence française et la jurisprudence espagnole, la Cour suprême de cette dernière ayant déclaré, par arrêt du 25 septembre 1987: s'il n'est permis à personne de nuire à autrui il l'est encore moins à l'État, en raison des réglementations générales de tout ordre, et même des lois, et qu'il est ainsi statué par les principes constitutionnels et par les implicites dans les lois.

II. Considérations

L'affaire subjudice concerne une requête de réparation engagée directement contre la Nation, Ministère des Affaires étrangères et Congrès de la République, pour qu'ils indemnisent les préjudices moraux et matériels que l'application de la loi 6° de 1972 approuvant la convention de Vienne sur les relations diplomatiques ne permet pas d'attaquer directement par action ordinaire l'agent qui a produit les dommages, auprès de la juridiction nationale. Ceci parce que la loi déjà citée établit l'immunité juridictionnelle en faveur des agents diplomatiques et, dans le cas qui nous occupe, Mr. C. est mort lors d'un accident automobile provoqué par un agent diplomatique membre de la délégation des USA.

Avant cette requête de responsabilité patrimoniale contre l'État colombien, les demandeurs ont intenté des prétentions similaires auprès de la justice ordinaire, contrel'ambassade des USA. La Cour suprême de justice a rejeté leur requête en alléguant un défaut de juridiction, par invocationexpresse de la loi 6° de 1972 qui a approuvé la convention de Vienne sur les relations diplomatiques, en date du 18 avril 1961.

A. L'arrêt en première instance
Le tribunal a retenu la responsabilité patrimoniale de l'État [...]

Premièrement, le critère selon lequel la responsabilité de l'acte législatif demande la transgression d'ordres supérieurs n'est pas pertinent, vu que la responsabilité de l'État découle indépendamment du caractère licite ou illicite de la conduite de l'administration, car la réparation survient à cause du caractère contraire à la loi du dommage causé.

Quant à l'affirmation concernant l' "impossibilité d'obtenir justice à travers leurs juges naturels" où le législateur aurait placé les lésés, cette expression doit être référée à l'impossibilité de demander directement, auprès de la justice ordinaire, le responsable du dommage causé, c'est-à-dire, de la mort de Mr. C. Dans le sens strict et selon l'orientation que cette chambre confère au procès, il faut entendre que ce que le tribunal a affirmé n'empêche que, dans cette procédure administrative, les lésés recourent, avec un fondement factuel différent (le déséquilibre des charges publiques devant la loi), à cette juridiction contentieuse administrative pour demander en justice l'État colombien, ce qui assure précisément l'accès à la justice nationale et au droit de tout citoyen de demander un dédommagement, à égalité de conditions, dans son territoire et devant ses juges.

En résumé, il ne faut pas oublier que, si dans le procès ordinaire échoué, le défendeur était Mr. S. et le dommage était la mort de Mr. C., dans le procès actuel le défendeur est l'État colombien et le fondement de l'action est le déséquilibre des charges publiques devant la loi. Ici, la mort de Mr. C. ne sera prise en compte que comme facteur objectif pour le calcul des dommages-intérêts qui seront accordés et la conduite de Mr. S. ne sera pas jugée.

B. La cause petendi et sa preuve
Ci-dessous, les moyens de conviction qui ont été apportés pour la définition de la controverse [...]

1.Une copie certifiée conforme du croquis de l'accident automobile.
2.Le constat de l'accident automobile

3.L'attestation du Ministère des Affaires étrangères de la République colombienne, où l'on atteste que le propriétaire du véhicule.
4 .L'arrêt de la Cour suprême de justice, chambre de cassation pénale, du 8 avril 1992, qui s'est abstenu, dans son prononcé, de se saisir de la connaissance et la de conduite de l'enquête pénale entamée contre le lieutenant S.
5.Le pronocement de la Cour suprême de justice, chambre de cassation civile,

par arrêt du 8 mars 1993 confirmant, en appel ordinaire, l'arrêt du 16 février 1992 en vertu duquel, par défaut de juridiction, avait été rejetée la requête présentée par Mme R. et ses enfants contre l'ambassade des États-Unis d'Amérique.
6.Le document adressé par M. John B.CRAIG, Ministre conseiller de l'ambassade des États-Unis d'Amérique, à Mr. R. daté du 12 octobre 1992, pour lui communiquer la décision adoptée parl'ambassade au sujet de sa requête selon lequel:
"L'ambassade a donc soigneusement étudié votre demande et les documents présentés par les autorités judiciaires. Malheureusement, elle regrette de ne pouvoir prendre aucune mesure concernant la famille du défunt, puisqu'elle considère que la conduite du Colonel s'est ajustée à la législation colombienne."

C. Le régime applicable
La convention de Vienne est un traité international souscrit par l'État colombien, incorporé conformément à la législation interne, dans le respect des procédures établies constitutionnellement pour devenir la loi 6° de 1972.

Conformément à la Constitution politique, dans son article 224, pour la validité des traités, ceux-ci devront être approuvés par le Congrès de la République quoi que, tout de suite après, il autorise le Président de la République à leur appliquer de manière provisoire, quand ils sont de nature économique et commerciale, en le chargeant de les envoyer immédiatement au Congrès pour leur approbation. On signale donc une règle générale et une exception.
La convention de Vienne, mis à part sa clarté normative sur l'immunité juridictionnelle des agents diplomatiques, a été incorporée à la législation nationale et il n'existe donc pas de doute au sujet de son application dans l'affaire sub-analisis, pour que fasse son chemin la cause de responsabilité patrimoniale contre l'État qui nous occupe.

La norme dont l'application est ici invoquée dit:

"ArticleXXXI

"1. L'agent diplomatique bénéficiera d'immunité de la juridiction pénale de l'État récepteur. Il bénéficiera aussi d'immunité de ses juridictions civile et administrative sauf dans les cas suivants:
-s'il s'agit d'une action réelle sur des biens immeubles particuliers se trouvant dans le territoire de l'État récepteur, sauf si l'agent diplomatique est le possesseur pour le compte de l'État accréditeur et pour les objectifs de sa

mission;
- s'il s'agit d'une action successorale où figure l'agent diplomatique, à titre privé et pas au nom de l'État accréditeur, comme exécuteur testamentaire, administrateur, héritier ou légataire;
-s'il s'agit d'une action concernant toute activité professionnelle ou commerciale exercée par l'agent diplomatique dans l'État recepteur, hors de ses fonctions officielles.

2. L'agent diplomatique n'est pas obligé à porter témoignage.

3. L'agent diplomatique ne pourra être l'objet d'aucune mesure d'exécution, sauf dans les cas prévus par les alinéas a), b) et c) du paragraphe 1 de cet article et pouvu qu'il ne subisse pas l'amoindrissement de l'inviolabilité de sa personne ou de sa demeure-

4.L'immunité de juridiction d'un agent diplomatique dans l'État récepteur ne le libère pas de la juridiction de l'État accréditeur".

La Convention obéit à un acte complexe de l'État colombien intégré par l'intervention des volontés de deux autorités étatiques, à savoir, le Congrès et le Président de la République, dans l'exercice de leurs fonctions, conformément aux articles 189et 150 de la C.P

Conformément à l'article 82 du C.C.A., la juridiction du contentieux administratif est compétente pour connaître des conséquences de son adoption en tant que loi et de son application conformément aux engagements internationaux. Quoique l'État colombien soit souverain pour la gestion de ses relations internationales, ceci ne fait pas obstacle pour que, face à la juridiction du contentieux administratif colombien, il puisse être convoqué et réponde pour les conséquences de ses actes, comme dans l'affaire qui nous occupe, où il s'agit d'un acte complexe. Les privilèges qu'il confère à d'autres États ou à leurs diplomates accrédités sont à la charge de la nation et ce ne serait pas équitable qu'ils reviennent à la charge d'un particulier.

Si, comme dans cet affaire, à conséquence du respect du traité, survient un préjudice pour les demandeurs, dont l'auteur matériel est un agent diplomatique, la Nation colombienne doit assumer les conséquences patrimoniales découlant du respect de ses obligations concernant les relations diplomatiques entre les États. Le facteur d'imputation de la responsabilité par rapport à l'organisme demandé est donc clairement établi, vu sa titularité juridique exclusive et excluante dans la gestion des relations internationales qui

comportent, constitutionnellement, une opération complexe avec la participation des trois branches du pouvoir public, à savoir, l'exécutif, ayant à la tête le Président de la République, à qui correspond la gestion des relations internationales et par conséquent la négociation des traités ; le législatif qui fait entrer les traités internationaux dans le droit interne à travers des lois, et le judiciaire, représenté dans ce cas par la Cour constitutionnelle, vu le contrôle automatique qu'elle exerce sur ces lois.

Le fait d'être titulaire dans les relations internationales exige à l'État un comportement dont il doit assumer les conséquences, conformément à l'art. 90 de la C. P., et, dans le cas des demandeurs, ils ont perdu la possibilité de poursuivre en justice l'auteur matériel du dommage ainsi que le propriétaire du véhicule. Tout cela justifie, de manière aveuglante, la responsabilité patrimoniale de l'État colombien dans l'affaire.

En tout cas, la garantie d'accéder à l'administration de la justice (art. 229 de la C.P.) ne peut avoir d'exception et pourqu'elle soit effective dans le cas sub-judice, fait son chemin la demande contrel'État colombien, lequel conduit de façon légitime ses relations internationales, assume ses obligations du même genre à travers des traités, promulgue, respecte et fait respecter ses propres lois.

Dans l'affaire sub judice, la chambre estime qu'il est pertinent d'appliquer le régime de responsabilité pour dommage spécial, qui est celui qu'il correspond d'appliquer quand, à cause de l'activité légitime del'État, un dommage est causé. Dans l'affaire qui nous occupe, l'incorporation du texte de la convention de Vienne du 18 avril 1961 à la législation nationale, dans le développement d'une action complexe de nature publique consistant en la négociation et la signature de ce traité, son incorporation comme loi nationale avec sa sjétion à tous les contrôles juridictionnels conformément à la constitution et son application, et qui a produit un préjudice consistant en un déséquilibre des charges publiques que les demandeurs ne doivent pas subir.

L'incorporation des traités internationaux dans la Constitution juridique interne est réglée par la Constitution politique de 1991et par les conventions de Vienne de 1969 et de 1986, qui constituent le droit des traités dans l'ordre international. Pour que ces traités se perfectionnent et produisent des effets dans l'ordre national colombien, il existe quatre étapes couramment suivies pour l'approbation des traités au sein de la communauté internationale, à savoir : la négociation, la signature, les contrôles internes par les branches du pouvoir public et finalement la ratification. En Colombie, le contrôle interne est de deux types : le contrôle politique (art. 150 alinéa 16 de la C.P.) et le contrôle juridique (art. 241 de la C.P., alinéa 10).

L'application du texte normatif dans le sens de conférer l'immunité conduit à un affrontement des droits reconnus par la Constitution colombienne; d'un côté, la condition de diplomate qui bénéficie d'immunité devant la justice colombienne et, d'un autre côté, le droit de tous les résidents en Colombie à poursuivre en justice auprès de leurs juges naturels, à exiger que leurs droits soient respectés, protégés et garantis conformément au droit positif en vigueur, à être demandeur et défendeur. Si, à titre exceptionnel, comme dans cette affaire, et pour un traitement de privilège conféré par l'État à une personne dont la qualité le justifie, un déséquilibre est produit en sa faveur et contre quelqu'un qui en résulte lésé et sans la possibilité de demander, sur la base du fait nuisible, auprès de son juge naturel, il est clair qu'il existe un déséquilibre des charges publiques et que, pour cette raison, le particulier est habilité à demander à l'État pour dommageset intérêts, sur la base de l'action complexe de ce dernier, comme nous avons expliqué ci-dessus.

En résumé, on peut affirmer que le titre d'imputation juridique sur lequel est fondé le procès de responsabilité contre l'État, est la rupture de l'équilibre des charges publiques entraînée par l'activité légitime des autorités de l'État (le Congrès et le Président de la République) laquelle produit un dommage antijuridique que l'administré n'est pas obligé de subir, car la charge juridique qui doit être collective ne peut pas s'appliquer à une personne en particulier. D'où que ce soit équitable d'imposer à l'État, en représentation de la société, l'obligation de dédommager le préjudice causé aux demandeurs. Cette solution n'est rien d'autre que le correct déroulement et l'application logique du principe d'égalité devant la loi, prévu dans l'article 13 de la C.P.

D. Antécédents jurisprudentiels

1. En France

Le critère exposé est validé par des antécédents sérieux connus par la doctrinefançaise surla matière en étude, concernant ce que l'on appelle la responsabilité de l'État "du fait des lois", et la responsabilité de l'État "du fait des traités ou accords internationaux" légalement incorporés dans l'ordre juridique interne.

En effet, la responsabilité à l'origine de l'entrée en vigueur d'une loi a été étudiée à l'occasion de l'arrêt du Conseil d'État français du 14 février 1938, au sujet de la société anonyme de produits laitiers "La Fleurette". Ici, le juge administratif a condamné l'État à payer à un particulier le dédommagement du préjudice causé par l'entrée en vigueur d'un texte législatif, sur la base de la rupture de l'égalité des citoyens face aux charges publiques générée précisément par l'application d'une loi. Cette jurisprudence a été la culmination d'un processus qui s'était initié avec le rejet systématique de toute possibilité de responsabilité del'État quant aux préjudices directement causés par l'adoption d'une loi, commençant par l'arrêt du 11 février 1838 (Duchatelet), quand le texte législatif interdisait la fabrication de tabac illégal pour protéger le monopole de l'État dans cette matière, en passant par l'arrêt Couiteas, à propos de la loi du 16 mars 1915 qui interdisait la fabrication d'absinthe. On est ainsi arrivé à l'arrêt du 4 juillet 1989 (50 ans après l'arrêt de La Fleurette), par laquelle le Conseil d'État a eu l'occasion d'affirmer l'existence de la responsabilité de l'État législateur dans le cas où une loi porte un dommage spécial et anormal, dans le cadre d'événements concernant la modalité d'application des privatisations, en établissantqu'une telle responsabilité est justifiée par le principe constitutionnel d'égalité de tous les citoyens face aux charges publiques.

D'autre part, la responsabilité de 1'État, engagée en raison des traités ou accords internationaux légalement incorporés dans l'ordre juridique interne, a été exprimée par le Conseil d'État français, en jugement du 30 mars 1966, dans l'affaire appelée Compagnie Générale d'énergie radioélectrique. Cet arrêt a mérité les considérations suivantes de ce tribunal *"que la responsabilité de l'État est susceptible de s'engager sur la base de l'égalité des citoyens devant les charges publiques, pour assurer le dédommagement du préjudice généré par des conventions souscrites par la France avec d'autres États et incorporées légalement dans l'ordre juridique interne, à condition d'une part, que ni la convention elle-même ni la loi qui a éventuellement autorisé la ratification puissent s'interpréter comme ayant voulu exclure tout indemnité et, d'autre part, que le préjudice objet de la demande de dédommagement soit d'une* *gravité suffisante et présente un caractère spécial.. " (*Jean François Lachaume, *Droit administratif Les Grandes Décisions de la jurisprudence*, Themis, Puf, Paris, 1993)

L'étendue de la jurisprudence citée en premier lieu, dénommée "du fait des lois", aux traités internationaux a eu comme contestation le fait que le traité continue à être un acte international dont le contentieux échappe à la compétence traditionnelle de la juridiction administrative. Néanmoins, on a opté pour maintenir la compétence de la juridiction spécialisée vu que le traité légalement incorporé dans l'ordre juridique interne produit des effets de droit et des conséquences que le juge administratif peut apprécier en matière de responsabilité, sans porter de jugement sur la manière dont l'exécutif conduit les relations internationales de l'État.

2. Au Portugal

Dans une affaire similaire, le Conseil d''État au Portugal, en décidant le recours n° 33534, du 10 mai 1994, à l'occasion del'exercice du droit des indemnités proposé devant les tribunaux portuguais selon les règles générales de compétence, a accordé la responsabilité civile extracontractuelle de l'État portuguais pour un acte effectué matériellement par les forces armées américaines installées dans les îles Azores. Le haut tribunal a dit que, par impératif de l'alinéa 5° de l'article 8° de la Convention Otan, les tribunaux portuguais sont intentionnellement incompétents pour recevoir les demandes de dédommagement intentées contre les États-Unis d'Amérique à cause des dommages originés dans les actes illicites pour imprudence ou négligence de leurs armées stationnées sur les Azores et que, "dans le but d'éviter le sacrifice que représenterait pour les citoyens nationaux de recourir, le cas échéant, aux tribunaux américains, l'Étatportuguais assume, par la même clause de la convention citée, la responsabilité objective du dédommagement de ces préjudices, s'obligeant au paiement de l'indemnité respective". (Recours 33534 Rel. C.E. José Da Cruz Rodriguez). Cette responsabilité objective à la charge de l'État portuguais a été retenue comme solution pour compenser la renonciation que cette nation a fait de la juridiction de ses tribunaux et aussi pour éviter à ses nationaux les frais élevés et les difficultés de recourir aux tribunaux américains.

3. En Colombie

Ce Conseil a constitué une base jurisprudentielle solide au sujet du dommage spécial sur la base de la responsabilité patrimoniale de l'État, en affirmant, par exemple, que "le tribunal a géré correctement cette affaire fondée sur le régime de responsabilité pour dommage spécial qui se présente dans les situations où l'administration, dans le développement d'une activité légitime, lèse les droits d'une personne par la rupture de l'égalité devant la loi et les charges publiques, à conséquence de laquelle un dommage spécial a été causé à l'administré, dont la situation particulière ne peut pas s'encadrer dans un régime différent de responsabilité" (jugement du 16 juillet 1994, dossier n° 8965CP. Daniel Suàrez Hernàndez).

Dans une autre affaire, sur la base de la théorie du dommage spécial, il a été décidé quel'État doit indemniser les dommages dans tous les cas où ceux-ci sont anormaux et exceptionnels par rapport à ceux que doivent subir les autres membres de la communauté. (jugement du 19 avril 1994, dossier n° 7096 C.P. Juan de Dios Montes).

De la même manière, le Conseil d'État, dans un exposé fait par celui qui élabore le présent projet, en jugement du 25 septembre 1997, dans le dossier n°10392, demanderesse Carmen Haydée Gonzàlez, a précisé:

"L'affaire présentée dans la requête rentre dans le régime de responsabilité qui gouverne le dommage spécial. Pour que cette figure juridique ait une pleine application, doivent concourir les élements suivants:
1. Que le fait administratif à l'origine du dommage provienne d'une conduite légitime de l'administration,s'appuyant sur la normativité légale en vigueur ou sur la Constitution elle-même, qui rompe l'égalité devant les charges publiques que doivent supporter certains administrés.
C'est-à-dire, que la rupture de l'égalité devant les charges publiques impose à certains administrés un plus grand sacrifice que ce que doivent normalement supporter les associés en général.
"2. Qu'il se soit produit un dommage lésant un droit juridiquement protégé devant revêtir les conditions de vrai, concret et particulier,
"3. Et qu'il existe un lien de causalité entre le fait administratif légal et le préjudice porté.
"Ces éléments permettent d'établir que le régime de responsabilité exclue l'illégalité de l'acte administratif, les cas de responsabilité pour faute ou défaillance du service de l'administration et aussi ceux découlant des voies ou des conduites de fait.
"Dans de telles conditions, pour parler de dommage spécial comme présuposé de la responsabilité de l'administration, il est indispensable que celui-ci ait un

caractère anormal, exceptionnel et supérieur à ce que normalement doivent subir les citoyens, en raison de la nature spéciale des pouvoirs et des actes de l'État, c'est-à-dire que seulement un petit nombre de citoyens demeurent sacrifiés dans leur patrimoine en contrepartie d'un bénéfice obtenu par la communauté, qui représente une amélioration dans la qualité et la prestation des services.

Pour tout ce qui précède, il est clair que les nationaux, ayant droit au respect de leur intégrité personnelle et patrimoniale et à l'exercice des actions légales pour le rétablissement de leurs droits violés à égalité de conditions, dans l'affaire qui nous occupe, les demandeurs subissent une double limitation en vertu du privilège d'immunité juridictionnelle conféré par l'État colombien. D'une part, parce qu'ils sont privés de la possibilité de demander en Colombie le dédommagement auquel ils ont droit, en action contre l'auteur matériel du dommage et, d'autre part, parce que, de ce fait, les charges publiques que tous les citoyens doivent supporter à égalité de conditions se sont déséquilibrées quand ils ont été contraints de demander auprès de la justice de l'État accréditeur, ce qui est effectivement permis par la convention de Vienne, sauf renonciation à l'immunité dans les termes par elle établis, ce qui ne s'est pas produit dans cette affaire.

En acceptant la responsabilité de l'État dans l'affaire qui nous occupe, on n'adopte pas, sans bénéfice d'inventaire, l'expression optimiste de Léon Duguit selon laquelle l'État doit être un assureur par voie générale, car il s'agit d'une situation exceptionnelle; on ne partage pas non plus l'avis du Ministère public selon lequel l'État aurait abdiqué sa souveraineté en conférant une immunité juridictionnel au corps diplomatique, car c'est justement en exerçant cette souveraineté qu'il a développé l'activité complexe qui a été à l'origine de ce procès. [...]

E. La légitimation
Elle a été trouve suffissante, en ce qui concerne les parties demanderesse et défenderesse, ainsi que la qualité de l'agent nuisible.

F. Le dommage
Quoique le dommage consiste, comme il a été dit, en la rupture de l'équilibre des charges publiques, il est indispensable de le référer matérialement à tous les faits de la cause petendi pour le calcul du dédommagement. [...]

Finalement le Conseil d'État ratifiera, toujours en mettant l'accent sur la précision doctrinaire et les fondements ici consignés.

Vu l'exposé, le Conseil d'État, Chambre plenière du contentieux administratif, rendant la justice au nom de la République et par autorité de la loi,

Arrête:

1. On ratifie les alinéas 1°, 3°, 4° et 5° du jugement prononcé par le tribunal administratif de Cundinamarca, le 9 février 1995, pour les raisons données dans les considérations de ce pourvoi.
2. On modifie l'alinéa 2° du jugement déjà cité
3. En vue de l'exécution de ce jugement, des copies seront délivrées aux parties, [...]
4. Une fois exécuté cet arrêt, le dossier sera retourné au tribunal d'origine.
Que ce soit copié, communiqué, notifié et exécuté.

COUR DE JUSTICE DES COMMUNAUTÉS EUROPÉENNES

Cour de justice des Communautés européennes

Compétences et attributions

La Cour de justice assure le respect du droit dans l'interprétation et l'application des traités établissant les Communautés européennes.

La Cour de justice statue en premier et unique ressort sur les recours en manquement introduits par la Commission ou par un État membre contre un autre État membre, ainsi que sur les recours en annulation ou en carence introduits par les États membres contre les institutions communautaires ou sur les recours entre les institutions communautaires.

La Cour de justice est seule compétente pour statuer, à titre préjudiciel, à la demande des juridictions nationales : sur l'interprétation des traités, sur la validité et l'interprétation des actes pris par les institutions de la Communauté et sur l'interprétation des statuts des organismes créés par un acte du Conseil, lorsque ces statuts le prévoient.

La Cour de justice dispose également d'attributions consultatives : le Conseil, la Commission ou un État membre peut recueillir l'avis de la Cour de justice sur la compatibilité d'un accord envisagé entre la Communauté et un ou plusieurs États ou organisations internationales avec les dispositions du traité CE.

Un Tribunal de première instance a été adjoint à la Cour aux fins de désencombrer son prétoire et d'améliorer les garanties offertes aux justiciables par l'instauration d'un double degré de juridiction.

Le Tribunal de première instance, constitué en octobre 1989, a reçu compétence pour connaître des recours en annulation, en carence et en réparation de dommages formés par des personnes physiques ou morales ; il s'agit pratiquement de tout le contentieux émanant de cette catégorie de requérants.

Un pourvoi contre les arrêts du Tribunal, limité aux questions de droit, peut être porté devant la Cour.

Cour de justice des Communautés européennes Arrêt du 30 juillet 1996, affaire C-84/95, Bosphorus Hava Yollari Turizm ve Ticaret AS contre Minister for Transport, Energy and Communication et autres

1. Communautés européennes - Relations avec les pays tiers - Mesures d'embargo à l'encontre de la république fédérative de Yougoslavie (Serbie et Monténégro) - Portée des règles communautaires - *Règlement communautaire n° 990/93*

Résumé

La Cour de justice a répondu dans cet arrêt à une question préjudicielle posée par la Supreme Court of Ireland et portant sur l'interprétation de l'article 8, premier alinéa, du règlement du Conseil n° 990/93, concernant les échanges entre la Communauté économique européenne et la république fédérative de Yougoslavie (Serbie et Monténégro). Ce réglement a pour objet d'assurer la mise en oeuvre uniforme dans la Communauté des mesures de sanction prises à l'encontre de la république fédérative de Yougoslavie par le Conseil de sécurité des Nations unies. Il prévoit à ladite disposition que "tous les navires, véhicules de transport, matériels roulants et aéronefs dans lesquels une participation majoritaire ou une minorité de contrôle est détenue par une personne physique ou morale ayant son siège dans la république fédérative de Yougoslavie (Serbie et Monténégro) ou opérant depuis cette république sont saisis par les autorités compétentes des États membres".

La question posée à la Cour de justice était celle de savoir si cette disposition s'appliquait dans un cas où une personne morale ayant son siège dans la république fédérative de Yougoslavie avait donné en location un aéronef à une société turque pour une période de quatre ans, et n'était donc pas en mesure d'exercer elle-même un contrôle effectif sur l'aéronef, et où ledit aéronef, qui effectuait des liaisons entre la Turquie et divers États membres, était saisi dans un de ces derniers.

La société turque, qui conteste le bien-fondé de la saisie, soutient que l'article 8 du règlement n° 990/93 vise à pénaliser la république fédérative de Yougoslavie, mais pas à étendre ses sanctions à des parties innocentes. Une autre interprétation porterait atteinte à ses droits fondamentaux, notamment à son droit au respect de ses biens et à son libre exercice d'une activité commerciale, et entraînerait une sanction manifestement inutile et disproportionnée à son égard.

La Cour interprète la disposition en cause d'après ses termes, son contexte et ses objectifs et rejette l'argument opérant une distinction entre la propriété de l'aéronef et l'exercice d'un contrôle quotidien sur les opérations de l'appareil. Elle retient notamment que l'objectif poursuivi par les sanctions est d'exercer une pression sur la république fédérative de Yougoslavie, objectif auquel contribue une mesure qui entrave ce pays et ses ressortissants dans la jouissance de leurs droits de propriété.

La Cour rappelle ensuite que les droits fondamentaux ne sont pas des prérogatives absolues et que leur exercice peut être limité par des objectifs d'intérêt général poursuivis par la Communauté. Ainsi, au regard de l'objectif fondamental que représente pour la communauté internationale le rétablissement de la paix en Bosnie-Herzégovine, la saisie d'un aéronef n'est pas disproportionnée, même si elle concerne une personne tout à fait étrangère à la situation qui justifiait la mise en place d'une telle sanction.

Summary

The European Court of Justice has replied in the present case to a prejudicial question from the Supreme Court of Ireland relative to the interpretation of article 8, 1st alinea, of the Council regulation n°990/93 concerning the exchanges between the European Economic Community and the Federal Republic of Yugoslavia (Serbia and Montenegro). This regulation pursues the uniform application of the Community sanctions taken against the Federal Republic of Yugoslavia by the Security Council of the United Nations. Its lays down that "all ship, vehicules of transport and aircrafts in which a participating majority or a minority in charge of their control is held by a physical or juridical person whose registered office is situated in the Federal Republic of Yugoslavia (Serbia and Montenegro), or operating from the Republic, are seized by the relevant authorities of the Member states.

The question was intending to determine whether this disposition was applicable when a juridical person whose registered office is situated in the Federal Republic of Yugoslavia had hired an aircraft to a Turquish company for a four year period and was therefore not in a position to exercise an effective control on the aircraft, and when the latter, ensuring the airline link between Turkey and several Member states, was seized in one of those.

The Turquish company which contests the validity of the seizure sustains that article 8 of the regulation n°990/93 intends to penalize the Federal Republic of Yugoslavia but not to extend the sanctions to innocent parties. A different interpretation would compromise the exercice of fundamental rights especially the right of the respect of one's belongings and of the free exercice of a commercial activity, and would induce a manifestly and disproportionate sanction.

The Court interprets the disposition in cause froms its terms, context and objectives and rejects the argument according to which a distinction has to be established between the property of aircraft and the exercice of a daily control on the operations of the aircraft.

It precises notably that the objective pursued by the sanctions is to put pressure on the Federal Republic of Yugoslavia, objective to which contributes the hindrance of this country and its nationals'exercice of the right of property.

Moreover, the Court recalls that fundamental rights are not absolute prerogatives and their exercice can be limited by an objective of general interest pursued by the Community. Indeed, with regard to the fundamental objective that the re-establishing of peace represents in Bosnia Herzegovina for the internationl Community, the seizure of the aircraft is not disproportionate even though it concerns a person entirely aloof from the situation that justified the implementation of such a sanction.

Décision

Par ordonnance du 12 février 1995, parvenue à la Cour le 20 mars suivant, la Supreme Court of Ireland a posé, en vertu de l'article 177 du traité CE, une question préjudicielle sur l'interprétation de l'article 8 du règlement (CEE) n° 990/93 du Conseil, du 26 avril 1993, concernant les échanges entre la Communauté économique européenne et la république fédérative de Yougoslavie

(Serbie et Monténégro) (JO L 102, p° 14).

Cette question a été soulevée dans le cadre d'un litige opposant Bosphorus Hava Yollari Turizm ve Ticaret AS (ci-après "Bosphorus Airways") au Minister for Transport, Energy and Communications e.a (ci-après "le ministre"). Bosphorus Airways est une société turque dont l'activité prinicipale est l'affrètement aérien et l'organisation de voyages. Par contrat de bail du 17 avril 1992, elle a pris en location deux aéronefs appartenant à la compagnie aérienne nationale yougoslave (JAT) pour une période de quatre ans. Ce contrat, dénommé "dry lease", prévoyait la location des seuls aéronefs, à l'exclusion du personnel de cabine et de pilotage, qui était composé d'employés de Bosphorus Airways. Cette dernière disposait donc de la maîtrise totale de la gestion quotidienne des aéronefs pour cette durée. La JAT demeurait toutefois propriétaire des aéronefs.

Il ressort du dossier de l'affaire au principal que la transaction entre Bosphorus Airways et la JAT a été conclue de parfaite bonne foi et ne visait nullement à contourner les mesures de sanction décidées à l'encontre de la république fédérative de Yougoslavie par les résolutions des Nations unies et mises en oeuvre dans la Communauté par le règlement n° 990/93. En outre, en application de ces mesures, les loyers dus en vertu du contrat de bail ont été versés sur des comptes bloqués et n'ont donc pas été payés à la JAT. Enfin, les aéronefs ont été exclusivement utilisés par Bosphorus Airways pour effectuer des liaisons entre la Turquie, d'une part, et divers États membres et la Suisse, d'autre part.

Lorsqu'un des aéronefs, après avoir subi des opérations d'entretien sur l'aéroport de Dublin , s'apprêtait à décoller, le ministre a ordonné sa saisie en application de l'article 8 du règlement n° 990/93, au motif qu'il s'agissait d'un aéronef dans lequel une participation majoritaire ou une minorité de contrôle était détenue par une personne ayant son siège dans la république fédérative de Yougoslavie ou opérant à partir de celle-ci.

L'article 8, premier alinéa, du règlement n° 990/93 dispose :

"Tous les navires, véhicules de transport, matériels roulants et aéronefs dans lesquels une participation majoritaire ou une minorité de contrôle est détenue par une personne physique ou morale ayant son siège dans la république fédérative de Yougoslavie (Serbie et Monténégro) ou opérant depuis cette république sont saisis par les autorités compétentes des États membres."

La Supreme Court a sursis à statuer et a posé à la Cour la question préjudicielle suivante :

“Convient-il d’appliquer l’article 8 du règlement n° 990/93 à un aéronef dans lequel une participation majoritaire ou une minorité de contrôle est détenue par une personne morale ayant son siège dans la république fédérative de Yougoslavie (Serbie et Monténégro) alors que cet aéronef a été donné en location pour une période de quatre ans à compter du 22 avril 1992 à une personne morale dans laquelle aucune personne physique ou morale ayant son siège dans la république fédérative de Yougoslavie (Serbie et Monténégro) ou opérant depuis cette république ne détient de participation majoritaire ou de minorité de contrôle?”

Compte tenu des faits du litige au principal, cette question doit être comprise comme visant à savoir si l’article 8 du règlement n° 990/93 s’applique à un aéronef qui est la propriété d’une personne morale ayant son siège dans la république fédérative de Yougoslavie (Serbie et Monténégro) ou opérant depuis cette république, alors que ce propriétaire a donné cet aéronef en location pour une période de quatre ans à une autre personne morale qui n’a pas son siège dans cette république ni n’opère depuis cette république et dans laquelle aucune personne physique ou morale ayant son siège dans cette république ou opérant depuis cette république ne détient de participation majoritaire ou de minorité de contrôle.

Sur le règlement n° 990/93 et les résolutions du Conseil de sécurité des Nations unies

Bosphorus Airways fait valoir en premier lieu que l’article 8 du règlement n° 990/93 ne s’applique pas à des aéronefs dont l’exploitation et le contrôle quotidiens pendant une période de quatre ans sont exercés, en vertu d’un “dry lease”, par une entreprise qui n’a pas son siège dans la république fédérative de Yougoslavie et n’opère pas depuis cette république, même si une entreprise ayant son siège dans cette république ou opérant de puis cette république aurait un droit à la restitution du bien en tant que propriétaire de l’aéronef.

A l’appui de sa thèse, elle soutient que la règlementation en cause a pour objectif de pénaliser la république fédérative de Yougoslavie et ses ressortissants ainsi que d’appliquer des sanctions à leur encontre , mais certainement pas d’étendre ces sanctions, sans que cela soit nécessaire, à des parties entièrement innocentes exerçant leur activité à partir d’un État voisin avec lequel la Communauté entretient d’ailleurs des relations amicales.

Cette analyse ne saurait être retenue.

Comme la Cour l'a souligné dans sa jurisprudence, il y a lieu, pour l'interprétation d'une disposition de droit communautaire, de tenir compte à la fois de ses termes, de son contexte et de ses objectifs (arrêts du 21 février 1984, St. Nikolaus Brennerei, 337/82, Rec.p. 1051, point 10, et du 17 octobre 1995, Leifer e.a., C-83/94, Rec. p. I-3231, point 22).

Rien dans le texte de l'article 8, premier alinéa, du règlement n° 990/93 ne permet de supposer qu'il est fondé sur une distinction entre, d'une part, la propriété d'un aéronef et, d'autre part, son exploitation et sa gestion quotidiennes. Au demeurant, cette disposition ne prévoit nulle part qu'elle ne s'applique pas à un aéronef qui est la propriété d'une personne ayant son siège dans la république fédérative de Yougoslavie ou opérant depuis cette république, lorsque celle-ci n'assume pas l'exploitation et la gestion quotidienne de l'aéronef.

S'agissant du contexte et des objectifs, il y a lieu de relever que, par le règlement n° 990/93, le Conseil a donné suite à la décision de la Communauté et de ses États membres, réunis dans le cadre de la coopération politique, de recourir à un instrument communautaire afin de mettre en oeuvre dans la Communauté certains aspects des sanctions prises à l'encontre de la république fédérative de Yougoslavie par le Conseil de sécurité des Nations unies qui, sur le fondement du chapitre VII de la charte des Nations unies, a arrêté les résolutions 713 (1991), 752 (1992) et 787 (1992) et a renforcé ces sanctions par la résolution 820 (1993).

Afin de déterminer la portée de l'article 8, premier alinéa, du règlement n° 990/93, il convient dès lors de tenir compte également du texte et de l'objet de ces résolutions, et notamment du paragraphe 24 de la résolution 820 (1993) qui dispose que "tous les États saisiront tous les navires, véhicules de transport de marchandises, matériels roulants et aéronefs se trouvant sur leur territoire et dans lesquels une personne ou une entreprise de la république fédérative de Yougoslavie (Serbie et Monténégro) ou opérant à partir de celle-ci détient un intérêt majoritaire ou prépondérant".

Ainsi, le libellé du paragraphe 24 de la résolution 820 (1993) confirme que l'article 8, premier alinéa, du règlementn°990/93 s'applique à tout aéronef qui est la propriété d'une personne physique ou morale ayant son siègedans la république fédérative de Yougoslavie ou opérant depuis cette république, sans qu'il soit nécessaire que cette personne exerce également le contrôle effectif de l'aéronef. En effet, le terme "intérêt" figurant à ce paragraphe 24 ne saurait exclure, en tout état de cause, la propriété comme critère déterminant pour pratiquer la saisie. Au surplus, ce terme est utilisé à ce paragraphe en combinaison avec le terme "majoritaire" qui implique manifestement la notion de propriété.

Cette constatation est corroborée par le fait que la plupart des versions linguistiques de l'article 8, premier alinéa, du règlement n° 990/93 utilisent des termes qui comportent expréssément la connotation de propriété. En outre, l'article 8, second alinéa, du règlement prévoit, mettant ainsi en oeuvre le paragraphe 26 de la résolution 820 (1993), la possibilité d'imputer les frais afférents à la saisie des aéronefs à leurs propriétaires.

De plus, la saisie de tout aéronef qui est la propriété d'une personne ayant son siège dans la république fédérative de Yougoslavie ou opérant depuis cette république, même si une entreprise , telle que Bosphorus Airways , en a acquis l'exploitation et la gestion quotidiennes, contribue à entraver la république fédérative de Yougoslavie et ses ressortissants dans la jouissance de leurs droits de propriété et s'inscrit dès lors dans l'objet des sanctions qui est d'exercer une pression à l'encontre de cette république.

En revanche, l'utilisation du concept d'exploitation et de gestion quotidiennes, au lieu de celui de propriété, comme critère déterminant pour pratiquer les mesures prévues à l'article 8, premier alinéa, du règlement n° 990/93 mettrait en péril l'efficacité du renforcement des sanctions, lesquelles consistent dans la saisie de tous les moyens de transport de la république fédérative de Yougoslavie et de ses ressortissants, y compris les aéronefs, afin d'aggraver encore la pression à l'encontre de cette république. En effet, le simple transfert de l'exploitation et de la gestion quotidiennes des moyens de transport, par un contrat de location ou par un autre moyen, à l'exclusion de la propriété, permettrait à cette république ou à ses ressortissants d'échapper à l'application de ces sanctions.

Sur les droits fondamentaux et le principe de proportionnalité

Bosphorus Airways fait valoir en second lieu que l'interprétation de l'article 8, premier alinéa, du règlement n° 990/93, en ce sens qu'un aéronef, dont l'exploitation et la gestion quotidiennes sont exercées en vertu d'un contrat de bail par une personne qui n'a pas son siège dans la république fédérative de Yougoslavie ni n'opère depuis cette république, doit néanmoins être saisi en raison du fait qu'il appartient à une personne morale ayant son siège dans cette république, porterait atteinte à ses droits fondamentaux, notamment à son droit au respect de ses biens et à son libre exercice d'une activité commerciale, dans la mesure où elle aurait pour conséquence de détruire et d'anéantir son entreprise d'affrètement aérien et d'organisateur de voyages.

Cette interprétation violerait également le principe de proportionnalité, au motif que le propriétaire de l'aéronef en question aurait déjà été sanctionné par le gel des loyers sur des comptes bloqués et que la saisie de l'aéronef constituerait dès lors une sanction manifestement inutile et disproportionnée à l'encontre d'une partie entièrement innocente.

Il y a lieu de rappeler que, selon une jurisprudence constante, les droits fondamentaux invoqués par Bosphorus Airways n'apparaissent pas comme des prérogatives absolues et que leur exercice peut faire l'objet de restrictions justifiées par des objectifs d'intérêt général poursuivis par la Communauté (voir arrêts du 13 décembre 1979, Hauer, 44/79, Rec. P. 3727; du 13 juillet 1989, Wachauf, 5/88, Rec. P. 2609, et du 5 octobre 1994, Allemagne/ Conseil C-280/93, Rec. P. I-4973).

A cet égard, il convient de relever d'abord que toute mesure de sanction comporte, par définition , des effets qui affectent les droits de propriété et de libre exercice des activités professionnelles, causant ainsi des préjudices à des parties qui n'ont aucune responsabilité quant à la situation ayant conduit à l'adoption des sanctions.

Il y a lieu de relever ensuite que l'importance des objectifs poursuivis par la règlementation litigieuse est de nature à justifier des conséquences négatives, même considérables, pour certains opérateurs.

Les dispositions du règlement n° 990/93 contribuent notamment à la mise en oeuvre au niveau de la Communauté des sanctions à l'encontre de la république fédérative de Yougoslavie, qui ont été décidées et ensuite renforcées par plusieurs résolutions du Conseil de sécurité des Nations unies. Au troisième considérant du règlement n° 990/93, il est constaté que "la poursuite des activités directes et indirectes menées par la république fédérative de Yougoslavie (Serbie et Monténégro) en république de Bosnie-Herzégovine et à son égard constitue la principale cause des événements dramatiques qui se déroulent sur le territoire de celle-ci" et, au quatrième considérant, que "la continuation de ces activités conduira à de nouvelles pertes inacceptables de vies humaines et à de nouveaux dégats matériels, ainsi qu'à la rupture de la paix et de la sécurité internationale dans la région". En outre, il est constaté au septième considérant du règlement, que "le parti serbe de Bosnie n'a pas accepté jusqu'à présent l'ensemble du plan depaix de la conférence internationale sur l'ancienne Yougoslavie, en dépit des appels en ce sens du Conseil de sécurité des Nations unies".

C'est eu égard à ces circonstances que l'objectif poursuivi par les sanctions revêt une importance significative , qui est notamment, aux termes du règlement n° 990/93 et plus particulièrement de son huitième considérant, de dissuader la république fédérative de Yougoslavie de "continuer à violer l'intégrité et la sécurité de la république de Bosnie- Herzégovine et (d') inciter le parti serbe de Bosnie à coopérer au rétablissement de la paix dans cette république".

Au regard d'un objectif d'intérêt général aussi fondamental pour la communauté internationale qui consiste à mettre un terme à l'état de guerre dans la région et aux violations massives des droits de l'homme et du droit intrenational humanitaire dans la république de Bosnie-Herzégovine, la saisie de l'aéronef en question qui est la propriété d'une personne ayant son siège dans la république fédérative de Yougoslavie ou opérant depuis cette république ne saurait passer pour inadéquate ou disproportionnée.

Il y a donc lieu de répondre à la question préjudicielle que l'article 8 du règlement n° 990/93 s'applique à un aéronef qui est la propriété d'une personne morale ayant son siège dans la république fédérative de Yougoslavie (Serbie et Monténégro) ou opérant depuis cette république, alors que ce propriétaire a donné cet aéronef en location pour une période de quatre ans à une autre personne morale qui n'a pas son siège dans cette république ni n'opère depuis cette république et dans laquelle aucune personne physique ou morale ayant son siège dans cette république ou opérant depuis cette république ne détient de participation majoritaire ou de minorité de contrôle.

Par ces motifs,

LA COUR

statuant sur la question à elle soumise par la Supreme Court of Ireland, par ordonnance du 12 février 1995, dit pour droit :

L'article 8 du règlement (CEE) n° 990/93 du Conseil, du 26 avril 1993, concernant les échanges entre la Communauté économique européenne et la république fédérative de Yougoslavie (Serbie et Monténégro) ou opérant depuis cette république, alors que ce propriétaire a donné cet aéronef en location pour une période de quatre ans à une autre personne morale qui n'a pas son siège dans cette république ni n'opère depuis cette république et dans laquelle aucune personne physique ou morale ayant son siège dans cette république ou opérant depuis cette république ne détient de participation majoritaire ou de minorité de contrôle.

Ainsi prononcé en audience publique, le 30 juillet 1996.

Tribunal de première instance
Arrêt du 22 janvier 1997, affaire T-115/94 ; Opel Austria GmbH, soutenue par la république d'Autriche, contre le Conseil de l'Union européenne, soutenu par la Commission des Communautés européennes

Communautés européennes - Portée des règles de droit communautaire - Règlements communautaire - Règles applicables - Droit de la concurrence

Résumé

L'arrêt statue sur un recours en annulation du règlement du Conseil n° 3697/93, du 20 décembre 1993, portant retrait de concessions tarifaires conformément à l'accord de libre-échange conclu entre la Communauté et l'Autriche. Ce règlement a été adopté sur la base de l'article 113 du traité CE.

La requérante, Opel Austria GmbH, filiale à 100% de General Motors Corporation, société de droit américain, a bénéficié d'une aide du gouvernement autrichien en faveur d'investissements destinés à augmenter la production et notamment celle des boîtes de vitesse visées par le règlement litigieux. Ce règlement a rétabli un droit à l'importation des boîtes de vitesse pour voitures produites par General Motors, au motif que l'aide accordée par l'Autriche à la requérante était de nature à produire des distorsions sur la concurrence, en violation de l'accord de libre-échange entre la Communauté et la république d'Autriche.

La requérante invoque dix moyens à l'appui de sa requête. Entre autres, elle reproche au Conseil de ne pas avoir respecté l'interdiction de prélèvements tarifaires prévue par l'accord sur l'espace économique européen (EEE), entré en vigueur le 1er janvier 1994, et, en tout état de cause, d'avoir violé, par l'adoption du règlement litigieux quelques jours avant cette date, l'obligation de droit international public de ne pas priver un traité de son objet et de son but avant son entrée en vigueur.

Le Tribunal relève que le principe de bonne foi, codifié à l'article 18 de la convention de Vienne du 23 mai 1969 sur le droit des traités (Vienne I), est une règle de droit international coutumier dont l'existence a été reconnue par la Cour internationale de justice et qui lie la Communauté. Il note que ce principe est le corollaire, dans le droit international public, du principe de protection de la confiance légitime qui fait partie de l'ordre juridique communautaire. Tout opérateur économique dans le chef duquel une institution a fait naître des espérances fondées a le droit de se prévaloir de ce principe de confiance légitime.

Le Tribunal dégage le principe selon lequel dans une situation où la Communauté a déposé son instrument d'approbation d'un accord international, et où la date d'entrée en vigueur de cet accord est connue, les opérateurs économiques peuvent se prévaloir du principe de protection de la confiance légitime pour s'opposer à l'adoption par les institutions, dans la période qui précède l'entrée en vigueur de cet accord international, de tout acte contraire aux dispositions de celui-ci produisant, après son entrée en vigueur, un effet direct dans leur chef.

Le règlement litigieux est par conséquent annulé.

Summary

The present decision gives a ruling on a recourse in annulment of the regulation of the Council n°3697/93 of 20 December 1993 relative to a withdrawal of tariff concessions in compliance with the free trade agreement concluded between the Community and Austria. This regulation was adopted on the basis of article 113 of the European Community Treaty.

The claimant, Opel Austria GmbH, a 100% branch of General Motors Corporation, an American law company, was granted an aid from the Austrian government favoring investments on the production of gearboxes by General Motors, on the ground that the aid granted by Austria to the claimant was likely to induce distortions of competition, in violation of the free trade agreement between the Community and the Republic of Austria.

The claimant invokes ten means in support of its claim. Among others, the entreprise reproaches the Council for having failed to abide by the prohibition of tariff levies set by the European Economic Area agreement entered into effect on 1st January 1994. Moreover, it reproaches it for the adoption of the litigious regulation a few days before the date of enforcement. Indeed, this constituted a violation of the obligation of international law, which consists of the prohibition of depriving a treaty of its object and aim before its coming into effect.

The Tribunal underlines that the principle of honesty codified in article 18 of the Convention of Vienna is a rule of international customary law, the existence of which has been recognised by the International Court of Justice and to which the Community is bound. The tribunal notices that this principle is a corollary, in international law, of the principle of protection of legitimate trust which is part of the Community legal order. Any economic agent, towards whom an institution has created legitimate expectations is entitled to exercise this principle of legitimate trust.

Therefore, the Tribunal draws the principle according to which in a situation where the Community has deposited the instrument of approbation of an international agreement and where the date of enforcement is known, economic agents can avail themselves of the principle of protection of legitimate trust in order to oppose the adoption by the institutions, in a period preceding the enforcement of this international agreement, of all acts contrary to the provisions of the latter, producing after its enforcement a direct effect towards them.

The regulation is therefore annuled.

Décision

Sur le fond

La requérante invoque dix moyens à l'appui de ses conclusions en annulation, tirés en substance :

- d'une violation des articles 10, 26 et 62 de l'accord EEE ;

- d'une violation de l'arrangement intérimaire pour préparer l'entrée en vigueur régulière de l'accord EEE et de l'obligation du droit international public de ne pas priver un traité de son objet et de son but avant son entrée en vigueur ;

- d'un détournement de pouvoir, du fait que le Conseil a appliqué des procédures de l'ALE pour retirer des concessions tarifaires accordées en application de l'accord EEE ;

- d'une violation de l'article VI de l'accord général sur les tarifs douaniers et le commerce (ci-après GATT) et de l'accord relatif à l'interprétation et à l'application des articles VI, XVI et XXIII de l'accord général sur les tarifs douaniers et le commerce (conclu à Genève le 12 avril1979, IBDD- Supplément n°26, 1980, p° 63) ;

- d'une violation des procédures de consultation et de règlement des différends de l'ALE ainsi que d'une application de mauvaise foi de l'ALE ;

- d'une violation des articles 23 et 27 de l'ALA ;

- d'une violation du règlement (CEE) n° 2423/88 du Conseil, du 11 juillet 1988, relatif à la défense contre les importations qui font l'objet d'un dumping ou de subventions de la part de pays non membres de la Communauté économique européenne (JO L 209, p. 1) ainsi que du règlement n° 2837/72 ;

- d'une violation des droits fondamentaux de la requérante ;

- de la compatibilité de l'aide avec les articles 92 et 93 du traité CE ;

- une insuffisance de motivation du règlement litigieux ou d'erreurs manifestes d'appréciation.

Appréciation du Tribunal

Dans le cadre d'un recours en annulation en vertu de l'article 173 du traité, la légalité de l'acte attaqué doit être appréciée en fonction des éléments de fait et de droit existant à la date où l'acte a été adopté (voir arrêts de la Cour du 7 février 1979, France/Commission, 15/76 et 16/76, Rec. P. 321, point 7, et du Tribunal du 22 octobre 1996, SNCF et British Railways/Commission, T- 79/95 et T-80/95, Rec. P. II-1491, point 48).

Il convient donc de rejeter l'argument de la requérante selon lequel la légalité du règlement litigieux doit être appréciée au moment de son entrée en vigueur.

La requérante prétend par ailleurs que l'accord EEE faisait partie des éléments de fait et de droit existant au moment où le règlement litigieux a été adopté le 20 décembre 1993 et que, en adoptant le règlement litigieux quelques jours avant l'entrée en vigueur de l'accord EEE, le Conseil a violé le principe du droit international public, dit "principe de bonne foi", selon lequel les parties signataires d'un accord international ne peuvent pas adopter, en attendant l'entrée en vigueur de l'accord, des actes qui priveraient cet accord de son objet et de son but.

A cet égard, il y a lieu de relever d'abord que le principe de bonne foi est une règle du droit international coutumier dont l'existence a été reconnue par la Cour internationale de justice (voir arrêt du 25 mai 1926, Intérêts allemands en Haute-Silésie polonaise, CPJI, série A, n° 7, p. 30 et 39) et que, en conséquence, il lie la Communauté.

Ce principe a été codifié par l'article 18 de la convention de Vienne I, qui stipule:

"Un État doit s'abstenir d'actes qui priveraient un traité de son objet et de son but:

a) lorsqu'il a signé le traité ou a échangé les instruments constituant le traité sous réserve de ratification, d'acceptation ou d'approbation, tant qu'il n'a pas manifesté son intention de ne pas devenir partie au traité ; ou

b) lorsqu'il a exprimé son consentement à être lié par le traité, dans la période qui précède l'entrée en vigueur du traité et à condition que celle-ci ne soit pas indûment retardée."

En l'espèce, le règlement litigieux a été adopté par le Conseil le 20 décembre 1993, soit sept jours après que les Communautés, comme dernières parties contractantes, eurent approuvé l'accord EEE et déposé leurs instruments d'approbation (voir l'information concernant la date d'entrée en vigueur de l'accord sur l'Espace économique européen et du protocole portant adaptation de l'accord sur l'Espace économique européen, JO 1994, L 1, p. 606). Dans ces conditions, dès le 13 décembre 1993 la date d'entrée en vigueur de l'accord EEE était connue des Communautés. Il ressort en effet de l'article 129, paragraphe 3, de l'accord EEE, tel que remplacé par l'article 6 du protocole d'adaptation, et des articles 1er, paragraphe 1, et 22, paragraphe 3, du protocole d'adaptation que cet accord devait entrer en vigueur le premier jour du mois suivant la dernière notification d'approbation ou de ratification.

Il y a lieu d'observer ensuite que le principe de bonne foi est le corollaire, dans le droit international public, du principe de protection de la confiance légitime qui, selon la jurisprudence, fait partie de l'ordre juridique communautaire (voir arrêt de la Cour du 3 mai 1978, Töpfer/Commission, 112/77, Rec. P. 1019, point 19). Le droit de se prévaloir du principe de confiance légitime est ouvert à tout opérateur économique dans le chef duquel une institution a fait naître des espérances fondées (voir, notamment, arrêt du Tribunal du 13 juillet 1995, O'Dwyer e.a./Conseil, T-466/93, T-469/93, T-473/93, T-474/93, et T-477/93, Rec. P. II-2071, point 48).

Dans une situation où les Communautés ont déposé leurs instruments d'approbation d'un accord international et où la date d'entrée en vigueur de cet accord est connue, les opérateurs économiques peuvent se prévaloir du principe de protection de la confiance légitime pour s'opposer à l'adoption par les institutions, dans la période qui précède l'entrée en vigueur de cet accord international, de tout acte contraire aux dispositions de celui-ci qui, après son entrée en vigueur, produisent un effet direct dans leur chef.

Dès lors, la requérante est en droit d'exiger l'examen de la légalité du règlement litigieux par rapport aux dispositions de l'accord EEE qui, après l'entrée en vigueur de ce dernier, produisent un effet direct.

Toutefois, avant de prendre en considération les différents arguments soulevés par la requérante sur ce point, il convient premièrement de vérifier, d'une part, si et dans quelle mesure les dispositions de l'accord EEE se substituent aux dispositions de l'ALE et, d'autre part, si l'accord EEE est applicable aux produits dont il est question dans la présente affaire.

Il y a lieu d'observer que l'ALE, qui était applicable au moment des faits et sur la base duquel le règlement litigieux a été adopté, n'était pas résilié ni suspendu au moment de l'entrée en vigueur de l'accord EEE. Cependant, il ressort de l'article 120 de l'accord EEE que l'application des dispositions de celui-ci prévaut sur celle des dipositions de l'ALE, "dans la mesure où la même matière est régie" par l'accord EEE. Or, les dispositions de l'accord EEE concernées dans la présente affaire régissent la même matière que les articles pertinents de l'ALE. L'article 61 de l'accord EEE, relatif aux aides d'État, est plus spécifique et a une aussi grande portée que l'article 23, paragraphe 1, sous iii), de l'ALE ; il est quasi identique à l'article 92 du traité CE. En outre, les dispositions particulières applicables aux aides d'État à l'intérieur de la Communauté sont reprises à l'annexe XV de l'accord EEE. Quant aux procédures prévues à l'article 27, paragraphes 2 et 3, sous a), de l'ALE, il convient de rappeler que, conformément à l'article 108 de l'accord EEE, les États de l'AELE instituent l'Autorité de surveillance AELE et la Cour AELE. Ces deux institutions sont dotées, notamment dans les domaines de la concurrence et des aides d'État, de compétences et de procédures analogues à celles qui existent dans la Communauté dans ces domaines.La répartition des compétences et la coopération entre l'Autorité de surveillance AELE et la Commission dans le domaine des aides d'État sont réglées par l'article 62 de l'accord EEE. Il s'ensuit que, après l'entrée en vigueur de l'accord EEE, l'application desdites dispositions de l'accord prévaut sur celle des dispositions concernées de l'ALE.

Dans ce contexte, sans se prononcer sur la compatibilité avec l'ALE ou l'accord EEE de l'aide octroyée par la république d'Autriche, le Tribunal note que le Conseil a mené à terme la procédure prévue par les dispositions de l'ALE relatives aux aides d'État avant d'adopter le règlement litigieux. Cependant, ainsi qu'il résulte du point précédent, après l'entrée en vigueur de l'accord EEE, l'application des dispositions de cet accord relatives aux aides d'État prévaut sur l'application des dispositions correspondantes de l'ALE. A cet égard, l'accord EEE contient ses propres règles et procédures permettant aux parties contractantes d'écarter des aides d'État incompatibles avec le fonctionnement de l'accord.

S'agissant de la question de savoir si l'accord est applicable aux produits visés par le règlement litigieux, il n'est pas contesté que ces produits sont originaires des parties contractantes à l'accord EEE et qu'ils relèvent des chapitres 25 à 97 du système harmonisé de désignation et de codification des marchandises. Dès lors, en vertu de son article 8, paragraphes 2 et 3, sous a), l'accord EEE est, dès son entrée en vigueur, applicable à ces produits.

Deuxièmement, il convient donc d'examiner si, après l'entrée en vigueur de l'accord EEE, son article 10 est susceptible de produire un effet direct.

Il ressort de l'article 128, paragraphe 7, du traité CE, que les accords internationaux conclus par la Communauté en conformité avec le traité lient les institutions et les États membres. Il est de jurisprudence constante que les dispositions d'un tel accord forment partie intégrante, à partir de l'entrée en vigueur de l'accord, de l'ordre juridique communautaire (voir arrêt de la Cour du 30 avril 1974, Haegeman, 181/73, Rec. P. 449, point 5). Il est également de jurisprudence constante que les dispositions d'un tel accord peuvent produire un effet direct si elles sont inconditionnelles et suffisamment précises (voir, par exemple, arrêts de la Cour du 5 février 1976, Bresciani, 87/75, Rec. p. 129, point 25, et du 26 octobre 1982, Kupferberg, 104/81, Rec. p. 3641, point 23).

A cet égard, le Tribunal relève qu'aucun élément du dossier ne fait apparaître que l'accord EEE, conclu par la Communauté sur la base de l'article 238 du traité CE, n'a pas été conclu en conformité avec le traité. Il s'ensuit que, depuis l'entrée en vigueur de l'accord, le 1er janvier 1994, les dispositions de l'accord forment partie intégrante de l'ordre juridique communautaire. Il y a également lieu de rappeler que l'article 10 de l'accord EEE dispose, dans sa première phrase, que les droits de douane à l'importation et à l'exportation, ainsi que toutes taxes d'effet équivalent, sont interdits entre les parties contractantes. Dans sa seconde phrase, le même article précise que, sans préjudice des modalités prévues dans le protocole 5 de l'accord, cette interdiction s'applique également aux droits de douane à caractère fiscal. Il convient de constater que l'article 10 édicte ainsi une règle inconditionnelle et précise, assortie d'une seule exception, elle-même inconditionnelle et précise. Il s'ensuit que, depuis l'entrée en vigueur de l'accord EEE, cet article produit un effet direct.

Troisièmement, il convient de vérifier si le règlement litigieux, en prévoyant le rétablissement d'un droit de 4,9 %, viole l'article 10 de l'accord EEE.

L'article 6 de l'accord EEE dispose :

"Sans préjudice de l'évolution future de la jurisprudence, les dispositions du présent accord, dans la mesure où elles sont identiques en substance aux règles correspondantes du traité instituant la Communauté économique européenne, du traité instituant la Communauté européenne du charbon et de l'acier et des actes arrêtés en application de ces deux traités , sont, pour leur mise en oeuvre et leur application, interprétées conformément à la jurisprudence pertinente de la Cour de justice des Communautés européennes antérieure à la date de signature du présent accord."

Le Conseil fait valoir que, nonobstant cette disposition, l'article 10 de l'accord EEE ne doit pas être interprété de la même manière que les dispositions correspondantes du traité CE, car il existerait des différences importantes entre le traité CE et l'accord EEE (voir avis de la Cour du 14 décembre 1991 concernant l'accord EEE, avis 1/91, Rec. P. I-6079, points 13 à 22).

Cet argument ne saurait être retenu. En effet, il ressort de la jurisprudence que, pour déterminer si l'interprétation d'une disposition figurant dans le traité CE doit être étendue à une disposition identique qui se trouve dans un accord tel que l'accord EEE, il y a lieu d'analyser cette disposition à la lumière tant de l'objet et du but de l'accord que de son contexte (voir arrêts de la Cour du 9 février 1982, Polydor, 270/80, Rec. p. 329, point 8, et du 16 juillet 1992, Legros e.a, C-163/90, Rec. p. I-4625, point 23). Or, aux termes de son article 1er, paragraphe 1, l'accord EEE a pour objet de favoriser un renforcement continu et équilibré des relations économiques et commerciales entre les parties contractantes, dans des conditions de concurrence égales et le respect des mêmes règles, en vue de créer un EEE homogène. A cet effet, les parties contractantes ont décidé d'éliminer les obstacles pour la quasi-totalité de leurs échanges, en conformité avec les dispositions du GATT relatives à l'établissement de zones de libre-échange.

Dans ce contexte, l'accord EEE implique une intégration poussée, dont les objectifs dépassent ceux d'un simple accord de libre-échange. Ainsi, il ressort de l'article 1er, paragraphe 2, que l'EEE comporte, notamment, la libre circulation des marchandises, des personnes, des services et des capitaux ainsi que l'établissement d'un régime assurant que la concurrence n'est pas faussée et que les règles y afférentes sont respectées de façon égale. Les règles applicables dans les relations entre les parties contractantes dans les domaines couverts par l'accord sont en substance celles des dispositions correspondantes des traités CE et CECA et des actes adoptés en application de ces traités. Le but de l'accord EEE est également d'étendre à l'EEE le droit communautaire à intervenir dans les domaines couverts par l'accord, au fur et à mesure qu'il se crée, se développe ou se modifie et une procédure décisionnelle est prévue à cet effet. L'accord prévoit aussi que lesÉtats de l'AELE instituent une autorité de surveillance, l'Autorité de surveillance AELE, disposant de pouvoirs équivalents et de fonctions similaires à ceux exercés par la Commission, ainsi qu'une cour de justice, la Cour AELE. L'article 109 de l'accord AELE précise que l'Autorité de surveillance AELE, d'une part, et la Commission agissant conformément au traité CE, au traité CECA et à l'accord, d'autre part, veillent au respect des obligations découlant de l'accord EEE. Il ressort de l'article 108, paragraphe 2, de l'accord EEE ainsi que de l'accord entre les États de l'AELE, du 2 mai 1992, relatif à l'institution d'une autorité de surveillance et d'une cour de justice (JO 1994, L 344, p. 1, ci-après "accord AELE de surveillance"), que la Cour AELE a des compétences similaires à celles de la Cour et du Tribunal.

Ainsi, en instituant une Autorité de surveillance AELE et une Cour AELE, avec des pouvoirs et des compétences similaires à ceux de la Commission et de la Cour, il a été créé un système à deux piliers, dans lequel l'Autorité de surveillance AELE et la Cour AELE veillent à la mise en application de l'accord du côté des Etats AELE, tandis que la Commission, la Cour et le Tribunal veillent à sa mise en application du côté de la Communauté. Ce système est renforcé par un grand nombre d'éléments qui ont pour objet d'en assurer l'homogénéité. Parmi ces éléments figurent, à côté de la similitude des termes des différentes dispositions de l'accord et des traités CE et CECA, les quatrième et quinzième considérants du préambule et l'article 6 de l'accord EEE, ainsi que, notamment, l'article 3 de l'accord AELE de surveillance. En particulier, en vertu du quatrième considérant du préambule, l'objectif des parties contractantes est d'"établir un espace économique européen dynamique et homogène fondé sur des règles communes et des conditions de concurrence égales, doté des moyens, entre autres judiciaires, nécessaires à sa mise en oeuvre et reposant sur l'égalité, la réciprocité et l'équilibre général des avantages, des droits et des obligations des parties contractantes". Le quinzième considérant du préambule, ajouté par les parties contractantes après que la Cour, dans son avis 1/91, précité, eut constaté que le système juridictionnel de la première version de l'accord, prévoyant une Cour EEE, était incompatible avec le traité CEE, précise encore que "dans le plein respect de l'indépendance des tribunaux, l'objectif des parties contractantes est d'obtenir et de maintenir une interprétation et une application uniformes du présent accord et de celles des dispositions de la législation communautaire qui sont reproduites en substance dans le présent accord et d'arriver à un traitement égal des individus et des opérateurs économiques en ce qui concerne les quatre libertés et les conditions de concurence". Ainsi que le

Tribunal l'a rappelé au point 104, ci-dessus, l'article 6 de l'accord EEE prévoit que les dispositions de l'accord qui sont identiques en substance aux règles communautaires sont interprétées conformément à la jurisprudence de la Cour et du Tribunal antérieure à la signature de l'accord. Enfin, il ressort de l'article 3, paragraphe 2, de l'accord AELE de surveillance que l'Autorité de surveillance AELE et la Cour AELA, dans l'interprétation et l'application de l'accord EEE, tiennent dûment compte des principes établis par la jurisprudence pertinente de la Cour et du Tribunal postérieure à la signature de l'accord EEE (voir arrêts de la Cour AELE, Restamark, E-1/94, Report of the EFTA Court, 1 January 1994-30 June 1995, p. 15, points 24, 33 et 34, et du 21 mars 1995, Scottish Salmon Growers Association/Autorité de surveillance AELE, E-2/94, Report of the EFTA Court, 1 January 1994-30 June 1995, p. 59, points 11 et 13).

Contrairement à ce que prétend le Conseil, l'importance de l'objectif des parties contractantes de créer un EEE dynamique et homogène pour l'interprétation et l'application de l'accord n'a pas été infirmée par la Cour dans son avis 1/91, précité. Lorsque la Cour a constaté que l'objectif de l'homogénéité dans l'interprétation et l'application du droit dans l'EEE se heurtait aux divergences existantes entre les finalités et le contexte de l'accord, d'une part, et ceux du droit communautaire, d'autre part, cette constatation a été faite dans le cadre de l'examen du système juridictionnel envisagé par l'accord EEE pour savoir si ce dernier était de nature à mettre en cause l'autonomie de l'ordre juridique communautaire dans la poursuite des objectifs qui lui sont propres et non pas dans le cadre de l'examen d'un cas spécifique pour lequel il faut déterminer si une disposition de l'accord EEE, qui est identique en substance à une disposition du droit communautaire, doit être interprétée conformément à la jurisprudence de la Cour et du Tribunal.

Il découle de ces constatations que l'article 6 de l'accord EEE doit être interprété en ce sens que, dès lors qu'une disposition de l'accord EEE est identique en substance aux règles correspondantes des traités CE et CECA et des actes arrêtés en application de ces deux traités, elle doit être interprétée conformément à la jurisprudence pertinente de la Cour et du Tribunal antérieure à la date de signature de l'accord EEE.

Le Tribunal constate ensuite que l'article 10 de l'accord EEE est identique en substance aux articles 12, 13, 16 et 17 du traité CE qui, depuis la fin la période de transition, interdisent les droits de douane à l'importation et à l'exportation, ainsi que toute taxe d'effet équivalent entre les États membres. Dès lors, en vertu de l'article 6 de l'accord EEE, l'article 10 doit être interprété conformément à la jurisprudence pertinente de la Cour et du Tribunal antérieure à la date de la signature de l'accord.

Sur ce point, il convient, en premier lieu, de rejeter l'argument de la Commission tendant à faire valoir que, puisqu'il ressort de l'article 10 de l'accord EEE que les droits de douane à caractère fiscal ne sont pas considérés comme relevant d'office de la notion de droits de douane à l'importation et à l'exportation et taxes d'effet équivalent, cet article et les dispositions correspondantes du traité CE ne sont pas identiques en substance. Il suffit, en effet, de rappeler que le traité CE contient une disposition correspondante, à savoir l'article 17 du traité, qui précise que les interdictions de l'article 9 du traité recevront application même si les droits de douane ont un caractère fiscal et qui a pour objet d'éviter que l'interdiction de droits de douane à l'importation et à l'exportation ainsi que de toutes taxes d'effet équivalent soit contournée (voir arrêt de la Cour du 1er juillet 1969, Sociaal Fonds voor de Diamantarbeiders, 2/69et 3/69, Rec. p. 211, points 8 et 9).

En deuxième lieu, contrairement à ce que soutient la Commission, l'interprétation de l'article 10 de l'accord EEE proposée par la requérante ne rend pas l'application de l'article 64 de l'accord EEE impossible. En effet, dans le domaine des aides d'État, cette dernière disposition autorise, sous certaines conditions, l'autorité compétente de la partie contractante affectée par une distorsion de concurrence à adopter des mesures pour compenser les effets de la distorsion. Constituant une exception aux autres dispositions de l'accord EEE, l'article 64 peut donc être appliqué nonobstant les autres dispositions de l'accord. Toutefois, avant que des mesures soient adoptées, la procédure prévue par l'article 64 de l'accord EEE doit avoir été menée à son terme et les conditions qu'il prévoit doivent être remplies.

En troisième lieu, les différentes clauses de sauvegarde de l'accord EEE permettant aux parties contractantes de déroger aux dispositions de ce dernier peuvent uniquement être utilisées dans des circonstances déterminées et, en règle générale, après un examen contradictoire au sein du comité mixte de l'EEE. En dehors des situations spécifiques qui peuvent entraîner leur application, ces clauses n'ont aucune incidence sur l'objectif que poursuit l'article 10 dans le cadre de l'accord EEE ni, par conséquent, sur l'interprétation à donner audit article. Cette conclusion est notamment corroborée par le fait que, jusqu'à l'entrée en vigueur du traité sur l'Union européenne, l'article 115 du traité CEE permettait aux États membres, en cas d'urgence, pendant la période de transition, de prendre eux-mêmes les mesures nécessaires et que, comme l'a fait remarquer à juste titre la requérante, dans l'arrêt Social Fonds voor de Diamantarbeiders, précité, la Cour a précisément déclaré illégales des charges pécuniaires prélevées pendant la période de transition.

En quatrième lieu, l'argument de la Commisssion tendant à faire valoir que l'article 26 de l'accord EEE ne serait pas nécessaire si l'article 10 devait être interprété conformément à la jurisprudence de la Cour doit également être rejeté. En effet, l'article 26 de l'accord EEE prévoit que les mesures antidumping, les droits compensatoires et les mesures sanctionnant les pratiques commerciales illicites imputables à des pays tiers ne s'appliquent pas aux relations entre les parties contractantes, sauf disposition contraire dans l'accord EEE. Le protocole 13 de l'accord, premier alinéa, stipule que l'application de l'article 26 est limitée aux domaines relevant des dispositions de l'accord et pour lesquels l'acquis communautaire est pleinement intégré dans l'accord. Il ressort du second alinéa du même protocole que l'article 26 ne s'applique pas dans des situations où une partie contractante introduit des mesures visant les pays tiers et destinées à éviter que ne soient tournés des mesures antidumping, des droits compensatoires ou des mesures sanctionnant les pratiques commerciales illicites imputables aux pays tiers.

L'article 26, en combinaison avec le protocole 13 de l'accord, doit donc être interprété en ce sens qu'il régit les situations dans lesquelles des mesures antidumping, des droits compensatoires ou des mesures sanctionnant les pratiques commerciales illicites imputables à des pays tiers peuvent être introduits par les parties contractantes entre elles, nonobstant les autres dispositions de l'accord EEE. De plus, l'article 26 ne porte pas seulement sur les mesures adoptées sous forme de droits, mais également sur toutes les autres mesures, indépendamment de leur forme, y compris les engagements acceptés par décisison de la Commission en matière de dumping. Par conséquent, l'article 26 de l'accord EEE a sa propre raison d'être, indépendante de celle de l'article 10 de l'accord EEE.

Au demeurant, le règlement litigieux n'a pas été adopté pour éviter que des mesures antidumping, des droits compensatoires ou des mesures sanctionnant les pratiques commerciales illicites imputables à des pays tiers soient contournés. Par ailleurs, le domaine des aides d'État relève des articles 61 à 64 de l'accord EEE. De plus, tout l'acquis communautaire dans ce domaine, notamment l'encadrement communautaire des aides d'État dans le secteur de l'automobile (89/C 123/03, JO C 123, du 18 mai 1989, p. 3), a été intégré dans l'accord. Dès lors, sans qu'il soit nécessaire de se prononcer sur la question de savoir si les mesures instituées par le règlement litigieux doivent être considérées comme des droits compensatoires, ces mesures ne sauraient non plus être autorisées sur la base de l'article 26 de l'accord EEE.

A titre surabondant, il ya lieu de noter que, s'agissant des accords de libre-échange avec les pays de l'AELE, qui ont un objet beaucoup beaucoup plus restreint que l'accord EEE, la Cour, dans son arrêt Legros e.a., du 16 juillet 1992, C-163/90, Rec. p. I-4625 (point 26), qui concernait l'article 6 de l'accord entre la Communauté et le royaume de Suède (règlement CEE n° 2838/72 du Conseil, du 19 décembre 1972, portant conclusion d'un accord entre la Communauté économique européenne et le royaume de Suède, JO L300, p. 96), relatif aux taxes d'effet équivalent, a jugé que,dans le cadre de l'objectif visant à éliminer les obstacles aux échanges, la suppression des droits de douane à l'importation joue un rôle primordial, et qu'il en va de même pour la suppression des taxes d'effet équivalent qui, selon la jurisprudence de la Cour, sont étroitement liées aux droits de douane stricto sensu (voir notamment arrêts de la Cour du 13 décembre1973, Sociaal Fonds voor de Diamantarbeiders, 37/73 et 38/73, Rec p.1609, points 12 et 13, et du 12 février 1992, Leplat, C-260/90, Rec. P.I-643, point 15). La Cour en a conclu que l'accord de libre-échange serait privé d'une partie importante de son effet utile si la notion de taxe d'effet équivalent, figurant dans son article 6, devait être interprétée comme ayant une portée plus restrictive que celle du même terme figurant dans le traité CEE.

Compte tenu de l'ensemble de ces éléments, il convient dès lors d'examiner si le règlement litigieux, après l'entrée en vigueur de l'accord EEE, est contraire à l'article 10 de celui-ci, interprété, en vertu de l'article 6, conformément à la jurisprudence pertinente de la Cour et du Tribunal antérieure à la date de la signature de l'accord EEE.

A cet égard, il y a lieu de rejeter l'argument du Conseil selon lequel la mesure introduite par le règlement litigieux ne constitue pas un droit, mais une mesure de sauvegarde sui generis qui, comme telle, ne relève pas de l'article 10 de l'accord EEE. En effet, selon son propre intitulé, le règlement litigieux porte retrait de concessions tarifaires. En outre, son article 1er dispose qu'un droit de 4,9 % est rétabli à l'importation des boîtes de vitesse F15 pour voitures, produites par General Motors Austria et son vingt-troisième considérant fait état de "l'institution de droits à un niveau égal à celui des droits de douane qui auraient été applicables si (l'ALE) n'était pas entré en vigueur". Enfin, lors de l'audience, le représentant du Conseil, en réponse à une question du Tribunal, a admis que la qualification d'une mesure importe peu, puisque son effet est identique, qu'elle soit qualifiée de droit antidumping, de droit compensatoire, de retrait de concessions tarifaires, d'introduction de droit ou de mesure de sauvegarde sui generis.

Il y a lieu de rappeler ensuite que, selon une jurisprudence constante, "une charge pécuniaire, fût-elle minime, unilatéralement imposée, quelles que soient son appellation et sa technique, et frappant les marchandises nationales ou étrangères à raison du fait qu'elles franchissent la frontière, lorsqu'elle n'est pas un droit de douane proprement dit, constitue une taxe d'effet équivalent, au sens des articles 9 et 12 du traité, alors même qu'elle ne serait pas perçue au profit de l'État, qu'elle n'exercerait aucun effet discriminatoire ou protecteur, et que le produit imposé ne se trouverait pas en concurrence avec une production nationale" (arrêt du 1er juillet 1969, Social Fondsvoor de Diamantarbeiders, précité, point 18).

Or, la mesure introduite par le règlement litigieux constitue une charge pécuniaire, unilatéralement imposée par la Communauté, qui frappe les boîtes de vitesse F15 à raison du fait qu'elles franchissent la frontière. Dès lors, sans qu'il soit besoin d'établir si cette mesure doit être considérée comme un droit de douane à l'importation proprement dit, il y a lieu de constater qu'elle constitue, à tout le moins, une taxe d'effet équivalent au sens de l'article 10 de l'accord EEE. Il en découle que, après l'entrée en vigueur de l'accord EEE, le règlement litigieux était contraireà cet article.

Il résulte de ce qui précède que, en adoptant le règlement litigieux dans la période qui précédait l'entrée en vigueur de l'accord EEE, après que les Communautés eurent déposé leurs instruments d'approbation, le Conseil a violé la confiance légitime de la requérante.

Au surplus, il ressort de la jurisprudence que la législation communautaire doit être certaine et son application prévisible pour les justiciables. Le principe de la sécurité juridique exige que tout acte des institutions qui produit des effets juridiques soit clair, précis et porté à la connaissance de l'intéressé de telle manière que celui-ci puisse connaître avec certitude le moment à partir duquel ledit acte existe et commence à produire ses effets juridiques. Cet impératif de sécurité juridique s'impose avec une rigueur particulière lorsqu'il s'agit d'un acte susceptible de comporter des conséquences financières, afin de permettre aux intéressés de connaître avec exactitude l'étendue des obligations qu'il leur impose (voit arrêts de la Cour du 9 juillet 1981, Gondrand Frères et Garancini, 169/80, Rec. P. 1931, point 17, du 22 février 1984, Kloppenburg, 70/83, Rec. P.

1075, point 11, et du 15 décembre 1987, Irlande/ Commissio,, 325/85, Rec. P. 5041, point 18, et du Tribunal du 7 février 1991, Tagaras/Cour de Justice, T-18/89 et T-24/89, Rec. P. II-53, point 40).

Or, en adoptant le règlement litigieux le 20 décembre 1993, à un moment où il savait avec certitude que l'accord EEE allait entrer en vigueur le 1er janvier 1994, le Conseil a sciemment créé une situation dans laquelle, à partirt du mois de janvier 1994, coexisteraient deux règles de droit contradictoires, à savoir, d'une part, le règlement litigieux, directement applicable dans les ordres juridiques nationaux, rétablissant un droit de 4,9 % à l'importation des boîtes de vitesse F15 produites par la requérante, et, d'autre part, l'article 10 de l'accord EEE, ayant un effet direct et interdisant les droits de douane à l'importation et toutes taxes d'effet équivalent. Dès lors, le règlement litigieux ne saurait être qualifié de législation communautaire certaine et son application ne saurait être considérée comme prévisible pour les justiciables. Il en découle que le Conseil a également violé le principe de sécurité juridique.

Dans ces conditions, le règlement litigieux doit être annulé, sans qu'il soit nécessaire de statuer sur les autres arguments et moyens soulevés par la requérante.

Par ces motifs,

LE TRIBUNAL (quatrième chambre)
déclare et arrête :

1) Le règlement (CE) n° 3697/93 du Conseil, du 20 décembre 1993, portant retrait de concessions tarifaires conformément à l'article 23, paragraphe 2, et à l'article 27, paragraphe 3, sous a), de l'accord de libre-échange conclu entre la Communauté et l'Autriche (General Motors Austria) est annulé.

2) Le Conseil supportera ses propres dépens ainsi que les dépens de la requérante.

3) La Commission et la république d'Autriche supporteront, chacune, leurs propres dépens.

Ainsi prononcé en audience publique à Luxembourg, le 22 janvier 1997.

ÉGYPTE

Conseil d'État d'Égypte
Compétences et attributions

Le Conseil d'État comporte trois sections : la section du contentieux, la section d'avis et la section de législation.

La section du contentieux est compétente pour statuer sur les contestations administratives et sur d'autres litiges attribués par la loi.

La section d'avis se prononce sur les questions soumises par les ministres et par les hauts administrateurs du gouvernement et du secteur public. La demande est instruite par un des douze départements spécialisés, qui rend l'avis ou renvoie le dossier devant les trois comités d'avis, dont chacun est présidé par un vice-président du Conseil d'État. L'affaire peut être renvoyée à l'Assemblée générale.

La section de législation est obligatoirement saisie de tous les projets de loi.

Conseil d'État
Arrêt du 22 avril 1978

Actes législatifs et administratifs- Accords internationaux -Applicabilité-
Convention franco-égyptienne relative au règlement des biens des ressortissants français en Égypte du 28 juillet 1966

Résumé

Le présent arrêt concerne le champ d'application de la convention conclue à Paris le 28 juillet 1966 entre les gouvernements égyptien et français relative au règlement des biens des ressortissants français en Égypte. Les dispositions de l'article 9 aux termes desquelles le gouvernement égyptien doit indemniser les ressortissants français dont les biens, les droits et les intérêts ont été nationalisés ou soumis à toute autre mesure restrictive prise par L'Égypte doivent être entendues comme incluant les mesures de séquestre bien qu'elles ne soient pas expressément mentionnées.

Summary

The present decision concerns the field of application of the convention concluded in Paris on 28 july 1966 between the Egyptian government and the French government relative to the settlement of the goods of the French nationals in Egypt. The stipulations of article 9 according to whom the Egyptian government has to indemnify the French nationals whose goods, rights and interests have been nationalized or submitted to any other measure of restriction taken by the Egyptian government have to be interpreted as including measures of sequestration although they are not expressly mentioned.

Résumé des conclusions

La lecture des dispositions de la convention conclue à Paris le 28 juillet 1966 entre le gouvernement de l'Égypte et le gouvernement de la France relative au règlement des biens des ressortissants français en Égypte permet de discerner trois parties.

La première partie vise "les biens, les droits et les intérêts français qui ont fait l'objet de mesures prises avant le 3 août 1958. La deuxième partie vise "les biens, les droits et les intérêts français qui ont fait l'objet de mesures postérieurement au 22 août 1958". La troisième partie prévoit des dispositions générales.

La première partie porte sur la réglementation des biens, droits et intérêts français séquestrés en application du décret n°5 promulgué le 1er novembre 1956, et exige, à cet égard, la remise des biens aux propriétaires, s'ils n'ont pas été vendus avant le 22 août 1958 et ceci conformément aux stipulations et aux cas mentionnés à l'article 2 de la convention. En vertu de l'article 4 de la convention, si les intéressés ne remplissent pas les conditions citées à l'article 2 sus-mentionné, le gouvernement égyptien procède à la réalisation de ces biens. Le revenu de cette opération, déterminé forfaitairement, est déposée sur un compte ouvert au nom du gouvernement français. Ce dernier se charge de sa distribution aux ayant droit. Si les biens ont été vendus avant le 22 août 1958, leur revenu doit être versé à qui de droit dans les limites mentionnées à l'article 3. L'article 6 de la convention autorise le transfert de ces biens à l'étranger.

La deuxième partie ne définit pas expréssement les mesures visées par ses dispositions.
L'article 8 détermine le champ d'application personnel de la présente convention. L'article 9 stipule que " le gouvernement égyptien doit indemniser les personnes remplissant les conditions citées à l'article 8 ainsi que les personnes dont les biens, les droits et les intérêts ont été nationalisés ou soumis à toute autre mesure restrictive prise par l'Égypte entre le 22 août 1958 et la date d'entrée en vigueur de cette convention.
Les articles 10 et 11 prévoient les conditions d'octroi et de fixation de l'indemnisation ainsi que son montant. Les articles 12 et 13 précisent le principe et les conditions de transfert de ces biens à l'étranger.

Contrairement à la première partie, la deuxième ne mentionne pas expréssement la procédure de séquestre au titre des mesures sur les biens, les droits et les intérêts français prises à une date postérieure au 22 août 1958. Toutefois, l'article 9 de ladite convention vise les personnes dont les biens, les droits et les intérêts ont été nationalisés ou soumis à quelque mesure restrictive que ce soit par l'Égypte entre le 22 août 1958 et la date de l'entrée en vigueur de la convention. En outre, l'expression "les autres mesures restrictives de droits" est générale et englobe toute mesure pouvant restreindre la liberté du propriétaire, qu'elle vise l'administration ou l'aliénation des biens telle que la séquestration. Il convient de considérer que le texte a qualifié les autres mesures mentionnées comme étant "restrictives de droits" tandis que les mesures visant au transfert de la propriété des biens à l'État telle que la nationalisation sont des mesures privatives de droits et non seulement restrictives. Aussi l'expression "les autres mesures visées" n'a-t-elle pas la même signification que celle de la nationalisation et des autres mesures de transfert de propriété. Par conséquent, la première partie concerne les biens et les droits français qui ont fait l'objet de mesures prises avant le 22 août 1958 tandis que la deuxième partie concerne les biens et les droits qui ont fait l'objet de mesures postérieurement à cette date. Les stipulations de l'article 9 doivent être comprises comme incluant les mesures de séquestre quoique non expréssement mentionnées dans la deuxième partie contrairement à la première partie.

Ainsi, il résulte des stipulations de la convention, du protocole et des lettres annexes que le terme "indemnisation" cité à l'article 9 sus-mentionné n'a pas le sens terminologique étroit visé dans les lois de nationalisation aux termes desquelles il se définit comme une compensation de l'expropriation des biens soumis à nationalisation. En l'espèce, il doit être entendu de façon générale et étendue. Il englobe en effet tous les biens que le gouvernement égyptien doit remettre aux ressortissants français en application des stipulations de la convention, y compris les biens soumis à séquestration. L'article 5 inclus dans la première partie désigne en effet le revenu de la vente des biens soumis à séquestration avant le 22 août 1958 sous le terme "indemnisation".

Pour cette raison, la distinction entre les biens soumis à séquestre avant le 22 août 1958 et ceux qui y ont été soumis postérieurement est infondée. Il est donc inacceptable de limiter l'application de la convention et notamment ses stipulations quant au droit de transférer les biens à l'étranger aux biens visés par la première partie. Le but de la convention, exprimé dans le préambule, est de parvenir à un règlement final des problèmes résultant des mesures appliquées sur les biens des ressortissants français en Égypte. En ce qui concerne l'indemnisation, les articles 10 et 11 prévoient des modalités de fixation identiques à celles utilisées dans le cadre des lois de nationalisation. Cependant, le montant de l'indemnisation des biens soumis à séquestre est le résultat de leur vente ou de leur réalisation, aussi les modalités de sa fixation n'ont-elles pas à figurer expréssement aux dits articles.

Décision

Considérant que le premier requérant en sa qualité de ressortissant français dont les biens ont été soumis aux mesures de séquestre en vigueur entre le 22 août 1958 et le 1er septembre 1967, date de l'entrée en vigueur de la convention sus-mentionnée, et que cette mesure est considérée comme une mesure restrictive de droits selon la disposition de l'article 9 de ladite convention, le requérant bénéficie des dispositions de la convention et a le droit de transférer ses biens à l'étranger puisqu'il remplit les conditions nécessaires.

Par ces motifs, en la forme, le jugement attaqué est ainsi contrevenu à la loi. Il découle de cette conclusion l'annulation de l'arrêt attaqué et le prononcé de l'annulation du refus implicite de l'autorité administrative de transférer les biens du requérant à l'étranger.

Les dépens sont à la charge de l'autorité administrative.

ESPAGNE

Division administrative du Tribunal suprême

Compétences et attributions

La troisième division de la Cour suprême connaît : en première instance, des appels administratifs contre les actes et décisions du Conseil des ministres et des différentes commisions de ce conseil ainsi que des appels contre les actes et décisions du Conseil général de la magistrature, du gouvernement et du Parlement et des appels contre les décisions de la Cour constitutionnelle et de la Cour des comptes. Elle a également une compétence d'appel contre les décisions de l'Ombudsman dans les affaires personnelles et les actes administratifs ; des pourvois en cassation dirigés contre les jugements de la division administrative de la Cour nationale et des pourvois en cassation dirigés contre les décisions prises en premier et dernier ressort par les divisions administratives des Hautes Cours de justice des dix-sept provinces autonomes contre les actes et décisions de l'administration centrale ; des pourvois en cassation, dans les cas prévus par la loi, contre les jugements en premier et dernier ressort rendus par les divisions administratives des Hautes Cours de justice contre les actes et décisions des provinces autonomes. Ces pourvois doivent être fondés sur la violation de la loi et sur les actes et décisions des administrations centrales ; des appels contre les décisions de la Cour des comptes ; des appels en révision prévus par la loi.

Cour suprême - Chambre du contentieux administratif - Troisième section
Arrêt du 8 octobre 1996

1. Actes législatifs et administratifs - Accords internationaux - *Traité de coopération culturelle hispano-chilien du 18 décembre 1967*
2. Enseignement - Diplômes

Résumé

Le présent arrêt rejette un pourvoi en cassation contre l'arrêt de la Cour nationale qui a lui-même rejeté le recours administratif formé contre une résolution du secrétariat d'État des universités et de la recherche qui refusait d'accorder l'homologation du certificat de spécialiste en ophtalmologie obtenu par le demandeur dans la république du Chili au diplôme académique espagnol de médecin spécialiste en ophtalmologie, a été rejeté.

La demande d'homologation dudit certificat se fondait principalement sur le Traité de coopération culturelle souscrit entre l'Espagne et le Chili le 18 décembre 1967.

A l'article IV dudit traité, l'État espagnol et la république du Chili reconnaissent la validité des études suivies et des diplômes universitaires octroyés par les centres d'enseignement ou ceux officiellement reconnus de chacun des États signataires et qui sont obtenus par les ressortissants de chacun de ces deux pays ainsi que l'exercice des professions auxquelles ces diplômes donnent accès.

En l'espèce, l'article IV du Traité culturel hispano-chilien n'est pas applicable parce que le certificat de spécialiste en ophtalmologie obtenu au Chili a été octroyé par un organisme privé, qui ne jouissait pas des facultés nécessaires pour octroyer un caractère universitaire aux certificats émanant d'autorités non universitaires.

Summary

The present ruling rejects the appeal against a decision from the National Court. The latter rejected a recourse against a resolution issued by the Secretary of State in charge of universities and research which refused to grant the approval of a certificate of specialist in ophtalmology obtained by the claimant in the Republic of Chile as equivalent to the Spanish diploma of specialist in ophtalmology.

The request of approval of the above mentioned certificate was essentially founded on the Treaty of cultural cooperation concluded between Spain and Chile on 18 December 1967.

In article IV of the aforesaid treaty, The Spanish State and the Republic of Chile recognized the validity of the studies followed in, and the diploma granted by, the teaching centres or those officialy recognized in each of the signatory countries and obtained by the nationals of both countries as well the exercice of the professions to which these diplomas give access.

In the case in point, article IV of the said Treaty is not applicable as the certificate has been granted by a private organism which does not meet the required faculties to endorse the certificates that it grants with the quality of university diplomas.

Décision

A Madrid, le huit octobre mille neuf cent quatre-vingt seize. Vu par la troisième section de la troisième chambre du contentieux administratif de la Cour suprême le pourvoi en cassation numéro 8.785 de 1995, interjeté par Monsieur [...], représenté par Maître [...], avoué, contre l'arrêt en date du 16 juin 1995 rendu par la chambre du contentieux administratif (quatrième section) de la Cour nationale, dans le recours n° 380 de 1994, concernant l'homologation du diplôme de médecin spécialiste.

L'administration générale de l'État, représentée par l'avocat de l'État est défendeur au pourvoi.

En fait

Premièrement - Monsieur [...] présenta un recours contentieux administratif contre le rejet, présumé du fait du silence administratif, du recours administratif présenté contre la résolution du secrétariat d'État pour les universités et la recherche, en date du 16 avril 1993, refusant l'homologation de son certificat de spécialiste en ophtalmologie octroyé par la Corporation nationale autonome de certification des spécialités médicales (CONACEM) de la république du Chili au diplôme espagnol de spécialiste en ophtalmologie; cette homologation fut sollicitée conformément aux dispositions du Traité culturel entre l'Espagne et le Chili, du 18 décembre 1967 (ratifié le 16 décembre 1968 et publié dans le *Journal officiel* le 11 juillet 1969).

La procédure ayant suivi son cours normal, la chambre du contentieux administratif (quatrième section) de la Cour nationale, rendit son arrêt le 16 juin 1995 avec le dispositif suivant: "La Cour décide de débouter le demandeur, Monsieur [...], de son recours contentieux administratif contre les actes par lui contractés estimant que ces derniers sont conformes au droit. Il n'y a pas lieu aux dépens".

Deuxièmement - 1. Maître[...], agissant en représentation de Monsieur Jaime Pablo Kelly Rigollet, interjeta pourvoi en cassation contre l'arrêt mentionné.

2. Par ordonnance du 18 octobre 1995, la chambre du contentieux administratif (quatrième section) de la Cour nationale déclara avoir préparé en temps et en forme le recours en cassation et décida de porter le dossier du procès par devant la Cour suprême après assignation préalable des parties.

3. Les parties ayant été dûment assignées, le demandeur au pourvoi comparut en temps et en forme pardevant cette chambre et présenta par écrit son pourvoi en cassation, priant la Cour de se prononcer en faveur de l'homologation sollicitée afin d'exercer sa profession en Espagne ou de lui concéder la possibilité de compléter en Espagne sa formation ou d'accréditer une période d'exercice professionnel équivalant au double du temps nécessaire pour l'obtention de l'homologation, et de condamner l'administration aux dépens. Il demanda en outre la tenue de l'audience publique.

Troisièmement - 1. Par arrêté du 18 janvier 1996, la Cour admit le pourvoi en cassation et ordonna qu'une copie de l'écrit du pourvoi soit remise à l'avocat de l'Etat afin que ce dernier puisse présenter son écrit d'opposition dans un délai de 30 jours.

2. La représentation au procès de l'administration générale de l'État, présenta son écrit d'opposition le 13 mars 1996 sollicitant l'irrecevabilité du pourvoi ou, subsidiairement, le rejet de celui-ci avec condamnation du demandeur aux dépens.

Quatrièmement - Mr.[...] fut nommé rapporteur par arrêté du 3 septembre 1996. Les conditions exigées par l'article 101.2 du Code de procédure administrative n'étant pas réunies et la tenue de l'audience publique n'ayant pas été jugée nécessaire, l'on fixa la date du 3 octobre 1996 pour la délibération, le vote et l'adoption de la décision, date à laquelle eurent lieu lesdits actes de procédure.

Enoncé par la Cour, avec pour rapporteur Mr. Eladio Escusol Barra.

En droit

Premièrement - Dans son écrit d'opposition, la représentation au procès de l'administration générale de l'État demanda à la Cour de déclarer l'irrecevabilité du pourvoi en cassation interjeté par Monsieur[...]. Cette allégation d'irrecevabilité du pourvoi soulevée par le défendeur doit être rejetée étant donné que l'art. 100.2.a) du Code de procédure administrative énonce que la Cour "*ad quem*" rendra une ordonnance de rejet du pourvoi en cassation lorsque, après la préparation du recours, elle estimera à ce stade de la procédure que n'ont pas été respectées les dispositions des articles 96 ou 97 et que la Cour ayant déjà examiné cette question a décidé que le présent pourvoi en cassation devait être déclaré recevable pour tous les motifs présentés, décision que nous maintenons.

Deuxièmement - L'arrêt litigieux rejeta le recours contentieux administratif présenté par Monsieur [...] contre le rejet, présumé du fait du silence administratif, du recours administratif contre la résolution du secrétariat d'État pour les universités et la recherche en date du 16 avril 1993 qui rejeta sa demande d'homologation du certificat de spécialiste en ophtalmologie qui lui fut octroyé par la Corporation nationale autonome de certification de spécialités médicales (CONACEM), de la république du Chili, au diplôme espagnol de spécialiste en ophtalmologie ; cet arrêt indique que le certificat visé par l'homologation "eu égard à la formation suivie au Chili par rapport à la formation en Espagne, ne constitue pas formellement un diplôme susceptible d'être pris en considération pour obtenir une décision favorable à son homologation, même en envisageant un complément d'études ou l'exercice d'un stage professionnel".

Troisièmement - En raison de son caractère exceptionnel le recours en cassation consiste en un contrôle de l'application par la juridiction de première instance de la loi substantive et des normes procédurales, ce contrôle ne s'exerçant que dans la mesure où, contredisant la décision rendue par le Tribunal d'instance et plus particulièrement le dispositif de celle-ci (arrêt de la Cour Suprême du 31/11/95), la Cour suprême est saisie au moyen de l'un des motifs expressément visés par la loi, l'objectif de cette saisine étant de mettre en évidence une application erronée des normes ou de la jurisprudence. C'est la raison pour laquelle l'arrêt rendu par cette même chambre le 17 janvier 1994 précisa que le recours en cassation ne permet pas à la juridiction "*ad quem*" de connaître du fond du litige sinon de la portée des motifs visés à l'article 95.1 du Code de procédure du contentieux administratif et seulement dans la mesure où le demandeur au pourvoi allègue ces mêmes motifs dans son écrit d'interjection du pourvoi.

Quatrièmement - Dans le cas qui nous intéresse, le demandeur au pourvoi exposa dans son écrit préparatoire qu'il fonderait son pourvoi sur l'alinéa quatre de l'article 95 de la loi sur la juridiction. Cependant, au lieu de dénoncer et de développer les motifs qui auraient pu démontrer le vice affectant la décision objet du pourvoi, l'écrit d'interjection du pourvoi en cassation s'est contenté d'énumérer des "conclusions", à la suite desquelles le demandeur n'a fait que reprendre les mêmes chefs de la demande que ceux qui avaient été avancés en première instance. Il n'en reste pas moins qu'au nom de la tutelle judiciaire effective et au vu du contenu de l'écrit d'interjection du pourvoi en cassation et de l'écrit d'opposition de l'avocat de l'État, tenant compte du raisonnement qui précède et dans le respect des données de fait figurant dans la décision litigieuse, la chambre en conclut que le pourvoi en cassation interjeté par la représentation au procès de Monsieur[...], doit être rejeté pour les raisons exposées dans les fondements juridiques suivants.

Cinquièmement - La représentation au procès de Monsieur [...] soutient que le Traité culturel hispano-chilien du 18 décembre 1967 établissant l'homologation automatique du diplôme présenté par le demandeur est applicable. Elle allègue la violation de l'ordonnance du 14 octobre 1991 sur les conditions et la procédure d'homologation des diplômes étrangers de pharmaciens et de médecins spécialistes aux diplômes officiels espagnols équivalents, du décret royal 86/1987, du 16 janvier, sur les conditions d'homologation des diplômes académiques étrangers de l'enseignement supérieur, du décret royal 127/1984, de l'article IV du Traité culturel entre l'Espagne et la république du Chili et des articles 42 à 72 du traité de Vienne en rapport avec l'article 96 de la Constitution. Elle dénonce en outre le non-respect de la jurisprudence et, plus particulièrement, de l'arrêt de la Cour suprême du 16 janvier 1995. Ces allégations suggèrent les considérations suivantes :

1. Dans son second fondement juridique la décision litigieuse tient compte du fait que l'article IV du Traité culturel du 18 décembre 1967 entre l'Espagne et le Chili, ratifié par acte du 16 décembre 1968 (publié au *Journal officiel* de l'État du 11 juillet 1969), énonce comme suit : "Les parties signataires conviennent de reconnaître la validité des études suivies et des degrés ou diplômes d'études primaires, secondaires ou supérieures, universitaires ou techniques, suivis et octroyés par les centres d'enseignement de l'État ou officiellement reconnus aussi bien à leurs ressortissants respectifs qu'à ceux de l'autre partie signataire, en vue de poursuivre leurs études, d'entreprendre des études universitaires ou d'opter pour l'exercice des métiers et professions auxquels lesdits études et diplômes donnent accès, dans ce dernier cas dans le respect des conditions non académiques prévues par la législation interne de chaque pays. Pour ce faire, les parties établiront d'un commun accord l'équivalence entre les titres et diplômes d'enseignement technique et académique de chaque pays et ceux de l'autre pays, ou les moyens d'établir cette équivalence au cas par cas, dans le cas où il serait impossible de la déterminer à l'avance.".

2. Sans qu'il soit besoin pour le cas que nous avons à résoudre de distinguer entre traité-loi et traité-accord, soulignons que le Traité hispano-chilien en question exprime, en tant qu'accord de coopération culturelle, la rencontre des volontés en vue de la finalité suivante : reconnaître la validité des études et des degré ou titres d'études primaires, secondaires ou supérieures, qu'ils soient universitaires ou techniques, suivis dans les centres d'enseignement de l'État ou officiellement reconnus et octroyés aux ressortissants de chaque pays.

3. Tout traité international pose habituellement des difficultés singulières. Dans le cas qui nous occupe, le traité en question, en tant que norme de droit international valablement formée et officiellement publiée en Espagne, entra dans notre ordonnancement interne de telle sorte que les dispositions qu'il contient ne peuvent être dérogées, modifiées ou suspendues que dans la forme prévue par les traités eux-mêmes ou conformément aux normes générales du droit international (art.96 de la Constitution espagnole). Du fait qu'il n'a pas été démontré que ce traité ait fait l'objet de dérogation, de modification ou qu'il ait été suspendu, l'on doit en déduire qu'il était en vigueur au moment où l'intéressé présenta sa demande d'homologation.

4. Conformément à l'article 149.1, al. 30 de la Constitution espagnole, la loi organique 11/1983 du 25 août sur la réforme universitaire énonce que le gouvernement posera les conditions d'homologation des titres étrangers (art. 32.2 de la loi organique 11/1983). En application du mandat visé par la Constitution et par la loi organique sur la réforme unversitaire, le décret royal 86/1987 du

16 janvier posa les conditions d'homologation des diplômes étrangers d'enseignement supérieur. Toutes ces normes (aussi bien les normes légales que les normes réglementaires, la loi organique 7/1985 du premier juillet sur les droits et libertés des étrangers en Espagne et son règlement d'application s'agissant de ressortissants étrangers sollicitant l'homologation de leurs diplômes) forment, avec le traité hispano-chilien mentionné, l'ensemble normatif applicable dans les cas semblables à celui que nous avons à résoudre.

Sixièmement - Après avoir apporté les précisions qui précèdent, nous devons répondre au motif allégué, lequel doit être rejeté pour les raisons suivantes :

1. L'homologation d'un titre exige que celui-ci existe. En l'occurrence, ni le dossier administratif ni la procédure judiciaire suivie n'ont fait état d'aucun titre de médecin spécialiste en ophtalmologie octroyé à Monsieur[...] par un centre d'enseignement de l' État ou officiellement reconnu. Le seul et unique titre universitaire existant est celui de médecin chirurgien octroyé au demandeur par l'université du Chili et correspondant en Espagne, à tous effets académiques et professionnels, au titre espagnol de maîtrise en médecine et chirurgie conformément à l'ordonnance du ministère de l'Éducation et des sciences du 20 novembre 1985.

2. Le document apporté par le demandeur en vue de son homologation est un certificat de spécialisation octroyé par une corporation autonome de droit privé, la "Corporation nationale autonome de certification de spécialités médicales" (CONACEM), de la république du Chili, qui "en vertu des antécédents dûment accrédités" reconnaît au demandeur la qualité de spécialiste en ophtalmologie.

3. Les facultés reconnues par la législation chilienne à la Corporation nationale autonome de certification de spécialités médicales (CONACEM) en matière de spécialité médicale ne permettent pas de conférer le caractère de titre académique aux certificats octroyés par des autorités non universitaires en vue de leur homologation en Espagne en application du traité qui définit lui même son propre champ d'application "dans le contexte de ceux-ci et compte tenu de leur objet et de leur finalité" (art. 31.1 du traité de Vienne sur le droit des traités, du 2 mai 1969, ratifié par l'Espagne par instrument du 2 mai 1972, et publié au *Journal officiel* de l'Etat, le 8 juin 1980). L'art. IV du traité hispano-chilien se réfère expressément aux études suivies et aux degrés ou titres des centres d'enseignement de l'État ou officiellement reconnus et il n'est pas établi que la Corporation nationale autonome de certification de spécialités médicales (CONACEM) de la république du Chili soit de cette nature.

4. Du fait de l'absence de titre de médecin spécialiste en ophtalmologie à l'université du Chili, il est évident qu'il n'y a pas lieu d'invoquer une éventuelle violation par le Tribunal de l'Instance antérieure de l'art. IV du Traité culturel entre l'Espagne et la république du Chili du 18 décembre 1967. Il s'ensuit que l'on doit également rejeter l'existence d'une violation de l'ordonnance du 14 octobre 1991 et du décret royal 86/1987 du 16 janvier sur les conditions d'homologation des titres étrangers de l'enseignement supérieur, dont l'art. 1 énonce que l'homologation des titres étrangers auxquels se réfère l'art.32.2 de la loi organique 11/1983 du 25 août sur la réforme universitaire suppose la reconnaissance en Espagne de la validité officielle des titres de l'enseignement supérieur obtenus à l'étranger, et ce à tous les effets académiques. L'on doit également rejeter l'allégation de violation des autres préceptes mentionnés par la représentation procédurale du demandeur ainsi que l'allégation de non respect de la jurisprudence, étant donné que la décision qui n'aurait pas été respectée a pour objet l'application du traité hispano-argentin du 23 mars 1971 à l'homologation d'un titre de médecin spécialiste en anesthésiologie et en ventilothérapie octroyé par l'université nationale de Cordoue (République Argentine).

Septièmement - Les raisonnements qui précèdent conduisent au rejet de tous les motifs du présent pourvoi en cassation interjeté par le demandeur.

Huitièmement - Étant donné qu'il n'y a pas lieu de faire droit au motif allégué dans le présent pourvoi en cassation, le demandeur doit être condamné aux dépens par application de l'art. 102.3 du Code de procédure administrative.

En raison de ce qui précède, au nom de sa Majesté le Roi, et dans l'exercice du pouvoir de juger que la Constitution nous a conféré au nom du peuple espagnol.

La Cour,

Premièrement - rejetant l'allégation soutenue par l'avocat de l'État et déclarant infondé le pourvoi en cassation doit rejeter et rejette dans leur totalité les arguments présentés par la représentation procédurale de Monsieur [...] comme motifs du pourvoi interjeté contre l'arrêt en date du 16 juin 1995, rendu par la chambre du contentieux administratif (section quatre) de la Cour nationale sur le recours n°380/1994. Condamne le demandeur Monsieur [...] au paiement des dépens du présent recours en cassation.

Deuxièmement - renvoie pardevant la Cour nationale les pièces du dossier judiciaire et administratif ainsi que l'attestation du présent arrêt. Sollicite de la Cour nationale l'accusé de réception correspondant.

Ainsi jugé, le présent arrêt devra être inséré par le Conseil général du pouvoir judiciaire dans la publication officielle de jurisprudence de la Cour suprême, et pour qu'il soit fait acte, nous signons le présent, Mr.[...].- Mr.[...].- Mr.[...].

■

Cour suprême - Chambre du contentieux administratif - Quatrième section - Arrêt du 21 mars 1997

1. Actes législatifs et administratifs - Différentes catégories d'actes - Accords internationaux - Applicabilité - *Traité de reconnaissance, de paix et d'amitié du 21 septembre 1863 entre l'Espagne et la république argentine - Traité entre l'Espagne et l'Argentine du 3 juin 1988 - Traité hispano-allemand du 23 avril 1970*
2. Travail et emploi - Règlementations spéciales à l'emploi de certaines catégories de travailleurs - Emploi des étrangers - *Exemption du permis de travail*

Résumé

Le présent arrêt rejette un pourvoi en cassation contre l'arrêt rendu par la Cour supérieure de justice de Madrid qui fit droit au recours contentieux administratif présenté par deux citoyens argentins contre le refus du ministère du Travail et de la Sécurité sociale d'accéder à leur demande d'exemption de permis de travail pour travailler en Espagne.

La demande d'exemption du permis de travail se fondait sur le traité de reconnaissance, de paix et d'amitié du 21 septembre 1863 passé entre l'Espagne et la république argentine encore en vigueur et dont l'article 8 reconnaît aux sujets de Sa Majesté Catholique et aux citoyens argentins le droit d'exercer librement leurs professions respectives, les premiers en Argentine, les seconds en Espagne, conformément aux lois du pays d'accueil, dans les mêmes termes et sous les mêmes conditions que ceux de la nation la plus favorisée, le tout conformément à l'article 3 de la loi sur les étrangers de 1985 et au règlement d'application de 1986.

Le présent arrêt reproduit substantiellement le raisonnement juridique adopté par l'arrêt rendu en première instance par la Cour nationale. Cette dernière a fait droit à la requête estimant qu'à la date à laquelle les demandeurs présentèrent leurs demandes d'exemption du permis de travail, le traité dont il s'agit était encore en vigueur. En effet, le nouveau traité signé entre le royaume d'Espagne et la république argentine le 3 juin 1988 - aux termes duquel les permis de séjour et de travail sont exigés - ne fut officiellement publié dans le *Journal officiel* que le 28 août 1989, date de son entrée en vigueur.

A ceci l'arrêt ajoute que la Nation la plus favorisée à prendre en compte doit être la république fédérale d'Allemagne, conformément au traité signé entre cette dernière et l'Espagne le 23 avril 1970. Il souligne, en outre, que l'article 3 de la loi sur les étrangers, en vigueur à la date à laquelle les intéressés présentèrent la demande d'exemption de permis de travail, fait expressément exception aux dispositions des traités internationaux signés par l'Espagne.

Summary

The present ruling rejects the appeal against the decision of the Superior Court of Justice of Madrid which admitted the recourse by two Argentianian citizens. The claimants were contested the refusal by the Minister of Employment and Social Security to comply with their demand to be exempted from the requirement of a work permit to work in Spain.

The demand for exemption of work permit was founded on the Treaty of mutual recognition, peace and friendship, concluded on 21 September 1863 between Spain and the Argentinian Republic and still in application. Article 8 of the said Treaty recognizes to Spanish and Argentinian citizens the right to exercise freely their professions in both countries, in accordance with the law of the country of reception, under similar conditions to those of the most favored nation, and in conformity with article 3 of the 1985 Law on Foreigners and with its 1986 rule of application.

The present ruling reproduces substantially the reasoning of the contested decision. The latter acceded to the request of the claimants on the ground that at the date at which they presented their demand for exemption, the Treaty was still enforced. Indeed, the new Treaty signed between the Spanish Kingdom and the Argentinian Republic on 3 June 1988, according to which work and residence permits were compulsory, only came into effect when it was officially published in the official Bulletin on 28 August 1989.

The Supreme Court adds that the most favored nation to be taken into consideration is the Federal Republic of Germany in accordance with the treaty signed between the latter and Spain on 23 April 1970. Finally, it underlines that article 3 of the Law on Foreigners, in application at the date at which the claimants introduced their demand for exemption of work permit, makes expressly an exception of the dispositions of international treaties signed by Spain.

Décision

A Madrid, le vingt et un mars mille neuf-cent quatre-vingt dix-sept.

Vu par la quatrième section de la troisième chambre le recours en appel n° 11.115/91, interjeté par l'avocat de l'État contre l'arrêt du 3 mai 1991 rendu par la neuvième section de la chambre du contentieux administratif de la Cour supérieure de justice de Madrid, la partie intimée étant Mme [...] et Mr[...], dont la défense est assurée par Maître[...], avocat à la Cour.

En fait

Premièrement - La représentation au procès de Mme[...] et de Mr [...] présenta un recours contentieux administratif contre les résolutions de la direction provinciale du Travail et de la Sécurité sociale des 7 et 20 décembre 1988, confirmées sur recours administratif par les résolutions des 11 et 23 janvier 1989 refusant l'exemption du permis de travail sollicitée par les demandeurs. Le recours n° 366/89 aboutit à l'arrêt de la neuvième section de la chambre du contentieux administratif de la Cour supérieure de justice de Madrid daté du 3 mai 1991 et dont le dispositif est de la teneur suivante : "La Cour : faisant droit au recours interjeté par Maître [...] au nom et en représentation de Monsieur[...] et de Madame[...] contre les résolutions de la direction provinciale du Travail et de la Sécurité sociale de Madrid en date des 7 et 20 décembre 1989 confirmées sur recours administratif par les résolutions des 11 et 23 janvier 1989 annule lesdites résolutions les jugeant non conformes à l'ordonnancement juridique et reconnaît aux demandeurs en appel le droit d'être exemptés de l'obtention du permis de travail. Sans condamnation aux dépens".

Cet arrêt se fonde sur l'agumentation juridique suivante :

"*Premièrement* - Le présent recours a pour objet de déterminer la conformité ou non à l'ordonnancement juridique des résolutions de la direction provinciale du Travail et de la Sécurité sociale de Madrid des 7 et 20 décembre 1988 confirmées sur recours administratif par les résolutions des 11 et 23 janvier 1989 respectivement rejetant les demandes d'exemption de l'obtention du permis de travail présentées par Mme [...] et Mr.[...], citoyens argentins. Les demandeurs fondaient leur demande en date des 13 et 29 décembre 1988 sur la validité du Traité de reconnaissance, de paix et d'amitié signé entre l'Espagne et la république argentine le 21 septembre 1863 et ratifié par l'Espagne le 9 janvier 1864 et plus particulièrement sur son article 8 au terme duquel : "les sujets de S.M. Catholique en république argentine et les citoyens de cette dernière en Espagne pourront exercer librement leurs métiers et professions, posséder, acheter et vendre en gros ou au détail les biens et propriétés meubles et immeubles de toute sorte, retirer la totalité de leurs valeurs du territoire, en disposer de leur vivant ou à cause de mort, les acquérir par voie testamentaire ou abintestat, le tout dans le respect de la législation du pays, dans les mêmes termes, conditions et obligations que ceux qui seraient réservés à la nation la plus favorisée" en application des termes de l'article 3 de la loi organique 7/85 du premier juillet sur les droits et libertés des étrangers en Espagne ainsi que de l'art. 30 alinéa 2 du règlement d'application de cette dernière, règlement 1.119/86 du 26 mai pour autant qu'ils énoncent que l'ensemble des dispositions visées s'entendra sans préjudice de la teneur des traités internationaux signés par l'Espagne. L'administration rejeta les sollicitudes mentionnées car selon elle, il ne découle nullement du traité international en question le caractère non obligatoire du permis de travail en vue de l'exercice de la profession que les demandeurs souhaitaient exercer en Espagne étant donné que ce permis de travail doit obligatoirement être obtenu en vertu des dispositions de la loi 7/85 du premier juillet et de son règlement adopté par décret Royal 1.119/86, du 26 mai. Au stade actuel de la procédure juridictionnelle, les demandeurs réitèrent leurs allégations en se fondant sur l'interprétation du traité signé le 21 septembre 1863 tout en le situant dans le cadre du traité de Vienne du 22 mai 1969 et de l'arrêt de la troisième chambre de la Cour suprême en date du 5 novembre 1982.

L'avocat de l'État pour sa part considère que la loi organique 7/85 ainsi que le décret royal n° 1.119/86 doivent être appliqués en priorité de même que le traité général de coopération et d'amitié entre le royaume d'Espagne et la république d'Argentine souscrit à Madrid le 3 juin 1988 et sollicite le rejet du recours.

Deuxièmement - Afin d'apporter une solution appropriée à la question soulevée il est indispensable de déterminer la législation applicable au cas d'espèce sachant que les demandeurs formulèrent leur demande d'exemption le 29 novembre 1988 et le 13 décembre 1988 respectivement ; dérogeant au contenu de l'article 8 du traité de reconnaissance, de paix et d'amitié signé le 21 septembre 1863 entre l'Espagne et la république argentine et ratifié par l'Espagne le 9 janvier 1864, le nouveau traité général de coopération et d'amitié entre le royaume d'Espagne et la république argentine dont l'article 8 énonce que : "dans le respect de leur législation et du droit international, chacune des parties réservera aux ressortissants de l'autre partie les mêmes facilités d'exercice de leurs activités professionnelles lucratives, que ce soit à leur compte ou pour le compte d'autrui, que celles qu'elle réserve à ses propres ressortissants, dans la mesure où auront été octroyés les permis de séjour ou de travail nécessaires à l'exercice desdites activités" fut souscrit le 3 juin 1988 et publié au *Journal officiel* le 28 août 1989 de sorte que, conformément à l'article 96 de la Constitution espagnole et à l'article 1.5 du Code civil, ce nouveau traité fait partie de notre ordonnancement à compter de cette date et que, jusqu'à cette date, le Traité de reconnaissance, de paix et d'amitié passé entre l'Espagne et la république argentine le 21 septembre 1863, ratifié par l'Espagne le 9 janvier 1864 et publié dans le n°25 de la *Gazette de Madrid* (N.Dict. 29542) dont l'article 8 est reproduit au point précédent était pleinement applicable faute de dénonciation avant la date d'entrée en vigueur du nouveau traité et que son application prévalait sur celle de la loi organique 7/85 du 1er juillet sur les droits et libertés des étrangers en Espagne et de son règlement adopté par décret royal 1.119/86 du 26 mai conformément aux dispositions de l'art.3 de celle-là et 30.2 de celui-ci et dans la mesure où le contenu de ces normes n'affecte pas les situations issues d'accords ou de traités internationaux souscrits par l'Espagne l'on doit en conclure que la norme applicable à la sollicitude des demandeurs est celle qui est établie dans ledit traité du 21 septembre 1868.

Troisièmement - Partant, est pleinement applicable au cas qui nous occupe la doctrine de l'arrêt de la Cour suprême du 30 septembre 1982, Troisième chambre du contentieux administratif qui énonce que "puisque l'arrêt litigieux se fonde sur la vigueur et la virtualité juridique que l'on doit nécessairement reconnaître aux normes issues des engagements internationaux, qu'il s'agisse de traités, de conventions, de protocoles ou autres, il est nécessaire d'admettre que le traité souscrit entre l'Espagne et la République argentine le 21 septembre 1863 (N.Dict. 29542), ratifié par l'Espagne le 9 janvier 1864 et publié dans le n°25 de la *Gazette de Madrid* énonce à l'art.8 que : "les sujets de S.M. Catholique en république argentine et les citoyens de cette dernière en Espagne pourront exercer librement leurs métiers et professions, posséder, acheter et vendre en gros ou au détail les biens et propriétés meubles et immeubles de toute sorte, retirer la totalité de leurs valeurs du territoire, en disposer de leur vivant ou à cause de mort, les acquérir par voie testamentaire ou abintestat, le tout dans le respect de la législation du pays, dans les mêmes termes, conditions et obligations que ceux qui seraient réservés à la nation la plus favorisée" étant entendu que la nation la plus favorisée devra être la république fédérale d'Allemagne dont le traité signé avec l'Espagne le 23 avril 1970 et ratifié par instrument du 22 février 1972 (R. 1972, 2212 ; R. 1973, 1772 et N. Dict. 29573) établit dans son article 9.1 que "les ressortissants de l'une des parties signataires pourront exercer des activités économiques et professionnelles de toutes sortes sur le territoire de l'autre partie signataire dans les mêmes conditions que les ressortissants de cette dernière", les deux normes juridiques formant ainsi un assemblage juridique positif, tant par la nature même des normes dont il s'agit et qui ont été librement acceptées que par la reconnaissance de ces dernières dans nos lois fondamentales tel que l'art.1.5 du Titre préliminaire du C. Civ. qui énonce que : "Les normes juridiques contenues dans les traités internationaux ne seront directement applicables en Espagne qu'à partir du moment où elles auront été intégrées dans l'ordonnancement interne moyennant leur publication au *Journal officiel* de l'État" ce qui signifie a contrario que la publication permet à ces dernières de produire leurs effets dans l'ordonnancement interne ; l'art. 96 de la Constitution (R. 1978, 2936) énonce au point 1 que "les traités internationaux valablement formés seront intégrés dans l'ordonnancement interne une fois qu'ils auront été officiellement publiés en Espagne. Leurs dispositions ne pourront être dérogées, modifiées ou suspendues que dans la forme prévue par les traités eux-mêmes ou conformément aux normes générales du droit international" et au point 2 que "pour dénoncer les traités ou les conventions internationales l'on suivra la même procédure que celle prévue à l'art. 94 pour leur application"

C'est la raison pour laquelle si ledit traité du 23 avril 1970 signé avec la république fédérale d'Allemagne, ratifié par instrument le 22 février 1972 et le 27 septembre 1973, n'a pas été dénoncé et était par conséquent en vigueur au moment de la demande présentée par les demandeurs, l'on doit en conclure de même que l'arrêt mentionné que par l'application de la norme conventionnelle de leur pays les demandeurs ne sont pas soumis à l'obtention du permis de travail, ce qui ne signifie nullement un manquement à la norme en vigueur en l'occurrence la loi organique 7/85 du 1 juillet mais au contraire l'application stricte de l'art.3 de cette même loi jusitifiant le bien-fondé du recours.

Quatrièmement - Par application de l'art. 131 du Code de procédure administrative il n'existe aucune circonstance permettant à la Cour de se prononcer sur les dépens."

Deuxièmement - L'avocat de l'État ayant interjeté recours en appel contre l'arrêt mentionné, qui fut admis avec effet dévolutif et suspensif, les pièces et le dossier administratif furent remis à la Cour avec citation des parties en bonne et due forme, lesquelles présentèrent leurs allégations, en premier lieu l'avocat de l'État qui sollicita une résolution faisant droit à l'appel et confirmant les résolutions administratives contestées.

Puis la partie intimée présenta ses propres allégations et sollicita l'adoption d'une résolution confirmant l'arrêt rendu par la Cour supérieure de justice.

Troisièmement - Après avoir vérifié l'application des prescriptions légales l'on fixa au 19 mars 1997 le vote et la lecture de la décision, ce qui eut lieu à la date fixée.

Mr. Rafael Fernandez Montalvo, magistrat à la Chambre, fut nommé rapporteur.

En droit

Il est fait droit aux fondements juridiques de l'arrêt litigieux.

Premièrement - L'objet du recours en appel consiste en la vérification de la conformité à l'ordonnancement juridique de l'arrêt rendu en date du 3 mai 1991 par la neuvième section de la chambre du contentieux administratif de la Cour supérieure de justice de Madrid dans l'affaire n°366/89 faisant droit à la demande présentée par Mme[...] et par Mr.[...] contre les résolutions de la direction provinciale du Travail et de la Sécurité sociale des 7 et 20 décembre 1988 confirmées sur recours administratif par les résolutions des 11 et 23 janvier 1989.

Deuxièmement - L'avocat de l'État fonde la contestation de l'arrêt litigieux sur un seul et unique argument que l'on peut résumer de la manière suivante:

a) L'arrêt litigieux aboutit à la conclusion que les défendeurs actuels ont le droit de travailler en Espagne sans qu'il leur soit nécessaire d'obtenir le permis de travail correspondant.

b) Le traité hispano-allemand du 23 avril 1970 n'est pas applicable en tant que régime de nation la plus favorisée outre le fait qu'en vertu de la promulgation de la loi organique 7/85 du 1er juillet il ne semble pas que les étrangers puissent exercer en Espagne une activité à leur compte ou pour le compte d'autrui sans être munis du permis de travail correspondant.

Troisièmement - Selon une jurisprudence constante de cette même Cour (arrêts du 16, 17 et 30 septembre 1982, 5 novembre 1982, 10 juin 1985 et 23 mai 1986 entre autres), étant donné qu'à la date de présentation de la demande d'exemption des permis de travail, le traité de reconnaissance, de paix et d'amitié signé le 21 septembre 1863 entre l'Espagne et la république argentine ratifié le 20 juin 1864 et publié dans le N°25 de la *Gazette de Madrid* dont l'art. 8 énonce que "Les sujets de S.M. Catholique en république argentine et les citoyens de la république en Espagne, pourront exercer librement leurs métiers et professions ... dans le respect des lois du pays, dans les mêmes termes ... que ceux qui seraient réservés aux ressortissants de la nation la plus favorisée", n'avait pas été dénoncé par les parties signataires et était donc en vigueur, et étant donné que la nation la plus favorisée était la république fédérale d'Allemagne dont le Traité signé avec l'Espagne le 23 avril 1970 et ratifié par instrument le 22 février 1972 et 27 septembre 1973 énonce à l'art. 9.1 que "Les ressortissants de chacune des parties pourront exercer des activités économiques et professionnelles sur le territoire de l'autre partie dans les mêmes conditions que celles qui sont réservées aux ressortissants de cette dernière", il faut en conclure que, conformément à cette norme qui fait partie du droit espagnol interne et dans le respect de la Constitution du 27 décembre 1978, les travailleurs argentins pouvaient exercer librement leurs professions dans les mêmes termes et conditions que ceux qui étaient reconnus aux ressortissants de la nation la plus favorisée, c'est-à-dire dans les mêmes conditions que les ressortissants du pays d'accueil de sorte qu'ils n'étaient pas tenus de se munir du permis de travail, et ce sans préjudice de l'applicabilité au moment de la présentation de la demande des dispositions de la loi organique 7/85 du 1er juillet sur les étrangers, développée par le décret royal 1.119/86, du 26 mai, aujourd'hui dérogé par le décret royal 155/96, du 2 février, car ainsi que l'admet l'arrêt du 13 février 1996 (troisième chambre, quatrième section) la loi organique 7/85 (article 3) énonce que "les dispositions de cette loi devront être interprétées en tout état de cause sans préjudice de la teneur des lois spéciales et des traités internationaux signés par l'Espagne" ce qui implique la sauvegarde de l'efficacité de ces traités, outre le contenu de l'article 96 de la Constitution espagnole.

Quatrièmement - Le raisonnement qui précède ne permet pas au recours de prospérer, sans qu'il y ait de motifs justifiant une condamnation expresse aux dépens conformément à l'article 131 du Code de procédure administrative.

En raison de ce qui précède, au nom de Sa Majesté le Roi et en vertu du pouvoir qui lui a été conféré par le peuple espagnol,

La Cour

Contredisant les motifs du recours en appel n° 11.115/91, interjeté par l'avocat de l'État contre l'arrêt rendu le 3 mai 1991 par la neuvième section de la chambre du contentieux administratif de la Cour supérieure de justice de Madrid, confirme ledit arrêt pour être conforme au droit ; ne se prononce pas sur les dépens.

Cette décision devra être insérée par le Conseil général du pouvoir judiciaire dans la publication officielle de jurisprudence de cette Cour suprême qui a définitivement jugé, s'est définitivement prononcée et signe.

FINLANDE

Cour administrative suprême
Compétences et attributions

Disputes of administrative law are settled in administrative courts in Finland. The Supreme Administrative Court exercises supreme jurisdiction in cases of administrative law. It also supervises the lower authorities´ application of administrative law.

The Council of State may ask the opinion of the Supreme Administrative Court about a parliamentary bill. The Supreme Administrative Court can also propose to the President of the Republic that legislation be initiated. The President of the republic may ask for the opinion of the Supreme Administrative Court before signing a new act.

About 30% of the appeals to the Supreme Administrative Court concerns taxation. About 10% consists of cases on urban and rural planning and on construction. Other large groups are cases on officials´ service, on social welfare, and on municipal administration.

Cour administrative suprême
Arrêt du 26 septembre 1997

1. Séjour des étrangers - Autorisation de séjour - Refus de renouvellement
2. Expulsion - Droit au respect de la vie familiale
3. Actes législatifs et adminstratifs - Accords internationaux - Applicabilité - *Convention sur les droits de l'enfant (1991)*

Summary

An alien, who entered Finland in order to study at a university, and his family, *i.e.*, his wife and two children, who are minors, could not be deported due to his residence permit being denied following the discontinuation of his studies, when consideration was given to the children's best interests and the family's ties with the Finnish society that had arisen during their period of residence.

Résumé

Un étranger, entré en Finlande avec sa famille (sa femme et ses deux enfants), dans le but d'étudier à l'université ne peut être expulsé au motif que l'octroi d'un permis de résidence lui aurait été refusé pour avoir interrompu ses études universitaires. En effet, les intérêts des enfants et les relations entretenues par la famille avec la société finlandaise pendant la période de résidence s'opposent à une telle décision.

Décision

Application for a residence permit and a work permit

Mahmood Alam, after being granted a residence permit for university studies, entered Finland on 6.2.1990. His last residence permit that had been granted for continued study expired on 29.4.1994. Alam's following residence permit applications were rejected by the Helsinki Police Department in their decision of 2.5.1995 and by the Directorate of Immigration in their decision of 24.11.1995 since his studies had not progressed and since the university certificates previously presented by him proved to be forgeries.

Alam's wife, Zohura Ashraf, and their children, Tamanna Sarapat, born 20.2.1986 and Venus Mahmood, born 4.9.1990, who had entered Finland on 7.5.1991, had been granted residence permits so that they could live here with Alam, who was studying. On 29.4.1994 also their residence permit had expired. Furthermore, on 2.5.1995 and 24.11.1995 the Helsinki Police Department and the Directorate of Immigration had given negative decisions regarding residence and work permits for Ashraf and the children since Alam's studies had not progressed and since the Helsinki Employment Office had not supported Ashraf's application for a work permit.

On 15.1.1996 Alam and Ashraf again applied for residence and work permits from 29.4.1994 to 29.4.1997 and submitted as grounds for this that Ashraf was a shareholder of the restaurant Indi Oy and Alam was a kitchen assistant in the same restaurant.

In its decision of 25.11.1996 the Directorate of Immigration rejected the applications since Alam and the members of his family had been granted permits for residence in Finland due to Alam's studies. Residence permits granted for studies are granted for temporary residence in the country. The student and the members of his family are required to leave the country when the studies are completed or discontinued. In the decision it was also stated that Alam and Ashraf cannot be granted residence and work permits based on carrying out work or a profession in Finland.

Deportation

Proposal to the Directorate of Immigration: Helsinki Police Department, in a written submission received by the Directorate of Immigration on 19.1.1996, proposed that Alam, Ashraf and their children be deported and that their re-entry be prohibited. Alam and Ashraf are residing in the country without a residence permit. Originally, Alam would not have been granted a residence permit in Finland had it been known that his university certificate was forged.

The Ombudsman for Aliens, making reference to the family's circumstances and opportunities for subsistence, recommended that the deportation would not be carried out.

Alam and Ashraf requested on their own behalf and that of their children that the Directorate of Immigration would not carry out their deportation.

Decision of the Directorate of Immigration 29.11.1996: Mahmood Alam, Zohura Ashraf and their children Tamanna Sarapat and Venus Mahmood, who are minors, are residing in Finland without a residence permit in the manner intended in section 40, paragraph 1, sub-paragraph 1 of the Finnish Aliens' Act. Alam and the members of his family were granted permits for residence in Finland because Alam had come to Finland to study. Residence permits for Alam and the members of his family have not been continued because Alam has made no progress in his studies. Residence permits granted for studies are granted for temporary residence in the country and when the studies are completed or discontinued a student is required to leave the country.

The persons concerned can return to their home country without becoming the object of any persecution or inhuman treatment intended in the Aliens' Act and without the possibility of being sent from there to such an area.

On all the grounds described above and having consideration for all relevant matters and the circumstances in their entirety the Directorate of Immigration, by virtue of section 40, paragraph 1, sub-paragraph 1 and of sections 41, 42, 43, and 58, ordered that Mahmood Alam, Zohura Ashraf and their children Tamanna Sarapat and Venus Mahmood be deported to their native country, Bangladesh, and that they may not be permitted to re-enter Finland for two years. The ban on entering Finland without special permission also applies to entry into Denmark, Norway, Iceland and Sweden.

Claims in the Supreme Administrative Court:

Alam and Ashraf requested in their application that the decision of 25.11.1996 of the Directorate of Immigration rejecting their residence and work permit applications be annulled and that the case be returned to the Directorate of Immigration for reconsideration.

In their appeal they requested that the decision made by the Directorate of Immigration on their deportation be quashed and that the decision would not be enforced until a final decision has been given.

As grounds for their application and appeal they stated that before moving to Finland the family was living apart and the family was united only after arrival in Finland. During this period the family has formed social, cultural and financial ties with Finland. Alam has no longer any close relatives in Bangladesh. Instead they have relatives in Finland of whom some are married to Finns. The family's elder child has attended school and the younger child is in a kindergarten in Finland. Alam has not given up his studies in Finland. The false certificate has lost its meaning since he has obtained his current student place at Helsinki University by means of an entrance examination. He has not been convicted of forging an official document or of using forged documents. The reason for the delay in studies has been work and business activities to secure his family's subsistence. Ashraf is currently working in the kiosk maintained by the company she owns, in Itäkeskus in Helsinki, and Alam helps her to run the kiosk. In future Alam's family can make their living from this and from their other business activities.

Alam and Ashraf requested that they be granted cost-free proceedings in the Supreme Administrative Court and that Juhani Parkkari, Master of Laws, be appointed their counsel.

Parkkari presented a bill for a fee of 1 500 Finnish marks.

Statements before the Supreme Administrative Court

The Directorate of Immigration gave a statement on account of the claims and Alam and Ashraf gave a rejoinder.

The decision of the Supreme Administrative Court *(Justices of the Supreme Administrative Court Ojanen, Talikka, Ignatius, Tarasti and Vihervuori):*

1. The application concerning the annulment of the decision relating to the residence and work permits is rejected.

2. The decision relating to deportation is quashed and the proposal of the Helsinki Police Department is rejected.

3. The giving of a pronouncement on the request for a stay of enforcement lapses.

Statement of the reasons

1. Mahmood Alam and Zohura Ashraf have not put forward in support of their application reasons on the basis of which it would be possible to consent to the annulment of the decision on residence and work permits, having regard for the regulations in Article 63 of the Act on Application of the Administrative Law.

2. Alam and Ashraf and their children have resided in the country without the required residence permit. There are therefore grounds for their deportation as meant in section 40, paragraph 1 sub-paragraph 1 of the Aliens' Act.

Section 41, paragraph 1 of the Aliens' Act lays down that in considering deportation, consideration must be given to all relevant matters and to the circumstances in their entirety. These include at least the length of the alien's period of residence, the relation between child and parent, family ties and other bonds to Finland.

Article 3 of the Convention on the Rights of the Child (SopS 59-60/1991) lays down, among other things, that in all actions of the courts and administrative authorities that affect children the primary consideration must be given to the child's best interest.

The documents show that the family has now lived together in Finland for over six years and, during that time, has adapted to Finnish society and way of life. The elder child, Tamanna Sarapat, was five years old when she came to Finland and now attends Finnish elementary school. The younger child, Venus Mahmood, arrived in Finland at the age of eight months and is now in a Finnish kindergarten. The children have no ties to Bangladesh. The members of the family speak Finnish. The parents are carrying out business activities in Finland, as a result of which their subsistence is at any rate partly secured. Alam has given notice that he will continue his studies in Finland in order to achieve a university degree. The family also has relatives in Finland. When consideration is given to the best interests of the children and in other ways to the family's circumstances in their entirety, Mahmood Alam, Zohura Ashraf and their children Tamanna Sarapat and Venus Mahmood cannot in this situation be deported. The factors speaking against deportation weigh more heavily in the overall assessment than the grounds presented in support of deportation. The Decision of the Directorate of Immigration thus violates the rights of Alam, Ashraf and their children.

3. As the case has been resolved with this decision, the issuing of a

pronouncement on the application relating to a stay of enforcement is unnecessary.

Application for cost-free proceedings

Alam and Ashraf are, pursuant section 1, paragraph 2, sub-paragraph 4 and section 3, paragraph 2 of the Act on Cost-free Proceedings, granted cost-free proceedings in the case in the Supreme Administrative Court as from 27.1.1997 with no obligation to compensate to the state. By virtue of section 10, paragraph 1, of the same act, Master of Laws Juhani Parkkari is appointed their counsel.

Parkkari will be paid for the cost-free proceedings pursuant section 15, paragraph 1 of the Act on Cost-free Proceedings, a fee of 1 500 Finnish marks from state funds for his work as counsel.

Cour administrative suprême
Arrêt du 31 décembre 1996

1. Actes législatifs et administratifs - Violation directe de la règle de droit - Traités et droit dérivé - *Convention fiscale conclue entre la Finlande et l'Estonie*

Summary

A Finnish bank had, by virtue of section 47 of the Taxation Act (348/95) and of Article 26 of the Convention on taxation between Finland and Estonia (SopS 96/93), a duty to provide a bank statement relating to a bank account identified by the tax authorities, as the information was essential in levying taxes on an Estonian company in Estonia.

Résumé

En vertu de la section 47 du Taxation Act (348/95) et de l'article 26 de la convention fiscale conclue entre la Finlande et l'Estonie, une banque finlandaise est dans l'obligation de fournir un relevé de situation d'un titulaire dont le compte a été identifié par les autorités fiscales, dès lors que cette information est nécessaire à la perception de l'impôt en Estonie sur une entreprise estonienne.

Décision

Previous proceedings in the case

Request for administrative aid by the Estonian authorities : *Riigi Maksuamet*, in a letter in English to the National Board of Taxation dated 17.7.1995, requested information, citing Article 26 of the Convention between the Republic of Finland and the Republic of Estonia for the avoidance of double taxation and the prevention of tax evasion with respect to taxes on income and capital. Arising from the tax inspection of an Estonian company 'A', a request was made in the letter to receive information, *inter alia,* as to whether a company 'B', whose address is 'X', USA, has bank accounts in Finnish banks. If this was the case, *Riigi Maksuamet* asked whether the National Board of Taxation would send them a statement of these accounts. In addition, it was stated in the letter that the information was important since, in the course of A's tax inspection, an arrangement for tax evasion had been found both in Estonia and in other countries.

Request for the submission of information : On 20.9.1995 the National Board of Taxation requested Merita Bank Ltd, on the basis of section 47 of the Taxation Act to provide the following information concerning bank account by 6.10.1995:

- type of account (cheque account, current account etc.)
- account owner
- operating rights
- date of opening and any possible closing date
- bank statement

The National Board of Taxation stated that the matter was being investigated on the basis of a request for administrative aid under the terms of Article 26 of the Convention on taxation between Finland and Estonia and that the information may be necessary for Finnish taxation.

Reply to the request : In reply to the request of the National Board of Taxation, Merita Bank Ltd stated that, according to the bank's records, the account owner was B, whose country of taxation, according to the information given to the bank, was the United States. The account had been opened on 22.4.1993 and its type was a foreign currency sight account. A person 'C' had the right to operate the account.

The bank had not at this stage supplied the company's bank statement and, instead, it requested the National Board of Taxation to reconsider the necessity for this. It was the bank's understanding that Article 26 of the Convention on taxation did not entitle either the bank or the tax authorities to provide information to the Estonian tax authorities. Here it also appeared that information on the account was not needed for Finnish taxation.

Decision, subject to appeal, of the National Board of Taxation, 29.11.1995 : the National Board of Taxation repeated its request made on 20.9.1995 pursuant section 52 of the Taxation Act and asked Merita Bank Ltd to submit to the National Board of Taxation by 20.12.1995 the bank statement in question. Investigation had shown that the information was not necessary for Finnish taxation, but the information was requested only for the Estonian tax authorities.

Under Article 26 of the Convention between the Republic of Finland and the Republic of Estonia for the avoidance of double taxation and the prevention of fiscal evasion with respect to taxes on income and on capital, the competent authorities of the Contracting States must mutually exchange information that is essential for the application of this Convention or the internal legislative regulations relating to taxes of the Contracting States within the aegis of the Convention, if the taxation occurring on the basis of this legislation is not in contravention of the Convention. Under Article 26, paragraph 2, sub-paragraph b) the regulations in paragraph 1 are not deemed to lay an obligation on the Contracting States to provide information that cannot be acquired in accordance with the legislation of one or other Contracting State or within the framework of regulated administrative procedure.

The National Board of Taxation may surrender to the tax authorities of the Republic of Estonia information in its possession that is intended in the Convention on taxation. On the basis of Article 26, paragraph 2, sub-paragraph b), the National Board of Taxation may also submit to Estonia information of a type that it can obtain in Finland on the basis of its competence. The information intended in the inquiry that is now in question is of this type. However, the Convention does not create an obligation to surrender information of a type that the tax authorities could not, on the basis of their competence in Finland, acquire for taxation.

Proceedings in the case in the supreme administrative court

Claims in the Supreme Administrative Court : Merita Bank Ltd appealed against the decision of the National Board of Taxation of 29.11.1995 to again request that the bank provide information. In its appeal the bank stated, *inter alia,* that the exchange of information between authorities is possible only for information of a type that is known to the tax authorities of one of the countries. However, Article 26 of the Convention on taxation does not entitle the Finnish tax authorities to request information from a third party to be transmitted to the Estonian tax authorities. The request of the National Board of Taxation under section 47 of the Taxation Act is not a matter of a concrete taxation case in Finland.

Generally, the bank is not under an obligation to provide information for taxation in another state. Only on the basis of the Convention on administrative aid between the Nordic countries and the Convention of the European Council and the OECD relating to mutual administrative aid to be given in matters of tax, may an obligation arise also for the bank to give information to the tax authorities of the states within the aegis of the above-mentioned Conventions. Estonia is not a participant in either Convention.

According to the general principles of tax law, international tax conventions cannot confer rights that are wider than would be conferred by national law. On this basis Merita Bank Ltd requested the Supreme Administrative Court to confirm that the bank has no obligation to provide the information in question.

The National Board of Taxation gave a statement on account of the appeal. It stated, *inter alia*, that the right of Finland's tax authorities to surrender information to the tax authorities of other countries may be based on international conventions on administrative aid or on tax conventions. Both types of convention are enforced in Finland by law. Therefore, in the tax legislation there are no separate provisions on the right of the National Board of Taxation to surrender confidential taxation information to the authorities of the

Contracting States. For the same reason, in the provisions relating to the obligation of a third party to provide information, there is no separate mention concerning a duty to surrender information for levying taxes also in the Contracting States.

Article 26, paragraph 1 of the Convention on taxation stipulates only the type of information that can be exchanged and which organisations of the Contracting States are entitled to exchange information. This paragraph does not state that the authorities can exchange only such information that is in their possession.

Article 26, paragraph 2, sub-paragraph b) of the Convention on taxation does not extend the rights of Finland's tax authorities to obtain information laid down in the tax legislation. It does, however, entitle Finland's tax authorities, under their own competence, to obtain the information requested by the Estonian tax authorities, if the information is not already in the possession of Finland's tax authorities. Here the bank's obligation to provide information is based not only on the legally enforced Convention on taxation but also on section 47 of the Taxation Act, on the basis of which the bank must provide information for taxation in Finland. If Finland's tax authorities did not have the right intended in that provision to obtain information from banks the Convention on taxation would not provide such an authorization.

Merita Bank Ltd gave a rejoinder on account of the statement of the National Board of Taxation. The bank's interpretation of Article 26, paragraph 2, sub-paragraph b) of the Convention on taxation is the opposite of that of the National Board of Taxation. If Finland's legislation does not entitle the National Board of Taxation to receive information, there is no need to supply it to Estonia. Neither does the regulation in section 94, paragraph 2 of the Act on the Operation of Credit Institutions entitle the tax authorities to obtain information for Estonian taxation since in Finnish legislation that right is not granted to the tax authorities.

Decision of the Supreme Administrative Court : *(Justices of the Supreme Administrative Court Rihto, Aalto, Tarasti, Karapuu and Kaján*) Section 47 of the Taxation Act, as it stands in the Amendment of 17.3.1995 (348/95), lays down that each person must provide, in addition to the information intended previously in that section, at the request of the National Board of Taxation or Provincial tax authority, the name, bank account number, or other information based on a similar itemization, which may be necessary for dealing with the taxation of another tax payer and which are shown in the documents in his possession or are otherwise known to him, if he does not have the legal right to refuse to provide evidence in the matter. It is not, however, permitted to refuse to provide information relating to the financial position that affects taxation. The Amendment cited (348/95) came into force on 1.4.1995.

The Act given on the approval of some regulations in the Convention made with Estonia for the avoidance of double taxation and the prevention of fiscal evasion with respect to taxes on income and on capital (1301/93) lays down that the regulations in the Convention will, where they come under the legislative sector, be in force as has been agreed. The law will come into force at the time laid down in a Decree.

The Decree on the coming into force of the Act given on the approval of some regulations in the Convention made with Estonia on the avoidance of double taxation and the prevention of fiscal evasion with respect to taxes on income and on capital (1302/93) lays down that the Convention will come into force on 30.12.1993, as has been agreed. The above-mentioned Act (1301/93) and Decree (1302/93) came into force on 30.12.1993.

The fact that the registered office of a company owning a bank account is, according to the bank's information, the United States, is not a barrier to giving information, because Article 26, paragraph 1 of the Convention on taxation lays down that Article 1 of the Convention, on the basis of which the Convention will be applied to people who live in a Contracting State or in both Contracting States, does not restrict the exchange of information. On the basis stated above and of those otherwise appearing in the decision of the National Board of Taxation, there has been no entitlement to refuse to provide the information requested. Therefore, the Supreme Administrative Court, also considering section 94, paragraph 2 of the Act given on the Operation of Credit Institutions, rejects the appeal.

The period, within which the information must be given, is extended to expire on 28.2.1997.

FRANCE

Conseil d'État
Compétences et attributions

La juridiction administrative française connaît en principe des litiges dans lesquels l'administration est impliquée. Elle est ainsi compétente pour connaître des recours contre tous les actes administratifs et les demandes d'indemnisation des dommages causés par l'activité de l'administration. La juridiction administrative possède également des compétences en matière de contentieux des élections.

Le Conseil d'État dispose en outre d'attributions consultatives. Il est saisi obligatoirement de tous les projets de lois et d'ordonnances ainsi que des décrets les plus importants, dénommés décrets en Conseil d'État. Il peut être consulté par le Gouvernement sur toutes les questions soulevant des difficultés en matière administrative. Il élabore à la demande du Gouvernement ou de sa propre initiative des études générales comportant notamment des propositions de réforme législative.

Conseil d'État
Arrêt d'assemblée 148683, Aquarone, rendu le 6 juin 1997[1]

1. Actes législatifs et administratifs - Différentes catégories d'actes - Accords internationaux - Applicabilité

Summary

In this adjudication, the Council of State held that neither of constitutional provisions would allow administrative judge to make the customary prevail over the law, in case of conflict between these two norms. In fact, the Constitution of October 4th 1958 limits the superiority of International Law on the law to treaties and agreements. Nevertheless, this judgement recognizes implicitly the applicability of customary in internal juridical order.

Résumé

Dans cet arrêt, le Conseil d'État a jugé qu'aucune disposition constitutionnelle ne permettait au juge administratif de faire prévaloir la coutume sur la loi en cas de conflit entre ces deux normes. La Constitution du 4 octobre 1958 limite, en effet, la supériorité du droit international sur la loi aux traités et aux conventions. Cette solution reconnaît néanmoins implicitement l'applicabilité de la coutume dans l'ordre juridique interne.

---

1. Voir également l'arrêt d'assemblée 200286, Sarran et Levacher et autres, rendu le 30 octobre 1998 selon lequel "la suprématie conférée aux engagements internationaux ne s'applique pas, dans l'ordre interne, aux dispositions de nature constitutionnelle."

Décision

Vu la requête sommaire et le mémoire complémentaire enregistrés les 7 juin 1993 et 7 octobre 1993 au secrétariat du Contentieux du Conseil d'État, présentés pour M Stanislas Aquarone demeurant Les Bruyères, Route de Goult à Gordes (84220); M Aquarone demande au Conseil d'État d'annuler l'arrêt du 5 avril 1993 par lequel la cour administrative d'appel de Lyon a rejeté sa requête à fin de décharge des cotisations d'impôt sur le revenu auxquelles il a été assujetti au titre des années 1981 à 1986 ;
Vu les autres pièces du dossier ;
Vu le préambule de la Constitution du 27 octobre 1946 ;
Vu la Constitution du 4 octobre 1958, notamment son article 55;
Vu le statut de la cour internationale de justice annexé à la charte des Nations unies ;
Vu le code général des impôts ;
Vu le code des tribunaux administratifs et des cours administratives d'appel;
Vu l'ordonnance n° 45-1708 du 31 juillet 1945, le décret n° 53-934 du 30 septembre 1953 et la loi n° 87-1127 du 31 décembre 1987 ;
Après avoir entendu en audience publique : le rapport de M Philippe Martin, Conseiller d'Etat, les observations de Me Baraduc-Benabent, avocat de M Stanislas Aquarone, les conclusions de M Bachelier, Commissaire du gouvernement ;

Considérant, en premier lieu, qu'aux termes de l'article 4 A du code général des impôts : "Les personnes qui ont en France leur domicile fiscal sont passibles de l'impôt sur le revenu en raison de l'ensemble de leurs revenus" ; qu'aux termes de l'article 79 du même code : "Les traitements, indemnités, émoluments, salaires, pensions et rentes viagères concourent à la formation du revenu global servant de base à l'impôt sur le revenu" ; que la cour administrative d'appel de Lyon n'a pas commis d'erreur de droit en jugeant que la pension de retraite versée à M Aquarone, domicilié en France, par la caisse commune du personnel de l'ONU en sa qualité d'ancien greffier de la cour internationale de justice entrait dans le champ d'application de ces dispositions;

Considérant, en deuxième lieu, qu'aux termes de l'article 32 du statut de la cour internationale de justice annexé à la charte des Nations unies publiée au *Journal officiel* le 13 janvier 1946 en application du décret de promulgation du 4 janvier 1946 et faisant partie intégrante de cette charte en vertu de son article 92 : "1- Les membres de la Cour reçoivent un traitement annuel ; 2- Le président reçoit une allocation annuelle spéciale ; 3- Le vice-président reçoit une allocation spéciale pour chaque jour où il remplit les fonctions de président; 4- Les juges désignés par application de l'article 31, autres que les membres de la Cour, reçoivent une indemnité pour chaque jour où ils exercent leurs fonctions ; 5- Ces traitements, allocations et indemnités sont fixés par l'Assemblée générale. Ils ne peuvent être diminués pendant la durée des fonctions. 6- Le traitement du greffier est fixé par l'Assemblée générale sur la proposition de la Cour. 7- Un règlement adopté par l'Assemblée générale fixe les conditions dans lesquelles des pensions sont allouées aux membres de la Cour et au greffier, ainsi que les conditions dans lesquelles les membres de la Cour et le greffier reçoivent le remboursement de leurs frais de voyage ; 8- Les traitements, allocations et indemnités sont exempts de tout impôt" ; qu'il ressort des termes mêmes du paragraphe 8 de cet article, auxquels ne peuvent s'opposer les déclarations de plusieurs présidents de la cour internationale de justice, que les pensions ne sont pas comprises parmi les sommes exemptées d'impôt; qu'ainsi la cour administrative d'appel n'a pas commis d'erreur de droit en jugeant que les stipulations du statut de la cour internationale de justice ne faisaient pas obstacle à l'imposition de la pension perçue par M. Aquarone ;

Considérant, en troisième lieu, qu'aux termes de l'article 55 de la Constitution du 4 octobre 1958 : "Les traités ou accords régulièrement ratifiés ou approuvés ont, dès leur publication, une autorité supérieure à celle des lois, sous réserve, pour chaque accord ou traité, de son application par l'autre partie" ; que ni cet article ni aucune autre disposition de valeur constitutionnelle ne prescrit ni n'implique que le juge administratif fasse prévaloir la coutume internationale sur la loi en cas de conflit entre ces deux normes ; qu'ainsi, en écartant commeinopérant le moyen tiré par M Aquarone de la contrariété entre la loi fiscale française et de telles règles coutumières, la cour administrative d'appel, qui a également relevé que la coutume invoquée n'existait pas, n'a pas commis d'erreur de droit ;

Considérant qu'il résulte de tout ce qui précède que M Aquarone n'est pas fondé à demander l'annulation de l'arrêt attaqué, qui est suffisamment motivé;

Article 1er : La requête de Mr Aquarone est rejetée.

Article 2 : La présente décision sera notifiée à M Stanislas Aquarone et au ministre de l'économie, des finances et de l'industrie.

Conseil d'État
Arrêt de section 163043, Groupe d'information et de soutien des travailleurs immigrés, rendu le 23 avril 1997[2]

1. Actes législatifs et administratifs - Différentes catégories d'actes - Accords internationaux - *Applicabilité de la convention de l'Organisation des Nations unies relative aux droits de l'enfant signée à New York le 26 janvier 1990*

Summary

In this decision, the Council of State held that the provisions of an International Agreement devoid of direct effects towards persons could not be invoked as a ground of recourse versus administrative act.

Résumé

Dans cette décision, le Conseil d'État a jugé que les dispositions d'une convention internationale dépourvue d'effets directs à l'égard des particuliers ne pouvaient être invoquées à l'appui d'un recours contre un acte administratif.

Décision

Vu la requête présentée pour le Groupe d'information et de soutien des travailleurs immigrés (GISTI), dont le siège est 30, rue des Petites Ecuries à Paris (10ème), représenté par son président en exercice, enregistrée au secrétariat du

---

2. Voir également l'arrêt d'assemblée 147425, Tête, rendu le 6 février 1998 selon lequel les règles nationales, applicables à la date de la délibération attaquée, ne pouvaient donner de base légale à ladite délibération, au motif qu'elles n'étaient pas compatibles avec les objectifs d'une directive communautaire.

Contentieux du Conseil d'État le 22 novembre 1994 ; le GISTI demande au Conseil d'État d'annuler le décret du 21 septembre 1994 modifiant le code de la sécurité sociale et fixant les titres ou documents attestant de la régularité du séjour et du travail des étrangers en France pour être affiliés à un régime de sécurité sociale et pour bénéficier des prestations de sécurité sociale;
Vu les autres pièces du dossier ;
Vu la Constitution ;
Vu la convention n° 118 de l'Organisation internationale du travail du 28 juin 1962, concernant l'égalité de traitement des nationaux et des non-nationaux en matière de sécurité sociale ;
Vu la convention de l'Organisation des Nations unies relative aux droits de l'enfant signée à New York le 26 janvier 1990 ;
Vu le code de la sécurité sociale ;
Vu la loi n° 93-1027 du 24 août 1993 relative à la maîtrise de l'immigration et aux conditions d'entrée, d'accueil et de séjour des étrangers en France ;
Vu l'ordonnance n° 45-1708 du 31 juillet 1945, le décret n° 53-934 du 30 septembre 1953 et la loi n° 87-1127 du 31 décembre 1987;

Après avoir entendu en audience publique : le rapport de M Errera, conseiller d'État, les observations de la SCP Waquet, Farge, Hazan, avocat du Groupe d'information et de soutien des travailleurs immigrés (GISTI), les conclusions de M Abraham, Commissaire du gouvernement ;

Considérant qu'aux termes de l'article 22 de la Constitution : "Les actes du Premier ministre sont contresignés, le cas échéant, par les ministres chargés de leur exécution" ; que le ministre des affaires étrangères et le ministre du travail n'avaient pas compétence pour signer ou contresigner les mesures réglementaires ou individuelles que comporte l'exécution du décret attaqué ; qu'ainsi le moyen tiré du défaut de contreseing de ces deux ministres doit être écarté ;
Considérant que le décret attaqué définit les titres et documents attestant de la régularité du séjour et du travail des étrangers en France en vue de leur affiliation à un régime de sécurité sociale ; qu'il a été pris en application de l'article L 115-6 du code de la sécurité sociale issu de l'article 36 de la loi susvisée du 24 août 1993 qui subordonne cette affiliation à la régularité de la situation des intéressés; qu'ainsi le moyen tiré d'une prétendue violation du onzième alinéa du préambule de la Constitution aux termes duquel la nation "garantit à tous, notamment à l'enfant, à la mère et aux vieux travailleurs, la protection de la santé, la sécurité matérielle, le repos et les loisirs" est en tout état de cause inopérant ;
Considérant qu'aux termes de l'article 4-1 de la convention n°118 de l'organisation internationale du travail du 28 juin 1962 : "En ce qui concerne le bénéfice des prestations, l'égalité de traitement doit être assurée sans condition

de résidence. Toutefois, elle peut être subordonnée à une condition de résidence, en ce qui concerne les prestations d'une branche de sécurité sociale déterminée, à l'égard des ressortissants de tout Membre dont la législation subordonne l'octroi des prestations de la même branche à une condition de résidence sur son territoire" ; que la définition des titres et documents susmentionnés n'est pas contraire aux stipulations précitées, qui produisent des effets directs à l'égard des particuliers ;
Considérant qu'aux termes de l'article 24-1 de la convention relative aux droits de l'enfant en date du 26 janvier 1990 : "Les États parties reconnaissent le droit de l'enfant de jouir du meilleur état de santé possible et de bénéficier de services médicaux et de rééducation. Ils s'efforcent de garantir qu'aucun enfant ne soit privé du droit d'avoir accès à ces services" ; qu'aux termes de l'article 26-1 de la même convention : "Les États parties reconnaissent à tout enfant le droit de bénéficier de la sécurité sociale, y compris les assurances sociales, et prennent les mesures nécessaires pour assurer la pleine réalisation de ce droit en conformité avec leur législation nationale" ; qu'aux termes de l'article 27-1 de la même convention : "Les États parties reconnaissent le droit de tout enfant à un niveau de vie suffisant pour permettre son développement physique, mental, spirituel, moral et social" ; que ces stipulations, qui ne produisent pas d'effets directs à l'égard des particuliers, ne peuvent être utilement invoqués à l'appui de conclusions tendant à l'annulation d'une décision individuelle ou réglementaire;

Considérant que le décret attaqué doit être regardé comme réservant les droits des ressortissants desÉtats ayant conclu des accords d'association ou de coopération avec les Communautés européennes ; qu'ainsi le moyen tiré de ce qu'il aurait des effets discriminatoires à l'égard de ces ressortissants ne peut être accueilli;
Considérant, enfin que le décret attaqué ne fait obstacle ni au droit à la prolongation des prestations d'assurances maladie, maternité, invalidité, décès prévue par l'article L 161-8 du code de la sécurité sociale au profit des personnes qui cessent de relever du régime général ou des régimes qui lui sont rattachés, ni aux droits à prestations nés de cotisations versées avant l'entrée en vigueur de la loi du 24 août 1993 ;
Considérant qu'il résulte de ce qui précède que le Groupe d'information et de soutien des travailleurs immigrés GISTI n'est pas fondé à demander l'annulation du décret attaqué ;

Article 1er : La requête du Groupe d'information et de soutien des travailleurs immigrés (GISTI) est rejetée.
Article 2 : La présente décision sera notifiée au Groupe d'information et de soutien des travailleurs immigrés (GISTI), au Premier ministre, au ministre du travail et des affaires sociales et au ministre de l'intérieur.

GRÈCE

Conseil d'État
Compétences et attributions

Le Conseil d'État hellénique est investi d'attributions aussi bien contentieuses que consultatives.

Au titre de ses attributions contentieuses, le Conseil d'État statue:

a) comme juge de droit commun, en premier et en dernier ressort, sur les recours pour excès de pouvoir dirigés contre les actes exécutoires des autorités administratives, qu'il s'agisse d'actes individuels ou réglementaires ;

b) comme juge d'attribution, en premier et dernier ressorts, sur des recours de plein contentieux. Il s'agit de recours formés, notamment, contre des mesures disciplinaires prises par les autorités administratives à l'encontre des agents publics ;

c) comme juge d'attribution sur les recours en appel interjetés contre des jugements des cours administratives d'appel. Il s'agit des jugements rendus sur des recours en excès de pouvoir dirigés contre des actes administratifs individuels, concernant notamment la nomination et le statut des agents publics ;

d) comme juge de cassation exclusif sur les pourvois en cassation intentés contre des jugements des tribunaux administratifs, rendus en premier et dernier ressorts ou en appel.

La compétence consultative du Conseil d'État est limitée à l'élaboration des décrets réglementaires. Ces décrets sont

obligatoirement transmis pour avis simple au Conseil d'État, sauf ceux qui ne déterminent que la date d'entrée en vigueur d'une loi.

Conseil d'État
Arrêt d'assemblée 2300/1997

Actes législatifs et administratifs - Validité - Accords internationaux - Applicabilité - *Convention internationale de Paris du 16 novembre 1972 relative à la protection du patrimoine culturel et naturel mondial - Convention internationale de Londres du 6 mai 1969 relative à la protection du patrimoine archéologique - Convention de Grenade de 1985 relative à la sauvegarde du patrimoine architectural de l'Europe.*

Résumé

Bien que n'excluant pas qu'en cas d'exécution de travaux d'importance majeure pour le pays, la procédure d'autorisation ministérielle puisse permettre le déplacement d'un monument déterminé, la loi est conforme à la convention internationale de Paris du 16 novembre 1972 relative à la protection du patrimoine culturel et naturel, et à la convention internationale de Londres du 6 mai 1969 relative à la protection du patrimoine archéologique. Aussi, la décision ministérielle prise en application, ayant autorisé l'abaissement de la colline et le déplacement d'un site fortifié pour les besoins de l'aménagemenrt de l'aéroport d'Athènes est-elle légale. Enfin, le moyen tiré de la violation par ladite décision de la convention de Grenade de 1985 portant sur la sauvegarde du patrimoine architectural de l'Europe doit être rejeté au motif que les vestiges découverts ne sont pas qualifiés de "réalisations particulièrement remarquables en raison de leur intérêt historique..." au sens de l'article 1 de la convention sus-mentionnée.

Summary

Although the law does not exclude that in case of execution of engineering work particularly important for the country, a procedure of ministerial authorization can allow for the displacement of a determined monument, it is in accordance with the 16 November 1972 international convention of Paris concerning the protection of natural and cultural patrimony and with the 6 May 1969 international convention of London relative to the protection of archaelogical patrimony.

The ministerial decision taken in application by authorizing the lowering of a hill and the displacement of a archaelogical site in order to allow for the development of the airport in Athenes is legal. Moreover, the means according to which the said decision would be in violation of the 1985 convention of Granada concerning the safeguard of European architectoral patrimony is rejected on the ground that the vestiges discovered are not described as "particularly remarquable achievements for their historical interest..." in the sense given in article 1 of the said convention.

Décision

(1). Par la présente requête [...] la municipalité de Spata demande l'annulation de la décision du ministre de la Culture datant du 7 janvier 1997, ayant permis, afin de rendre possible la construction des pistes d'envol et d'atterrissage du nouvel aéroport international d' Athènes, l'abaissement de la colline Zagani ainsi que le déplacement du site fortifié, datant de l'époque néolithique, que des fouilles y avaient mis à découvert. [...]

(8). [...] L'article 24 de la Constitution, consacre une protection renforcée pour les monuments et tout autre objet, produit de l'activité humaine, constituant le patrimoine historique, artistique et culturel en général du pays. Cette protection en garantit, notamment, leur préservation perpétuelle. Conforme aux prescriptions constitutionnelles, la loi n° 5351/1932 exige, dans son article 50, pour tout travail à proximité des antiquités, susceptible à leur porter atteinte directement ou indirectement, le permis préalable du ministre de la Culture. Cette disposition impose à l' administration l' obligation d' édicter toute mesure jugée convenable pour la protection des antiquités, notamment leur préservation sur place. En cas, toutefois, d'exécution de grands travaux d'importance majeure pour le pays et l'économie nationale, la disposition précitée n'exclue pas l'autorisation, de la part de l'administration, du déplacement d'un monument déterminé, compte tenu de la nature et de l'importance de celui-ci, si ce déplacement s'avère absolument indispensable pour l'exécution des travaux en question; la teneur de l'article 106 de la Constitution fait, en effet, apparaître que l'exécution de travaux de pareille portée est l'objet de considérations particulières de la part du constituant. Par conséquent, lorsque l'exécution de travaux d'importance majeure pour l'économie nationale, impose le déplacement d'un monument antique, il incombe au ministre de la Culture, après évaluation de l'avis des organes compétents pour se prononcer sur les aspects scientifiques et techniques de la question, de mettre en balance, d'une part la nécessité de l'exécution des travaux en question et, d'autre part, les incidences du déplacement du monument et d'ordonner, le cas échéant, le transfert de celui-ci, par une décision dûment motivée, comportant toute condition nécessaire pour éviter la déterioration du monument et en garantir la préservation.

Ainsi interprétée, la disposition législative sus-mentionnée est, par ailleurs, parfaitement conforme tant à la convention internationale de Paris du 16 novembre 1972, ratifiée par la loi n° 1126/1981 et portant sur la protection du patrimoine culturel et naturel mondial (dont l'article 5 alinéa d impose aux Etats contractants l'obligation "de prendre les mesures juridiques, scientifiques, techniques, administratives et financières adéquates pour l'identification, la protection, la conservation, la mise en valeur et la réanimation de ce patrimoine") qu'à la convention internationale de Londres du 6 mai 1969, ratifiée par la loi n° 1127/1981 et portant sur la protection du patrimoine archéologique (dont l'article 2 est ainsi rédigé : "Afin d'assurer la protection des gisements et ensembles recélant des biens archéologiques, chaque partie contractante s'engage à prendre, dans la mésure du possible, les dispositions nécessaires en vue de :

a) délimiter et protéger les sites et ensembles d'interêt archéologique,
b) constituer des zones de réserve pour la conservation de témoignages matériels à fouiller par des générations futures d'archéologues").

(9). Par ailleurs, la convention de Grenade, de 1985, ratifiée par la loi n° 2039/1992 et portant sur la sauvegarde du patrimoine architectural de l'Europe dispose dans son article 1 ce qui suit: "Aux fins de la présente convention, l'expression "patrimoine architectural" est considérée comme comprenant les biens immeubles suivants :

1. Les monuments : toutes réalisations particulièrement remarquables en raison de leur interêt historique, archéologique, artistique, scientifique, social ou technique, y compris les installations ou les éléments décoratifs faisant partie intégrante de ces réalisations ; 2. Les ensembles architecturaux : groupements homogènes de construction urbaines ou rurales remarquables par leur interêt historique, archéologique, artistique, scientifique, social ou technique et suffisament cohérents pour faire l'objet d'une délimitation topographique ; 3. Les sites : oeuvres combinées de l'homme et de la nature, partiellement construites et constituant des espaces suffisamment caractéristiques et homogènes pour faire l'objet d'une délimitation topographique, remarquables par leur interêt historique,

archéologique, artistique, scientifique, social ou technique ". L'article 3 de la convention dispose, par ailleurs, que "chaque partie s'engage : 1. à mettre en oeuvre un régime légal de protection du patrimoine architectural ; 2. à assurer, dans le cadre de ce régime et selon des modalités propres à chaque État ou région, la protection des monuments, des ensembles architecturaux et des sites " ; alors que l'article 3 est ansi rédigé: "chaque partie s'engage : 1. à appliquer en vertu de la protection juridique des biens considérées, des procédures de contrôle et d' autorisation appropriées ; 2. à éviter que des biens protégés ne soient défigurés, dégradés ou démolis [...] ". Enfin, la convention dispose dans son article 5 que " chaque partie s'engage à proscrire le déplacement de tout ou partie d'un monument protégé, sauf dans l'hypothèse où la sauvegarde matérielle de ce monument l'exigerait impérativement. En ce cas, l'autorité compétente prendrait les garanties nécessaires pour son démontage, son transfert et son remontage dans un lieu approprié", alors que son article 7 dispose ce qui suit : "Aux abords des monuments, à l'intérieur des ensembles architecturaux et des sites, chaque partie s'engage à susciter des mesures visant à améliorer la qualité de l'environnement".

(10). [...] La décision ministérielle dont la legalité est contestée par la requérante est légalement motivée, étant donné qu'en tenant compte, d'une part de l'importance des besoins que la construction du nouvel aéroport international d'Athènes est appelée à servir et, d'autre part, le besoin de préserver sur place les restes, découverts sur une colline proche du site des travaux, d'un site fortifié datant de l'époque néolithique, le ministre de la Culture a estimé qu' afin d'assurer le respect equilibré de valeurs protegées par des dispositions constitutionnelles, il fallait permettre la construction des pistes d'envol et d'attérrissage du nouvel aéroport (qu'il serait impossible de réaliser sans l'abaissement de la colline sus-mentionnée) tout en prenant toutes les mesures, jugées nécessaires par le service archéologique compétent, pour mettre à terme sur place la recherche scientifique des restes découverts et faire ensuite tranférer à un emplacement approprié le site découvert dans son entier.

Par conséquent, les moyens d'annulation par lesquels la requérante fait valoir qu'ainsi motivé, la décision ministérielle contestée est contraire à l'article 24 de la Constitution, à l'article 50 de la loi n° 5351/1932, à l'article 5 alinéa d de la convention internationale de Paris du 16 novembre 1972 et, enfin, à l' article 4 de la convention internationale de Londres du 6 mai 1969, doivent être rejetés. Par ailleurs, étant donné que dans l' avis du Conseil central archéologique, sur lequel se fonde la décision ministérielle en question, les restes découverts ne sont pas qualifiés de "réalisation particulièrement remarquable en raison de son interêt historique, archéologique etc.", au sens de l'article 1 de la convention de Grenade et ils ne tombent pas, dès lors, dans le champ d'application de celle-ci, le moyen tiré de la violation des articles 3, 4, 5 et 7 de cette convention doit également être rejeté [...].

ISRAËL

Supreme Court
Competences and duties

The Supreme Court of Israel is the highest court in the Israeli judicial system. It is the final court of appeal and criminal matters. It also acts, in its capacity as a high court of Justice, as an administrative court. In this capacity, it serves as a court of first and last instance. The Court is empowered to review and to invalidate the decisions and regulations of administrative agencies, various tribunals (e. g. labour courts, religious courts), and even administrative decisions of legislature. Under certain conditions, the Court also has the power to invalidate laws of Parliament (the Knesset) that are contrary to the Basic Law.

The Supreme Court has fourteen justices. The justices are nominated by a special committee that is composed of justices of the Supreme Court, government ministers, members of Parliament and representatives of the Israeli Bar Association. In most of the Court's proceedings, the justices sit in panels of three. However, in cases involving important legal issues, the panel might be greater.

Supreme Court
Decision [H.C. 390/79], Izat Muhamed Mustafa Dwaikat and others v.the State of Israel and others (the 'Elon Moreh Case'), of October 22nd 1979

Actes législatifs et administratifs - Différentes catégories d'actes - Accords internationaux - Applicabilité - *Convention de Vienne et Convention de La Haye*

Summary

The decision concerned the legality of the establishement of a civilian settlement at Elon Moreh. The Court held that it was legal, because it was based upon Article 52 ot the Hague Regulations, which enables possession of land to be taken "for the needs of the occupying forces".

Résumé

Cette décision concernait la légalité de l'établissement d'un camp civil à Elon Moreh. La Cour a jugé qu'il était légal, car basé sur l'article 52 des Accords de La Haye, lequel permet l'occupation d'un territoire effectuée "pour les besoins des forces occupantes".

Judgement

This is a petition regarding the legality of the establishment of a civilian settlement at Elon Moreh, situated on land approaching the city of Nablus. Arab residents own this land privately...

The sharpness of this dispute continues to be of concern internationally ; what is more, it has intensified its hold on domestic Israeli politics, and is presently reflected in the decision to establish a civilian settlement at Elon of existing and potential petitions. One may assume that the possibility of judicial review was a key consideration for the administrative authorities. Thus, in retrospect, it may be concluded that the supervisory powers of the Court provided a meaningful check over the acts of the Israeli authorities in the territories.

Moreh. Adopted by a majority vote of the Israeli Government, this move has caused acute public agitation.
In *Shalit v. Minister of Interior* [1], I spoke of 'the depressing result... when the Court abandons its proper place, as it were, which is to remain above the disputes which divide the public ; instead, the judges themselves descend into the arena'. Furthemore I went on to explain, as one of the minority judges, that without a valid basis for its decision the Court must refrain from adjudicating this dispute. I added that 'there may be cases where a judge could perforce have to decide a disputed issue with a personal answer to a question of general outlook on life'. This time we have valid sources for deciding and no need (we are, in fact, prohibited whilst sitting in judgment) to interpose our personal views as citizens of State.
It is, however, still necessary to be cautious in order that the Court not appear to be abandoning its proper place and descending into the arena of public debate ; this is particularly important because its decide in accodance with the law in every matter duly brought before the Court, though I know well from the outset that the public at large will pay attention only to the final conclusion, not to the legal reasoning. Therefore, the institutional status of the Court is likely to be prejudiced in taking a stand appropriate to it, that is, beyond the disputes which divide the public. But what else can be done ? This is our task and our duty as judges.
On 7 June 1979, Israeli citizens, with the assistance of the Israeli Defence Forces, began a settlement project at Elon Moreh.

In his affidavit, the Chief of the General Staff ('CGS') explained that he generally believed that the establishment of this particular civilian settlement at this particular place was required for security reasons. His position concerning the importance of the area regarding security and the Ministerial Defence Committee. The Committee decided at its sessions on 8 and 10 May 1979 to approve the requisitioning of the area with an Order for the establishment of the settlement. As a result of this decision, approved by the Government *in plenum* at a meeting on 3 June 1979, the Commander of the Judea and Samaria Region issued the said Requisition Order. Lt. Gen. Eitan further expanded upon the important contribution of civilian settlements to the defence of the country's Jewish population. He stressed that even before the State was set up, as well as during the War of Independence, such settlements fulfilled security purposes in regional defence and in connexion with IDF organization. This was the case in times of both tranquillity and emergency.

The CGS explained the special importance attaching to a civilian settlement, particularly in comparison to a military base. During fighting the force at a base goes out on mobile and offensive missions, while the civilian settlement remains where it is ; properly armed and equipped, the settlement controls the surrounding area for assignments such as observation and protecting nearby lines of communication from the reserves at the outbreak of war ; in the case of Elon Moreh, the region of concern is the eastern front. At such time the forces must move to their fixed places of deployment, and control the adjacent roads. Elon Moreh commands a number of these roads, the Ramallah-Nablus-Jordan Valley Road via Jiftlik, and another road to the Jordan Valley via Akraba and Majdal which crosses nearby to the south.
There can be no doubt that Lt. Gen. Eitan holds these views with utter sincerity and profound inner conviction, for this is a matter falling within his great experience as a military professional. He does not conceal, however, the fact that others dispute his conclusion about the decisive importance of establishing a civilian settlement at the place chosen for Elon Moreh. In paragraph 23(d) of his affidavit he states :

I am aware of the view of respondent N°. 2 who, whilst not contesting the strategic importance of the said region, thinks that security needs can be realized by means other than establishing a settlement at the said place.

The second respondent is the Minister of Defence. Thus an extraordinary situation has been created in which the respondents have different views of the petition's subject matter.

I have no intention of involving myself in the debate. It is sufficient for me to reiterate here what we said in *Amirah v. Minister of Defence* [2] (the *Matityahu* case) :

In a dispute such as this on professional military questions, as to which the Court has no well-based knowledge of its own, we shall presume that the professional reasons set out in the affidavit made on behalf of the respondents and speaking for those actually entrusted with preseving security in the Administered Territories and within the Green Ligne, are correct. Very convincing evidence is needed to rebut this presumption.

In the same case it was also said that :

In matters of professional military assessment, the Government will certainly be guided first and foremost by the advice tendered to it by the Chief of the General Staff.

At the commencement of the present hearing unlike in *Beit Le* [3] two settlers at the Elon Moreh site, who are members of the secretariat of the settlers' nucleus, were given leave to be joined as respondents to this petition. Kahan J. Who dealt with the application, found that they have a real interest therein. In their affidavit by one of them. Mr Menachem Reuven Felix, explained that the members of the nucleus had settled at Elon Moreh because of the Divine commandment to inherit the land given to our sovereignty and our settlement are therefore intertwined'. Furthermore, 'the act of settlinf the People of Israel in the Land of Israel is an act of real security, the most effective and the most genuine. Settlement as such ... does not, however, stem from security reasons or physical requirements but from the force of destiny and by virtue of the return of Israel to its land. Mr Felix further declares :
Elon Morh is the very heart of the Land of Israel in the profound sense of the word : geographically, to be sure, but before all else it is the place where the first acquisition was made by the father of nation after whom this land is named - the Land of Israel... Consequently, reasons of security have their proper place and their truth, ther is no doubt, but we are indifferent to them.

After citing *Numbers* 33;53-'And you shall take possession of the land and dwell therein, for umo you I have given the land to inherit it'-he goes on to say:

Wether or not the Elon Moreh settlers will be integrated into the regional defence system according to IDF plans, it is settlement in the Land of Israel_which is the mission of the Jewish people and of the State of Israel that forms the security, the peace and the well-being of the nation and the State.

As regards the petitioner's arguments based on international law, including various international treaties, the deponent adopts the explanation given by his counsel. According to them, international law is totally irrelevant, since the dispute is an internal one between the Jewish people returning to its land and the Arab residents of the land of Israel. Furthermore, says Felix, what is involved is neither 'conquered territory' nor 'occupied territory', but the very heart of the Land of Israel, our right to which is beyond doubt. Additionally, in historical fact Judea and Samaria wer part of the British Mandate and conquered with the force of arms by our eastern neighbour a conquest and annexation which were never recognized by anyone (other than England and Pakistan). This is the substance of the affidavit.

Even those who do not share the views of the deponent and his group will respect the profound religious belief and self-sacrifice spurring them on. We, however, are judges of law in a state where the *Halakha* (religious law) is applied only in so far as secular law allows it. In this case, we must apply the secular law of the State. As to the deponent's view concerning title to land in the Land of Israel, I assume that he does not mean to say that according to the *Halakha* one may forthwith deprive non-Jews of their private property. The Bible says explicitly : '[t]he stranger that sojourneth with you shall be unto you as the home-born among you, and thou shalt love him as thyself for ye were strangers in the land of Egypt' (*Leviticus* 19:34). I find in the collection of literature submitted by counsel for the additional respondents that Chief Rabbi Y. Z. Hertz, of blessed memory, mentioned this verse when the British Government requested his opinion on the Balfour Declaration draft text. In reply he said that mention of the civil and religious rights of the non-Jewish communities in the draft declaration were simply a translation of this basic principle from the Torah (D. Ingrams, *Palestine Papers 1917-22 Seeds of Conflict* (John Murray, London, 1972), 13). The authentic voice of Zionism insists on the Jewish people's right of return to its land, a right recognized also by the other nations, as stated in the preamble to the Mandate on Palestine.The right to return, however, has never sought to deprive the residents of the country of their civil rights.

Here one should recall earlier petitions to this Court, where the important argument which Israel has voiced in the international arena was enunciated. The argument is based on the fact that when the IDF entered Judea and Samaria, this area was not occupied by any sovereign whose occupation was generally and internationally recognized. Mr Rahamim Cohen powerfully reiterated this argument. In *Beit-El* [3], Isaid that, '[w]e have not been asked to deal with this problem in this petition. We are therefore reserved in judging it, in combination with the group of reservations which I spoke of in *Abu Helou v.State of Israel* [4] and which remain open in this Court.' I think the previous situation is similar to that of the petition before us since the present petitin can only be decided in accordance with the presumptions underlying the boundaries of this hearing for the additional respondents as well.
We must therefore inquire into the legal force of the said Requisition Order according to international law, from which the Military Commander who issued it derives his powers. We must also inquire as to the legality of the Order's issue under municipal Israeli law since - as in the *Rafiah Salient* case [4] (at 176)- we assume here as well that the warrant for this inquiry exists against office holders in the Military Government personally, as individuals who exercise any public functions by virtue of law and are subject to the

supervision of this Court, under section 7(b)(2) of the Courts Law 1957. Substantively, we must inquire whether according to Israeli domestic law the Requisition Order was lawfully issued according to the powers given to the Government and the military authorities under Basic Law : The Government and Basic Law : The Army.

I excluded Article 49(6) of the Geneva Convention altogether from consideration because it belongs to conventional international law, which does not legally bind an Israeli court, but I joined in the view of my distinguished colleagues regarding the justiciability of the question within the bounds of the Hague Rules, which bind the Military Government in Judea and Samaria as customary international law. Here also Ishall proceed in similar fashion and refrain from dealing with the issue before us, as prescribed by the boundaries of Article 49(6) of the Geneva Convention.
However, in so far as private property is an important value protected under both civil and criminal law. Furthermore, it is immaterial whether land is cultivated or barren when contemplating the legal protection of property a awarded the land-owner.
The principle of protecting private property applies also in the law of war, as expressed in Article 46 of the Hague Rules. A military government wishing to affect the individual's property rights must show legal warrant therefore and cannot exempt itself from judicial review of its act by pleading non-justiciability.

The question therefore remains as follows : have the respondents shown sufficient legal warrant to seize the petitioners' lands ? The Requisition Order was issued by the Military Commander who began by stating, as will be recalled, that the Order is being issued 'by virtue of my authority as Commander of the Region and my being of the opinion that the Order is required for military needs'. It should be mentioned here that in this Order the Regional Commander chose from the outset a more vague formula than that of the *Beit-El* matter. In that case, the Requisition Order stated that the area where the Beit-El camp stands as well as its environs would be seized only after eight years via the establishment of a civilian settlement 'required for essential and urgent military needs'. There, we justified the establishment of a civilian settlement based upon Article 52 of the Hague Regulations, which enables possession of land to be taken 'for needs of the occupying forces'. At that time I cited Oppenheim who maintains that purposes demanded by the necessities of war'. I mentioned also the British *Manual of Military Law*, according to which the temporary use of land and buildings in private ownership is justified for 'military movements, quartering *and the construction of defence positions'*.

We rejected Mr Khoury's contention that the notion of 'the main function assigned to the army in occupied territory is "to safeguard public order and security", as provided in Article 43 of the Hague Regulations. What is required for achieving this purpose is *ipso facto* required for the needs of the army in occupation, within the meaning of Article 52.
Up to this point I am at one with Mr Bach [the State Attorney] that the seizure of private land for the estabishment of a civilian settlement can also be justified under Article 52 of the Hague Regulations. We have found no contrary precedent in international law. This, howeveer, holds true only when it is proved on the facts of the case that it was army needs which actually led to the decision to establish a civilian settlement at the site in question. I emphasize once again that there should be no doubt in relation to the fact that according to Lt. Gen. Eitan's prfessional opinion, the establishment of the civilian settlement at the site is compatible with the needs of regional defence, the special importance thereof being to ensure the lines of movement during the deployment of the reserve forces in time of war. But generally I have come to hold that a professional assessment by the CGS would not in itself have led to the taking of the decision to establish the Elon Moreh settlement. The additional reason which impelled the Ministerial Defence Committee and the Government *in plenum* to do so was the strong desire of the members of Gush Emunim to settle in the heart of Eretz-Israel as close as possible to the town of Nablus. We were unable to go into the deliberations of the Ministerial Committee and the unable to go into the deliberations of the Ministerial Committee and the Government by inspecting the minutes. Regardless, we have sufficient indications in the evidence before us that both the Ministerial Committee and the Government majority were decisively influenced by Zionist views on the settlement of the whole of Eretz-Israel. That view emerges clearly from the statement made by Mr Bach on behalf of the Prime Minister during the court hearing on 14 Septmber 1979 in reply to paragraph 6 of the affidavit of the additional respondents, to which I had drawn attention at the hearing of the previous day. I took down Mr Bach's statement verbatim because of its importance and the standing of the person in whose name Mr Bach was speaking :

I spoke with the Prime Minister and he authorized me to state, after the subject came up in yesterday's session, that on many occasions both at home and abroad the Prime Minister has stressed the Jewish people's right to settle in Judea and Samaria but this is not necessarily connected with discussions in the Ministerial Defence Committee about concern over national defence and state security, when a specific question of requisitioning one or the other side for security needs comes up for discussion and decision. In the Prime Minister's view there is no inconsistency here, because in actuality two separate matters are involved. Regarding what was said about the Prime Minister's intervention, this took the form of bringing up the matter for discussion by the Ministerial Defence Committee, the Prime Minister being the Committee's chairman and paragraph 27(a) of the Rules of Government Procedure providing that, as regards the Committee's deliberations, the Prime Minister fixes the agenda on his own initiative or by application of a member of the Committee. He took part in the Committee's discussion and expressed his clear and unequivocal opinion in favour of issuing the Requisition Order for the establishment of that settlement. This, as I have said, was having regard *inter alia* to the opinion of the CGS.

The view about the right of the Jewish people, mentioned at the outset of the above statement, rests firmly on Zionist doctrine. But the question still remains for this Court in this petition whether that view justified the taking of private property situation in an area subject to rule by military government-and, as I have tried to explain, the answer to that depends upon the correct interpretation of Article 52 of the Hague Regulations. I strongly suggest that the military needs referred to in that Article cannot, in any reasonable interpretation, include national-security needs in the broad sense I Have just mentioned. Allow me to quote Oppenheim, *ibid*, paragraph 147, 410 :

According to Article 52 of the Hague Regulations, requisitions may be made from municipalities as well as from their inhabitants, but so far only as they are really necessary for the army of occupation. They must not be made in order to supply the belligerent's general needs.

Military needs within the meaning of Article 52 can therefore include the needs of which the CGS spoke in his affidavit of reply. These are the needs of regional defence and of the defence of the lines of movement facilitating the uninterrupted deployment of reserve forces in time of war. In its discussions the Ministerial Defence Committee decided in a manner 'having regard *inter alia* to the opinion of the CGS', as Mr Bach put it. The Ministerial Committee's decision on 7 January 1979, cited above, assured Gush Emunim that the Government would decide on the time and place of the settlement 'in accordance with the appropriate considerations', and that when determining the area of settlement the Government would take into account the wishes of the Elon Moreh settlement nucleus as much as possible. I shall not err if I assume that what Mr Bach stated in the name of the Prime Minister reflects the spirit of the discussions in the Ministerial Committee. I do not doubt that the opinion of the CGS indeed figured among the Committee's various considerations, but

in my view that is not sufficient to bring the decision within the bounds of Article 52. The following are my reasons :
(a) When military needs are involved, I would have expected the Army authorities to initiate the establishment of the settlement precisely at that site. Therefore, it would be a CGS initiative to put the Army's request to the political echelon so that the settlement's establishment could be approved if no political reasons to prevent it were found. The affidavit of the CGS does indeed indicate that this was the standard decision-making process. Had the settlement's establishment been pursued in this manner, I would say that the very course of the events attests to the fact that processional military consideration was dominant in the discussions at the political level. But the bigger picture obtained after the CGS replied to interrogation and the additional documents submitted by Mr Bach show learly that the process was otherwise. The initiative came at the political evel which asked the CGS to give his professional opinion, and then the CGS expressed a positive view in accordance with the belief he has always held. These points are clearly expressed by the CGS, in response to the interrogation, paragraph 2 :

(a) To the best of my knowledge the body that initiated the establishment of the settlement in Nablus area was the Ministerial Defence Committee.
(b) I did not approach the political echelon with a proposal to establish a settlement at Elon Moreh...
(c) No plan existed, approved by an authorized military element, for the establishment of a civilian settlement at the given site.

(b) Further as to military necessity, I cited above the text of the Ministerial Defence Committee's decision at its meeting of 7 January 1979, is set out in the Government Secretary's second affidavit. The discussion it that meeting, it will be recalled, took place as a result of a demonstration by Gush Emunim members on a road near Nablus. The decision tated that '[w]hen determining the area of settlement for Elon Moreh the Government will as far as possible take into consideration the wishes of this nucleus', and, as if in consideration of this assurance, the Elon Moreh members were required to return to the camp they had come from (that is, to desist from unlawful demonstration). This I regard as clear proof that it was pressure by the Gush Emunim that impelled the Ministerial Committee at that meeting to deal with the subject of civilian settlement in the Nablus area. Subsequently, the matter went to the Ministerial Settlement Committee. That committee sent its representatives on a preliminary survey for selecting feasible sites for the establishment of a settlement for the Elon Moreh nucleus in the vicinity of Nablus. The representatives chose five sites, from which the IDF approved the site presently at issue. It follows that

the IDF had no part in determined at the political level. This procedure is inconsistent with the language of Article 52 which, in my view, calls for demarcation of certain lands precisely because they are required for this should come from military experts in Army needs and advance planning.
On this matter, Mr Bach submitted that the Army must consider whether there are candidates for civilian settlement prepared to go to the place where their settlement is military required. I agree, but again provided that military planning approved by competent authority precedes the search for candidates for settlement on the given site. Here the reserve occurred. The wish of the members of the Elon Moreh nucleus to settle as close as possible to the town of Nablus instigated the plan ; then, as a result of the pressure they exerted, approval came at the political level and eventually at the military level. Political considerations were therefore the dominant factor in the Ministerial Defence Committee's decision to establish the settlement on that site, although I assume that the Committee and a majority of the Government were convinced that its establishment *also* serves military needs. I accept the declaration of the CGS that on his part he did not take into account political considerations, including the pressure of the Gush Emunim people, when he came to submit his professional opinion at the political level. But a secondary reason, such as the military reason supporting the decisions of the political level that initiated the settlement's establishment, does not comply with the precise requirements laid down by the Hague Regulations in giving priority to military necessity over private property rights. In other words : would the decision at the political level to establish the settlement at that site have been adopted, had it not been for the Gush Emunim pressure and the ideological-political reasons contemplated at the political level ? I have been convinced that were it not for the latter the decision would not have been adopted in the circumstances then prevailing.

I wish to add a few words about the dominant as against the subordinate reason for the decisions taken by government authority. In *Berger* v. *Haifa District Planning Commission* [5] Kahan J mentioned the discussion of 'plurality of purposes' in the third edition of de Smith's *Judicial Review of Administrative Action*, 287 ff., and of the five tests proposed there he chose one : did the invalid consideration or invalid purpose really effect the authority's decision? For my part I am prepared to adopt the more lenient test proposed by de Smith at 289 :

> What was the dominant purpose for the power was exercised ? If the authority is seeking to achieve two or more purposes when one is permitted, expressly or impliedly : the legality of the act is judged according to the dominant purpose.

(c) I have still not dwelt upon an additional ground impelling the invalidation of the decision to seize possession of the petitioners' land-a reason which can stand without regard to the others I have already specified. Previously, in *Beit-El* [3] the serious question arose how it is possible to establish a permanent settlement on land seized only for temporary use.
There we accepted Mr Bach's answer that the civilian settlement can only exist in that place so long as the IDF occupy the area by virtue of a Requisition Order. This occupation can itself come to an end eventually, as a result of international negotiations, leading to a new arrangement that will take effect under international law and will determine the fate of this settlement and of other settlements existing in the occupied territories.
In that case, the settlers themselves made no submissions because they were not joined as parties. In the case at bar, the solution is not acceptable. The affidavit on behalf of the settlers states openly in paragraph 6 :

To base the Requisition Order on security grounds in the narrow technical sens and not on the basic and embracing sense, as explained above, means one thing-the temporary nature of the settlement and its transitoriness. This frightening conclusion we reject altogether. Nor is it consistent with the Government's decision concerning our settling in the place. In all our contacts with the Government Ministers and the many assurances we received from them and above all from the Prime Minister himself-and the said Requisition Order was issued on the intervention of the Prime Minister Himself-all regard the Elon Moreh settlement as a permanent Jewish settlement, no less than Deganya or Netanya.

It should be noted that this passage is comprised of two parts. The first relates to the view of the settlers ; the second to what they heard from Ministers. We were not asked to permit an affidavit in reply to be submitted on behalf of the Government or any of its Ministers to refute the statements attributed to them in the second part of this passage. They may, therfore, be taken to be wholly true. Since that is so, the decision to establish a permanent settlement destined from the outset to remain indefinitely-even beyond the duration of the military government established in Judea and Samaria-comes up against an insurmountable legal obstacle. No military government ean express military need which is designed *ab initio* to persist even after the end of the military rule, which is an unascertainable period of time. It is a patent contradiction, apparent also on the evidence before us in this petition, that the decisive consideration which moved the political level to allow the establishment of this settlement was not military. In these circumstances the legal form of only

taking possession and not expropriating ownership implied in taking possession.
In view of the foregoing, the order *nisi* should in my opinion be made absolute in respect of the petitioners' land seized under Order No. 16/79.

ASHER J : I concur.

BEN-PORAT J : I concur.

WITKON J :
I am also of the opinion that the law is with petitioners. As in *Beit-El* [3], here we must also examine the acts of the authorities both from the aspect of 'internal' law ('municipal' law according to the accepted terminology in this context) and from the aspect of international law. These are two separate matters, and as I said in *Beit-El* : '[t]he act of a military government in occupied territory may be justified from the military-security aspect and yet possibly be defective from the international law aspect.' The internal law to be dealt with is the law contained in two Orders, which the Commander of the Judea and Samaria Region issued by virtue of his powers as Commander of occupied territory (Orders 16/79 and 17/79). In these Orders the Commander stated that he 'is of the opinion that the matter is required for military needs'. There is indeed no dispute in point of internal law and in fact also of customary international law (the Hague Convention) That the validity of the Orders depends upon their being made for 'military needs'.
We have already expanded upon the nature of 'military necessity' and the extent to which we may interfere with the discretion of the military elements: *Abu Helou v. The Government* [4] and *Beit Le* [3]. Repeatedly we have emphasized that the bounds of our interference are limited... In Those cases, we were satisfied that the requisitioning for establishing a civilian settlement did in fact serve a security purpose. Here I am not satisfied that this was the purpose.
How does the present case differ from the previous cases ? The most important difference is that in the present case, even the experts entrusted with the security of the State disagree on the necessity of settlement at the site. The security authorities similarly submitted affidavits for the purpose of persuading the Court of the military-security need for requisitioning land and establishing thereon civilian settlement, but previously the evidence was uniform and unequivocal. With regard to Elon Moreh, however, it emerges from the evidence before us that the main issue, military need, is disputed by experts.

The petitioners averred in their petition that 'as far as they know from the news media, respondeent No. 2 (the Defence Minister) has declared that there is no military or security need for the area of land'. Generally we do not take account of hearsay but here confirmation of the differering opinion of the Defence Minister is provided by the deponent on his behalf , the CGS, Mr Raphael Eitan, who says in paragraph 23 (d) on his affidavit : 'I am aware of the opinion of the second respondent who does not contest the strategic importance of the region under discussion but thinks that security needs can be effectuated by means other than establishing a settlement at the said place.'
This inconsistency between the Minister of Defence and the CGS on the very need for requisition has no parallel in all the case law of Israel ; and it is also difficult to cite an example from other countries where a judge is required to choose between the opinions of two experts, one, the Minister responsible and the other, the head of the executive establishment.

As is widely known, courts can be asked to decide questions requiring special expertise, which is usually not in the judges' field. The opinions of reputable experts, submitted to us, can contradict each other completely.
This may occur, for example, in trials raising medical issues or in cases of breach of patent touching on chemistry, physics, or other natural science. In matters of security, where the petitioner relies upon the opinion of a security expert and the respondent on that of another person who is both an expert and the one responsible for the security of the State, special weight is naturally given to the opinion of the latter.

At such an impasse, without reason to find the deponent on behalf of the respondents preferable to the opinions of other experts, we must ask ourselves: who bears the burden of proof ? Must the petitioners convince us that the land was not requisitioned for the needs of Army and security or should we perhaps require the respondents, the security authorities, to convince us that the requisition was needed for this purpose ? I think that the burden rests upon the respondents. The confirmation by the Commander that the requisition was required for military needs does not automatically accord the presumption and certainly not the force of decisive evidence that this is definitely the case. Furthermore, we must bear in mind that the sincere subjective belief of the Commander as to the necessity of the requisition is not sufficient to exclude the question from judicial review. It is not the sincerity of his judgment but its accuracy that must convince us (see the well-known debate on *Liversidge v; Anderson* [7] and the article by R.F.V. Heuston in 86 *LQR* 33. See also *Ridge v. Baldwin* [8] and the *Kardosh* cases [6]). The law I cited at the opening of my remarks makes legal requisition conditional upon the existence of military necessity ; obviously, then, the court will not sanction serious prejudice to a person's property unless it is satisfied that security needs are involved. Nor did the State Attorney argue that he is free of the obligation of persuation and he went to great lengths to present to us all of the material. As I have said, where we have only evidence on the part of the respondents or the respondent' experts differ from the petitioners' experts, where harbouring concerns about the issue I might possibly give the respondents 'the benefit of the doubt'. Here, however, as I said, we have been told that the Deference Minister himself is not convinced of the necessity of this requisition. True, the post of Minister is political and he himself need not necessarily be an expert in the affairs of his Ministry. But today we have the conflicting opinion of a Minister of Defence who-as former Chief of Staff and Commander of the Air Force-is himself a distinguished expert on security matters, a fact which the State Attorney did not put into question. If such a Minister is not convinced, how can it be asked of us, the judges, that we should be convinced ? If he sees no military necessity for establishing a settlementprecisely at this place, who am I to differ from him ? This is the principal reason that leads me to distinguish this case from all the preceding cases and to arrive at a conclusion differing from that reached in those cases. There are two further, albeit less important, additions to be made to this conclusion. One is that in the *Rafiah Salient* case [4] and in *Beit-El* [3], I proceeded on the assumption that the Israeli settlements established on lands requisitioned from their Arab owners are essential for the security forces in their daily struggle against terrorists. 'One does not have to be a military and security expert', I said in *Beit-El, 'to* realize that terrorist elements operate more easily in an area inhabited only by a population that is indifferent or is sympathetic towards the enemy than in an area where there are also persons likely to guard against them and to report any suspicious movement to the authorities. Among the latter, terrorists will find no hide-out, assistance or supplies.'

The CGS, Lieut. Gen. Raphael Eitan, explained to us that at Elon Moreh the main security value in establishing a settlement on this site lies in its integration into the regional defence system in the event of 'total' war. I have perused again the affidavit submitted to us by Maj. Gen. Yisrael Tal in the matter of *Rafiah Salient* [4] and found that it only refers to terrorist operations in times of quiet. That was also my impression of Maj. Gen. Orli's opinion in *Beit-El* [3]. On looking at this affidavit again, however, I found that he also spoke about the needs of regional defence. These considerations were reflected in the judgment of my colleague, Landau J. In any event two requisitioned areas were there involved, one on the specific route of potential terrorists and the other bordering and the other bordering an important military camp (Beit-Le). In this situation there could not have been any serious doubt regarding the enormous strategic value of these two sites. They and only they could fulfil a defence role, with no alternative available. At Elon Moreh, however, I cannot say that there doubtless exists a defence necessity.

The third manner in which the present case differs from the preceding cases stems from the affidavit of the settlers. It will be recalled that in the *Beit-El* affair [3], the settlers were joined as respondents to the petition and were not allowed to make any submissions ; we assumed that their presence on the site was wholly dedicated to security needs and the deference of the homeland. In the words of my learned colleague, the Deputy President, '[s]ince the IDF is for the most part a reservists' army, the inhabitants of a civilian settlement are under military command even individually.' At that time I said, 'the settlers are subject to army control, either formally or by the force of cirumstances. They are there by virtue and with the permission of the Army. I therefore still adhere to the view I held in the *Rafiah* case [4] that, as long as a state of belligerency exists, Jewish settlement in occupied territoriy serves actual security purposes.' In the case at bar, we have heard the representatives of the settlers and it seems to me that we may not ignore the substance of their argument...

The settlers, it is very true, do not deny the security consideration, but in their opinion it is entirely secondary and incidental. As they state in their affidavit: '[a]ccordingly, with all due deference to the security point and although its correctness is not doubted by us, it is immaterial.'These are trenchant remarks and it goes without saying that the settlers deserve praise for their candour in not masking their true motives. But I have come to settle in Elon Moreh not out of security considerations, and therefore their contribution to security-for all its benefit-is incidental. Can in then be said of these settlers, as I expressed it in *Beit-El*, that they are at the location due to the permission of the Army ? Although 'a person may be benefited in his absence', can a right or permission which the beneficiary positively rejects as loathsome be forced upon him ? Let one thing be clear : without disassociating myself from the observations of my learned colleague, Landau J. I myself have no need to dispute with the settlers their religious or ideological debate. But it is our duty to inquire whether it is purely considerations of security which prompted the requisition of the land for the purpose of settling people at this location. It appears to me, that it is important to know what the attitude of the settlers is; if they did not come principally for security purposes, it is difficult for me to accept that this in fact is the purpose of their settlement.

Furthermore, in the case at bar, the State Attorney invited us to confirm with the authorities that the Geneva Convention is not contravened by the transfer of land to settlers for settlement needs. In his submission, land transfer does not contradict the humanitarian provisions of the Convention which are accepted by the State of Israel. It will be recalled that what is involved here is Article 49(b) of the Geneva Convention which prohibits an occupying power from deporting or transferring sections of civilian population to the occupied territory. It is a mistake to think (as I read recently in a newspaper) that the Geneva Convention does not apply to Judea and Samaria. It applies, even though, as I said above, it is not 'justifiable' in this Court. Nor would I say that the 'humanitarian' provisions of the Convention are intended solely to protect the life, health, freedom, or honour of a person and not property. Who like us knows the value of possession ? But the question whether voluntary settlement falls under the prohibition of 'transferring sections of the population' within the meaning of Article 49(b) of the Geneva Convention is not an easy one and, as far as we know, no answer has yet been found in international jurisprudence. Therefore now as well, I prefer not to answer this question, especially in view of the conclusion I have reached in this case ; under both internal law and customary international law (Hague Convention, Article 52), a decision is not called for. Refraining from doing so, however, is not to be interpreted as agreement with the attitude of one or other of the parties.

For these reasons, in addition to those elucidated by my learned colleague, the Deputy President, I am of the opinion that the Order should be made absolute.

BECHOR J :

The Deputy President also dealt with the question arising from the contradiction between requisitioning land for military needs, which is a temporary requisition, and establishing civilian settlements permanently. It is common knowledge that settlements have always constituted an inseparable par of the regional defence system. In the more general framework of the whole defence system of the Yishuv [the Jewish community], their role is also noted in *Beit-El* [3] and in *Matityahu* [2]. A distinction must, however, be drawn : the integration of civilian settlements into regional defence began many years before Israel achieved statehood, and continued within the State's territory after the statehood was attained. During these years the basis was always that the civilian settlements are permanent. This was not incorrect even from a legal point of view , since the post-statehood settlements were established in areas within the boundaries of the State where the law of the State applied. In the pre-State period as well, the intent was always to establish permanent settlements on land owned by the settling bodies. In the case at bar we are dealing with temporary requisition, and hence the contradiction between Elon Moreh and the creation of permanent settlements. This question has come sharply into focus for the first time in this petition, perhaps mainly as a result of the joinder of respondents 5 and 6 and the clear position they have adopted. As I have said I concur with the judgment of Landau DP.

Order *nisi* made absolute.
Judgment given 22 October 1979.

ITALIE

Conseil d'État
Compétences et attributions

Le Conseil d'État italien dispose d'attributions consultatives, remplies par ses trois premières sections, par une section pour les avis sur les projets de règlements et de lois et par l'Assemblée, ainsi que de fonctions juridictionnelles, exercées par les trois sections du contentieux.

Ces dernières décident en second et dernier ressort, après jugement des Tribunaux administratifs régionaux. Elles connaissent des appels sur le fond et sur les sursis à exécution accordés ou non par les TAR, et des demandes de sursis à exécution des arrêts des TAR soumis à appel. Elles tranchent aussi, en premier et dernier ressort ou en appel, les recours contre l'administration pour l'exécution de la chose jugée.

Les juges administratifs connaissent des recours contre les décisions ou contre le silence de n'importe quelle autorité centrale ou locale en matière de compétence discrétionnaire de l'administration, et même de compétence liée lorsque l'administration a des pouvoirs, et non de simples obligations contractuelles ou par faute (recours sur intérêts légitimes). En d'autres matières ces juges ont une compétence de pleine juridiction. Ils n'ont pas, en principe, de compétence en matière fiscale.

Conseil d'État
Arrêt n° 1123/98 du 3 août 1998

1. Actes législatifs et administratifs - Différentes catégories d'actes - Actes d'une autorité étrangère - *Résolution n° 820/1993 des Nations Unies* - Actes législatifs - *Loi n° 230 du 16 juillet 1993*
2. Communautés européennes - Portée des règles de droit communautaire - Règlements communautaires - *Règlement C.E n° 990/93*
3. Transports - Transports maritimes

Résumé

Le T.A.R. des Pouilles a rejeté le recours de deux sociétés maritimes contre une mesure du préfet de Lecce ayant pour objet la confiscation d'un navire qui avait enfreint l'embargo appliqué à l'encontre de la République yougoslave. Le Conseil d'État rejette à son tour l'appel présenté par les deux sociétés aux motifs que :
- la loi italienne porte exécution d'une résolution du Conseil de sécurité des Nations Unies ;
- le moyen tiré de ce que la loi, en prévoyant la confiscation de la charge et non pas seulement du navire au titre des sanctions à la violation de l'embargo, serait incompatible avec le règlement CEE n°990/93 pris en application de la résolution du Conseil de Sécurité sus-mentionnée, est inopérant. Ce dernier, tel qu'interprété par la Cour de Justice des Communautés européennes inclut en effet, au titre des sanctions, la confiscation de la charge, et non pas seulement du navire. De plus, il admet que la loi nationale prévoie un régime de responsabilité pénale objective du fait personnel de l'agent ;
- la confiscation de la charge est une sanction adéquate à la violation ;
- le fait que le navire ait été interpellé en haute mer ou dans la mer territoriale ne revêt aucune importance si la poursuite - ininterrompue - a commencé dans la mer territoriale italienne ;
- en l'espèce il existe des éléments permettant de conclure au caractère volontaire de la violation de l'embargo.

Summary

The Regional Administrative Tribunal of the Pouilles has rejected the recourse introduced by two shipping companies against a decision of the Prefect of Lecce declaring the confiscation of the ship for infringement of the embargo applied towards the Yugoslav Republic. The Council of State rejects the appeal presented by the two claimants on the ground that :
- the piece of legislation in question has been issued in application for a resolution of the Council of Security of the United Nations ;
- the means according to which the law, by providing for the confiscation of the freight and not only of the ship on the accont for the sanctions of the violation of the embargo, would be incompatible with the regulation CEE n°990/93 taken in application of the resolution above mentioned, is inoperative. The latter, indeed, as interpreted by the European Court of Justice, includes the confiscation of the freight as a sanction. Moreover, it admits that the national law make provision for a regime of objective penal liability founded on agents' personal acts ;
- the confiscation of the freight is a sanction adequate to the violation;
- the fact that the ship has been seized on open sea or in territorial sea is of no importance if the pursuit- uninterrupted- has been initiated in Italian territorial sea ;
- in the case in point, elements in support for defining the violation as voluntary do exist.

Decision

En fait
(omissis)

En droit

1. Ebony Maritime s.a. et Loten Navigation Company Ltd., par deux actes d'appel différents au contenu identique, attaquent la décision n° 484 du 6 décembre 1994 du T.A.R. des Pouilles, section de Lecce. Ce jugement rejette les recours, ayant été préalablement réunis, formés par lesdites sociétés contre la mesure de saisie et confiscation du navire Lido II et de sa charge que le préfet de Brindisi avait décidé dans l'exercice du pouvoir qui lui est reconnu par le décret législatif n° 144 du 15 mai 1993, converti par la loi n° 230 du 16

juillet 1993 pour la protection de l'embargo à l'encontre de la République yougoslave.

Le décret législatif n° 144 du 15 mai 1993, converti par la loi n° 230 du 16 juillet 1993, doit être apprécié au regard de la résolution n° 820 - 1993 du Conseil de sécurité des Nations unies.

Cette résolution est contraignante, puisque l'article 25 de la charte des Nations unies dispose que les membres des Nations unies s'engagent à obtempérer aux décisions que le Conseil de sécurité a adoptées "*in accordance with the present Charter*". Ainsi l'État italien, en tant que membre des Nations unies , était-il tenu de donner exécution à la résolution mentionnée. [...]

Suivant le point 28 de la résolution ci-dessus, le Conseil de Sécurité "décide d'interdire l'entrée dans la mer territoriale de la République fédérative de Yougoslavie (Serbie et Monténégro) à tout trafic maritime commercial". [...]

Le règlement C.E. n° 990/93, mentionné dans les prémisses du décret législatif n° 144, a donné exécution à la résolution n° 820. [...]

2. [...] Les requérants font valoir une contradiction entre la loi nationale et la loi communautaire. Le décret législatif n° 144 de 1993 prévoierait au titre des sanctions la confiscation de la charge, ce que le règlement C.E n° 990/93 n'envisage pas, en corrélation avec la résolution du Conseil de sécurité n° 820/93.
A cet égard, dans le cadre des questions présentées à la Cour de justice des Communautés européennes, aux termes de l'article 177 du traité de l'Union Européenne, cette section a posé, par ordonnance n° 327 du 8 mai 1995, la question de la compatibilité de la norme nationale avec le droit communautaire quant à la disposition prévoyant expressément la confiscation de la charge transportée. Par arrêt du 27 février 1997, la Cour s'est exprimée dans un sens positif.

Avant de parvenir à de telles conclusions, la Cour a remarqué que la version italienne de l'article 10, 2e al., du règlement ne prévoit pas que les États membres confisquent la charge. Il est ressorti, cependant, que toutes les autres versions linguistiques, à l'exception de la version italienne et finlandaise, prévoient, en correspondance avec l'article 25 de la résolution n° 820/93 des Nations unies, que les charges peuvent être confisquées par l'État membre constatant une violation du règlement. La Cour a donc affirmé que la version italienne portant mention de l'expression "aéromobiles et avions de charge" au lieu de l'expression "aéromobiles et charges"est à ce titre invalide.

Par conséquent, la Cour a affirmé que le règlement ne s'oppose pas à l'application d'une règle internationale qui prévoit la confiscation de la charge en cas de violation du règlement même.
Dans ce même contexte, la Cour a considéré aussi les objections selon lesquelles, d'une part, cette règle internationale, en prévoyant la confiscation de la charge sans exiger la preuve de la culpabilité de son propriétaire méconnaîtrait le principe "*nulla poena sine culpa*" tout en établissant un régime de responsabilité objective, et d'autre part, le principe de proportionnalité serait lésé puisque le propriétaire de la charge et l'armateur seraient punis dans la même mesure indépendamment du degré de leur participation respective à l'infraction.

La Cour a surmonté également ces objections. Elle a rappelé sa jurisprudence en la matière et a remarqué que lorsqu'un règlement communautaire ne contient aucune disposition spécifique envisageant une sanction en cas de violation, elle renvoie aux dispositions de loi réglementaires et administratives nationales, l'article 5 du traité de l'U.E. imposant aux États membres d'adopter toutes les mesures adéquates afin de garantir la portée et l'efficacité du droit communautaire. A cette fin, il faut que les États, tout en maintenant le choix des sanctions, veillent notamment à ce que les violations du droit communautaire soient punies, du point de vue de la substance et de la procédure, selon des formes analogues aux formes prévues pour punir les violations du droit national ayant une nature et une importance semblables, à savoir des formes donnant à la sanction un caractère effectif, proportionnel et dissuasif.
Enfin, il a été retenu qu'un système de responsabilité pénale objective du fait personnel qui sanctionne les violations d'un règlement n'est pas incompatible en soi avec le droit communautaire.

Aussi, la Cour a-t-elle reconnu au juge national le pouvoir d'apprécier si cette sanction respecte les principes affirmés par la jurisprudence communautaire et, notamment, si elle a un caractère effectif, proportionnel et dissuasif. Notamment, il y a lieu de considérer que le règlement poursuit un but d'intérêt général fondamental pour la communauté internationale.

La disposition qui prévoit la confiscation de la charge se révèle adéquate aux critères susdits et cohérente avec les buts poursuivis. En revanche, il faudrait considérer comme insuffisante et irraisonnée une disposition qui prévoit la saisie des moyens de transport et non pas de la charge, dont l'exportation ou l'importation, à l'aide du moyen de transport, constitue le cas d'espèce sanctionné.

3. Les sociétés requérantes insistent aussi pour affirmer qu'aucune violation de l'embargo n'aurait été commise car le navire n'était pas encore dans la mer territoriale yougoslave au moment où il a été interpellé.

En réponse, le Collège observe que le décret législatif n° 144 de 1993 cité prévoit expressément, à l'article 3, l'hypothèse du navire ayant été interpellé en haute mer, antérieurement (alinéa 1) ou postérieurement (alinéa 3) au transport de marchandises direct ou provenant du territoire yougoslave. Par conséquent, la violation, pour être constituée, ne présuppose pas que le navire soit en haute mer, elle est également réalisée lorsque le navire fait route vers ou en provenance de cette mer territoriale.

Décisive sur ce point est l'indication des cas illicites prévus par l'article 1er du règlement C.E n° 990/1993, à savoir : a) l'introduction de marchandises provenant de la république de Yougoslavie ; b) l'exportation de marchandises vers la république de Yougoslavie ; c) l'entrée de n'importe quelle forme de trafic commercial dans la mer territoriale de la république de Yougoslavie ; d) toute activité ayant pour objet ou effet, direct ou indirect, l'encouragement des transactions visées aux précédentes lettres a), b) et c) ; e) la fourniture de services visant à des activités économiques entreprises dans la république de Yougoslavie.

Aussi, le comportement relatif à la conduite du navire Lido II rentre aisément dans le cas d'espèce prévu à la lettre c) visant tout comportement (changement de route, direction univoque) susceptible de constituer l'entrée de trafic commercial dans la mer territoriale yougoslave.
En effet, l'entrée, en raison de sa nature dynamique, peut commencer justement avant de rejoindre la limite de la mer territoriale à condition que les modalités de la conduite permettent de déduire sans équivoque et raisonnablement qu'elle va se conclure dans cette mer.

On ne peut, en outre, pas retenir le fait que de cette façon sera punie la "tentative" de violation, la conduite du navire pouvant être ramenée à un des cas constitutifs d'une violation effective spécialement visés à la lettre c) de la règle communautaire. [...]

Le principe de la *liberté des mers* que les requérants ont invoqué ne s'oppose pas à ce que le navire ayant commis une violation puisse être poursuivi par les moyens de surveillance et de police de l'État côtier même en haute mer, mais à condition que la poursuite commence dans la mer territoriale de l'État côtier et soit ininterrompue (le nommé droit de poursuite).

Les considérations précédentes sont renforcées par ce que la disposition visée à la lettre d) de ce même article 1er du règlement C.E cité prévoit expressément comme conduite illicite toute activité visant à encourager les transactions visées aux précédentes lettres a), b) et c). Il s'en dégage, donc, l'intention d'y inclure n'importe quel comportement visant à la mise en oeuvre de trafics commerciaux interdits.

L'arrêt cité ci-dessus de la Cour de justice des Communautés européennes s'est exprimé dans le même sens. La Cour, saisie de cette question, a affirmé : "L'article 1, n° 1, lettres c) et d) du règlement C.E du Conseil n° 990 du 26 avril 1993 concernant les échanges entre la Communauté économique européenne et la république fédérative de Yougoslavie (Serbie et Monténégro) interdit non seulement l'entrée effective du trafic commercial dans la mer territoriale de la république fédérative de Yougoslavie, mais aussi les comportements mis en oeuvre en haute mer qui laissent raisonnablement supposer que ledit navire se dirige dans cette mer territoriale en vue de trafic commercial".

La Cour est parvenue à ces conclusions en remarquant qu'une prévention efficace de n'importe quel trafic commercial dans la mer territoriale yougoslave exige que l'interdiction établie par les dispositions visées à la lettre c) dudit règlement C.E soit appliquée non seulement aux cas d'entrée effective mais aussi aux tentatives d'entrée dans ladite mer de la part de navires se trouvant en haute mer. Toute autre interprétation aboutirait à priver l'interdiction même de tout effet pratique.

D'ailleurs, la disposition réglementaire rappelée est complétée par la disposition visée à la lettre d). Celle-ci en effet interdit toute activité ayant pour objet ou effet, direct ou indirect, d'encourager l'entrée de n'importe quelle forme de trafic commercial dans la mer territoriale de la république de Yougoslavie. Ainsi se dégage-t-il qu'une conduite réalisée en haut mer peut constituer une violation des dispositions prévues par le règlement.

4. Se révèlent dépourvus de fondement les griefs selon lesquels la violation de l'embargo de la part du navire Lido II n'aurait pas été constatée et que, par conséquent, la mesure de sanction ne se fonderait que sur une simple présomption.

A ce propos, il convient de remarquer qu'après l'inspection du navire dans la *waiting area* du port de Brindisi et la confirmation du receveur du gas-oil Monteshell par l'intermédiaire des agences Marbinoli de Trieste et Transagent de Fjeietta, le navire avait repris son voyage avec l'obligation de se diriger vers la destination déclarée en maintenant une route proche des côtes italiennes et en traversant la mer adriatique dans son point le plus septentrional. Cette obligation avait été formellement communiquée par la capitainerie du port et formellement acceptée par le commandant de bord.

Malgré cela, le navire, une fois arrivé à la hauteur du Gargano, changeait subitement sa route et se dirigeait sur le côté opposé, vers Durrës, sans communiquer à la Capitainerie du port d'éventuels motifs de force majeure qui pouvaient rendre nécessaire l'approche de la zone d'embargo.

Quant aux justifications fournies par la suite, c'est-à-dire la nécessité de trouver une ancre, on notera que l'ancre pouvait bien être requise à Brindisi, port que le navire Lido II venait de quitter, une déviation si importante n'étant pas nécessaire. La capitainerie de port de Durrës, sur requête de celle de Brindisi, a nié avoir reçu une communication à ce propos, communication qui devait être effectuée avec un préavis de 48 heures au moins.

On ne peut taire non plus l'épisode, mentionné dans le rapport de l'état major de la Marine, de la présence, certainement non fortuite, d'une unité navale de combat de l'ex-république de Yougoslavie justement dans la zone où le navire Lido II était en train de se diriger. Cette unité s'est retirée lorsque le navire a été interpellé et remorqué.

Selon un rapport technique, l'avarie sur les pompes du moteur était telle que des mesures adéquates auraient pu y remédier. De cela, l'autorité administrative a déduit que la conduite de gouvernement du navire était une violation de l'embargo réalisée en exécution d'un plan conçu de façon à faire apparaître l'entrée dans la mer territoriale yougoslave comme un événement non préparé à l'avance mais provoqué par des causes de force majeure.

Il ressort donc qu'il ne s'agit pas d'une violation de l'embargo simplement supposée et non constatée. L'évaluation simultanée et univoque des éléments exposés a permis d'établir la violation de l'embargo suite à une instruction soignée au cours de laquelle un comité de hauts fonctionnaires a été réuni pour évaluer les résultats des contrôles effectués. En outre, les sociétés concernées ont pu présenter des mémoires en défense.

C'est donc à raison que le préfet de Brindisi a adopté la mesure en question par des motifs adéquats et exhaustifs.

En raison de la nature de la charge (24 t 434 de "*dirty gasoil*" et 27 à 413 d'essence "*premium mogas*") et en considération des fins poursuivies, à savoir la fin de l'état de guerre et des violations des droits de l'homme et des droits humanitaires internationaux en Bosnie-Herzégovine, la sanction appliquée revêt le caractère de dissuasion, d'effectivité et de proportionnalité que la décision de la Cour de Justice des Communautés européennes mentionnée ci-dessus a mis en évidence. Par conséquent la mesure même est à l'abri des censures formulées.

Il est à peine nécessaire de préciser que les évaluations à la base de la mesure ont été confirmées par les recherches mises en oeuvre à la suite de la décision qui fait l'objet du présent recours. Il en est ainsi pour le rapport établi par la commission nommée par le chef du Département maritime de Brindisi d'où il ressort que la cause principale de l'avarie était la conséquence d'une manipulation. De même, la note du ministère des Affaires étrangères du 27 septembre 1994 fait savoir que des contacts diplomatiques ont confirmé que la charge du navire Lido II était destinée au Monténégro.

5. Quant à la violation prétendue de la loi n° 1263/1926 qui prévoit l'obligation d'autorisation du ministère de la Justice afin de procéder aux actes exécutoires sur les biens des États étrangers, il y a lieu d'observer que la décision n° 239 de 1962 de la Cour Constitutionnelle a déclaré ladite loi inconstitutionnelle. De plus, le rappel de cette loi est sans pertinence en l'espèce, attendu qu'il est question d'une sanction administrative adoptée aux termes d'une législation spéciale exhaustive en soi.

6. Sur ces considérations, il y a lieu de rejeter les appels.

Pour ce qui est des dépens, il convient de prévoir la compensation entre les parties.

Par ces motifs

Le Conseil d'État en formation juridictionnelle, quatrième section, rejette les appels, précédemment réunis, de Ebony Maritime s.a. et Loen Navigation Company Ltd, visés ci-dessus.

Prononce la compensation des dépens entre les parties.

Ordonne que la présente décision soit exécutée par l'autorité administrative.

■

Conseil d'État
Arrêt n° 1412/97 du 12 décembre 1997

1. Communautés européennes - Portée des règles de droit communautaire - Règlements communautaires - *Règlement n° 411/85 modifié par le règlement n° 4115/85*
2. Agriculture, chasse et pêche - Produits agricoles - Élevage et produits de l'élevage - Élevage

Résumé

Deux sociétés s'occupant de l'élevage de bétail au nord de l'Italie s'employaient à réduire de 20%, en considération d'une période dite de référence, le nombre de bêtes élevées, et ce sur cinq ans. Cette mesure permettait à ces sociétés d'obtenir de l'administration italienne une aide financière prévue par un réglement de la Communauté économique européenne, selon l'importance de la diminution opérée.
Entre la période de référence et le programme quinquennal (c'est-à-dire pendant une période intermédiaire), les sociétés ont déjà réduit le nombre des animaux élevés.
Toutefois, si cette réduction était, durant la période quinquennale, supérieure à 20% par rapport à la période de référence, elle était inférieure à 20% par rapport à la période intermédiaire.
Par conséquent, l'Inspectorat de l'agriculture a refusé d'octroyer l'aide demandée par les sociétés : en effet, en l'espèce, la réduction n'atteignait pas les 20% exigés (chiffre qui constitue un seuil indispensable pour bénéficier de l'aide financière). Aussi, le juge administratif fut saisi de deux recours, qu'il

estima effectués hors délai.
Les sociétés saisirent à nouveau la justice, cette fois en appel de cette décision. Par la décision ici publiée, le juge de seconde et dernière instance retient le bien fondé des deux premiers recours, au motif que les sociétés avaient initialement formé une réclamation hiérarchique au président de la région (réclamation autorisée par la loi), à laquelle l'administration n'avait pas répondu.
Ce faisant, le délai dont bénéficiaient les sociétés pour recourir au juge était suspendu par l'exercice de la réclamation par voie hiérarchique.
Jugeant au fond, le Conseil d'État a tout d'abord saisi la Cour de justice des Communautés européennes en lui demandant d'interpréter le sens à donner au règlement C.E.

Une fois que cela fut fait, le Conseil a appliqué cette interprétation au cas d'espèce et a retenu le bien fondé de l'appel: la diminution (calculée en pourcentage) ne doit être mesurée que par rapport à la période de référence et à celle de la mise en oeuvre du programme de réduction ; la période intermédiaire n'est pas, en revanche, à prendre en compte.
Par conséquent, le juge annule la décision administrative de première instance attaquée, et condamne l'administration à rembourser aux deux sociétés les frais de justice.

Summary

Two cattle breeding companies were aiming at reducing by 20% in consideration of a period of reference, the number of animals bred on a five year laps of time. This commitment allowed them to obtain from the Italian administration a financial aid provided for by a Community regulation and proportionate to the reduction achieved.
Between the period of reference and the five year program (i.e. an intermediary period), the companies had already reduced the number of animals bred. Nevertheless, whereas the reduction was, during the five year period greater than 20% vis-à-vis the period of reference, it was lower than 20% vis-à-vis the intermediary period. Therefore, the Inspectorship of agriculture refused to grant the aid requested by the two companies.
Indeed, in the case in point, the reduction did not meet the 20% required (figure which constitutes a threshold to benefit from a financial support). As a consequence, two recourses were introduced but considered beyond time limit by the administrative judge.
The claimants appealed.

In the present case, the judge in appeal retains the first two recourses as well-founded on the ground that the claimants had initially made a hierarchical complaint to the President of the Region, to which the administration had refused to answer.
The time limit granted to introduce a recourse has been suspended by the exercice of a hierarchical complaint.
Deciding on the substance of the case, the Council of State has, as a preliminary asked for the interpretation by the European Court of Justice, through the Article 177 TCE, of the regulation in question. The Council of State has afterwards applied the interpretation givren to the case in point and retained the appeal as well-founded: the reduction had to be measured only vis-à-vis the period of reference and the period of enforcement of the five year program. The intermediary period had not to be taken in consideration.
As a consequence, the judge annuls the decision contested and condemns the administration to reimburse the legal costs to the two companies.

Décision

En fait

(omissis)

En droit

- Une décision de l'inspectorat régional pour l'agriculture de Padoue a rejeté les demandes d'aides avancées par deux sociétés conformément au règlement C.E nº 797/85 modifié par le règlement C.E nº 4115/85 qui prévoit une aide aux élevages extensifs.

Le tribunal administratif régional de Vénétie a déclaré tardives les requêtes d'annulation de cette décision, formées par ces sociétés.

La décision nº 518/1995 de la IVème section du Conseil d'État a partiellement reçu les appels des deux sociétés. La Haute juridiction a appliqué l'article 53, dernier alinéa, du statut de la région de Vénétie, approuvé par la loi nº 340 du 21 mai 1971. Elle a en outre établi que la décision de l'inspectorat, refusant d'allouer l'aide communautaire à l'agriculture, n'a pas un caractère définitif, à l'inverse des décisions des organes régionaux énumérés à l'article 6 du Statut, c'est-à-dire aux décisions du conseil régional de la commission régionale et du président de celle-ci.
Par conséquent, aux termes de l'article 5, 4éme alinéa, de la loi régionale du

15/1979, et de l'article 9 de la loi régionale 12/1972, les mesures prises par l'inspectorat régional, refusant l'aide communautaire, peuvent faire l'objet d'un recours hiérachique auprès du président de la commission régionale.

2) Il reste, pour l'heure, à décider si doit être accordée ou non aux requérants l'aide communautaire pour la culture extensive des produits agricoles excédentaires prévue par la norme citée (art. 1er, 3º, règlement C.E du Conseil, n° 797 de 1985, introduit par l'article 1er du règlement C.E nº 1094 de 1988).

Comme il est dit au paragraphe 2 de la disposition communautaire précitée, "par culture extensive on entend la réduction égale à au moins 20%, pour une période minimum de 5 ans, de la production du produit considéré, sans qu'augmente le rendement d'autres productions excédentaires".

Le paragraphe 3 recommande aux États membres de déterminer, entre autres, les conditions de l'octroi de l'aide, et en particulier les modalités de réduction de la production pour les divers produits (lett. a), la somme de l'aide accordée par rapport à l'obligation souscrite par le bénéficiaire et aux pertes de rendements, ainsi que les formes de paiements (lett. b), la période concernée, selon la production en cause, pour le calcul de la réduction (lett. c), l'obligation que le bénéficiaire doit souscrire, et les formes de contrôle destinées à vérifier la diminution effective de la production (lett. d).

Le règlement C.E n° 4115 de 1988 de la Commission a fixé les modalités d'application du régime d'aide précité, et a identifié, en particulier, les produits concernés par cette aide, parmi lesquels les viandes bovines d'élevage.

De plus, pour bénéficier de cette aide, le producteur doit réduire de manière effective la production de un ou plusieurs produits indiqués sur un registre, et doit fournir des garanties suffisantes quant au respect de cette réduction durant toute son application (que les États membres peuvent limiter à une période de cinq ans).

Quant aux modalités de réduction de la production, le règlement C.E nº - 4115/88 précité dispose (et ce, bien que les Etats membres puissent prévoir la "méthode quantitative") à l'article 1, paragraphe 1, alinéa 2, que, appliqué au secteur de la viande bovine, la modalité implique une réduction de la production de moitié pour chaque troupeau (art. 7).

Toujours dans l'optique de la méthode quantitative - comme l'a precisé l'ordonnance du 24 juin 1995 n° 517 déjà citée - l'article 10 dispose que le producteur doit, conformément aux modalités fixées par les États membres, “réduire, au moins de 20% (par rapport au niveau annuel de la période de référence) la production du ou des produits qui font l’objet de culture extensive (et donc, en l’espèce, le nombre de bêtes constituant le troupeau) ; d’autre part, l’article 12 prévoit que les États membres puissent déterminer eux-mêmes le montant de la somme versée, d’après le critère du pourcentage de la réduction de la production.

3) Pour appliquer les normes communautaires précitées et en vue de les adapter aux besoins nationaux, le ministère de l’agriculture et des forêts a émis un décret du 8 fevrier 1990, n° 34, prévoyant entre autres :

- Que, peuvent demander une aide à la mutation de la production en culture extensive tous les producteurs agricoles qui cultivent les produits énumérés à l’annexe n. 1 du règlement C.E n° 4115 du 21 décembre 1988 de la Commission, et qui réduisent effectivement la production d’un ou plusieurs produits durant une période de cinq ans (art. 2, al. 1 et 2) ;

- Que, pour chaque produit concerné par la réduction effectuée selon la méthode quantitative prévue à l’article 4 du règlement C.E, la réduction de la production doit correspondre à au moins 20% de la production de ce produit réalisée par la société durant la période de référence (art. 4, al. 6) ;

- La période de référence servant à vérifier l’application de mutation, concernant les produits d’élevages, doit coïncider avec les années 1986-87 et 1987-88 (art. 5, al. 1 et 3) ;

- Enfin, le décret ministériel organise les modalités de présentation de la demande d’aide, le traitement de telles demandes, et confie aux régions et aux provinces autonomes, le contrôle et les sanctions applicables en cas de négligences dans l’application des mesures.

4) A cet ensemble normatif vient s’ajouter la délibération de la commission régionale de la Vénétie du 19 juillet 1990, n° 4258 suivie de la circulaire du 5 septembre 1990, n° 245 du ministère de l’agriculture et des forêts.

Concernant la mutation de la méthode d’élevage, les dispositions précitées se chargent du hiatus temporel qui intervient entre la fin de la période de référence, présentée à l’art. 5, al.3, du décret ministériel n° 34 de 1990 (programme 1987/88), et le début de la période quinquennale de l’engagement (non antérieur au programme 1989/90), consécutif à la réception tardive de la norme communautaire.

Après avoir expressément confirmé que le bénéficiaire doit s'attacher, pendant cinq ans, à réduire d'au moins 20% la production annuelle par rapport à la production moyenne de la période de référence selon le programme proposé, les dispositions examinées prévoient donc la double éventualité, concernant la période de référence, d'une variation - en augmentation ou en diminution - du nombre de bêtes en élevage.

Eu égard au premier cas (augmentation), la délibération régionale et la circulaire ministérielle prévoient que le droit du bénéficiaire à élever un nombre supérieur de bêtes "subsiste également dans les programmes quinquennaux d'ajustement de la production, alors que l'obligation de réduction du nombre de têtes calculé en fonction de la moyenne de l'élevage pendant la période en question reste obligatoire".

Quant au second cas (diminution), l'éleveur, au contraire, "ne pourra pas bénéficier de l'aide pour lesdites têtes" (c'est-à-dire pour celles dont la réduction est intervenue durant la période intermédiaire) "et ne pourra pas non plus bénéficier de l'aide, même si le nombre de têtes à diminuer est inférieur à 20% du nombre de têtes existantes lors de la période de référence".

5) Les dispositions nationales constituent l'unique fondement normatif sur lequel reposent les mesures attaquées.

La présente décision confirme les observations faites ci-dessus.

6) Les "mesures attaquées en première instance ont refusé aux sociétés l'aide que celles-ci souhaitaient car, si des réductions importantes du nombre de bêtes ont été faites durant la période de référence, celles effectuées durant la première année du programme ont été, à l'inverse, nettement en-deçà de l'exigence communautaire, c'est-à-dire à 20% du nombre moyen annuel de bêtes élevées au cours de la période de référence". S'est donc posé le problème de la compatibilité des sources nationales avec le droit communautaire. Aussi, saisi du problème, la Cour de justice européenne s'est prononcé par l'arrêt du 9 janvier 1997, concernant l'ordonnance n° 517/1995. Elle a décidé que les normes invoquées "qui fixent les modalités d'application du régime d'aide à la mutation de la production en culture extensive ne permettent pas à un Etat membre, en cas de diminution de la production durant la période intermédiaire comprise entre la fin de la période de référence et le début du programme, de subordonner l'octroi de l'aide à la mutation à la condition que la production

réalisée au cours de la période intermédiaire soit réduite (durant le programme) à une quantité correspondante au moins à 20 % de la production de la période de référence".

7) Par conséquent, le refus de l'administration régionale de la Vénétie, de fournir aux sociétés requérantes l'aide communautaire pour mutation des élevages, (aide prévue en cas d'obligation quinquennale visant à réduire d'au moins 20 % le nombre de bêtes constituant le troupeau par rapport au niveau annuel de la période de réference fixée par les Etats membres) n'apparaît pas légitime.

Ainsi, l'on peut facilement déduire de la position de la Cour de justice que la réduction de la production doit être comparée à celle réalisée au cours de la période de référence fixée par les Etats membres, sans tenir compte des variations de production qui s'opèrent durant la période intermédiaire.

En réalité, il résulte du dispositif de la sentence que l'inspectorat régional a injustement tenu compte du nombre de bêtes élevées durant la période intermédiaire (c'est-à-dire entre la période de référence et celle du programme de réduction). L'inspectorat est injustement parti de ce nombre pour déduire que la réduction prévue n'atteignait pas le seuil de 20 % requis aux fins de l'octroi de l'aide communautaire.

Il résulte clairement de la sentence en question que la réduction du nombre de têtes de bétail intervenue durant la période intermédiaire ne relève pas du calcul de l'aide : l'aide est accordée si survient, chaque année du quinquennat, une baisse du nombre de têtes de bétail par rapport au nombre existant lors de la période de référence.

8) Aux vues de ce qui a été dit, l'appel est accueilli et, en conséquence, sont reçus les recours de première instance.

Les dépenses suivent, selon la règle, la perte de cause, et sont liquidées dans le dispositif.

Par ces motifs

Le Conseil d'État en formation juridictionnelle, quatrième section, se prononçant définitivement sur les appels formés contre les sentences du tribunal administratif régional de la Venetie, 1ère section n° 343 et 324 du 12 septembre 1992, accueille ces appels et, pour l'effet, annule les décisions attaquées.

Condamne la région de la Vénétie au paiement des dépenses envers la société appelante, et détermine ces dépenses en la somme forfaitaire de 6.000.000 de lires (six millions).

Ordonne que la présente décision soit exécutée par l'autorité administrative.

LUXEMBOURG

Conseil d'État
Compétences et attributions

Le Conseil d'État, Comité du contentieux, constituait la juridiction suprême en matière administrative.

Il connaîssait:
- en annulation, des recours dirigés pour incompétence, excès et détournement de pouvoir, violation de la loi ou des formes destinées à protéger les intérêts privés contre les décisions administratives individuelles pour lesquelles aucun autre recours n'est prévu ; son pouvoir se limitant à l'examen de la légalité des décisions attaquées et à leur annulation.
- en réformation, des recours dirigés contre les décisions administratives individuelles dans les matières prévues par la loi; son pouvoir s'étendant à l'examen au fond et à la réformation des décisions entreprises auxquelles se substituaient ses propres décisions.

Depuis le 1er janvier 1997, le Conseil d'État n'exerce plus de fonction juridictionnelle. Le contentieux administratif ressort de la compétence de deux juridictions à part, le Tribunal administratif au premier degré et la Cour administrative comme juridiction suprême de l'ordre administratif.

Cour administrative
Décision n°10648 C rendue le 2 juillet 1998

1. Actes législatifs et administratifs - Validité des actes administratifs - *Motifs* - Accords internationaux - *Convention européenne des droits de l'homme*
2. Droits civils et individuels - Libertés publiques - Droits de la personne - Liberté des cultes

Summary

The appellants has appealed to the Administrative Court, after their claim of exemption of Saturday course had been refused by different administrations and by the Administrative Tribunal. The Court held to dismiss the recourse, on the ground that the right to express one's religion or conviction can be limited. It has applied the case law of the European Court of Justice.

Résumé

Les requérants ont fait appel suite au refus, par différentes administrations, puis par le Tribunal administratif, de leur demande de dispense des cours du samedi à l'école primaire. La Cour rejette également le recours, au motif que la liberté de manifester sa religion ou sa conviction peut faire l'objet de restrictions. Elle suit ainsi la jurispridence de la Cour européenne de justice.

Décision

Vu la requête d'appel déposée au Greffe de la Cour administrative le 27 mars 1998 par Maître Paul Theves, avocat inscrit à la liste I du Barreau de Luxembourg, assisté de Maître Christian Georges, avocat au Barreau de Bruxelles, pour les consorts Martins Casimiro et Cerveira Ferreira;

Vu l'exploit Biel du 25 mars 1998 portant signification du recours à l'Administration communale de Steinfort;

vu le mémoire en réponse déposé par Maître Roger Nothar, avocat inscrit à la liste I du Barreau de Luxembourg, en date du 22 avril 1998;

vu les pièces régulièrement versées en cause, et notamment les décisions attaquées et le jugement entrepris;

ouï le président en son rapport ainsi que maître Carine Altmeyer, en remplacement de maître Paul Theves et maître Raymond Faber, en remplacement de maître Roger Nothar, en leurs plaidoiries respectives

Par requête déposée le 27 mars 1998 maître Paul Theves, avocat inscrit à la liste I du Barreau de Luxembourg, assisté de maître Christian Georges, avocat au Barreau de Bruxelles, pour les consorts Martins Casimiro et Cerveira Ferreira, a relevé appel contre la Commune de Steinfort d'un jugement rendu le 16 février 1998 par le tribunal administratif dans la cause inscrite sous les numéros 9360 et 9430 du rôle.

Les faits à la base du litige se résument comme suit:

Le 18 septembre 1993, le sieur Martins Casimiro a introduit auprès du bourgmestre de la commune de Steinfort une requête tendant à obtenir une dispense des cours du samedi de l'école primaire. La demande était motivée par les convictions religieuses des requérants.

A cette demande il a été répondu par lettre recommandée du bourgmestre datée du 29 septembre 1993, informant le requérant qu'il ne pouvait être répondu favorablement à sa demande.

En date du 18 décembre 1994 les requérants ont réitéré leur demande en dispense, tout en limitant sa portée à 30 jours par année scolaire. L'autorité communale de Steinfort y répondit en avisant le 28 décembre 1994, que « ni le bourgmestre, ni le collège échevinal, ni le conseil communal et ni la commission scolaire (n' avaient) compétence pour accorder une dispense des cours scolaires primaires du samedi ».

Le 3 février 1995 les consorts Martins Casimiro - Cerveira ont adressé un recours gracieux à l'administration communale contre cette décision.

Par décision du 6 mars 1995, notifiée aux requérants le 4 avril 1995, le conseil communal de Steinfort a exprimé son refus « d'aviser favorablement » la demande de dispense. Pour motiver ce refus l'autorité communale s'est appuyée sur les avis négatifs de l'inspecteur du ressort (21.09.1993) et de la commission scolaire (06.02.1995).

Le 3 juillet 1995 le conseil communal, se prononçant une deuxième fois sur la demande (respectivement *les* demandes), a exprimé à l'unanimité des voix son refus d'accorder la dispense sollicitée.

Par son jugement du 16 février 1998 le tribunal administratif a reçu en la forme et joint les deux recours en annulation dirigés par les requérants originaires contre ces deux décisions des autorités communales de Steinfort. Le même jugement a déclaré les recours en question non fondés.

En droit

L'appel contre le prédit jugement est recevable en la forme pour avoir été introduit dans les forme et délai prévus par l'article 99 de la loi du 7 novembre 1996 portant organisation des juridictions de l'ordre administratif.

Les parties ne critiquent pas la décision du tribunal administratif quant à la recevabilité en la forme des recours en annulation, ni le principe de la jonction des rôles introduits devant le Conseil d'État sous les numéros 9360 et 9430.

Les parties appelantes estiment en premier lieu que ce serait à tort que le tribunal administratif a considéré que la demande de dispense du 18 décembre 1994 n'était qu'une réitération de celle du 18 septembre 1993 et qu'en l'absence de tout élément nouveau les autorités communales pouvaient se dispenser de solliciter un nouvel avis de la part de l'inspecteur. Elles soutiennent que la demande du 18 décembre 1994, motivée avec plus de soins que la demande antérieure, aurait dû être considérée comme demande nouvelle et autonome; qu'elle aurait partant dû être soumise pour avis à la commission scolaire et à l'inspecteur d'enseignement primaire.

Cette argumentation, qui fut déjà présentée en première instance, a été examinée de façon consciencieuse par le tribunal administratif (pages 3 et 4 du jugement). D'une analyse minutieuse des deux demandes et des circonstances de fait dans lesquelles elles furent toisées en l'espèce la juridiction de première instance a conclu à bon droit que *les deux lettres en cause des 18 septembre*

1993 et 18 décembre 1994 constituent en réalité une seule demande, de sorte que les délibérations déférées, ainsi que les avis de la commission scolaire et de l'inspecteur ont valablement pu se référer à la seule demande du 18 septembre 1993, la demande du 18 décembre 1994 ne faisant que réitérer et préciser celle du 18 septembre 1993.

La juridiction a ainsi encore constaté à juste titre que *le moyen d'annulation tiré du défaut de l'avis actuel de l'inspecteur n'est .. pas fondé, étant donné que l'avis émis en date du 21 septembre 1993 par l'inspecteur Hastert a été sollicité sur base d'une demande en substance identique à celle réitérée par les mêmes demandeurs le 18 décembre 1994, de sorte qu'en l'absence d'élément nouveau, les autorités communales n'étaient pas tenues de solliciter un nouvel avis de la part de l'inspecteur.*

Décider le contraire reviendrait à concéder à une partie concernée par une décision administrative le droit de différer indéfiniment cette décision par l'introduction répétée d'arguments autrement présentés.

Les consorts Martins Casimiro et Cerveira Ferreira, avaient conclu devant les juges de première instance à la nullité de la décision déférée en raison d'une motivation insuffisante au regard des dispositions du règlement grand-ducal du 8 juin 1979 relatif à la procédure administrative non-contentieuse, des avis de l'inspecteur et de la commission scolaire, ainsi que de la décision déférée elle-même.

En appel ils insistent plus particulièrement sur le fait que l'avis du 21 septembre 1993 de l'inspecteur serait insuffisamment motivé et que l'argumentation du tribunal administratif suivant laquelle cette insuffisance ne vicierait pas la procédure d'élaboration de la décision méconnaîtrait les dispositions du règlement grand-ducal du 8 juin 1979 relatif à la procédure administrative non-contentieuse, soutenant de leur côté que ce vice devrait entraîner la nullité de la décision du conseil communal qui en fait état.

Après avoir écarté pour des motifs exhaustivement développés les reproches dirigés contre la motivation de l'avis de la commission scolaire et de la décision entreprise elle-même les juges de première instance ont à bon droit admis les critiques dirigées contre la motivation de l'avis émis le 21 septembre 1993 par l'inspecteur d'enseignement primaire.

La Cour relève que la loi scolaire règle très restrictivement les possibilités d'accorder des dispenses temporaires de l'obligation scolaire inscrite dans l'article 23 de la Loi fondamentale. Ainsi la loi n'exige-t-elle pas seulement en son article 7 pour toute dispense dépassant la durée de 8 jours consécutifs que la décision du conseil communal s'appuie sur les avis de la commission scolaire et de l'inspecteur, mais elle précise encore que l'un et l'autre de ces deux avis doit être positif pour que l'autorité communale puisse accorder une dispense.

L'avis négatif régulièrement émis par la commission scolaire de la commune de Steinfort relativement à la demande des consorts Martins Casimiro et Cerveira Ferreira constitue à lui seul un empêchement péremptoire interdisant au Conseil communal de faire droit à la demande de dispense. Il en suit que les parties appelantes sont sans intérêt à invoquer le défaut de motivation de l'avis de l'inspecteur, le vice affectant cet avis étant, en raison de la réglementation stricte imposée par la loi scolaire, sans aucune possibilité d'incidence effective sur la décision critiquée.

Les appelants critiquent encore le jugement entrepris en ce qu'il n'y serait pas pris position quant à *l'argument développé par le ministre de l'Éducation Nationale qui avait écrit, en date du 26. 11. 1982, dans un courrier adressé au Directeur du lycée technique du centre de Luxembourg: « J'ai l'honneur de vous informer que tout élève membre de l'église adventiste du Luxembourg peut être libéré des cours le samedi s'il en fait la demande pour motif de conviction religieuse »* (5e page de la requête d'appel, 7e alinéa).

La Cour constate cependant que le tribunal administratif a pris soin de préciser que les administrations relevant de l'État ou des communes n'étaient pas liées dans leurs décisions par des précédents émanant d'autres autorités administratives.

Le reproche émis par les appelants n'est donc pas fondé en fait, alors que le considérant ci-dessus repris fait justice de l'argumentation basée sur l'existence d'une décision antérieure. Contrairement à ce que la formulation du 7e alinéa de la 5e page de la requête d'appel semble vouloir suggérer, la lettre ministérielle ne contient en elle-même aucun argument susceptible d'être débattu dans le contexte du présent litige. Dans la lettre du 26 novembre 1982 invoquée par les consorts Martins Casimiro et Cerveira Ferreira à l'appui de leur recours le ministre de l'Éducation nationale se limite en effet à informer le directeur de l'établissement scolaire concerné qu'il lui était laissé la faculté d'exempter certains élèves des cours du samedi. Par contre l'écrit ne divulgue pas la motivation qui a pu justifier ce message aux yeux du ministre.

Quant au fond les appelants ne partagent pas l'opinion de la juridiction de première instance que les samedis soient considérés comme journées entières au regard de l'article 7 de la loi scolaire du 10 août 1912.

Alors qu'au niveau des dispenses de brève durée à accorder par le personnel enseignant l'article 7 de la loi scolaire prévoit la notion de « journée ou partie d'une journée », les dispenses pour une durée plus longue sont référencées par le terme de « jours ». Le tribunal administratif a relevé à juste titre que la loi n'entendait pas instituer une différence entre les différents jours de la semaine. Un critère de différenciation ne résulte d'aucun texte, de sorte que les motifs du jugement à quo établissant que les samedis constituent un jour entier au sens des dispositions de l'article 7 peuvent être repris par la Cour.

La Cour estime cependant, comme l'a fait le tribunal, que le caractère relevant de cette conclusion pour l'espèce est minime en raison du fait que les recourants ont limité leur demande de dispense à 30 jours, en précisant dans leur mémoire en réplique qu'ils seraient *satisfaits avec une dispense de 30 samedis seulement.*

Cette limitation enlève son fondement à la première motivation fournie par le conseil communal de Steinfort à sa décision, motivation que les juges ont écartée en première instance.

Le deuxième motif invoqué par le conseil communal pour refuser de faire droit à la demande litigieuse est basé sur ce que *« des convictions religieuses ne sauraient déroger au principe de la scolarité obligatoire dans l'enseignement primaire fixé à l'article 23 de la Constitution et la législation subséquente ».*

Les consorts Martins Casimiro et Cerveira Ferreira critiquent cette motivation en faisant valoir que l'autorité communale n'aurait pas été en droit de soutenir qu'en l'espèce le respect des prescriptions d'ordre religieux invoquées par les appelants et l'obligation scolaire de leur fils Fabio ne sauraient être conjugués, puisque la loi organiserait la dispense, du moins telle que sollicitée en ordre subsidiaire par leur demande du 18 décembre 1994.

Le tribunal administratif a très exhaustivement analysé cette argumentation (pages 7 à 9) dans des motifs auxquels la Cour ne peut que se rapporter. Prenant en considération d'une part les principes de la liberté des cultes et de l'obligation scolaire et d'autre part les données concrètes de la cause les juges de première instance ont estimé à bon droit *qu'une dérogation systématique, sinon du moins quasi-systématique, à l'obligation de présence pendant une journée déterminée de la semaine, en l'occurrence le samedi, est en l'espèce susceptible de désorganiser démesurément les programmes scolaires aussi bien du point de vue du bénéficiaire du régime ainsi dérogatoire que des responsables de classe, de même que des autres élèves de la (ou des) classe(s) scolaires concernés, notamment au regard des adaptations de l'emploi du temps et de l'évacuation des programmes ainsi engendrés.* Ils en ont tiré la conclusion qu'en l'espèce le principe de la liberté du culte, tel qu'invoqué à l'appui de la demande de dispense, et le principe démocratique de l'école publique obligatoire et gratuite n'était pas conjugable dans le sens escompté par les demandeurs et que le conseil communal de Steinfort avait sainement apprécié les éléments de la cause en privilégiant l'instruction obligatoire et gratuite.

Les appelants critiquent la motivation ci-dessus en faisant remarquer que la décision critiquée ferait croire, sans être corrigée sur ce point par le jugement, que la dispense était demandée sur base de « convictions religieuses », alors qu'en fait la base légale en serait à chercher dans le droit positif, et notamment dans la Convention européenne des droits de l'homme.

Cette critique n'est pas fondée, alors que, sans s'arrêter à la formulation employée par le conseil communal, le tribunal administratif a examiné l'objet du litige sous l'éclairage de l'article 9 de ladite convention, ainsi que des articles 19, 20 et 23 de la Constitution luxembourgeoise.

En relativisant la liberté d'exercice des cultes le raisonnement des premiers juges s'insère dans le courant prépondérant de la jurisprudence internationale.

Ainsi la Cour suprême des États-Unis s'est prononcée comme suit: *La liberté religieuse embrasse deux concepts, d'une part la liberté de croire et d'autre part la liberté de manifester sa croyance par l'action. Si la première est sans restriction, la deuxième, par la nature des choses, ne saurait l'être* (cf.: Cour suprême des États-Unis: Cantwell c/ Connecticut 310 US 296 du 20 mai 1940).

La Cour européenne des droits de l'homme a relevé que selon le texte-même de l'article 9 paragraphe 2 de la Convention européenne des droits de l'homme la liberté de manifester sa religion ou sa conviction peut faire l'objet de restrictions (Arrêt CEDH du 25 mai 1993, Kokkinakis c/ Grèce).

La Cour de droit public de la Confédération helvétique a estimé que *cette liberté de religion .. peut être limitée à condition que la restriction repose sur une base légale suffisante, réponde à un intérêt public prépondérant et respecte le principe de la proportionnalité* (arrêt BGE 123 I 296 du 12.11.1997; affaire X c/ Conseil d'État du canton de Genève).

Le jugement entrepris, conforme au droit interne, à la Convention européenne des droits de l'homme et à la jurisprudence internationale, est donc à confirmer en toutes ses forme et teneur.

par ces motifs

et ceux non-contraires des premiers juges, la Cour administrative, statuant contradictoirement sur le rapport de son président,

reçoit l'appel en la forme ;

le déclare non fondé et en déboute ;

partant **confirme** le jugement du 16 février 1998 dans toute sa teneur ;

condamne les appelants aux frais et dépens de l'instance.

MEXIQUE

Tribunal fiscal de la Fédération
Compétences et attributions

Le Tribunal fiscal de la Fédération peut être saisi dans les cas de contestation de toutes les affaires fiscales, pensions civiles et militaires, responsabilité de l'État, responsabilité des fonctionnaires publics, et dans le cas des affaires concernant l'interprétation et l'exécution des contrats de travaux publics.

Tous les arrêts rendus par le Tribunal fiscal sont susceptibles d'appel. Le contribuable peut exercer le jugement d'amparo et les autorités administratives, quant à elles, peuvent faire appel devant le pouvoir judiciaire.

Tribunal fiscal de la Fédération
Décision de la seconde section rendue le 25 août 1998

Actes législatifs et administratifs - Différentes catégories d'actes - Accords internationaux - Applicabilité

Summary

The Antidumping Codes approved by GATT are heteroapplicative treaties and they can not, in any way, be used as a source for the resolutions enacted by the Secretary of Commerce and Industry. These treaties oblige Mexico to adopt the necessary measures for their enforcement. Therefore, only the laws and regulations promulgated in this country, directly establish individual rights and obligations and grant authorities faculties and duties; nevertheless, heteroapplicative treaties constitute a priviledged source for the interpretation of laws and regulations promulgated as a result of international obligations contracted by Mexico. Therefore it corresponds to the judges to interpret these laws and regulations harmonically in accordance with heteroapplicative treaties.

Résumé

Les codes antidumping approuvés par le GATT sont des traités multilatéraux et il ne peuvent en aucun cas être utilisés comme source pour les résolutions édictées par le ministre du commerce et de l'industrie. Ces traités oblige le Mexique à adopter les mesures nécessaires pour leur exécution. Si seules les lois et les règlements promulguées dans ce pays établissent directement des droits et obligations individuels et accordent aux autorités des droits et des sujétions, les traités multilatéraux constituent toutefois une source privilégiée d'interprétation des lois et des règlements promulgués en application des obligations internationales contractées par le Mexique. Aussi, les juges doivent interpréter ces lois et règlements conformémént aux traités multilatéraux.

Decision

Final judgement rendered by the collegiate court of the federal judiciary related to appeal of resolution of the superior court of the tribunal fiscal de la federación.
Plaintiff : Asociacion nacional de fabricantes para recubrimientos de la republica federativa del brasil (national association of producers of ceramic tile of brazil)

Defendant : Secretary of commerce and industry : head of the office of international commerce proceedings of the secretariat of commerce and industry. In this specific case, the defendant, is basing his complaint is the above mentioned resolution in order to affirm that during the procedure, plaintiffs were granted "the right to a trial and due process of law".

Resolved by the Second Section of the Superior Court of the Tribunal Fiscal de la Federación, on August 25, 1988, by a majority of three votes, voting in favor Judges Maria Guadalupe Aguirre Soria, Robén Aguirre Pangburn, Gonzalo Armieno Calderón, Judge francisco valdes lizarraga with one vote in favor of the final paragraphs of the resolution and judge Silvia Eugenia Diaz vega with one vote against the resolution.

Concepts of contestation. - Plaintiff, on concepts of contestation included into complaint, essencialy asserts as follows:
-There are not exportations of product to Mexico in the investigate period of revision and therefore, there are not elements allowing the revision of duty.
-The compensatory duty must be reversed because the factors originated it like discrimination of price, damage or threat of damage to national production and the causal lien between them were not accredited.

Before to start the analysis of distinguished concepts of contestation, it is suitable to set that the arguments of law established by plantiff are wrong, since they are based on the Foreign Trade Act and its Regulation, being that applicable legal and regulatory dispositions, as it was studied in the foregoing paragraph, are those they substitued ; nevertheless, the complaint is sufficiently clear for this Section, without necessity plaintiff to establish the infringed applicable dispositions and in steem of the "amparo" judgment to study its argument. That is so, since judging is compeled to know the law in accordance to maxim: Iura Novit Curia. This principle was taken by article 237 of the Fiscal Code of Federation when compels this Court - among others – to base its judgement on law and resolve the actuallly proposed question. The reasons explaining its desagreement are basically those afterwards transcribed :

"The consideration by Secofi is wrong since the administrative proceeding of revision a of compensatory duty has as its object to revise the circumstances appearing in a market during a new period of investigation and in that period it is revised if there are elements giving occasion to a compensatory duty (established according with facts examinated in an other period of investigation) is still necessary by virtue of in the period of the original investigation that a disloyal practice on prices may occasion damage or threat of damage on national production was found.

"In other words, the existence or amendment of mentioned factors is revised in the new period of investigation but the same circumstances already studied in order to establish the compensatory duty never were studied.

"In that way, from the revision of market in the period of investigation from the 1st. of January, 1992, to June, 30 of same year, Secofi recognizes that there were not exportations of product to the Mexican Republic, therefore it is insisted that if there were not any exportations, it is impossible for both already mentioned factors to appear and therefore if there are no element of disloyal practice of foreign trade the compensatory duty imposed to product is not necessary nor even sustainable, pursuant the established in articles 65 and 67 of the Foreign Trade Act and 105 of its Regulation.

"Furthermore, it is to say that it is impossible to lessen the value of facts caused the imposition of definitive compensatory duty by means of making importations of product to the Mexican Republic after the imposition of the compensatory duty, since in that suposition, that of course did not happen in this case, my represented would need to decrease the cost of its products in order to at least sell them in the Mexican Republic since the compensatory duty may be imposed to them, which, it is repeated, makes unstable their commercialization in accordance to an exportation vallue of sales to any country.

Paradoxically, but certainly is contrary to the objectif the legislation in the matter looks for, that decrease or subvention has necessarily produced the necessity to discriminate prices, and for that to be in the presence of a disloyal practice of

international trade as on its part should infallibly result in the confirmation of the compensatory duty.
"Thus, it is obvious the intend by Secofi that my represented to bring data and information referring to exportation price of product results as much as exigible to proceed making sales to Mexico, notwithstanding how irrational commercialy results or even contrary to a loyal practices pattern of international trade.
"Finally, under the raised argument by Secofi, it should be fall into a vicious circle (and a deceitful and unlikely interpretation of the Foreign Trade Act and its Regulation that leads to an illogical and unsolvable trap) according to as for not may to make importations the compensatory duty shall be confirmed, or if the mentioned sales may be made it should be under discrimination of prices conditions propitiating once more the necessity to confirm the subsistence of the compensatory duty.
"At the light of the facts accredited by my represented in the administrative proceedings, the exportations of the product did not happen exactly because of the forbidden effect originated and necessarily causes the reversion of the mentioned duty.

In the other hand, defendant authorities state :
"The contested compensatory duty was adjudged because of the investigation carried out by this Department of State, proceeding from the complaint that corporations Vitromex, S.A. de C.v., Azulejos Orion, S.A. de C.v. And Industrias Ceramicas de Xalisco, S.A. de C.v., lodged against the disloyal practice of international trade, on the importations of the already known product, investigation wherein it was taken on account that from the whole information of the normal value obtained from the SIC-USA and the weighted average price, adjusted into terms of payment of invoices of sales to Mexico, submited by exporters in order to fix the export price of product, giving a dumping margin of 0,232 US dollars by legal kilogram; whence in the contested resolution it actually was that referring to export price of product matter of the applicate compensatory duty, whence even plaintiff states that a great number of its subsidiary companies did not make exportations to the Mexican Republic that circumstance is not sufficient to reverse the mentioned compensatory duty, since for do that it is necessary and indispensable to establish the import price of product, therefore said price is that the dumping margin gave and therefore for not bring any information related to export price (because as plantiff states they did not make exportations to the Mexican Republic), this Department of State concluded that there were not sufficient elements to lessen the value of facts it

knew in order to establish the definitive compensatory duty, therefore that H..Chamber of Understanding must enact the validity of the contested resolution in accordance to :

"As above it is concluded that the confirmation of the definitive compensatory duty of 0,232 US dollars by legal kilogram on the importations of ceramic covering for walls, merchandise included into customs fraction 6908.90.01 of the tariff of the General Tax of Importation Act, originary from the Federative Republic of Brazil is strictly according with the law besides the arguments plaintiff asserts in the nullity trial hereto performed may not proceed since by virtue of foregoing it proceeds to enact the validity of contested action.

"Finally, from the analysis of the certified copies of evidences this authority exhibits as proofs of the defendant authorities, as well as the arguments plaintiff exhibits into its writing of complaint that is replied, that H. Chamber of Understanding may establish the contested action into fiscal suit hereto performed is strictly issued according to law besides the arguments and proofs the counterparty exhibits and asserts are not sufficient in order to lessen the grounds and motifs the contested resolution is based on, therefore, it must enact the validity of resolution in comment, according to."

As there are not exportations of product there are not elements allowing the revision of duty.

In this matter of contestation the dispute to clear is to establish defendant authority legally performed, besides to make importations in the revised period, when confirmed the definitive compensatory duty of 0,232 US dollars by legal kilogram on importations of ceramic covering for walls, merchandise included into tariff fraction 6908.90.01 of the Tariff of the General Tax of Importation Act, originary from the Federative Republic of Brazil.

It must be clear that both parties hereto are confirming that there were not importations of the analized producto in the contested resolution.

This Second Section of the Superior Chamber considers well based and sufficient analized ground of contestation in order to enact the nullity.

In the pargraph 18 of resolution, authority states the following :

"According with the information brought by appearing exporting companies and the clerk office obtained there were not importations during the period of revision from January to June, 1992, therefore exporting companies did not bring any information referring to export price. As foregoing this clerk office has not sufficient elements that may lessen the value of facts it was acquainted when conclude the definitive compensatory duty object of this revision, therefore it is issued the following..."

This Section considers the Department of Commerce and Industrial Development has not sufficient elements to revise the compensatory duty and therefore it should not confirm it. Actually, article 32 of the Reglementation against Disloyal Practices of International Trade and article 9 of the Antidumping Code of the GATT, the authority mentioned as ground of legal cause of proceedings, establish that a definitive revision shallbe made only in case of justified causes for that, as regards the aforesaid articles establish :
"Article 32 – The definitive resolution must be revised yearly or any time by request or officially, in case of justified causes for ."

"Article 9 – Term of antidumping duties.
"1. An antidumping duty shall only in force in time and in the necessary measurement in order to counteract the dumping causes damage.
"2. When it is justified, the investigator authority itself or by request of any concerned party that brings positive probatory informations of the necessity of examination shall examine the necessity to keep the duty."

In the other hand, in paragraph 3 of the contested resolution, the defendant authority referres to justified cause of proceedings as follows:

"3. Considering that during thecourse of the time from the definitive Resolution was enacted, the concerned parties did not apply for the revision of the imposed compensatory duties, under articles 9 of the Agreement related to Application of Article VI of the General Agreement on Customs Tariffsand Trade, and 32 of the Regulation against the disloyal practices of international trade, the Department of Commerce and Industrial Development established that there were justified causes in order to officially sue the revision of said Resolution."

In order to verify if the determination of defendant was correct, it is necessary to clear the sense and effects of the revision of compensatory duty.

The consonant interpretation of article 32 of Regulation against Disloyal

Practices of International Trade and article 9 of the Antidumping Code of the GATT, lead us to consider that the justified cuase or legal proceedings is established by"positive probatory informations of the necessity of the examination" referring to the above last rule. The mentioned proofs are those allow to supose a change in facts which were the cause of determination of the compensatory duty.

We are in the presence of a faculty conditioned to the aforesaid "positive probatory informations" exist; this requirement being accomplished, authority may, if considers reasonable, perform its discretionary faculty of the officially revision. The condition theaforesaid disposition binds to, may be controled by the judging to verify not only the legalcause of proceedings has been duly informed to the particular, but also to resolve that there was not condition, "the positive probatory informations", which would allow it to perform its discretionary faculty.

In this case, in the absence of exportations of product, it would not be concluded confirming the compensatory duty, since according with article 7, fraction I of the Governing Act of article 131 of the Political Constitution of the Mexican United States in matter of Foreign Trade, it is not possible to establish a margin of discrimination of prices with any import price comparable to the origin price of an identical or similar merchandise.

The fraction I of said article, in its related part establishes:

"Article 7 – To the effects of this Act, disloyal practices of international trade are the following:
"I – The importation of merchandises at a lesser price than comparable of identical or similar merchandises for the consumption in the origin or procedence country."

Furthermore, the Foreign Trade Act, though is not applicable act to resolve any revision whose procedure started during the enforcement of the former, has application in order to establish the enforcement of a compensatory duty and the effect of revision in said enforcement. The Foreign Trade Act was promulgated in July, 19, 1993 and the contested resolution two years later. In said Act the enforcement of compensatory duties is limited as follows:

"Article 70 – The definitive compensatory duties are eliminated when into a five years term, of coming in force, no one of the concerned parties has requested its revision, nor the Department has officially started it."

As it can be seen, there is a necessary condition for the duty to conclude its five years enforcement of coming in force and that condition consists of there was not was not any revision; therefore, from the transcribed article, when it is interpreted at contrario sensu, another implicit rule is inferable, according with: "The revision of a compensatory duty officially or by request of concerned party discontinues the five years term of enforcement." Therefore, if there is not condition because there was revision, theterm of enforcement of duty comes from said revision.

This interpretation is consonant with the corresponding text of the Antidumping Code of the World Trade Organization (WTO), treaty that is orchestrated on the dispositions of the present Foreign Trade Act. The paragraph 3 of Article 12 ordains the following:

"Article 12 – Term and examination of antidumping duties and commitments related to prices."

"Article 12.3 – Notwithstanding as established in paragraphs 1 and 2, all definitive antidumping duty shall be void not later than a five years term from the date of its imposition (or from the date of last examination made in accordance to paragraph 2, if that examination had included as well the dumping as the damage or the last made by virtue of this paragraph), excepted authorities into an examination started before that date by themselves or by duly based request, made by or on behalf of the branch of the national production prior to that date, establish that the supression of duty may give occasion to the continuation or repetition of damage or dumping. The duty may continue in application waiting for the result of examination."

A resolution confirming a compensatory duty does not leave the situation as it was besides it has the effect to extend the enforcement of duty, object of confirmation. In this case, if validity of resolution of revision would be recognized, the five years term may start without any other later revision from August, 25, 1995, date of this resolution had its effects. That is so, because this section takes on account that dispositions of article 70 of the Foreign Trade Act benefit including the compensatory duties, as well as the herein duty, that they were established prior said article came in force, since the fourth transitory article of the mentioned Act, only limits its enforcement to resolution of "the administrative procedures referring to this ordonance that are carrying out..." therefore not affecting the late juridical consequences to concerned resolution.

In the other hand, in the above paragraph 18 of the contested resolution, authority concludes that it has not "sufficient elements to lessen the facts it knew when establishes compensatory duty", but does not explain which are the elements it took in consideration to confirm the mentioned duty and so as to extend its enforcement. A revision may not be accomplished when authority has not sufficient elements to determine the discrimination of prices. So as if there are not importations of product it is not possible to confront prices in order to estimate the margin of dicrimination of prices.
The Department of Commerce and Industrial Development in the absence of importations of product may not establish a compensatory duty. It has not reason for that and its resolution must be nullified, based on as established in article 238, fraction IV of the Fiscal Code of Federation, for infringement of legal dispositions governing disloyal practices of international trade, particularly articles 7 and 15 of Governing Act of Constitutional article 131 in matter of Foreign Trade.

The compensatory duty must be reversed

In its complaint plaintiff demands:
"Fifth. Prior proceedings of law to enact the nullity of contested resolution."
The formal deficiency of request shall not actually lead to consider inoperable the offense herein studied, if from reading of contestation concepts, would be clear for this judging that plaintiff claim did not limit itself – as may come from the sole reading of its petition – to an open and simple nullity of contested resolution, the same would leave untouchable the resolution which imposed the compensatory duty. Notwithstanding, plaintiff does not only neglet to apply for the nullity in order to reverse the resolution herein revised, but including in the biginning of the singular concept of infringement of its "amparo" claim, it points out:

"Singular – The judgment dated November, 28, 1996, issued by the Second Section of the Superior Chamber of the Fiscal Court of Federation in file number

100(20)4/96/1785/95, infringes articles 14 and 16 of the Political Constitution of the Mexican United States, since in the same was enacted the nulllity to the effects of the contested action in the nullity trial, when according to applicable legal dispositions it must be stated the open and simply nullity of said contested action."

The Sixth Collegiate Court in Administrative Matter of First Circuit granted constitutional protection to plaintiff as consider infringed the lawfulness right for not be duly adjudged the article 237 of the Fiscal Code of Federation that compels to first study the unlawfulness causes that may lead to open and simple nullity of contested resolution.
For all these reasons, this Court in the strict deference of fulfiled judgment, may not conclude with a nullity for the effect the Department of Commerce and Industrial Development issues another to leave ineffective that established the compensatory duty besides to incur into excess in the fulfilment of the "amparo" judgment, nor to exceed in its jurisdictional faculties when grants more than it was requested by the parties. Taking this action, this Section should incur into ultra petita vice.

Notwithstanding the aforesaid, it must be established that a judgment that simplyreverses a ratifying action of revision without any effect on that revised. should be a refusal action of justice; it should not have sense to nullify the action of revision that confirmed the resolution that imposed the compensatory duty in order to leave untouchable this later. En this case, there are additional juridical consequences this Section must set, facing the risk that the judgment may be unfair for not make them explicit.
Actually, this section has interpreted, as it is reasoned in the Sixth statement of this Judgment, that article 70 of the Foreign Trade Act is applicable to a resolution that imposed a compensatory duty prior to its enforcement and the 5 years term referring to in the same, from July, 28, 1993, date that the mentioned disposition came into force, or, from the last revision, if the term has not expired and is later to.

Thus, open and simply nullifying the official revision contested in this lawsuit and in the absence of later revisions, "the definitive resolution on importations of ceramic recoverings for walls; merchandises included into tariff fraction 6908.90.01 of the tariff of the General Tax of Importation Act, coming from the Federative Republic of Brazil", published in the official Journal of Federation,

September, 5, 1991 thereby compensatory duty was fixed, should be ineffective, ipso jure, for to have passed the term established by article 70 of the Foreign Trade Act, since revision raised this trail had not any legal effect, whence the term established in the mentioned article was not discontinued.

Therefore, the open and simply nullity of contested resolution must be set, so assupositions provided by article 238, fraction IV, related to article 239, fraction II, both of the Fiscal Code of Federation, are brought to date.

As foregoing, based and supported in articles 104, 106 and l07 of the "Amparo"Act; 70 of the Foreign Trade Act, 236, 237, 238, fraction IV and 239, fraction II of the Fiscal Code of Federation, it is settled:

I – It is accomplished the executory prescribed by the Sixth Collegiate Court in Administrative Matter of First Circuit into "amparo" lawsuit D.A. 3096/97. Whence, it remains ineffective the judgment prescribed by this Superior Chamber in the part that was motif of constitutional protection of November, 28, 1996.

II – Plaintiff accredited the grounds of its presumption.

III – The open and simply nullity of contested resolution, set in the first paragraph of the lst. settlement of this judgment, is enacted with the consequences derived from and that have been analized in the last statement of same.

IV – By official letter issued to and with duly copy of this resolution, give notice to Sixth Collegiate Court in Administrative Matter of First Circuit into "Amparo" lawsuit D.A. 3096/97, to the legal effects in case of.

V – Give notice - With duly authorized copy of this resolution, once it is firm, return the file to Sixth Metropolitan Regional Chamber, and file in its opportunity, this file.

Thus it was enacted by the Second Section of the Superior Chamber of Fiscal Court of Federation, in session of August, 25, 1998, by majority of 3 votes in favour from Judges Lawyers, Maria Guadalupe Aguirre Soria, Ruben Aguirre Pangburn, Gonzalo Armienta Calderon, 1 with the resolutive points from Judge Lawyer Francisco Valdes Lizarraga and 1 in opposition from Judge Lawyer Silvia Eugenia Diaz Vega.

The reporter was Judge Ruben Aguirre Pangburn whose report was approved in its terms.

■

Tribunal fiscal de la Fédération
Décision de la Vème section, rendue le 19 mars 1998

1. Actes législatifs et administratifs - Difféentes catégories d'actes - Accords internationaux - *North American Free Trade Agreement*
2. Commerce, industrie, intervention économique de la puissance publique - Commerce extérieur - Importations - *Régime douanier*

Summary

A resolution issued by the border Customs Office in Matamoros, dependency of the Secretary of the Treasury, which was objected by the plaintiff, provisionally determined the total sum of $16,561.00 as taxes owed due to presumptive differences in the payment of Tax on Foreign Commerce, Tax on Value-added and fines. He said that the defendant ignored the text of the North American Free Trade Agreement. The Tribunal held that the plaintiff did not omit payment of these taxes, since the North American Free Trade Agreement stipulates that the tariff applicable for the importation of these merchandises belongs to category A of tax exemptions ; consequently the plaintiff is not obliged to pay theTax on Foreign Commerce as it is ilegallly stated in the resolution objected by the plaintiff. Consequently the resolution was anulled.

Résumé

Le requérant contestait une résolution du service des Douanes, dépendance du secrétariet du Trésor, qui déterminait la somme total de 16,561.00 $ comme taxes à payer au titre de la taxe relative au commerce international et de la taxe sur la valeur ajoutée. Selon lui, le défendeur ignorait le texte de l'accord sur le libre-échange Nord-anéricain. Le Tribunal a jugé que le demandeur n'avait pas omis de payer ces taxes depuis que l'accord sur le libre-échange Nord-américain disposait que le tarif applicable pour l'importation de ces marchandises se trouvait dans la catégorie A des exemptions de taxes ; ainsi, le requérant n'est pas obligé de payer la taxe relative au commerce international comme l'ordonne illégalement la résolution contestée. La résolution a donc été annulée.

Decision

Concept of contestation of plaintiff – Plaintiff establishes as complaint that in its opinion, the contested resolution causes it, the following:

"Singular – As it is noticed from the examination of documents of the file coming from the contested resolution, the Matamoros, Tamps. Customs Frontier intends to establish the tax crredit charged to the present plaintiff, so as for supposed omission in tax payment to foreign trade, to value-added and the customs duty, with basis on the result of the chemical analysis made by the Customs General Administration as regards of the sample taken to the imported merchandise under protection of Petition No. 00570-4004980 carried through August, 29, 1994, before the aforesaid customs therein it was established that analysed sample of concerned merchandise is an " no ionic agent of surface formed by polydimetil propoxilate silicone", included in tariff fraction 3402.13.99 of the Tariff of the General Tax of Importation, with 15% ad valorem rate, diverse of the tariff fraction 3910.00.99 of the consulting Tariff, with 0% ad valorem rate in terms of the North America Free Trade Agreement. entered by Mexican United States, Canada and United States of America, stated in the aforesaid Petition No. 0570-4004980.

Now then, the herein contested resolution is unlawful and must be nullified, because even that it is true that the present plaintiff stated that the imported merchandise under protection of the mentioned petition 0570-4004980, are the chemical products generically named "Silicon copolymeric" and "Silicon Oil", that applicable tariff fraction of the Tariff of the General Tax of Importation was the 3910.00.99 and the ad valorem rate was 0% according with the North America Free Trade Agreement, it is not less than did not exist in the kind the omission in the payment of taxes to foreign trade and to value-added and to customs duty even that it is also true that in kind the applicable tariff fraction of the consulting Tariff, may be that established by the defendant authority, it is to say the 3402.13.99 with 15% ad valorem rate referring to "No ionic agent of surface formed by polydimetil propoxilate silicone", being this last tariff fraction more specific than the stated by Osi Specialities de Mexico, S.A. de C.V., therefore the importation to the country of merchandise included in tariff fraction established by the authority, if it comes from the signatory country of the North America Free Trade Agreement, as it happened in this case, it pays the 0% ad valorem rate too.

Actually, the present plaintiff accredits to have imported to the country with the sealed copy bearing the signatures of the mentioned Importation Petition No. 0570-4004980 and the copy of the corresponding commercial invoice, the chemical substances generically named "Silicon Polymeric" and "Silicon Oil", whose commercial names respectively are "L-45", "Silwet L-7604" and "L-45", and accredits too that said substances coming from United States with the corresponding certificate of origin. Likewise, plaintiff accredits the expertly proof that must disclose in quality of expert Chemical Eng. Hector Porragas

Professional Schedule No. 1700011 issued by the General Direction of Professions of the Department of Public Education and with address to receive notifications in Moctezuma 443 Col. del Carmen, Coyoacan, Mexico, F.D., that the aforesaid Silicon Copolymeric and Oil are "No Ionic Agentes of Surface formed by Polydimetil Propoxilate Silicone".

On the herein conditions and so as the importation to the country as well of the "Silicon Copolymeric and Oil", included in diverse tariff fraction 3910.00.99 of the Tariff of the General Tax of Importation as the "No Ionic Agent of Surface formed by Polydimetil Propoxilate Silicone", included in tariff fraction 3402-13.99 of the consulting Tariff when they are products coming from United States are sumitted to payment of the 0% ad valorem rate in terms of that transacted in the North America Free Trade Agreement, published in the Official Journal of Federation, December, 20, 1993, according to established in Section B-Tariffs, article 302, Enclosure 302.2 Tariff Removal, item (a) and Section b-roll of tax exemption of mexico, it results that in the kind there was not omission in the payment of contributions to foreign trade, nor in the payment of the value-added tax, either in the payment of customs duty, related with the importation transaction made under protection of mentioned Petition nno.0570-4004980, therefore there was not administrative illicit provided by article 127 of the Customs Act, nor the established sanctions in diverses numeral 129 of aforesaid Act and 76 of the Fiscal Code of Federation, whence it proceeds that H. Regional Chamber to enact resolution establishing the nullity of contested diverse."

Refutation of replying authority.

On its turn, authority called to trial states in its reply to complaint the following:

"Singular – In replied correlate plaintiff states that contested resolution is unlawful and must be stated null based in established by fraction IV of article 238 of the Fiscal Code of Federation for transgress in its damage that provided by diverses 127 fraction I and 129 fraction I of the Customs Act lst., fraction IV of the Value-Added Tax Act and 76 Fraction II of the mentioned Fiscal Code of Federation and for omissive application to established in the North America Free Trade Agreement entered between Mexican United States, Canada and United States of America, since the imported merchandise under protection of Petition 057 and 4004980, August, 29, 1994, it is to chemically try genrically named "silicon copolymeric" and "silicon oil" with commercial numbers respectively L-46, silwet L-7604 and L-45 which shall be proved by the expertly proof that shall be disclosed by its expert and it accredits that said substances come from United States of America enclosing the corresponding certificate of origin, therewith proving that independently that may be tariff inaccuracy, substance is subject to payment of 0% ad valorem rate in to terms of the mentioned agreement, as established in its section 8-Tariffs article 302, enclosure 302.2 Tariff Removal, item (a) and section 8-roll tax exemption of Mexico, resulting that in kind there was not omission in the payment of contributions to foreign trade nor to value-added nor the payment of customs duty, so as, there was not administrative illicit provided in article 127 of Customs Act, nor established sanctions in diverses numeral 129 of said Act and 76 of the Fiscal Code of Federation.

That stated by plaintiff in the replied correlative must be rejected for groundless and inoperable since that determination of my represented are according to law, so as it is mentioned in the contested resolution in the petition of importation 0570-4004980, August, 29, 1994, the same is into proceeding, the contrary stated that imported merchandise was silicon oil and copolymeric L-45, L-7604 and L-45 under tariff classification 39.100.99 with 0% ad valorem rate and total tax of $4,557.00, which is different to established by the General Direction of Customs, that from analysis of the sample of referring merchandise may prove that the same was propoxilate silicone would be accurately classified in record 3402.13.99 with 15% ad valorem rate, that does not requires permit for its importation from competent autority, therefore it is inferred that if there is not inaccurate tariff classification there is omission of taxes in favour of federal treasury, so it is accredit the infringement applicant incurs when omits the correct payment of its contributions, as provided in article 27, fraction I of Customs Act and lo. fraction IV of the Value-Added Tax, the same is deserving of fines according to established in diverses 129 fraction I of the Customs Act and 76 fraction 76 of Fiscal Code of Federation.

The foreing is confirmed with the expertly proof that to effect exhibits for the present time, this fiscal representation to the effect of verify that the silicon oil and copolymeric actually were substances with no ionic agent of surface formed by polydimetil proxilate silicone, which expertly proof shall be made by Industrial Chemical Eng. Alfredo Herrera, with professional schedule number 182662, under the questionnaire enclosed to present.

Furthermore, it is necessary to state that H. Chamber that from the whole reading of the concept of contestation does not appears that plaintiff infringes in substance the established by the General Administration of Customs when analysis of substances was made, since it implicitly accepts by its affirmations that actually the silicon copolymeric and silicon oil are substances formed by a no ionic agent of surface formed by propoxilate silicone polydimetal, pointing out "that even it results true that in kind the tariff fraction applicable to consulting tariff is that defendant authority established, it is to say that is the 3402.13.99 with

15% rate, same that is exempted of taxes to a 0% ad valorem rate, since it is a merchandise coming from United Estates of America, that it tries to accredit with the corresponding certificates of origin, and so as to verify that substance is included into Free Trade Agreement published in the Official Journal of Federation, December, 20, 1993.

This last statement results unrighteous too, considering that in kind, plaintiff does not proof in terms of article 81 of the Federal Code of Civil Procedures, suppletory applied in fiscal matter that merchandise imported under protection of petition of importation number 0570-4004980, August, 29, 1994, is coming from United Estates of America, since it omitted to enclose to its complaint certificates of origin may accredit its presumption, since it is true that in the chapter of proofs of its initial writing of complaint it exhibits said documentals, its true that does not exhibit them, confirmed fact by the resolution dated March, 7, 1995, issued by that H.Chamber wherein its is required for the effect that into five days terms plaintiff exhibits the certificates of origin referring to its complaint, besides to this date said requirement has not be accomplished then it does not accredit the extremes of its action in order to allege that the imported merchandise is of american origin and the same is exempted to a 0% ad valorem rate. Furthermore that in the exportation petition, plaintiff does not points out that said operation was made under protection and benefits of the North America Free Trade Agreement.

Even more it results insufficient the commercial invoice 3054425-2 issued by the Supplier Osi Specialities Inc., exhibited by the contrary in order to allege the mentioned substance is of american origin wherein merchandises, matter of the present controversy, since it accredits the transaction of merchandise with its supplier located in Brownsville, Texas, United States of America, but it never proof the same comes from that country.

Under this considerations the concerning is that the vallidity and lawfulness of contested resolution be recognized, appraising according to law the public documentals integrating the present case, as well as the expertly proof exhibited by this fiscal representation."

Analysis of argumentations of parties – From the revision of proceedings, this judging arrives to the conviction that the concept of contestation of plaintiff is based and sufficient in order to state the open and simple nullity of contested resolution, concerning to following:

Plaintiff states that the contested action in this trial, to wit, the resolution included in official letter 4119-XI-001698 February, 8, 1995 issued by Matamoros Frontier

Customs of the Department of Treasury and Public Credit, wherein it was concluded a fiscal credit on the amount of $ 16,561.00. for differences in the entering of taxes to Value-Added Tax of Foreign Trade and fines, by virute of tariff classification presumptively inaccurate of the imported merchandise under protection of petition number 0570-404980 August, 29, 1994
is unlawful as in any moment it was incurred in the omission of payment of contributions in comment, by virtue of so as it is true that it was made the importation of merchandises mentioned in the contested resolution under protection of tariff fraction 3910.00.99, whose 0% ad valorem rate as regards of merchandises coming from United States of America under the North America Free Trade Agreement, not less true results that the correct tariff fraction for the importation of mentioned merchandises in the contested resolution is that mentioned by defendant authorities, appraised confession by this judging according with article 234, fraction I, of the Fiscal Code of Federation, this is, that applicable fraction is 3402.13.99, but it must not be slanting that by virtue of the North America Free Trade Agreement, goods comming from United States of America imported to our country under Protection of the later mentioned fraction, the 4302.13.99 has 0% ad valorem rate too, therefore in the importation made by plaintiff evidently it was not incur in omission of payment of mentioned contributions, because it was not compeled to enter them.

It is to mention that plaintiff exhibited the chemical expertly proof in order to prove that silicon copolymerics and oil, merchandises it imported, are no ionic agents of surface formed by Polydimetil Propoxilate Silicone, clearing that the expert of plantiff and the Arbitrator stated its agreement with the statement of plaintiff, since the expert of defendant Authority asserted it was necessary to make another special proof in order to establish that applied for, therefore, this Judging considers there is not controversy as regard of the nature and composition of imported merchandises, joint to agreement of plaintiff as regards to tariff classification of these later, made by defendant authority, when it is asserted in theinitial petition of nullity the following:

"...it is also true that in the kind the tariff fraction aplicable to consulting Tariff, is that was established by the defendant authority, it is to say that the 3402.13.99 with 0% ad valorem rate referring to as "no ionic agent of surface formed by polydimetil propoxilate silicone", so as this later tariff fraction more specific than that stated by Osi Specialities de Mexico, S.a.de C.v., since the importation to country of merchandise included into tariff fraction specified by authority, if its is coming from the signatory country of the North America Free Trade Agreement, as it happened in this case, it pays the 0% ad valorem rate too."

Once it is established the above, it is necessary to point out that according with the North America Free Trade Agreement in its article 302.2, into its corresponding part that literally establishes:

"Art. 302. Tariff removal.
1 [...]
2. Excepting other thing be disposed in this Agreement, each Party shall forward remove its customs tariffs on originary goods according with its rolls of tax exemption included in Enclosure 302.2."

In its turn, the mentioned Enclosure 302.2 of the North America Free Trade Agreement, in the part concerning us, literally says:

" Removal tariff. Excepting other thing be disposed in the roll of tariff exemption of each party enclosed to this enclosure, the following classes of tariff exemption will be applicate to exemption of customs tariffs, for each Party according to Article 302(2):
the costums tariffs on goods included in fractions of exemption class A in the roll of exemption of a party, will be completely removed and said goods will remain duty free from January 1th, 1994.

Thus, the Section of Enclosure 302.2 of the North America Free Trade Agreement consisting to exemption list of Mexico, points out as regards to mentioned tariff fractions in this case:

Tariff Fraction, Description, Base Rate, Products from U.S.A., Canada
[...]

From foregoing transcriptions, it is possible to conclude that article 302 of the North America Free Trade Agreement establishes, among other dispositions, the progressive exemption according to the rolls that are enclosed as enclosure 302.2 of mentioned Agreement, being that in said enclosure four classes of goods are established to:
class A referring to merchandises exempted of tariff from January, 1st., 1994. Class B referring to merchandises that must be exempted into a five yearly steps term to be free of tariffs from January, 1st., 1998; class C referring to merchandises that must be exempted into ten yearly steps, in order to remain exempted since January, 1st., 2003: and class D that must be continued exempted

Now then, according with the above transcribed, merchandises coming from United States of America to our country under protection of tariff fractions 3402.13.99 and 3910.00.99 are under class A, therefore, free of customs tariff from January, 1st., 1994.

So as the aforesaid, plaintiff argues that the importation of merchandises mentioned in the contested resolution, corresponds to goods coming from United States of America, and in order to accredit the foregoing exhibits the certificates of origin corresponding to merchandises in case, translated into Spanish, that are into proceedings in leaves 133 to 135 and 137 to 139 [...]

Joint to foregoing, in the same text of petition of importation number 0570-4004980 under its protection herein merchandises were imported, that is into proceedings in leaves 24 of file 353/96, it may be read in its corresponding party that supplier of merchandises described as silicon oil and polimeric types, l-45, l-7604 and l-45, is osi specialiities, inc., as it appears into above transcribed certificates of origin.

In this point, it must mentioned that defendant authority stated that certificates of origin exhibited as proof by plaintiff must be rejected because there were not exhibited in he moment of initial complaint of nullity was entered but from the revision of proceedings is evident that althought plaintiff exhibited the mentioned documentals it was neglectful for not enclosed them in the initial petition of nullity, therefore it was summoned by Instructor Judge in the admisory proceeding of March, 7, 1996 to bring them in a five days term, found in article 212 of the Fiscal Code of Federation, writ of summons that was timely considerate by plaintiff in writing of April, 3, 1996, whence into proceeding of next April 22 was put without effects the enacted summons in admissory proceeding of complaint, for this reason, the assertion of replying is to be rejected since it only controverts the assumed omission in the exhibition of certificates of origin in comment by plaintiff, and not the validity of these, nor they competence with the litis, therefore this judging found in article 234 of the Fiscal Code of Federation, is in legal possibility to appraise said evidences.
From foregoing comes out that plaintiff accredits that merchandises it imported are goods coming from United States of America, and therefore, the North America Free Trade Agreement must be applied in its terms, enjoying the importation of referring Merchandises the tariff exemption that mentioned Agreement heedful establishes that tariff fraction applicable to concerning importation, frames into class A of exemption according with the enclosure 302.2 of the North America Free Trade Agreement, that is, duty free to Foreign Trade from January, 1st., 1994; whence if herein importation was accomplished
in August, 29, 1994, as it can be read in the herein respective petition of importation, it is uselessly clear the compulsiveness of North America Free Trade Agreement in this case, and therefore, the herein importation of chemical products is free of the obligation of payment of General Tax of Importation, so as plaintiff referres to, who even has made for account the importation under

protection of tariff fraction 3910.00.99 exempt for the North America Free Trade Agreement., accepts that tariff fraction thereby it should carry out the correct importation is that authority establishes, as the fraction 3402.13.99 that in terms of the North America Free Trade Agreement is exempted too, therefore, plaintiff has not legal bligation to pay the General Tax of Importation as unlawfully is asserted in contested resolution , whence for this judging is possible to state the nullity of contested resolution, being unlawful the decision of fiscal credit, that in the amount of $6,282.00 of the General Tax of importation defendant authority takes, besides it must be also reversed the fine imposed to in the total amount of $9,423 found on article 129, fraction I of Customs Act dated when importation was carried out for presumed omisssion of payment of contribution in comment, heedful to if it would have legal oblligation to pay the contribution it may not exist any infringement for not enter it.

Joint to foregoing, this judging does not slant that, in the contested resolutiondefendant established the differences in assesment of contributions at charge of plaintiff by virtue of made importation, not only for the General Tax of Importation, but for Value-Added Tax too, being that for this later plaintiff paid the amount of $4,422.00, it has to set as regards that articles 27 and 28 of the Value-Added Tax Act, in its corresponding parties literally establish:

"Art. 27 - In order to calculate the tax to value-added, being importation oftangible goods, it must be considered the used value to the purposes of general tax of importation added with the amount of this last tariff and the others that must be paid for importation."
"Art. 28 - [...] When it is about of good for which it is not compeled to payment of general tax of importation of tangible goods, tax payers will make the payment established by this Act through return they will file before the corresponding customs..."

From foregoing, it may conclude that plaintiff made the assesment of the Value Added Tax at its charge, since while the North America Free Trade Agreement exempted it of payment of General Tax of Importation, it should cover the Value-Added Tax, but plaintiff actually made the referring payment following on procedure for that purpose establishes numeral 27 of Value-Added Tax, whence, if.from proceedings has be accredited that plaintiff had not obligation to pay the General Tax of Importation, the contested resolution results unlawful when in order to establish differences resulting from the Value-Added Tax at charge of plaintiff, defendant addes to the basis of estimation of mentioned tax the amount to pay of the General Tax of Importation, contribution plaintiff is not compeled to pay as exhibit in the present decision, and for this reason this judging considers contrary to the law the decision in the contested resolution in the amount of $428.00 related to presumed differences in the assesment of the Value-Added Tax, as well as the fine of $428.00 imposed to for the presumed omission in the payment of mentioned tax, found in article 776, fraction II of Fiscal Code of Federation.

Therefore, and under advisement that the contested resolution was enacted ignoring the included dispositions in the North America Free Trade Agreement, as well as the Value-Added Tax Act, based in article 238, fraction IV of the Fiscal Code of Federation, for this judging is possible to enact the open and simply nullity of legal proceedings submitted to discussion, to wit, resolution included in official letter 4119-XI-01698 of February, 8, 1995 issued by the Matamoros Frontier Customs of the Department of Treasury and Public Credit, wherein fiscal credit was provisionally established in the total amount of $16,561.00, for differences in the assesment of Taxes to Foreing Trade, Value-Added Tax and fines, by virtue of stated reasonings in this judgment.

In merit of foregoing and based in articles 236, 237, 238, fraction IV, and 239 fraction II of the Fiscal Code of Federation, 20, fraction I, item (b) of the Organic Actof the Fiscal Court of Federation, it is to resolve and be resolved:

I – Plaintiff accredits the extremes of its action, therefore:

II – The open and simply nullity of contested resolution is enacted by virtue of stated reasonings in this judgment.

III – Give notice – With duly authorized copy of this resolution, return the present proceedings to the corresponding Regional Chamber, once it is firm, or in its case, as the present subject be definitive enacted, and file in its opportunity, this file.

Thus, it was enacted by the First Section of the Superior Chamber of the Fiscal Court of Federation, in session of March, 19, 1998, by unanimity of four votes from Judges Luis Malpica de Lamadrid, Luis Humberto Delgadillo Gutierrez, Jorge Alberto Garcia Caceres and Maria Del Consuelo Villalobos Ortiz, being absent Judge Alma Peralta Di Gregorio.

NEW ZEALAND

Hight Court
Functions and powers

The Hight Court is divided administratively into four regions.

The High Court has all the jurisdiction necessary to administer the laws of New Zealand. It exercises jurisdiction in cases of major crime, Admiratly proceedings, more important civil claims, appeals from lower courts and tribunals, and reviews of administrative actions. It has inherent jurisdiction to punish for contempt of court.

The Hight Court exercises both original and appellate jurisdiction.

It has no advisory jurisdiction.

Court of appeal of Wellington
Decision 2 NZLR257, Tavita v/ Minister of Immigration, of December 17th 1993.

1. Actes administatifs et législatifs - Accords internationaux - Applicabilité - *Pacte de 1966 sur les droits civils et politiques - Convention de 1989 sur les droits de l'enfant*
2. Étrangers - Expulsion - Droit au respect de la famille

Summary

Tavita, an overstayer, sought judicial review of a decision of the Minister of Immigration not to set aside a removal warrant on humanitarian grounds. Subsequent to that decision, Tavita had a daughter born in New Zealand and married the mother of the daughter. The Minister and the Immigration Service had not consider the International Covenant on Civil and Political Rights 1966, the First Optional Protocol, or the Convention on the Rights of the Child 1989. The Court of Appeal held the Minister and the Immigration Service should reconsider the case in light of those international obligations which focused on the rights of the child. The President noted that the United Nations Human Rights Committee was in a sense part of New Zealand's judicial structure, in that individuals have direct right of recourse to it.

Résumé

Mr Tavita, un étranger en situation irrégulière, a introduit un recours contre une décision du ministre de l'Immigration refusant d'annuler un mandat d'expulsion, en se fondant sur des motifs humanitaires. Ultérieurement à cette décision, Mr Tavita a eu une fille, née en Nouvelle-Zélande, et s'est marié avec la mère de sa fille. Le service de l'Immigration n'a pas pris en compte le Pacte relatif aux droits civils et politiques de 1966, le premier protocole et la Convention sur les droits de l'enfant de 1989. La cour d'appel a décidé que le Ministère et le service de l'Immigration devraient reconsidérer le cas à la lumière de ces obligations internationales relaives aux droits de l'enfant. Selon le président, le comité des Nations unies sur les droits humains fait partie de l'ordre juridique de la

Nouvelle-Zélande et les individus ont un droit direct à y recourir.

Decision

Mr Tavita, a citizen of Western Samoa, arrived in New Zealand in December 1987 and was granted a visitor's permit. He became an overstayer in March 1989. After a removal warrant was issued by the District Court on 12 March 1990, he appealed to the Minister of Immigration pursuant to the Immigration Act 1987, s 63, seeking the cancellation of the warrant on humanitarian grounds. By letter dated 4 April 1991, the Minister declined the appeal. Mr Tavita's daughter was born in New Zealand on 29 June 1991 and on 7 July 1991, he married the mother of his daughter. In September 1993, the New Zealand Immigration Service took steps to execute the removal warrant issued in 1990, now classified as a removal order by virtue of the provisions of the Immigration Amendment Act 1991. Judicial review proceedings were brought on Mr Tavita's behalf seeking the setting aside of the removal order and a reconsideration of the appeal. Reliance was placed on the International Covenant on Civil and Political Rights 1966, including the First Optional Protocol, and the Convention on the Rights of the Child 1989. An application for an interim order under the Judicature Amendment Act 1972, s 8, was dismissed on 3 November 1993 by McGechan J who pointed out that the decisions attacked were made before the birth of the child and the marriage, so that there was then no call to take the Covenant or the Convention into account. An interim order for a stay of removal was made pending appeal.

[...]

In the Court of Appeal it was accepted by counsel for the Minister that at no stage had the Minister or the Immigration Service taken either the Covenant or the Convention into account. It was submitted, however, that they were not obliged to and that in any event, they were entitled to ignore the international instruments. It was also submitted that no request had been made for a reconsideration of the case. The major question in the appeal was whether, against the background of the powers available under the Immigration Act 1987, the Minister and the Immigration Service should have regard to the international obligations concerning the child and the family in considering whether now to enforce the removal order.

Held: 1. The relevant provisions of the International Covenant on Civil and Political Rights 1966 and the Convention on the Rights of the Child 1989 called for a balancing exercise broadly similar to that required by the European Convention for the Protection of Human Rights and Fundamental Freedoms 1950, art 8, but the basic rights of the family and the child were the starting point. It was accepted by the Crown that the case had never been considered from that point of view. Consideration from that point of view could produce a different result (see p 265 line 26).
Berrehab v Netherlands (1988) 11 EHRR 322 (Euro Ct of Human Rights), Beldjoudi v France (1992) 14 EHRR 801 (Euro Ct of Human Rights) and Lamgiundaz v United Kingdom [1993] TLR 453 considered.

2. Whatever the merits or demerits of either of her parents, Mr Tavita's daughter was not responsible for them, and her future as a New Zealand citizen was inevitably a responsibility of New Zealand. Universal human rights and international obligations were involved. It might be thought that the Minister would welcome the opportunity of reviewing the case in the light of an up-to-date investigation and assessment. As nothing of the sort appeared to have occurred, the opportunity of reconsideration should be given. Appeal adjourned sine die and the stay to remain in force to enable Mr Tavita to make such application as he is advised to make in the light of current circumstances and to enable the Minister to consider such application.
Appeal adjourned accordingly.
Observations: (i) The submission that the Minister and the New Zealand Immigration Service are entitled to ignore international instruments is an unattractive argument, apparently implying that New Zealand's adherence to the International Covenant on Civil and Political Rights 1966 and the Convention on the Rights of the Child 1989, has been at least partly window-dressing. Although in the circumstances a final decision on the argument was neither necessary nor desirable, there must at least be hesitation about accepting it. The law as to the bearing on domestic law of international human rights and the instruments declaring them is undergoing evolution.
(ii) In the circumstances it is not appropriate to discuss how far Brind, in some respects a controversial decision, might be followed in New Zealand on the question whether, when an Act is silent as to relevant considerations, international obligations are required to be taken into account as such.
R v Secretary of State for the Home Department, ex parte Brind [1991] 1 AC 696; [1991] 1 All ER 720 and Ashby v Minister of Immigration [1981] 1 NZLR 222 (CA) discussed.
(iii) If and when the matter does fall for decision, an aspect to be borne in mind

may be one urged by counsel for the appellant : that since New Zealand's accession to the Optional Protocol, the United Nations Human Rights Committee is in a sense part of this country's judicial structure, in that individuals subject to New Zealand jurisdiction have direct rights of recourse to it. A failure to give practical effect to international instruments to which New Zealand is a party may attract criticism. Legitimate criticism could also extend to the New Zealand Courts if they were to accept the argument that, because a domestic statute giving discretionary powers in general terms does not mention international human rights norms or obligations, the executive is necessarily free to ignore them.

Appeal

This was an appeal from a decision of the High Court dismissing an application for an interim order under the Judicature Amendment Act 1972, s 8.

S K Fliegner for the appellant (V Tavita).

I C Carter for the respondents (Minister of Immigration and Attorney-General).

The interim judgment of the Court was delivered by

Cooke P. This is an appeal from an order refusing interim relief in a judicial review proceeding. The facts of the case have some familiar features as to overstaying, but they also have some particular features which make the case difficult.

Viliamu Tavita arrived in New Zealand from Western Samoa on 22 December 1987. He was granted a visitor's permit, which is a type of temporary permit under the Immigration Act 1987, s 24, and there were subsequent extensions to 22 March 1989. In the meantime his application for a residence permit was declined, as was his application for reconsideration of that decision. On 12 March 1990 the Lower Hutt District Court, on the application of an immigration officer, granted a removal warrant under s 54, subject to residence and reporting conditions pending removal. Mr Tavita appealed to the Minister under s 63B to cancel the warrant on humanitarian grounds or for a reduction of the five-year period following removal for which such a warrant remains in force. By letter dated 4 April 1991 the Associate Minister declined the appeal. That is the last occasion of any ministerial involvement in Mr Tavita's case, apart from an affidavit hereinafter quoted.

On 29 June 1991 the child Natia Tavita was born in New Zealand. She is a New Zealand citizen by birth (Citizenship Act 1977, s 6), and is the daughter of Mr Tavita and his wife Keiana, whom he married on 7 July 1991. The evidence is that Mrs Tavita is employed and that Mr Tavita looks after the child during the day. He does some panelbeating work at home. Neither parent receives a Social Welfare benefit.

An affidavit sworn on 5 October 1993 by Mr Tavita includes the following:

"6. My father is dead. My mother who is in her sixties, lives with one of my sisters in Apia. My mother has no house of her own, and owns no land, she is being supported by me and other family who send money over from New Zealand.
7. She is the only close relative I could turn to for support in Samoa. But she cannot support me. I have no property, land, or job to go to in Samoa.
[...]
12. If I were forced to leave New Zealand, I would lose contact with my daughter, and with my wife. I on my own would have no support in Samoa, it would be impossible for me to support my wife and child as well. If we all went to Samoa, we would have no support. My wife and child have to stay in New Zealand where we are settled.
13. If I were allowed to stay in New Zealand, I would not be receiving a social welfare benefit. My wife has applied for Permanent Residence, and I believe her application is being processed. It is very important for me, for my wife and for our child that I am allowed to stay here."

An affidavit sworn on 5 October 1993 by the appellant's brother, Frank Farani Tavita Pouniu, includes the following:

"5. Our mother is in her sixties, and is not able to provide any support for Viliamu should he be deported. She is not able to support herself, and relies on charity from family in New Zealand.
[...]
8. I understand that Viliamu has been told he must leave, and not come back to New Zealand for five years. His family cannot and will not go with him. By the time he returns, he would be a stranger to his daughter. We have relatives here, but none that can take on the care of another child."

An affidavit sworn on 28 October 1993 by Dr AA Kerr of Lower Hutt, consultant paediatrician, includes the following:

"2. On 19 October 1993 at Lower Hutt hospital I interviewed Viliamu Tavita and his daughter Natia Ricka Tavita, born on 29 June 1991. Mr Tavita is married, and while his wife works during the day, he is the Chief Caretaker for their three year old daughter. The family situation appears to be a stable one, with Mr Tavita providing good and appropriate care and security for the child.
3. If Mr Tavita were to leave New Zealand, the care he provides now for the child would no longer be available: this would certainly have a detrimental affect on the child's emotional well-being and development, and is against the best interests of this child.
4. The first years of a child's life are critical to any child's development. As a Paediatrician with my experience in dealing with children with problems, I am very much aware that separation of parents from children has a major

psychological effect on children. This is no less so for this child, as she is closely bonded with her father.

5. If the father were to be separated from this child, I believe that in addition that this is counter to the spirit and requirements of the Children Young Persons and their Families Act 1989, in which the interests of the child are stated as being paramount, and which sets responsibility for the welfare of children as being primarily with the family, and not the state."

In September 1993 the New Zealand Immigration Service took steps to execute the removal warrant granted in 1990. The judicial review proceeding was then brought on Mr Tavita's behalf. We were informed from the Bar that later he was taken to the airport and that his removal was halted on notice of a stay granted in the proceeding.

The judicial review proceeding was commenced on 5 October 1993. The proceeding sought an interim order preserving the position of the applicant and his child and his wife; an order quashing the removal order (as the warrant is now classified under the current legislation: see the Immigration Amendment Act 1991, ss 2(6) and 34); an order directing a rehearing of the applicant's appeal or appeals; an order requiring the Minister to cancel the removal order and issue a permit under s 35 or otherwise allow the applicant to remain in New Zealand; and further or other relief. Reliance was placed on the International Covenant on Civil and Political Rights 1966 and the Optional Protocol thereto. The Protocol gives an individual subject to New Zealand jurisdiction who has exhausted all available domestic remedies a right to apply to the Human Rights committee of the United Nations. That Committee is in substance a judicial body of high standing. Reliance was also placed on the Convention on the Rights of the Child 1989. Certain administrative law grounds not related to those international instruments were also pleaded but were not relied on as separate grounds in the argument in this Court.

The application for an interim order under the Judicature Amendment Act 1972, s 8, came before McGechan J on 1 November 1993 and was dismissed by him on 3 November, but the Judge made an interim order for in effect a stay of the removal pending appeal.On the hearing of the appeal this Court reserved judgment. The stay remains in force.

The Secretary for Foreign Affairs and Trade has advised that New Zealand ratified the abovementioned International Covenant on 28 December 1978 and acceded to the Optional Protocol on 26 May 1989; and that with certain reservations New Zealand ratified the Convention on the Rights of the Child on 13 March 1993. It is not in dispute that sufficient instruments of ratification or accession have been deposited to bring the Convention into force under art 49.

It is important to note that, at the dates of the declining of the residence applications, the granting of the removal warrant, and the Associate Minister's decision to reject the appeal, the appellant's child had not been born. The circumstances now are of course quite different.

In an affidavit sworn on 21 October 1993 the Associate Minister, the Hon RFH Maxwell (now the Minister), states inter alia:

"15. The applicant's marriage and the birth of his child both occurred after I had made my decision to decline the s 63 appeal. I can say however that had these new facts been before me it is unlikely that my decision would have been any different. For an appeal to succeed under s 63 I had to be first satisfied that, because of exceptional circumstances of a humanitarian nature, it would be unjust or unduly harsh for the person concerned to be removed from New Zealand or for the removal warrant to remain in force for the full five years. In my experience it is common to find persons, in New Zealand unlawfully, who have entered into relationships or marriage with New Zealand citizens or residents; it is also common to find persons, in New Zealand unlawfully, who have children born in New Zealand. While the new circumstances which have arisen since I declined the applicant's appeal are clearly of a humanitarian nature, they are not exceptional."

The Associate Minister's affidavit makes no reference in any way to the international instruments. In the statement of defence it is admitted that the Minister did not take either the Covenant or the Convention into account when making "his decision". The meaning of "his decision" was not entirely clear, but counsel for the Crown accepted in this Court that at no stage has the Associate Minister or the Department taken the instruments into account. The essential argument for the Crown has been that they are not obliged to do so.

The primary provisions of the Covenant invoked for the applicant are in arts 23(1) and 24(1):

"[art 23] 1. The family is the natural and fundamental group unit of society and is entitled to protection by society and the State.

[art 24] 1. Every child shall have, without any discrimination as to race, colour, . . . national or social origin . . . the right to such measures of protection as are required by his status as a minor, on the part of his family, society and the State."

It may be noted also that art 24(3) states "Every child has the right to acquire a nationality".

The primary provisions of the Convention invoked for the applicant are in art 9(1):

"(1) States Parties shall ensure that a child shall not be separated from his or her parents against their will, except when competent authorities subject to judicial review determine, in accordance with applicable law and procedures, that such separation is necessary for the best interests of the child. Such determination may be necessary in a particular case such as one involving abuse or neglect of the child by the parents, or one where the parents are living separately and a decision must be made as to the child's place of residence."

That must be read together with art 9(4):
"(4) Where such separation results from any action initiated by a State Party, such as the detention, imprisonment, exile, deportation or death (including death arising from any cause while the person is in the custody of the State) of one or both parents or of the child, that State Party shall, upon request, provide the parents, the child or, if appropriate, another member of the family with the essential information concerning the whereabouts of the absent member(s) of the family unless the provision of the information would be detrimental to the well-being of the child. States Parties shall further ensure that the submission of such a request shall of itself entail no adverse consequences for the person(s) concerned."
In his judgment McGechan J pointed out that the decisions attacked, up to April 1991, were made before the birth of the child and the marriage, so that there was then no call to take the Covenant or the Convention into account. While expressly leaving the point open, the Judge recognised that on a 1993 reconsideration it might be appropriate to take those international obligations into account. The Judge did say that it was made clear in the submissions to him that the applicant would want the Minister to reconsider on the basis of current factors. The statement of claim includes allegations bringing the execution of the removal order within the scope of the proceeding. Possibly because of the urgency of his decision, possibly because of the general nature of the argument before him, the Judge does not appear to have focused on what certainly has emerged as the major question in the appeal: namely, against the background of such powers as are available under the Immigration Act, should the Minister and the Department have regard to the international obligations concerning the child and the family, in considering whether now to enforce the removal order ?
Two decisions of the European Court of Human Rights appear distinctly relevant. Neither was cited to us in argument, but that implies no criticism, for the case had to be prepared under pressure and such decisions are not always easy to locate. For that reason we will quote the main passages in the judgments in extenso. Both cases relate, so far as now relevant, to art 8 of the European Convention for the Protection of Human Rights and Fundamental Freedoms:
"1. Everyone has the right to respect for his private and family life, his home and his correspondence.
2. There shall be no interference by a public authority with the exercise of this right except such as in accordance with the law and is necessary in a democratic

society in the interests of national security, public safety or the economic well-being of the country, for the prevention of disorder or crime, for the protection of health or morals, or for the protection of the rights and freedoms of others."
In Berrehab v Netherlands (1988) 11 EHRR 322, the first applicant, a Moroccan citizen, was refused an entry permit after his divorce from his Dutch wife. The second applicant was his minor daughter, who lived with her mother. The first applicant had since remarried the mother but that point was not treated as important. The applicants complained that the father's deportation, inhibiting further contact between them, amounted to a violation of their rights to family life.
[...]

23. Like the Commission, the Court recognises that this possibility was a somewhat theoretical one in the circumstances of the case; moreover, Mr Berrehab was given such a visa only after an initial refusal. The two disputed measures thus in practice prevented the applicants from maintaining regular contacts with each other, although such contacts were essential as the child was very young. The measures accordingly amounted to interferences with the exercise of a right secured in paragraph (1) of Article 8 and fall to be considered under paragraph (2).
24.The Court finds that, as was submitted by the Government and the Commission, the measures in question were based on the 1965 Act; and indeed, the applicants did not dispute that.
25. In the applicant's submission, the impugned interferences did not pursue any of the legitimate aims listed in Article 8(2); in particular, they did not promote the 'economic well-being of the country', because they prevented Mr Berrehab from continuing to contribute to the costs of maintaining and educating his daughter.
The Government considered that Mr Berrehab's expulsion was necessary in the interests of public order, and they claimed that a balance had been very substantially achieved between the various interests involved.
The Commission noted that the disputed decisions were consistent with Dutch immigration-control policy and could therefore be regarded as having been taken for legitimate purposes such as the prevention of disorder and the protection of the rights and freedoms of others.
26.The Court has reached the same conclusion. It points out, however, that the legitimate aim pursued was the preservation of the country's economic well-being within the meaning of paragraph 2 of Article 8 rather than the prevention of disorder : the Government was in fact concerned, because of the population density, to regulate the labour market.

27. The applicants claimed that the impugned measures could not be considered "necessary in a democratic society".
The Government rejected this argument, but the Commission accepted it, being of the view that the interferences complained of were disproportionate as the authorities had not achieved a proper balance between the applicants' interest in maintaining their contacts and the general interest calling for the prevention of disorder.
28. In determining whether an interference was 'necessary in a democratic society', the Court makes allowance for the margin of appreciation that is left to the Contracting States.
In this connection, it accepts that the Convention does not in principle prohibit the Contracting States from regulating the entry and length of stay of aliens. According to the Court's established case law, however, 'necessity' implies that the interferences corresponds to a pressing social need and, in particular, that it is proportionate to the legitimate aim pursued.
29. Having to ascertain whether this latter condition was satisfied in the instant case, the Court observes, firstly, that its function is not to pass judgment on the Dutch immigration and residence policy as such. It has only to examine the interferences complained of, and it must do this not solely from the point of view of immigration and residence, but also with regard to the applicants' mutual interest in continuing their relations. As the Dutch Court of Cassation also noted the legitimate aim pursued has to be weighed against the seriousness of the interference with the applicants' right to respect for their family life.
As to the aim pursued, it must be emphasised that the instant case did not concern an alien seeking admission to the Netherlands for the first time but a person who had already lawfully lived there for several years, who had a home and a job there, and against whom the Government did not claim to have any complaint. Furthermore, Mr Berrehab already had real family ties there - he had married a Dutch woman, and a child had been born of the marriage.
As to the extent of the interference, it is to be noted that there had been very close ties between Mr Berrehab and his daughter for several years and that the refusal of an independent residence permit and the ensuing expulsion threatened to break those ties. That effect of the interferences in issue was the more serious as Rebecca needed to remain in contact with her father, seeing especially that she was very young.
Having regard to these particular circumstances, the Court considers that a proper balance was not achieved between the interests involved and that there was therefore a disproportion between the means employed and the legitimate aim pursued. That being so, the Court cannot consider the disputed measures as being necessary in a democratic society. It thus concludes that there was a

violation of Article 8."

In Beldjoudi v France (1992) 14 EHRR 801 the facts are summarised in the headnote:

"While a minor, the first applicant lost his French nationality because his parents, Algerian by birth, failed to comply with French nationality legislation. Thereafter he consistently showed a desire to regain his French nationality, continued to live and work in France, and married a French woman. They had no children. After reaching the age of majority, the first applicant was convicted of numerous criminal offences for which he served a total of ten years' imprisonment. A deportation order was subsequently made against him and appealed unsuccessfully. While appeals were pending, he and his wife continued to live in France. The applicants complained that the deportation order would interfere with their right to private and family life within the meaning of Article 8 of the Convention and discriminated against the first applicant within the meaning of Article 14 of the Convention."

The Court held by seven votes to two that, if the decision to deport the husband were implemented, there would be a violation of art 8 with respect to both applicants. The majority judgment acknowledged that it was for the contracting states to maintain public order, in particular by exercising their right, as a matter of well-established international law and subject to their treaty obligations, to control the entry, residence and expulsion of aliens. But the decisions of the contracting states in that field must, in so far as they might interfere with a right protected under art 8(1), be necessary in a democratic society: that is to say, justified by a pressing social need and, in particular, proportionate to the legitimate aim pursued. The Court went on to say :

"77. Mr Beldjoudi, the person immediately affected by the deportation, was born in France of parents who were then French. He had French nationality until 1 January 1963. He was deemed to have lost it on that date, as his parents had not made a declaration of recognition before 27 March 1967. It should not be forgotten, however, that he was a minor at the time and unable to make a declaration personally. Moreover, as early as 1970, a year after his first conviction but over nine years before the adoption of the deportation order, he manifested the wish to regain French nationality; after being registered at his request in 1971, he was declared by the French military authorities to be fit for national service.

Furthermore, Mr Beldjoudi married a Frenchwoman. His close relatives all kept French nationality until 1 January 1963, and have resided in France for several decades.

Finally, he has spent his whole life - over 40 years - in France, was educated in French, and appears not to know any Arabic. He does not seem to have any links

with Algeria apart from that of nationality.
78. Mrs Beldjoudi for her part was born in France of French parents, has always lived there and has French nationality. Were she to follow her husband after his deportation, she would have to settle abroad, presumably in Algeria, a State whose language she probably does not know. To be uprooted like this could cause her great difficulty in adapting, and there might be real practical or even legal obstacles, as was indeed acknowledged by the Government Commissioners before the Conseil d'Etat. The interference in question might therefore imperil the unity or even the very existence of the marriage.
79. Having regard to these various circumstances, it appears, from the point of view of respect for the applicants' family life, that the decision to deport Mr Beldjoudi, if put into effect, would not be proportionate to the legitimate aim pursued and would therefore violate Article 8."
It would appear therefore that under the European Convention a balancing exercise is called for at times. A broadly similar exercise may be required under the two international instruments relevant in the present case, but the basic rights of the family and the child are the starting point. It is accepted by the Crown that this case has never been considered from that point of view. Consideration from that point of view could produce a different result. It is instructive to note that in Lamgiundaz v United Kingdom [1993] TLR 453, where a Moroccan whose family were settled in England and who had a criminal record in England was ordered by the Secretary of State to be deported, it was agreed that the order would be revoked as part of the terms of a friendly settlement of a claim of violation of art 8 of the European Convention. The United Kingdom Government did not admit a breach of the Convention but settled the case on agreed terms.
Comparing the facts of this case with those of Beldjoudi and Lamgiundaz, it has to be mentioned that Mr Tavita has New Zealand convictions for Transport Act 1962 offences arising from an episode in 1990. He was sentenced to ten months' periodic detention. It is certainly not helpful to him, but it was before the birth of the child and the marriage and can have little significance for present purposes.
Reference was made in argument to various provisions of the Immigration Act 1987, as amended, under which the Minister and his Department may be able now to review this case, including s 130 read with s 7(3)(a)(ii), s 52A, s 65 and s 35. It would not be appropriate at this point to explore the highly complicated legislation in depth, apart from mentioning that there does not appear to be substance in the suggestion that s 63C(8) would in the circumstances of this case prevent the Minister from giving a special direction under s 130 while the applicant remains in New Zealand. Mr Carter for the respondents did not go as far as to submit that it is not possible under any provision of the Act to give the

case effective reconsideration in the light of the birth and New Zealand citizenship of the child and the family situation. He pointed out correctly, however, that since the birth of the child no request had been made for reconsideration; and the main burden of his argument was that in any event the Minister and the Department are entitled to ignore the international instruments. That is an unattractive argument, apparently implying that New Zealand's adherence to the international instruments has been at least partly window-dressing. Although, for the reasons to be mentioned shortly, a final decision on the argument is neither necessary nor desirable, there must at least be hesitation about accepting it. The law as to the bearing on domestic law of international human rights and instruments declaring them is undergoing evolution. For the appellant Mr Fliegner drew our attention to the Balliol Statement of 1992, the full text of which appears in 67 ALJ 67, with its reference to the duty of the judiciary to interpret and apply national constitutions, ordinary legislation and the common law in the light of the universality of human rights. It has since been reaffirmed in the Bloemfontein Statement of 1993.

R v Secretary of State for the Home Department, ex parte Brind [1991] 1 AC 696 does not go as far as Mr Carter contended. It was accepted in that case that the Secretary of State in fact did have regard to the relevant Convention. Lord Templeman's speech recognised that it was a relevant (and perhaps mandatory) consideration, but that a margin of appreciation must be afforded. Lord Bridge, while holding that the judiciary could not import the Convention into domestic law, accepted that any restriction of the right to freedom of expression required to be justified: he also said that, even when administrative discretions are conferred in terms on their face unlimited, the Courts are not powerless to prevent their exercise in a way which infringes fundamental human rights. In Ashby v Minister of Immigration [1981] 1 NZLR 222 there were recognitions in this Court that some international obligations are so manifestly important that no reasonable Minister could fail to take them into account. It is not now appropriate to discuss how far Brind, in some respects a controversial decision, might be followed in New Zealand on the question whether, when an Act is silent as to relevant considerations, international obligations are required to be taken into account as such.

If and when the matter does fall for decision, an aspect to be borne in mind may be one urged by counsel for the appellant: that since New Zealand's accession to the Optional Protocol the United Nations Human Rights Committee is in a sense part of this country's judicial structure, in that individuals subject to New Zealand jurisdiction have direct rights of recourse to it. A failure to give practical effect to international instruments to which New Zealand is a party may attract criticism. Legitimate criticism could extend to the New Zealand Courts if they were to accept the argument that, because a domestic statute giving discretionary powers in general terms does not mention international human rights norms or obligations, the executive is necessarily free to ignore them.

This emerges as a case of possibly far-reaching implications. On the other hand it can be seen as dependent on its own facts. The Minister or Associate Minister has had no opportunity to consider it in the light of the rights of the child. Whatever the merits or demerits of either of her parents, she is not responsible for them, and her future as a New Zealand citizen is inevitably a responsibility of this country. Universal human rights and international obligations are involved. It may be thought that the appropriate Minister would welcome the opportunity of reviewing the case in the light of an up-to-date investigation and assessment. Nothing of the sort appears to have occurred within the Department. Still less has the case been reconsidered, in the light of current circumstances, at ministerial level. This is fully understandable. The opportunity of reconsideration should be given.

For those reasons we adjourn the appeal sine die, to be brought on at seven days' notice, to enable the appellant to make such application as he is advised to make in the light of current circumstances; and to enable the Minister and his Department to consider any such application. In the meantime the stay remains in force.

Appeal adjourned accordingly.

Solicitors for the appellant: Gill & McAsey (Lower Hutt).

Solicitors for the respondents: Crown Law Office (Wellington).

ORGANISATION INTERNATIONALE DU TRAVAIL

Tribunal administratif

Compétences et attributions

Le Tribunal est compétent pour connaître des requêtes invoquant la non-observation, soit quant au fond, soit quant à la forme, des stipulations du contrat d'engagement des fonctionnaires du Bureau international du travail et des dispositions du statut du personnel applicable en l'espèce.

Le Tribunal est compétent pour statuer sur tout différend concernant les indemnités prévues pour les cas d'invalidité et d'accident ou de maladies survenues à un fonctionnaire dans l'exercice de ses fonctions, et pour fixer définitivement le montant des indemnités, s'il y a lieu.

Le Tribunal est compétent pour connaître des requêtes fondées sur la non-observation du règlement de la caisse des pensions ou des règles en application de ce dernier, et formées par un fonctionnaire, le conjoint ou les enfants d'un fonctionnaire, ou par toute catégorie de fonctionnaire à laquelle ledit règlement ou lesdites règles s'appliquent.

Le Tribunal est compétent pour connaître des différends issus de contrats auxquels l'Organisation internationale du travail est partie et qui lui attribue compétence en cas de différend au sujet de leur exécution.

Le Tribunal connaît en outre des requêtes invoquant la non-observation, soit quant au fond, soit quant à la forme des stipulations du contrat d'engagement des fonctionnaires ou des dispositions du statut du personnel des autres organisations internationales de caractère interétatique agréées par le Conseil d'administration qui auront adressé au Directeur général une déclaration reconnaissant, conformément à eur Constitution ou à leurs règles administratives internes, la compétence du Tribunal à l'effet ci-dessus, de même que ses règles de procédure.

■

Tribunal administratif
Arrêt n° 1369 portant sur les affaires Decarnière et Verlinden

1. Communautés européennes - Relations avec les pays tiers
2. Travail et emploi - Conventions collectives- Elaboration et application des conventions collectives
3. Fonctionnaires et agents publics - Rémunération - Traitement

Summary

Misters Decarnière et Verlinden, both members of Eurocontrol Agency's staff contested the decisions taken by the administration to their claims concerning pay advices.

A working advice submitted to management's Committee of the organization, by general director (CE 92/169/11), dated January 29 th 1992, stated that Agency's services wanted to carry out an adjustment of remunerations in order to restor the parity with the level of European Community's staff.

The appellants invoked two principal grounds : on the one hand, the breach of Article 65 of staff's administrative statute, concerning the readjustement of salaries, and, on the other hand, the breach of Article 25, paragraph 2 of the same statute by lack of any ground of provisions adopted by the Organisation.

The administrative jurisdiction of International Labour Organization decided to dismiss the requests. He dismissed the first ground concerning the breach of Article 65, notably because the permanent Commission, contrary to the requerants'affirmation, had been regulary seized of proposals made to the management's Committee by the general director. It dismissed the second ground too insofar as controversial decisions proceeded from a collective concertation and their aim was to retake wages provisions fixed by the European Community.

Résumé

Les requêtes formées par messieurs Decarnière et Verlinden, tous deux membres du personnel de l'agence Eurocontrol, sont dirigées contre les décisions de rejet, par l'administration, de leurs réclamations relatives à leurs bulletins de salaire.

Il résultait en effet d'une note de travail soumise par le Directeur général au comité de gestion de l'Organisation (CE 92/169/11), en date du 29 janvier 1992, que les services de l'agence envisageaient d'opérer une adaptation des rémunérations tendant à un rétablissement de la parité avec le niveau des rémunérations du personnel des Communautés européennes.

Les requérants invoquèrent deux principaux moyens à l'appui de leur requête: d'une part, la violation de l'article 65 du statut administratif du personnel, relatif à la réadaptation des traitements et, d'autre part, la violation de l'article 25, alinéa 2, du même statut par absence de toute motivation des mesures prises par l'Organisation.

Le tribunal administratif de l'OIT décida de rejeter les requêtes. Il ne fit pas droit au premier moyen tiré de la violation de l'article 65, notamment parce que la Commission permanente, contrairement à ce que soutenaient les requérants, avait été régulièrement saisie des propositions faites au comité de gestion par le Directeur général. Il rejeta également le second moyen, relatif au manque de motivation, dans la mesure où les décisions contestées étaient issues d'une concertation collective et avaient pour objet de reprendre des mesures salariales arrêtées par les Communautés européennes.

Décision

Le tribunal administratif,

Vu la requête dirigée contre l'Organisation européenne pour la sécurité de la navigation aérienne (agence Eurocontrol), formée par M. Josephus Verlinden le 19 mai 1993, et la seconde requête formée par M. Jacques Decarnière le 24 mai et dirigée contre la même Organisation, les réponses d'Eurocontrol en date des

27 juillet et 3 août 1993, les répliques des requérants du 23 janvier 1994 et les dupliques de l'agence du 29 avril 1994 ;

Vu la seconde requête dirigée contre la même Organisation formée par M. Verlinden le 22 septembre 1993, la réponse d'Eurocontrol du 10 janvier 1994, la réplique du requérant du 19 février et la duplique de l'agence du 6 mai 1994;

Vu les demandes d'intervention parvenues au greffe du Tribunal le 6 mai 1994 et déposées par les requérants ainsi que les observations formulées, le 28 juin 1994, par la défenderesse au sujet de ces demandes ;

Vu les articles II, paragraphe 5, et VII, paragraphe 3, du statut du Tribunal, les articles 6.2 a) et 7(2) de la convention internationale de coopération pour la sécurité de la navigation aérienne signée le 13 décembre 1960 (la convention d'Eurocontrol) telle qu'amendée, notamment avec effet au 1er janvier 1986 par le protocole daté du 12 février 1981, l'article 12.1 de l'annexe 1 à cette même convention, et les articles 25, 65, 66 bis, 83 et 92 du statut administratif du personnel permanent de l'agence ;

Après avoir examiné les dossiers, la procédure orale n'ayant été ni sollicitée par les parties, ni ordonnée par le Tribunal ;

Vu les pièces des dossiers, d'où ressortent les faits et les allégations suivants :

A. Les requérants font partie du personnel d'Eurocontrol. M. Decarnière est affecté à l'institut de l'Organisation au Luxembourg et M. Verlinden à son siège à Bruxelles.

Dans une note de travail CE 92/169/11 en date du 29 janvier 1992, le Directeur général d'Eurocontrol saisit le comité de gestion de cette Organisation d'un ensemble de propositions tendant à modifier les rémunérations du personnel. Cinq d'entre elles reprenaient des mesures adoptées le 19 décembre 1991 par le Conseil des ministres des Communautés européennes et consistaient en l'entrée en vigueur d'une nouvelle méthode d'adaptation des rémunérations pour la période du 1er juillet 1991 au 30 juin 2001 ; la rectification des salaires de base à compter du 1er juillet 1990 ; l'ajustement des rémunérations et pensions au 1er juillet 1991 ; l'institution d'une contribution temporaire au taux de 5,83 pour cent sur le traitement de base du 1er janvier 1992 au 30 juin 2001 ; le relèvement du taux de la contribution du personnel aux pensions de 8 à 8,25 pour cent.

S'y ajoutait une sixième proposition tendant à supprimer, avec effet au 1er juillet 1991, une mesure de "modération" des augmentations des rémunérations des fonctionnaires prise le 7 juillet 1983. Cette mesure, qui visait à aboutir progressivement à un écart de 5 pour cent avec les traitements des fonctionnaires des Communautés européennes, atteignait 1,53 pour cent en 1992.

A sa 169e session, tenue les 25 et 26 février 1992, le comité approuva ces mesures et décida de les soumettre par correspondance à la commission permanente de l'Organisation, comme l'y autorisait l'article 8 du règlement intérieur de celle-ci. La commission prit connaissance de ces propositions par une lettre du 7 avril 1992 signée par le Directeur général. Pour être adoptées, elles devaient y recueillir l'unanimité. Or trois États refusèrent d'approuver la sixième proposition et demandèrent que son examen fût reporté à la session suivante.

Se fondant sur un texte signé le 9 janvier 1992 entre Eurocontrol et le président de l'union syndicale, intitulé "Accord en matière de consultation, de conciliation et d'arbitrage" et entré en vigueur le 1er février 1992, l'union syndicale demanda au Directeur général, par lettre du 14 juillet 1992, l'ouverture de la procédure de consultation en vue d'obtenir l'adoption de l'ensemble des mesures. Une réunion de consultation eut lieu le 23 juillet, au cours de laquelle l'union syndicale affirma son intention d'entamer la seconde phase de la procédure si aucune solution n'intervenait dans un bref délai. Un communiqué conjoint fut publié, précisant qu'une autre réunion se tiendrait le 28 septembre.

Le 30 juillet, le Directeur général adressa une lettre au comité de gestion, accompagnée d'une proposition d'un de ses membres tendant, dans un premier temps, à approuver seulement les cinq premières mesures. Appuyant cette initiative, le Directeur général en demandait la transmission à la commission permanente.

Le 4 septembre, celle-ci adoptait les cinq mesures en question. Elles furent publiées par note de service 12/92 du 9 septembre 1992.

Le 28 septembre 1992 eut lieu, comme prévu, une nouvelle réunion entre le Directeur général et l'union syndicale au cours de laquelle la procédure de consultation ne fut pas entamée.

C'est lors de sa 80e session, le 1er décembre 1992, que la commission approuva finalement la sixième mesure.

Comme il est indiqué ci-dessus, l'une des cinq mesures approuvées par la commission le 4 septembre 1992 était l'institution de la contribution temporaire au taux de 5,83 pour cent sur le traitement de base. A compter d'octobre 1992, cette contribution figura sur les bulletins de salaire du personnel. Le 18 décembre 1992, chacun des requérants dirigea trois réclamations contre ses bulletins de salaire pour les mois d'octobre, novembre et décembre 1992, conformément à l'article 92.2 du statut administratif du personnel. L'administration rejeta les réclamations de M. Verlinden pour les mois d'octobre et novembre par une note du 19 février 1993. Il ne reçut pas de réponse à celle portant sur le mois de décembre. Les trois réclamations de M. Decarnière furent, quant à elles, rejetées par note du 22 février 1993. C'est contre ces décisions de rejet que sont dirigées la seconde requête de M. Decarnière et la première requête de M. Verlinden.

Par lettre du 30 mars 1993 au Directeur général, M. Verlinden introduisit de nouvelles réclamations, dirigées contre ses bulletins de salaire de janvier, février et mars 1993. Outre la contribution temporaire de 5,83 pour cent, il contestait également le relèvement de la contribution au régime de pension à 8,25 pour cent. Le Directeur général rejeta ses réclamations par une décision en date du 24 juin 1993. C'est contre celle-ci qu'est dirigée sa deuxième requête.

B. Les requérants soutiennent, en premier lieu, que l'Organisation a agi en violation de l'article 65 du statut administratif du personnel, qui stipule que le "Comité de gestion procède périodiquement, sur proposition du Directeur général, à l'examen des ajustements de rémunération... Ils sont soumis à l'approbation de la commission". En l'espèce, le Directeur général ne pouvait, dans sa lettre du 30 juillet 1992, adresser "à la commission" des propositions altérant sensiblement celles que le comité de gestion avait adoptées lors de sa 169e session. En approuvant ces modifications, qui sont entachées d'illégalité, la commission a outrepassé ses compétences.

En outre, c'est en violation de la procédure de consultation prévue par l'accord du 9 janvier 1992 que le Directeur général écrivit à la commission puisqu'il n'en informa pas le personnel.

Par ailleurs, l'article 65 énonce le principe d'un parallélisme entre l'évolution des rémunérations du personnel de l'agence et celle des traitements publics dans les pays de service. C'est sur cette base que le barème des traitements a été ajusté avec effet au 1er juillet 1991. Or l'application de la décision de la commission en date du 4 septembre 1992 eut pour effet de réduire de 5,83 pour cent la rémunération des requérants à compter du 1er octobre 1992. Comme l'a affirmé la commission de recours du Conseil de l'Europe dans un avis du 15 mai 1985, la détermination des barèmes a "fait naître dans le chef des requérants un droit subjectif". L'Organisation a donc porté atteinte aux droits acquis des requérants, d'autant plus que le personnel n'avait pas consenti à l'adoption isolée de cette mesure, qui était liée à la suppression de l'écart de 1,53 pour cent avec les rémunérations du personnel des Communautés.

En second lieu, les requérants affirment que l'article 25 du statut administratif du personnel, aux termes duquel "toute décision faisant grief doit être motivée", n'a pas été respecté. De fait, l'Organisation n'a suffisamment motivé, comme elle en avait l'obligation formelle, ni la décision de la commission en date du 4 septembre 1992, ni la note de service 12/92, ni les décomptes de rémunération attaqués.

Dans sa deuxième requête, M. Verlinden ajoute que le prélèvement instauré par l'article 66 bis du statut administratif du personnel pour la période comprise entre le 1er juillet 1981 et le 30 juin 1991 était "unique" et "exceptionnel". La commission permanente n'était donc pas en droit d'instituer une contribution temporaire le prolongeant pour dix ans, sauf accord du personnel. Quant à la majoration de la contribution au régime de pension, elle n'a pas été précédée d'une évaluation actuarielle, en violation de l'article 83 du statut administratif du personnel. Elle est arbitraire et non motivée. En effet, elle ne peut s'expliquer par un alignement sur les pratiques des Communautés européennes, puisque la situation du régime de pension d'Eurocontrol est totalement différente de celle des Communautés.

Les requérants demandent au Tribunal d'annuler les décisions des 19 et 22 février 1993 de l'agence portant rejet des réclamations introduites le 18 décembre 1992 contre les bulletins de paie d'octobre et novembre 1992 en ce qu'elles opèrent une réduction de salaire de 5,83 pour cent en application de la décision du 4 septembre 1992 de la Commission permanente de l'agence; de condamner l'agence au paiement des sommes illégalement retenues majorées d'intérêts moratoires calculés à 10 pour cent l'an depuis le 18 décembre 1992; et de condamner l'agence aux dépens. M. Verlinden demande en outre l'annulation de la "décision implicite du 18 avril 1993" rejetant sa réclamation introduite le 18 décembre 1992 contre son bulletin de salaire de décembre 1992.

Dans sa deuxième requête, M. Verlinden demande l'annulation des trois décisions d'Eurocontrol en date du 24 juin 1993 rejetant les réclamations qu'il a introduites le 30 mars 1993 contre ses bulletins de salaire de janvier, février et mars 1993 en ce qu'ils opèrent une réduction de salaire de 5,83 pour cent et un prélèvement de 8,25 pour cent au titre de la contribution au régime de pension, en application de la décision du 4 septembre 1992 de la commission permanente.

C. Dans ses réponses, l'Organisation soutient en premier lieu que les pourcentages d'augmentation décidés aux Communautés européennes ne créent aucun droit en faveur du personnel d'Eurocontrol : l'Organisation fixe elle-même, en toute indépendance, le montant des ajustements.

En second lieu, le Directeur général n'a pas adressé de lettre à la commission, mais a transmis le 30 juillet 1992 au Comité de gestion une proposition émanant d'un de ses membres. La sixième proposition, tendant à supprimer l'écart de 1,53 pour cent avec les Communautés, a été approuvée par la commission le 1er décembre 1992, avec effet au 1er janvier 1994. Ce délai était compensé par le fait que la contribution temporaire n'était retenue que depuis le 1er octobre 1992 à Eurocontrol, tandis que les fonctionnaires des Communautés la supportaient depuis le 1er janvier 1992. Il en résultait un alignement sur les Communautés, mais avec un certain avantage en faveur des requérants.

En troisième lieu, l'accord entre l'Organisation et le président de l'union syndicale n'est entré en vigueur que le 1er février 1992, alors que les propositions d'amendement du statut administratif du personnel avaient été envoyées au comité de gestion le 29 janvier 1992. Par ailleurs, le président n'avait exprimé son accord que par lettre du 10 février 1992.

L'Organisation conteste la compétence du Tribunal pour contrôler l'application de l'accord conclu avec l'union syndicale le 9 janvier 1992. Selon elle, ce texte n'institue aucune procédure devant aboutir à un accord entre les parties, la décision étant toujours prise unilatéralement par l'autorité compétente, et se situe en dehors de la convention d'Eurocontrol et du statut administratif du personnel. Le contrôle de la régularité de son application ne relève donc pas de la compétence du Tribunal. A titre subsidiaire, l'Organisation nie avoir violé les dispositions de ce texte.

Quant au fond, l'Organisation soutient en premier lieu que l'article 65 du statut administratif du personnel n'a pas été violé. Les requérants fondent leur argumentation sur des faits inexacts. Rien n'empêchait le Comité de gestion de modifier les propositions qu'il avait adoptées en février 1992. Quant à la commission, elle n'était pas tenue d'adopter en même temps toutes les mesures approuvées par le comité. De plus, les dispositions de l'article 65 concernent l'ajustement des rémunérations, et non l'institution d'une contribution temporaire, qui procède d'autres considérations et dont l'assiette n'est pas déterminée suivant l'article précité. De toute façon, les propositions présentées par le Directeur général au comité le 29 janvier 1992 ont été finalement adoptées par la commission dans leur intégralité et sans modification. L'argument tiré de "la violation du parallélisme" entre les traitements publics des différents pays de service et les rémunérations des fonctionnaires de l'agence est également infondé. Tant le Tribunal de céans, dans son jugement 1118 (affaires Niesing No 2 et consorts), que la Cour de justice des Communautés européennes, dans les affaires 81/72, 70/74 et 3/83, ont estimé que l'article 65 n'avait pas un caractère limitatif et que d'autres considérations pouvaient intervenir dans la détermination des ajustements de rémunérations. De plus, la contribution temporaire relève de l'article 66 bis, dont les dispositions constituent une exception à l'article 65. Par ailleurs, aucun droit acquis n'a été violé, puisque la contribution temporaire n'a pas été appliquée rétroactivement. La rémunération nominale des requérants n'a pas non plus été réduite, puisque la retenue sur salaire s'accompagnait d'un réajustement des rémunérations. L'avis de la commission de recours du Conseil de l'Europe invoqué par les requérants n'est pas pertinent en l'espèce, puisqu'il condamne l'effet rétroactif d'une modification qui ne pouvait être décidée qu'avec l'accord du personnel. Or un tel accord n'est pas requis à Eurocontrol.

En second lieu, concernant la prétendue absence de motivation de la mesure attaquée, l'Organisation relève l'incohérence des requérants qui, tout en revendiquant un alignement sur les Communautés, dénoncent l'insuffisance d'une motivation qui y fait référence. Elle affirme que le personnel avait connaissance du déroulement de la procédure aux Communautés, d'autant plus que le document CE 92/169/11 du 29 janvier 1992 circula dans l'Agence, de même que les procès-verbaux du comité et le rapport qu'il a soumis à la commission. Quant aux mesures approuvées le 4 septembre 1992, elles furent publiées par la note de service 12/92 du 9 septembre 1992, qui comportait pour chacune d'elles des explications. Enfin, les décisions de rejet des réclamations des requérants étaient motivées conformément à l'article 92 du statut administratif du personnel, et il était loisible aux requérants de demander des explications complémentaires à la direction du personnel. En outre, les décisions attaquées répondaient aux voeux du personnel en créant un strict alignement sur les Communautés. Elles ne nécessitaient donc pas une motivation développée. Par ailleurs, rien n'oblige la commission à motiver ses décisions, puisque l'article 25 du statut administratif du personnel, qui prescrit la motivation formelle de certains actes individuels, ne s'applique pas aux mesures d'ordre général, qui, selon la jurisprudence, peuvent être simplement accompagnées d'un texte très court.

Dans sa réponse à la deuxième requête de M. Verlinden, l'agence affirme que la contribution obligatoire ne prolonge pas le prélèvement de crise, qui vint à terme le 30 juin 1991. C'est une mesure nouvelle que les représentants du personnel ont acceptée et dont le taux peut, aux termes du paragraphe 2 b) de l'article 66 bis du statut administratif du personnel, être réajusté à l'expiration d'une période de cinq ans. Par ailleurs, il n'existe plus de caisse des pensions à Eurocontrol depuis 1979, date à partir de laquelle l'article 83 du statut administratif du personnel a été aligné sur l'article semblable du statut du personnel des Communautés. L'évaluation actuarielle mentionnée à l'article 83 n'est qu'une simple possibilité, et le Tribunal a déjà admis, dans le jugement 429 (affaires Gubin et Nemo), que la Commission permanente pouvait modifier le taux de la contribution à l'unanimité de ses membres, conformément aux articles 6.2 a) et 7(2) de la convention amendée ainsi qu'à l'article 12.1 de l'annexe 1 à cette même convention. L'Organisation précise enfin que le taux de contribution pour pension à Eurocontrol était auparavant supérieur à celui en vigueur aux Communautés. L'adoption des mesures contestées, en créant un strict alignement sur les Communautés, a supprimé cette inégalité.

L'Organisation demande au Tribunal de se déclarer incompétent pour apprécier le respect des modalités de la consultation avec l'union syndicale ; sur le fond, de rejeter les requêtes comme non fondées ; et de condamner les requérants à la totalité des dépens.

D. Dans leurs répliques, sous une rubrique intitulée "Objet de l'action", les requérants précisent que leur requête tend à l'annulation de la "décision du 29 mai 1993" portant rejet implicite des réclamations introduites le 30 mars 1993 contre l'application de la contribution temporaire de 5,83 pour cent et du prélèvement de 8,25 pour cent au titre de la contribution pour pension à leurs salaires de janvier, février et mars 1993.

Ils soutiennent que la contribution temporaire a entraîné une diminution de leurs salaires pour la période d'octobre à décembre 1992 par rapport au mois de septembre de la même année.

Leurs bulletins de salaire pour ce mois auraient en effet dû comporter une rémunération de base d'un montant supérieur à celui indiqué, puisque étaient intervenues des adaptations de rémunérations avec effet rétroactif au 1er juillet 1990 et au 1er juillet 1991. Ils demandent donc à l'Organisation de fournir des fiches de calcul tenant compte des rappels de rémunérations intervenus.

Par ailleurs, le prélèvement exceptionnel, comme la contribution temporaire qui y fait suite, a été instauré aux Communautés européennes dans le cadre de négociations globales avec le personnel. Tel n'a pas été le cas à Eurocontrol, les propositions modifiées adoptées par le Comité de gestion en août 1992 n'ayant pas été communiquées au personnel. Ils contestent également que l'approbation par la commission permanente de la sixième proposition soit étrangère au présent litige.

Ils réaffirment la compétence du Tribunal pour apprécier la régularité de l'application de l'accord du 9 janvier 1992 : une institution est tenue au respect des règles qu'elle s'est elle-même imposée. De plus, l'accord s'appliquant à toute proposition d'amendement du statut administratif du personnel et des conditions générales d'emploi des agents du Centre Eurocontrol à Maastricht, le Tribunal est bien compétent pour en contrôler le respect. L'absence d'un tel contrôle priverait les fonctionnaires de l'agence d'un droit énoncé par la Convention européenne des droits de l'homme, d'autant plus qu'ils ne peuvent pas invoquer, à titre personnel, la mise en oeuvre des procédures de conciliation et d'arbitrage établies par l'accord.

Quant au fond, les requérants développent leurs moyens. Ils soutiennent que les représentants des États membres n'ont pas été informés du point de vue du personnel avant d'arrêter leur décision, ce qui entache celle-ci d'illégalité. Ils contestent l'utilisation des statistiques établies par les Communautés pour mesurer les variations des traitements publics des douze pays membres, puisque ceux-ci ne sont pas les mêmes que les "différents pays de service" mentionnés à l'article 65 du Statut du personnel. Ils nient la validité de la référence à la décision 3/83 de la Cour de justice des Communautés européennes : en effet, le prélèvement contesté dans cette affaire avait été instauré avec l'accord des "organisations les plus représentatives du personnel". Tel ne fut pas le cas à Eurocontrol. Les requérants réaffirment en outre la pertinence des principes énoncés par la Commission de recours du Conseil de l'Europe dans sa décision du 15 mai 1985. Ils soutiennent enfin que les décisions attaquées n'étaient pas suffisamment motivées.

E. Dans ses dupliques, l'Organisation relève que les requérants ont, en réplique, considérablement modifié l'objet de leur requête : les conclusions tendant à l'annulation de la "décision du 29 mai" et contestant le relèvement du taux pour pension, qui sont formulées pour la première fois, sont irrecevables car trop tardives.

Elle réaffirme l'incompétence du Tribunal pour connaître d'éventuelles violations à l'accord syndical de janvier 1992. En effet, la portée d'accords de ce type a été fixée avec précision par la jurisprudence - et notamment par le Tribunal administratif des Nations unies dans son jugement 236 (affaire Belchamber) -, laquelle a considéré qu'un tel accord ne fait pas partie du contrat d'emploi du fonctionnaire. En outre, l'accord lui-même prévoit le règlement des différends par conciliation et arbitrage, procédure que l'Union syndicale n'a pas entamée.

Au fond, la défenderesse maintient sa position.

Elle conteste en premier lieu avoir violé l'accord de janvier 1992, et soutient que l'union syndicale a été informée de l'évolution de la procédure, à laquelle elle manifesta d'ailleurs son accord.

Concernant la violation du "parallélisme", elle fait valoir que les "pays de service" mentionnés à l'article 65 du statut administratif ne correspondent pas aux Etats membres, et qu'Eurocontrol ne délivre aucun service en dehors des Communautés. Elle prétend par ailleurs qu'aucun droit subjectif n'est créé tant qu'il n'a pas été approuvé par les autorités compétentes de l'Organisation, et conteste avoir porté atteinte à ceux des requérants : selon elle, l'introduction de la contribution temporaire n'aurait pas eu pour effet de réduire leurs rémunérations.

Enfin, elle considère avoir suffisamment motivé les décisions attaquées.

Dans sa duplique à la seconde requête de M. Verlinden, la défenderesse réitère ses arguments et soutient que le requérant ne pouvait ignorer que la modification du taux de la contribution pour pension faisait partie d'un ensemble de mesures qui furent adoptées à l'unanimité. Elle rappelle que le dernier relèvement du taux pour pension à Eurocontrol remontait à 1977. Elle prétend que la nouvelle augmentation ne bouleverse pas les conditions d'emploi du requérant, et que celui-ci ne détient aucun droit acquis à ce que le taux pour pension reste inchangé durant toute la durée de sa carrière à Eurocontrol.

Considère

1. Les requérants, fonctionnaires de l'agence Eurocontrol, sont en litige avec l'Organisation au sujet de la détermination de leurs salaires à la suite d'un réalignement des traitements du personnel intervenu à partir du 1er octobre 1992.

Sauf pour les périodes de rémunération, qui s'échelonnent d'octobre 1992 à mars 1993, les requêtes sont identiques. Le Tribunal les joint donc aux fins de son jugement.

Sur les antécédents et l'objet du litige

2. Le 9 janvier 1992, l' agence Eurocontrol, représentée par le Directeur général, a conclu avec les organisations syndicales représentatives de son personnel une convention collective intitulée "Accord en matière de consultation, de conciliation et d'arbitrage". Il s'agit d'un accord-cadre prévoyant, sous réserve des compétences attribuées par le Statut administratif au Comité du personnel, une procédure de "consultation" et deux procédures en cas de litige, soit la "conciliation" et l'"arbitrage". L'annexe à l'accord précise les critères de représentativité des organisations syndicales, prévoit l'accès de celles-ci aux documents de travail des organes de l'Agence et décrit diverses facilités à assurer par l'Agence aux organisations syndicales.

3. A la même époque, ainsi qu'il résulte d'une note de travail soumises par le Directeur général au comité de gestion de l'Organisation (CE 92/169/11) en date du 29 janvier 1992, les services de l'Agence préparaient une adaptation des rémunérations dont l'objectif était le rétablissement de la parité avec le niveau des rémunérations du personnel des Communautés européennes, interrompue par l'introduction, en 1987, de ce qui s'appelle la "réduction Eurocontrol" de 5 pour cent. Le niveau de cette "réduction" était resté bloqué, en fait, au moment où elle avait atteint 1,53 pour cent. L'historique de cette mesure a été rappelé dans le jugement 1118 (affaire Niesing No 2 et consorts) du 3 juillet 1991.

4. Le 14 juillet 1992, les syndicats demandèrent au Directeur général, en vertu de l'accord du 9 janvier 1992, l'ouverture d'une consultation sur ces questions. Cette consultation aboutit à une concertation des parties sur un "paquet salarial" dont l'objet était l'entérinement des mesures salariales arrêtées par le Conseil des Communautés, à savoir :

- une nouvelle méthode d'adaptation des rémunérations pour la période du 1er juillet 1991 au 30 juin 2001 ;

- l'institution d'une "contribution temporaire" au taux de 5,83 pour cent sur les traitements de base, du 1er janvier 1992 au 30 juin 2001, faisant suite au "prélèvement exceptionnel de crise" introduit en 1981 au taux de 12,7 pour cent, perçu en dernier lieu au taux de 7,62 pour cent, et qui avait expiré le 1er juillet 1991 ;

- le relèvement de la contribution du personnel aux pensions de 8 à 8,25 pour cent ;

- une rectification des traitements de base à compter du 1er juillet 1990 ;

- l'ajustement des rémunérations et des pensions au 1er juillet 1991.

5. A ces cinq mesures, acceptées par les représentants du personnel, s'ajouta en contrepartie une sixième mesure, à savoir la suppression de l'"écart Eurocontrol" de 1,53 pour cent. Le document CE 92/169/11 contient à ce sujet, au point 5 de son annexe, les commentaires suivants :

"A sa session du 3 juillet 1991, le [Tribunal] a reconnu la validité de l'écart appliqué, après avoir condamné à une session antérieure son application rétroactive. Il convient d'examiner la position à arrêter quant au maintien ou non de cet écart.

Il doit être rappelé que la recommandation du Directeur général relative à la suppression de l'écart de 5 % (suppression qui avait aussi été recommandée dans le rapport de la mission d'inspection administrative et technique en 1989), avait été adoptée par le comité de gestion à sa 164e session en mai 1990.

Tous les arguments avancés à l'époque en faveur de cette suppression sont encore pertinents et d'actualité. Ils concernent notamment le changement fondamental intervenu dans les tâches de l'agence depuis 1983, date à laquelle la décision avait été prise, ainsi que le malaise social qu'a entraîné cette mesure dont les effets négatifs surpassent de loin l'économie qui a été réalisée.

Au vu des considérations ci-dessus, il apparaît opportun de supprimer l'écart de 5 % avec effet au 1.7.91."

6. Ces mesures, approuvées par le comité de gestion, furent transmises à la Commission permanente, qui approuva les cinq premières mesures, mais dont une délégation demanda le renvoi de la sixième à la session suivante. L'administration de l'agence fit connaître, par note de service 12/92 du 9 septembre 1992, les mesures d'ores et déjà approuvées, qui furent reflétées dans les traitements du personnel à partir d'octobre 1992. Ainsi, à partir de ce mois,

l'"écart Eurocontrol" venait en supplément de la "contribution temporaire" de 5,83 pour cent.

7. Cet état de choses entraîna une deuxième consultation, le 28 septembre 1992. Dans un communiqué conjoint publié à l'issue de cette rencontre, les représentants syndicaux déploraient que la commission permanente n'ait pas accepté intégralement le "paquet salarial" et insistaient sur "un alignement complet des traitements d'Eurocontrol sur ceux des communautés", ce qui supposait la suppression de la "réduction Eurocontrol". En conclusion, les parties déclaraient leur intention de maintenir "le contact" dans l'attente de la session de la commission, prévue pour décembre 1992.

8. Le 1er décembre 1992, la commission décida finalement d'approuver la "sixième mesure", c'est-à-dire la suppression de l'"écart Eurocontrol", mais seulement avec effet au 1er janvier 1994, donc avec un décalage de quinze mois sur l'entrée en vigueur des autres mesures visant à l'alignement des rémunérations sur le régime des Communautés.

9. C'est le 18 décembre 1992 que M. Decarnière a introduit, en vertu de l'article 92, paragraphe 2, du statut administratif du personnel, des réclamations conformes à un modèle type contre la fixation de son traitement pour les mois d'octobre, novembre et décembre 1992. Il faisait valoir que son traitement avait été réduit illégalement par l'application simultanée de deux prélèvements, la "contribution temporaire" de 5,83 pour cent et la "réduction Eurocontrol" de 1,53 pour cent, l'un et l'autre imposés d'office, sans négociation préalable avec les représentants du personnel et sans indication de motifs. M. Verlinden a présenté, le même jour, des réclamations identiques pour les mêmes mois et, le 30 mars 1993, des réclamations relatives aux mois de janvier, février et mars 1993.

10. Agissant au nom du Directeur général, le directeur du personnel rejeta ces réclamations par lettres datées du 19 février, 22 février et 24 juin 1993. Dans ces lettres, il rappelait que le comité de gestion avait, à sa session des 25 et 26 février 1992, adopté sur proposition du Directeur général l'ensemble des mesures figurant dans le document CE 92/169/11, y compris la suppression de l'"écart Eurocontrol" ; que des divergences étaient cependant apparues au sein de la Commission permanente sur ce dernier point, compte tenu de l'autorité du jugement 1118, qui avait reconnu la légalité de ce prélèvement ; qu'en conséquence la suppression de celui-ci avait été décidée seulement le 1er décembre 1992, "à titre de compromis social", avec effet au 1er janvier 1994.

11. Il résulte de ce qui précède, premièrement, que l'objet du litige concerne en réalité la suppression de l'écart de 1,53 pour cent, dont les syndicats avaient fait la condition de leur consentement à l'adoption du régime de rémunération mis en vigueur dans les Communautés européennes, y compris les charges résultant de l'introduction de la "contribution temporaire" et de l'augmentation du taux de contribution aux pensions ; deuxièmement, que le litige n'a qu'un caractère transitoire en ce qu'il couvre la période entre le 1er octobre 1992, date de la reprise par Eurocontrol du régime de rémunération fixé par le Conseil des Communautés européennes, et le 1er janvier 1994, date de la prise d'effet de la suppression de l'écart décidé par la Commission permanente le 1er décembre 1992.

12. Devant le Tribunal, les requérants développent leur argumentation en fonction des deux principaux moyens déjà avancés dans leurs réclamations :

a) la violation de l'article 65 du Statut, relatif à la réadaptation des traitements:

- par la méconnaissance du droit de proposition du Directeur général dans ses rapports avec le comité de gestion et la commission permanente ;

- par la méconnaissance du résultat de la concertation syndicale intervenue dans le cadre de l'accord du 9 janvier 1992 ;

- par l'atteinte au principe de "parallélisme" entre les rémunérations du personnel d'Eurocontrol et celles des Communautés européennes ;

- par une atteinte aux droits acquis du personnel, à la suite de l'expiration du "prélèvement de crise" ;

b) la violation de l'article 25, alinéa 2, du statut, par absence de toute motivation des mesures prises.

Sur la compétence du Tribunal en matière de conventions collectives

13. L'Organisation se défend en détail sur ces différents arguments, mais à titre préalable conteste la juridiction du Tribunal pour tout ce qui concerne la mise en oeuvre de l'accord du 9 janvier 1992. Elle estime en effet que cet accord a pour but d'aménager un cadre extrastatutaire afin d'éviter les conflits collectifs du travail. A son avis, aucune disposition du statut du personnel ne prévoit à Eurocontrol l'existence de procédures qui relèvent du droit du travail et non du

droit administratif. Par voie de conséquence, des contestations relatives à l'application de l'accord ne relèveraient pas de la compétence du Tribunal telle que fixée par les dispositions de l'article II de son statut et acceptée par l'Organisation. Selon la défenderesse, la compétence du Tribunal ne concerne que les contrats d'emploi individuels, de sorte que les procédures collectives instituées par l'accord ne sauraient se substituer à la défense individuelle de ses droits par chaque fonctionnaire ; une mesure prise avec l'accord des délégués syndicaux resterait donc toujours attaquable par le fonctionnaire qui s'estimerait lésé.

14. Le Tribunal examinera cette exception préliminaire, qui soulève des problèmes de grande importance, avant d'aborder les questions de fond. L'Organisation conteste, en effet, la compétence du Tribunal pour se prononcer sur la portée juridique de l'accord du 9 janvier 1992, plus particulièrement sur la possibilité pour les requérants d'invoquer une violation de cet accord en vue de contester la validité de la mesure de réalignement salarial arrêtée le 4 septembre 1992.

15. Le Tribunal souligne qu'il lui appartient d'assurer le respect du droit dans toute l'étendue de la compétence définie par son statut et d'appliquer à cet effet toute règle de droit pertinente, qu'elle soit attribuée au droit international, au droit administratif, au droit du travail ou à toute autre matière juridique. La seule catégorie normative à laquelle le Tribunal refuse de faire appel est le droit national d'un État, sauf en cas de renvoi exprès par le statut du personnel d'une organisation ou par les contrats d'emploi qu'elle a conclus : voir à ce sujet le jugement 1311 (affaire Guerra Ardiles) au considérant 15. L'Organisation défenderesse fait donc erreur si elle prétend cantonner le Tribunal dans les limites du droit "administratif" et lui interdire en particulier l'accès au droit du "travail".

16. L'objection préliminaire soulevée par Eurocontrol concerne en réalité le point de savoir si une convention collective, comme l'accord du 9 janvier 1992, peut être invoquée dans le cadre d'un litige porté devant le Tribunal. Il est universellement reconnu, grâce notamment aux efforts déployés par l'Organisation internationale du Travail ainsi qu'à des instruments élaborés en son sein, à savoir la convention n° 98 (1949) sur l'application des principes du droit d'organisation et de négociation collective et la convention n° 151 (1978) sur les relations de travail dans la fonction publique, que les conventions collectives sont un instrument fondamental de progrès, de justice et de paix dans les rapports sociaux. Cette constatation ne limite pas, pour autant, la liberté des

organisations internationales dans la détermination des méthodes et instruments, statutaires ou contractuels, servant à définir les conditions de travail du personnel. Mais les conventions collectives, là où elles existent, font partie des sources du droit de la fonction publique internationale. En souscrivant à une telle convention, l'organisation assume des obligations juridiques qui peuvent être invoquées devant le Tribunal par les membres du personnel et que le Tribunal doit appliquer selon ses termes et son intention.

17. Considérée à la lumière de ces principes, la situation de l'Organisation défenderesse appelle les constatations suivantes. Après une longue période marquée par des litiges avec son personnel et une série de recours judiciaires à l'issue incertaine, avec les effets négatifs opportunément rappelés par le Directeur général, l'agence s'est orientée avec l'accord conclu le 9 janvier 1992 dans la voie de la concertation. Cet accord constitue, en raison de son caractère contractuel, un élément de droit à prendre en compte dans l'intérêt des deux parties au litige.

18. Le Tribunal approuve la position prise par la défenderesse dans ses mémoires selon laquelle les procédures collectives instituées par l'accord ne peuvent se substituer à la défense individuelle de leurs droits par les fonctionnaires. En effet une convention collective, même conclue avec des organisations syndicales reconnues comme représentatives, ne saurait dépouiller les fonctionnaires des garanties qui leur sont assurées par le statut du personnel. Mais en même temps rien n'empêche un fonctionnaire d'invoquer une convention collective, même si, à défaut d'affiliation syndicale, il n'y est pas personnellement représenté. Tels sont les corollaires de la liberté d'association et du principe de l'égalité de traitement.

19. Il apparaît ainsi que l'exception préliminaire doit être rejetée. Sans qu'il soit besoin de se prononcer sur l'exception d'irrecevabilité soulevée par la défenderesse dans sa duplique, le Tribunal examinera donc le fond des requêtes en tenant compte des clauses pertinentes de l'accord, question sur laquelle l'Organisation s'est défendue en détail, bien que seulement à titre subsidiaire.

Sur les moyens tirés de la violation de l'article 65 du statut, de l'accord de consultation et du principe de "parallélisme"

20. Les requérants ont réuni un ensemble de griefs relatifs à la procédure d'ajustement des rémunérations, objet de l'article 65 du statut administratif, dont

il faut rappeler le libellé :

"Le comité de gestion procède périodiquement, sur proposition du Directeur général à l'examen des ajustements de rémunération jugés nécessaires, pour tenir compte notamment de la variation éventuelle des traitements publics dans les différents pays de service et des nécessités du recrutement de l'agence.

Ces ajustements se font par modification des traitements de base tels qu'ils sont fixés à l'annexe III ou des autres éléments de la rémunération telle qu'elle est définie à l'article 62.

Ils sont soumis à l'approbation de la commission statuant conformément aux dispositions de l'article 14, paragraphe 2, des statuts de l'agence."

21. Les requérants font valoir, en premier lieu, que la disjonction par la Commission permanente d'un élément essentiel du "paquet salarial" porte atteinte au droit de proposition du Directeur général et aux prérogatives du Comité de gestion.

22. Ainsi que le Tribunal l'a décidé dans le cas d'une autre organisation dont les dispositions statutaires sont analogues à celles d'Eurocontrol (voir le jugement 1196 (affaires Andrews et consorts) aux considérants 11 et 12), le droit de proposition du chef exécutif est une garantie importante de la stabilité des droits statutaires des fonctionnaires. En effet, un organe comme la commission permanente ne peut pas agir de sa propre initiative en la matière, sans être saisi d'une proposition du Directeur général et d'un avis du comité de gestion, qui a pour mission de procéder périodiquement à l'examen des ajustements de rémunération. Mais, la commission, une fois qu'elle a été régulièrement saisie des propositions faites au comité de gestion par le Directeur général, et en tant qu'autorité directrice de l'agence, statue en toute liberté sur les propositions qui lui sont soumises. En l'occurrence, elle était donc dans son droit en remettant à une date ultérieure la délibération sur l'un des éléments du "paquet salarial".

23. En second lieu, les requérants reprennent le même reproche sous l'angle de vue des obligations qui découleraient de l'accord du 9 janvier 1992. Ils reprochent au Directeur général d'avoir abandonné sans résistance le sixième point, relatif à l'abolition de la "réduction Eurocontrol", alors qu'il savait que cette concession était la condition sine qua non de l'acceptation par le personnel des sacrifices que constituent la contribution temporaire de 5,83 pour cent et l'augmentation de la contribution aux pensions de 8 à 8,25 pour cent.

24. Conformément à l'accord, la concertation sur le paquet salarial a défini un objectif de négociation, accepté par le Directeur général et appuyé par le Comité de gestion, dans une situation où le consentement de l'autorité compétente, la commission permanente, ne pouvait pas encore être anticipé avec certitude. La concertation obtenue à ce stade ne saurait donc être considérée comme une obligation juridique à charge de l'Organisation ; son seul effet a été d'engager le Directeur général à poursuivre, en toute bonne foi, l'objectif fixé avec les représentants du personnel. Le communiqué conjoint publié, le 28 septembre 1992, à l'issue de la deuxième phase de consultation montre que tel était aussi l'avis des syndicats.

25. L'objectif envisagé a été en fin de compte atteint, le 1er décembre 1992, grâce aux efforts du Directeur général. Certes, on peut regretter que la commission permanente n'ait pas reconnu, au moment de sa décision sur le réalignement des traitements, l'effort du personnel qui avait accepté les sacrifices impliqués par cette révision. Néanmoins l'Organisation n'a pas violé l'engagement pris à l'égard des syndicats du personnel, qu'il ait résulté d'un accord formel, conclu au stade de la concertation, ou des phases ultérieures de "conciliation" et d'"arbitrage".

26. Enfin, quant au principe dit de "parallélisme", entre le régime de rémunération des Communautés européennes et celui de l'agence, le Tribunal rappelle que l'Organisation défenderesse a toujours souligné que le fait qu'elle suive l'exemple des Communautés ne porte préjudice ni à son autonomie ni à son droit de déterminer le régime de rémunération de son personnel en fonction de ses propres besoins. Le fait qu'elle ait décidé de mettre fin à des errements qui ont été davantage source d'inconvénients que d'avantages, ne signifie donc nullement que l'alignement sur le régime des Communautés doive être, pour elle, instantané et total.

27. Les griefs réunis sous ce moyen sont donc dénués de fondement en droit.

Sur le grief tiré d'une insuffisance de motivation

28. L'obligation de motivation constitue un principe général du droit administratif en ce que l'autorité doit indiquer, à l'appui de ses actions, au moins des raisons qui permettent aux personnes concernées de défendre leurs droits, et au juge de statuer sur tout litige dont il est saisi. Toutefois la portée du devoir de motivation varie en fonction de la nature des actes en cause.

29. Les décisions contestées par les requérants présentent des caractéristiques singulières : d'une part, il s'agit de mesures intervenues à la suite d'une concertation collective ; d'autre part, l'objet de cette concertation a consisté à reprendre des mesures salariales arrêtées par une autre organisation, les Communautés européennes. Ce procédé n'est pas sans exemples dans le droit de la fonction publique internationale ; il a été même institutionnalisé dans le "système commun" des Nations unies. L'exigence de motivation ne peut donc être définie sans tenir compte de ces deux facteurs.

30. La concertation syndicale intervenue dans le cadre de l'accord du 9 janvier 1992 permet de distinguer la présente affaire des litiges auxquels la "réduction Eurocontrol" a donné lieu précédemment. Ceux-ci étaient en effet caractérisés par le fait que le personnel était tenu dans l'ignorance des motifs réels d'une mesure qui lui était imposée d'office. Or, depuis la conclusion de l'accord du 9 janvier 1992, et en particulier dans la présente affaire, le personnel a eu accès aux informations pertinentes par l'intermédiaire de ses représentants et a pu examiner les mesures projetées en contact étroit avec l'administration, dans le cadre d'une procédure de concertation. Dans ces conditions, l'administration a pu se dispenser d'énoncer une nouvelle fois ses motifs, dans la mesure où ils avaient fait l'objet de la procédure de concertation. Il n'existe aucun déficit dont les requérants peuvent se prévaloir à ce sujet, ainsi qu'il ressort de la note de service 12/92 du 9 septembre 1992, qui fait partie des dossiers et qui contient toutes les informations pertinentes.

31. L'obligation de motivation se présente aussi de manière particulière dans le cas où une organisation reprend globalement des mesures salariales adoptées par une autre organisation, en l'occurrence les Communautés. Or, il convient de faire remarquer que le processus décisionnel dans les Communautés est régi en la matière par certains principes rigoureusement respectés : la concertation avec le personnel (voir à ce sujet l'arrêt de la Cour de justice des Communautés, du 5 juin 1973, dans l'affaire Commission c. Conseil, Recueil p. 575) ; l'obligation de motivation, imposée par la règle générale de l'article 190 du Traité instituant les Communautés; enfin, l'existence de voies de recours ouvertes au personnel. L'Organisation défenderesse, au moment d'aligner ses rémunérations sur le régime des Communautés, n'avait donc aucune obligation supplémentaire en termes de motivation, d'autant moins que l'alignement sur le régime salarial des Communautés était revendiqué par le personnel.

32. Le moyen tiré d'un manque de motivation doit, dans ces conditions, être également rejeté.

33. Le rejet des requêtes entraîne celui des demandes en intervention, sans qu'il soit besoin de statuer sur la question de leur recevabilité.

34. Bien que les requêtes soient rejetées, le Tribunal ne fera pas droit à la demande de la défenderesse tendant à ce que les requérants supportent "la totalité des dépens".

Par ces motifs,

Décide :

Les requêtes et les demandes en intervention, ainsi que la demande de la défenderesse relative aux dépens sont rejetées.

Ainsi jugé par M. José Maria Ruda, Président du Tribunal, M. Pierre Pescatore, Juge, et M. Michel Gentot, Juge, lesquels ont apposé leur signature au bas des présentes, ainsi que nous, Allan Gardner, Greffier.

Prononcé à Genève, en audience publique, le 13 juillet 1994.

Tribunal administratif
Jugement n° 366 portant sur les affaires Biggio, Van Moer et Fournier

1. Actes législatifs et administratifs - Différentes catégories d'actes - Accords internationaux - *Accord d'incorporation de l'IIB dans l'OEB du 19 octobre 1977*
2. Fonctionnaires et agents publics - Cadres et emplois - *Création, transformation ou suppression de corps, de cadres d'emplois, grades et emplois* - Notation et avancement - *Avancement* - Rémunération

Summary

Applicants are civil servants of International Patents'Institute, which has been incorpored to the European office according to an agreement dated October 19th 1977. Requests are formed versus a decision of the Board of directors of International Patents' Institute of September 29th 1977, which accepts the transfer of civil servants from International Patent's Institute to European Office and the appellants'submission to statute of European Office. This transfer and this submission constitute, according to requerants, a restriction of their rights on essential provisions which have justify their agreement, during their incorporation in the International Patents's Institute. Moreover, requests contest the decision of the Board of directors of International Patents' Institute dated December 9th 1977, which dismissed the internal recourse formed versus the above-mentioned decision.

Contrary to the affirmations of the European Office, the tribunal declared itself competent to verify the applicability of dispositions of incorporation's agreement from International Patents' Institute to the European Office, on the ground that requerants didn't contest the validity of the agreement, but only applicability of some provisions to their own situation. Moreover, of the same reasoning, when requerants contest the applicability of some provisions, and when these provisions have the same nature that the regulation of organisation's staff, the tribunal is competent to control them.

The tribunal dismissed the ground invoked by the appellants, which contest their transfer from class A 6 of staff of International Patents' Institute to class A 2 of civil servants of the European Office. This transfert does not disown vested interests. In the same way, appellants'vested interest of a remuneration has not been violated by the substitution for rules borrowed by the International Patents' Institute from European Community of system of remuneration less favourable. In fact, appellants have not a vested interest in the application of communautal rules and have not undergone a reduction of their wages, with reference to the agreement of incorporation, since they collect an "indemnity". Moreover, appellants can not be considered to have lost their vested interests by the modification of provisions about the promotions because the vested interest to the promotion only concerns the possibility of an improvement of situation, and not the provisions which specify modalities of the promotion. Finally appellants'grievance, according to rules of pensions which will induce a loss, has been dismissed because in this specific case requerants have not undergone a restriction of their rights.

So, the tribunal dismissed their requests.

Résumé

Les requérants sont fonctionnaires de l'Institut international des brevets (IIB), qui a été incorporé à l'Office européen (OEB) en vertu d'un accord du 19 octobre 1977. Les requêtes sont dirigées contre la décision du conseil d'administration de l'IIB du 29 septembre 1977 acceptant le transfert des fonctionnaires de l'IIB à l'OEB et la soumission des requérants au statut de l'OEB. Ce transfert et cette soumission constituent, selon les requérants, une restriction de leurs droits sur des points essentiels ayant motivé leur accord lors de leur incorporation au sein de l'IIB. Les requêtes sont en outre formées contre la décision du conseil d'administration de l'IIB du 9 décembre 1977 rejetant le recours interne formé contre la décision susvisée.

Contrairement à ce que prétendait l'OEB, le Tribunal s'est déclaré compétent pour vérifier l'applicabilité des dispositions de l'accord d'incorporation de l'IIB à l'OEB, au motif que les requérants ne contestent pas la validité de l'accord, mais seulement l'applicabilité de certaines dispositions à leur propre cas. De même, suivant le même raisonnement, dès lors que les requérants contestent l'application de certaines dispositions, et ces dispositions étant de même nature que la réglementation du personnel d'une organisation, le Tribunal est compétent pour les contrôler.

Le Tribunal n'a pas fait droit au moyen invoqué par les requérants, contestant leur transfert de la classe A 6 du personnel de l'IIB à la classe A 2 des fonctionnaires de l'OEB. Ce transfert ne méconnaît pas un droit acquis. De même le droit acquis des requérants à une rémunération n'a pas été violé par la substitution au régime emprunté par l'IIB aux Communautés européennes d'un système de rémunération moins favorable. En effet, les requérants n'ont pas un droit acquis à l'application du régime communautaire et n'ont pas de surcroît subi de réduction de leur salaire à la suite de l'Accord d'incorporation puisqu'ils perçoivent une “indemnité compensatrice”. Par ailleurs, les requérants ne peuvent être considérés comme atteints dans leurs droits acquis par la modification des dispositions sur les promotions car le droit acquis à la promotion ne concerne que la possibilité d'une amélioration de situation, et non les dispositions précisant les modalités de la promotion. Enfin, le grief des requérants selon lequel le régime des pensions qui leur est imposé aura pour conséquence une perte, n'est pas accepté car, dans le cas d'espèce, les requérants n'ont pas subi de restriction de leurs droits.

Le Tribunal a donc conclu au rejet des requêtes.

Décision

Le Tribunal administratif

Vu les requêtes dirigées contre l'Institut international des brevets (IIB) (depuis incorporé à l'Office européen des brevets (OEB)), formées par les sieurs Biggio, Carlo Giuseppe Frederico, Van Moer, Alain Maurice Joseph, et Fournier, Michel Robert, le 31 décembre 1977, régularisées le 30 janvier 1978, la réponse unique de l'organisation défenderesse, en date du 6 avril 1978, la réplique unique des requérants, en date du 10 juillet 1978, et la communication du 16 août 1978 de l'organisation défenderesse indiquant qu'elle n'entendait pas déposer d'observations en duplique ;

Considérant que les trois requêtes portent sur les mêmes questions et qu'il y a lieu de les joindre pour y être statué par une seule décision ;

Vu les demandes d'intervention déposées par MM.[...] ;

Vu l'article II, paragraphe 5, du statut du Tribunal, le statut du personnel de l'ex-IIB, le règlement des retraites de l'ex-IIB, le statut du personnel de l'OEB, et l'accord relatif à l'incorporation de l'IIB à l'OEB ;

Après avoir procédé à l'examen des pièces du dossier, la procédure orale n'ayant été ni sollicitée par les parties, ni ordonnée par le Tribunal ;

Vu les pièces du dossier, d'où ressortent les faits suivants :

A. Le sieur Biggio, entré au service de l'IIB le 1er juillet 1972 en qualité d'examinateur au grade A7, échelon 1, avec une ancienneté de douze mois, a été titularisé le 1er juillet 1973 puis, avec effet au 1er juillet 1976, promu au grade A6, échelon 1, avec une ancienneté de neuf mois au 18 avril 1977 ; pour sa part, le sieur Van Moer, examinateur, a été promu au grade A6, échelon 1, avec effet au 1er septembre 1976 avec une ancienneté d'échelon de neuf mois à la date du 18 avril 1977 ; le sieur Fournier, entré au service de l'IIB le 1er octobre 1972 au grade A8, échelon 2, a été promu le 1er octobre 1973 au grade A7, échelon 1, puis, avec effet au 1er octobre 1977, au grade A6, échelon 1.

B. Les requêtes formées devant le Tribunal sont dirigées contre la décision du conseil d'administration de l'IIB du 29 septembre 1977 acceptant le transfert des fonctionnaires de l'IIB à l'OEB et la soumission des demandeurs au statut de l'OEB dont certaines dispositions restreindraient les droits des requérants sur des points essentiels ayant motivé leur accord lors de leur incorporation au sein de l'IIB (notamment quant à leur reclassement dans les nouveaux grades, leur rémunération nouvelle, l'indemnité d'expatriation, l'indemnité de voyage, le régime des retraites), les requêtes sont dirigées par ailleurs contre la décision du conseil d'administration de l'IIB du 9 décembre 1977 rejetant le recours interne formé contre la décision susvisée.

C. Des négociations relatives à un accord d'incorporation de l'IIB à l'OEB ont été conduites entre 1974 et 1977 au sein du "comité intérimaire de l'Organisation européenne des brevets" institué le 5 octobre 1973 par la Conférence diplomatique sur le brevet européen ; ce comité était composé de seize délégations des États signataires de la convention sur le brevet européen parmi lesquelles se trouvaient les délégations de huit des neuf États membres de l'IIB; des représentants élus du personnel de l'IIB ont été appelés à participer aux travaux du comité intérimaire et de ses groupes de travail lors de l'examen des questions intéressant le personnel (statut du personnel, transfert de personnel de l'IIB à l'OEB). Les groupes de travail compétents n'ayant pas été en mesure d'aboutir à un accord sur certaines questions concernant les conditions de transfert du personnel de l'IIB, le comité intérimaire a confié à un comité ad hoc le soin de lui présenter de nouvelles propositions ; c'est le projet de dispositions présenté par ce comité qui a été inclus comme chapitre III à l'Accord d'incorporation de l'IIB à l'OEB, texte qui a été l'objet d'une décision d'approbation le 29 septembre 1977, attaquée par les requérants dans la présente instance.

D. "Quant à son contenu, déclare l'organisation défenderesse dans ses observations, l'accord d'incorporation concrétise la volonté des deux parties contractantes de concilier, dans toute la mesure du possible, le maintien des conditions d'emploi découlant du statut du personnel de l'IIB avec la nécessité d'insérer ce personnel dans le cadre posé par la structure du statut du personnel de l'OEB, tout en le faisant bénéficier des avantages que ce nouveau cadre peut lui assurer. Cette politique, qui implique certes l'abandon du cadre réglementaire posé par le statut du personnel de l'IIB, était dictée par la conviction que, d'une part, l'application, si elle était concevable, de deux statuts de structure différente au sein d'une même organisation devrait conduire à des difficultés de gestion telles que le bon fonctionnement de l'organisation pouvait en être affecté et que, d'autre part, le fait de confiner le personnel à transférer à un statut en voie d'extinction ne pouvait à moyen et à long terme qu'être nuisible à ce personnel."

E. La décision du 29 septembre 1977 mentionnée sous B et C ci-dessus a fait l'objet d'un recours sur le plan interne de la part des requérants de même que de celle de plusieurs centaines de leurs collègues. Par une décision du 9 décembre 1977, également attaquée par les requérants dans la présente instance (voir sous B ci-dessus), il a été notifié aux intéressés qu'il serait inopérant de saisir la Commission de recours de l'IIB au motif que du fait de la décision du conseil d'administration de l'IIB d'accepter l'accord relatif à l'incorporation de l'IIB à l'OEB et le statut du personnel de l'OEB, tout membre du personnel siégeant à ladite commission "peut s'estimer directement concerné par la décision attaquée et de ce fait est susceptible de se récuser".

F. Dans les conclusions de leurs requêtes, les intéressés demandent à ce qu'il plaise au Tribunal d'annuler les décisions attaquées pour : 1) violation du statut de l'IIB ; 2) violation des principes généraux du droit et notamment des droits acquis ; 3) violation des règles de procédure ; ils demandent à être rétablis dans leurs droits acquis. Dans leur réplique, les requérants demandent à ce qu'il plaise au Tribunal : "se déclarer compétent pour apprécier les requêtes ; déclarer irrégulière la décision de transfert du personnel en ce qu'elle a modifié sans respecter les règles de forme ni de fond la situation statutaire des requérant ; déclarer inopposables et inapplicables aux requérants les dispositions transitoires en ce qu'elles font grief aux intéressés tant dans leur ensemble que sur les points soulevés ; réserver les droits de ces derniers à une indemnité".

G. L'organisation défenderesse estime tout d'abord que le Tribunal n'est pas compétent pour statuer sur les conclusions des requérants, essentiellement en ce que ces derniers ne font valoir l'inobservation ni de leur contrat d'engagement, ni des dispositions de leur statut mais au contraire, par lesdites conclusions, à faire annuler, fût-ce partiellement, une décision prise par l'organe suprême d'une organisation internationale autorisant la signature d'un accord international ayant pour objet l'absorption d'une organisation internationale par une autre. L'organisation défenderesse considère ensuite que les requêtes sont irrecevables en ce qu'elles attaquent en fait une décision autorisant la signature d'un accord international, décision qui n'est pas assimilable à une décision collective ou individuelle prise en application du statut du personnel qui seule peut faire l'objet d'un recours devant le Tribunal; en ce que les conclusions des requérants sont inopérantes car même si la décision contestée était annulée il n'en subsisterait pas moins que l'accord d'incorporation a été signé et resterait applicable, et que l'IIB resterait dissous; en ce qu'enfin, au lieu de faire valoir leurs droits individuels, les requérants se bornent à mettre en cause le pouvoir réglementaire et le pouvoir souverain "des deux organisations intéressées à conclure des accords internationaux". En raison de ce qui précède, c'est à titre tout à fait subsidiaire que l'organisation défenderesse s'attache à réfuter les prétentions des requérants et conclut à leur manque de fondement. Elle demande donc à ce qu'il plaise au Tribunal : de se déclarer non compétent pour statuer quant au fond ; de déclarer irrecevable les requêtes ; subsidiairement, de rejeter les requêtes comme mal fondées ; de juger que les requérants supportent l'intégralité des frais et des dépenses qu'ils ont exposés.

Considère

Sur les interventions

1. Un grand nombre de fonctionnaires de l'IIB se sont joints aux requérants à titre d'intervenants. Ils ont le droit de participer en cette qualité à la présente procédure dans la mesure où ils se trouvent dans une situation de fait et de droit identique ou du moins analogue à celle des requérants. Toutefois, faute d'avoir déposé eux-mêmes une requête en temps utile, ils ne peuvent faire valoir des moyens différents de ceux des requérants ni prendre d'autres conclusions que les leurs. Il n'y a donc lieu de statuer que sur le contenu de la requête, dont les interventions suivront le sort.

Sur la partie défenderesse

2. Fonctionnaires au service de l'IIB, les requérants ont déposé contre lui, le 23 décembre 1977, les présentes requêtes. En vertu d'un accord signé le 19 octobre 1977, l'IIB a été incorporé à l'Office européen des brevets, secrétariat de l'Organisation européenne des brevets (OEB). Ayant reconnu la compétence du Tribunal administratif de l'OIT selon les termes de son statut, avec l'assentiment du Conseil d'administration du BIT, l'OEB s'est substituée à l'IIB, dès le 1er janvier 1978, dans les litiges qui l'opposaient à ses agents et étaient encore pendants à cette date devant le Tribunal. Il s'ensuit que, dans la procédure en

cours, l'OEB est la partie défenderesse.

Sur la procédure

3. L'OEB soulève d'abord une exception d'incompétence. Elle prétend que le Tribunal ne connaît pas des conclusions tendant à l'annulation d'actes réglementaires et qu'en conséquence, à plus forte raison, il ne saurait se prononcer sur les décisions d'approbation d'accords internationaux, ce qui serait porter atteinte aux pouvoirs des Etats contractants.

En réalité, sans mettre en cause la validité de l'accord par lequel l'IIB a été incorporé à l'OEB, les requérants se bornent à contester l'applicabilité de dispositions de cet acte en ce qui les concerne. Ils n'invitent donc pas le Tribunal à agir au mépris de la souveraineté étatique. Peu importe que les dispositions prétendues inapplicables figurent dans un accord international au lieu d'être contenues dans le statut d'une organisation qui continue d'exister. Quel que soit l'acte où elles se trouvent, ces dispositions ont le même objet, à savoir la situation juridique des agent d'une organisation. De même qu'en cas de modification d'une disposition statutaire, le Tribunal peut enjoindre à l'organisation intéressée d'appliquer l'ancien texte plutôt que le nouveau, il peut aussi, lors du remplacement de dispositions statutaires par les clauses d'un accord international, imposer l'application des premières de préférence aux secondes. Il est donc compétent en l'espèce.

4. En deuxième lieu, l'Organisation fait valoir qu'en prenant, le 9 décembre 1977, la décision attaquée, le conseil d'administration de l'IIB a rejeté des recours formés contre une décision par laquelle, le 29 septembre 1977, il avait autorisé la signature de l'accord d'incorporation. Or, soutient l'Organisation, la décision qui approuve un accord international n'est pas assimilable à une décision collective ou individuelle fondée sur un statut du personnel et seule susceptible d'être déférée au Tribunal ; d'où l'irrecevabilité des requêtes qui lui sont adressées.

Ce moyen se heurte aux mêmes objections que le précédent. Les requérants s'en prennent non pas à la conclusion de l'accord d'incorporation, mais à l'application de certaines de ses dispositions. Celles-ci étant de même nature que la réglementation du personnel d'une organisation, rien n'empêche les requérants de se plaindre valablement de leur application devant le Tribunal, qui connaît, selon l'article II, paragraphe 5, de son Statut, des "requêtes invoquant l'inobservation, soit quant au fond soit quant à la forme, des stipulations du contrat d'engagement des fonctionnaires ou des dispositions du statut du personnel...".

5. De leur côté, les requérants font grief à l'IIB de n'avoir pas respecté les droits de consultation que son statut du personnel reconnaît à ce dernier. Cet argument manque également de pertinence.

D'une part, les requérants reprochent à tort à l'IIB de n'avoir pas saisi de leurs revendications la commission administrative consultative prévue par l'article 90 du statut. Il n'y avait pas lieu de prendre l'avis de cet organisme, appelé à conseiller le Directeur général, sur les questions qui se posaient dans le cas particulier et ressortissaient au conseil d'administration.

D'autre part, l'omission de faire intervenir la commission du régime de retraite et de prévoyance ne peut être considérée non plus comme un vice de procédure. Les articles 50 et 65 du règlement qui institue cette commission ne lui reconnaissent de compétence qu'en ce qui concerne l'application et la modification dudit règlement. Or, en l'espèce, il s'agissait de le remplacer par les clauses d'un accord international.

Enfin, contrairement à l'opinion des requérants, la raison pour laquelle le Conseil d'administration n'a pas porté leurs réclamations devant la commission de recours s'expliquait en l'occurrence. Les questions soulevées par les requérants touchaient tous les agents de l'IIB, sans exception. Dès lors, la commission de recours se composant exclusivement de fonctionnaires de l'IIB selon l'article 84 du statut du personnel, ses membres auraient été personnellement intéressés au sort des prétentions des requérants. Aussi se trouvaient-ils dans une situation qui pouvait justifier le refus de les convoquer.

Sur le fond

6. Les requérants font grief à l'accord d'incorporation de léser leurs droits acquis. Un droit est acquis lorsque son titulaire peut en exiger le respect, nonobstant toute modification de texte. Il s'agit, notamment, soit d'un droit qui résulte du contrat d'engagement d'un fonctionnaire et auquel les parties ont entendu attribuer un caractère intangible, soit d'un droit que prévoit une disposition du statut ou règlement du personnel et qui avait une importance décisive de nature à déterminer un agent à entrer au service de l'organisation.

7. Les requérants constatent qu'ils ont été transférés de la classe A6 du personnel

de l'IIB dans la classe A2 des fonctionnaires de l'OEB, soit dans la même catégorie que les anciens agents de l'IIB de la classe A7. Aussi se prétendent-ils défavorisés dans la mesure où leur ancienneté dans la classe A6 était moins grande que celle de leurs collègues dans la classe A7.

La réponse de l'OEB à ce moyen est convaincante. En premier lieu, selon l'article 5, chiffre 4, de l'accord d'incorporation, les requérants peuvent se prévaloir des années de service qu'ils ont accomplies dans les grades A7 et A6, ce qui laisse intactes leurs chances d'avancement. De plus, en vertu de l'article 11, chiffre 2, ils sont assurés de conserver au moins leur rémunération antérieure. En tout cas, rien ne permet de penser qu'ils seraient exposés à occuper un poste inférieur à celui qui leur était assigné précédemment. Dans ces conditions, l'attribution des anciens agents de l'IIB des classes A6 et A7 dans une même catégorie ne méconnaît pas un droit acquis.

8. Selon les requérants, leur droit acquis à une rémunération a été violé essentiellement par la substitution au régime emprunté par l'IIB aux Communautés européennes, d'un système moins favorable mis en vigueur par les organisations dites coordonnées.

Ce raisonnement pèche par la base. Certes, aux termes de l'article 39, alinéa 3, du Statut du personnel de l'IIB, "les montants indiqués aux annexes II A et II B sont égaux à ceux qui sont applicables au personnel des Communautés européennes en fonction aux Pays-Bas, déduction faite, en ce qui concerne le traitement de base, de l'impôt communautaire calculé selon les règles applicables à l'agent marié ayant deux enfants à charge". Cependant, il ressort simplement de cette disposition qu'au moment de son entrée en vigueur, soit le 1er janvier 1972, les fonctionnaires de l'IIB bénéficiaient en principe d'un traitement identique à celui du personnel occupé aux Pays-Bas par les Communautés européennes. En revanche, ni le texte cité ni aucune disposition du Statut du personnel de l'IIB ne garantissait le maintien de cette parité. Autrement dit, les requérants n'ont pas un droit acquis à l'application du régime communautaire. Preuve en est d'ailleurs que, dans ses offres d'emploi, l'IIB parle sans plus de précision d'"échelles de traitement dont l'alignement sur celles des Communautés européennes est en cours d'exécution".

De plus, l'accord d'incorporation n'a pas entraîné une réduction du salaire que les requérants recevaient de l'IIB. Au contraire, d'après l'article 9, chiffres 1 et 2, le fonctionnaire transféré de l'IIB à l'OEB perçoit une "indemnité compensatrice", ajoutée au traitement de base auquel il aurait eu droit selon l'échelle applicable aux autres agents de l'OEB. A vrai dire, selon le paragraphe 2 du chiffre 2, cette indemnité se détermine en tout temps suivant les barèmes en vigueur à l'IIB et à l'OEB le 31 décembre 1977. Il s'ensuit que les anciens agents de l'IIB seront défavorisés par rapport au personnel communautaire si son salaire augmente plus rapidement que celui des fonctionnaires de l'OEB. Néanmoins, faute d'avoir un droit acquis à obtenir après le 1er janvier 1972 le même traitement que le personnel communautaire, les agents transférés de l'IIB à l'OEB ne sauraient se plaindre d'une inégalité injustifiée.

Quant aux méthodes d'ajustement des rémunérations, les requérants n'ont pas un droit acquis à l'application de celles qui étaient pratiquées à l'IIB. Dès lors, si le Statut du personnel de l'OEB prévoit des courbes d'évolution différentes de celles qui résultaient de la réglementation de l'IIB, leurs conditions d'engagement ne sont pas violées.

9. Les requérants s'estiment doublement atteints dans leurs droits acquis par la modification des dispositions sur les promotions : premièrement, alors que l'article 30, alinéa 1er, du statut du personnel de l'IIB assurait aux fonctionnaires promus une "augmentation biennale d'échelon" dans leur nouveau grade, l'article 49, chiffre 11, du statut du personnel de l'OEB ne leur accorde en principe qu'une majoration d'un échelon de douze mois dans le grade antérieur à la promotion; secondement, ainsi qu'il résulte de l'article 9, chiffre 3, de l'accord d'incorporation, un agent peut être promu sans bénéficier d'un traitement plus élevé.

On peut admettre qu'en entrant au service d'une organisation, tout fonctionnaire espère légitimement occuper un jour un poste supérieur et qu'en conséquence, les dispositions sur les promotions créent un droit acquis dans la mesure où elles ouvrent au personnel des perspectives d'avancement. Toutefois, le droit acquis à la promotion n'a pour objet que la simple possibilité d'une amélioration de situation, seule cette éventualité pouvant déterminer l'agent à s'engager. En revanche, les dispositions qui fixent les modalités de la promotion n'engendrent pas de droits acquis en faveur du fonctionnaire qui, au moment de se lier à une organisation, ne saurait prévoir le déroulement de sa carrière. Il s'agit bien plutôt de dispositions sujettes à des modifications auxquelles l'agent doit s'attendre.

Sans doute, les requérants pourraient-ils se prévaloir d'une lésion de leurs droits si, lors d'une promotion, leur traitement diminuait ou était inférieur à celui des autres fonctionnaires de l'OEB. Ces hypothèses sont cependant exclues par l'article 9, chiffres 3 et 5, de l'accord d'incorporation.

Au demeurant, même si un agent est promu sans recevoir d'augmentation de salaire, cela ne signifie pas nécessairement que sa situation reste inchangée. Non seulement il peut être appelé à exercer une activité qui lui procurera plus de satisfaction que la précédente, mais il sera mieux placé pour bénéficier d'une future promotion, accompagnée celle-ci d'une majoration de traitement.

10. Les requérants critiquent en outre le régime de pensions qui leur est imposé. Ils allèguent qu'au lieu d'être soumis à une réglementation correspondant "dans la mesure du possible", selon une déclaration du conseil d'administration de l'IIB, au système applicable au personnel des Communautés européennes, ils subiront une perte, à laquelle s'ajoutera une discrimination par rapport aux autres agents de l'OEB.

Assurément, le fonctionnaire qui offre ses services à une organisation est censé attribuer une importance décisive aux dispositions qui fixeront ses droits à la retraite. Dès lors, toute réduction de ces droits doit être considérée comme affectant un droit acquis. Toutefois, dans le cas particulier, les motifs suivants s'opposent aux griefs des requérants.

En principe, selon l'article 20, chiffre 1er, de l'accord d'incorporation, les pensions du personnel de l'OEB sont calculées au "taux de 2 pour cent du traitement de base par annuité". Le chiffre 2 du même article fait cependant profiter d'une règle spéciale les anciens fonctionnaires de l'IIB qui perçoivent une "indemnité compensatrice" : les prestations qui leur sont dues sont déterminées de deux manières différentes, ou bien au taux de 2 pour cent sur le traitement de base, ou bien à celui de 1,75 pour cent sur le total du traitement de base et de l'indemnité, la solution la plus avantageuse à l'agent lui étant appliquée. Dans ces conditions, les requérants ne sont pas victime d'une restriction de leurs droits. En tout cas, ils obtiendront une pension égale à celle qu'ils auraient perçue au service de l'IIB et qui se calculait au taux de 1,75 pour cent sur le traitement total; si la retraite fondée sur le 2 pour cent du salaire de base est plus élevée, elle leur sera versée.

Leurs droits acquis ne seraient violés que si le conseil d'administration avait garanti l'application du régime de retraite communautaire aux anciens agents de l'IIB. Tel n'est cependant pas le cas. Comme les requérants l'admettent eux-mêmes, le conseil d'administration a déclaré le 12 octobre 1972 que la réglementation de l'IIB correspondrait "dans la mesure du possible" à celle des Communautés européennes. Il a formulé ainsi une réserve qui fait obstacle à l'existence de droits acquis.

Point n'est besoin d'examiner si, en raison du double mode de calcul prévu en leur faveur, les anciens agents de l'IIB sont avantagés par rapport aux autres fonctionnaires de l'OEB. Quoi qu'il en soit, s'il y a une inégalité de traitement, seuls les seconds en sont victimes, non pas les premiers qui ne peuvent donc en tirer argument.

Enfin, il est sans importance que la cotisation exigée des anciens agents de l'IIB eu égard au traitement de base et à l'"indemnité compensatrice" soit égale à celle que doivent les autres fonctionnaires de l'OEB. Certes, tandis que les anciens agents de l'IIB n'ont droit qu'à une pension calculée au taux de 1,75 pour cent sur le traitement de base et l'"indemnité compensatrice", les autres fonctionnaires de l'OEB bénéficient du taux de 2 pour cent. Cependant, à la différence des seconds, les premiers reçoivent une "indemnité compensatrice" en sus du traitement de base. Par conséquent, dans la mesure où elle existe, la discrimination dont ils se plaignent doit être considérée comme réparée.

11. Les requérants affirment encore que le système d'allocations institué par l'OEB leur est moins favorable que celui qui était en vigueur à l'IIB. Fût-elle exacte, cette assertion n'impliquerait pas la violation de droits acquis.

Il faut reconnaître que les indemnités allouées à titre d'expatriation, pour frais d'éducation des enfants, ainsi qu'en remboursement des frais de congé importent au fonctionnaire qui entre au service d'une organisation. Aussi peut-on se demander si la suppression totale de ces indemnités ne léserait pas un droit acquis. Toutefois, leur montant et les modalités de leur versement ne sont pas l'objet d'un tel droit. Au contraire, le fonctionnaire doit envisager leur modification, que peuvent entraîner des circonstances nouvelles, telles que la hausse ou la baisse du coût de la vie, le changement de structure d'une organisation, voire les difficultés financières qui la frappent.

Au reste, l'article 10, chiffre 3, alinéa 2, de l'Accord d'incorporation assure en principe aux anciens agents de l'IIB, en matière d'éducation, le maintien des indemnités auxquelles ils avaient droit auparavant.

Sur les dépens

12. Les requêtes devant être rejetées, la demande de dépens présentée par les requérants est mal fondée.

Par ces motifs,

Décide :

Les requêtes et les interventions sont rejetées.

Ainsi jugé par M. Maxime Letourneur, Président, M. André Grisel, Vice-président, et le très honorable Lord Devlin, P.C., Juge, lesquels ont apposé leur signature au bas des présentes, ainsi que nous, Morellet, Greffier du Tribunal.

Prononcé à Genève en audience publique, le 13 novembre 1978.

PAYS-BAS

Conseil d'État néerlandais
Compétences et attributions

La loi sur la juridiction administrative règle les litiges soumis au Conseil d'État en matière de recours formés contre les décisions des pouvoirs publics.

Soit le Conseil d'État rejette l'appel ; soit, en cas d'annulation totale ou partielle d'une décision, l'organisme administratif qui a pris la décision doit se prononcer à nouveau en tenant compte de l'arrêt de la section. En cas d'inexécution, des astreintes peuvent être prononcées par la section.

Conseil d'État
Décision D.G et D.D c/ Secrétariat d'État à la Justice, rendue le 15 janvier 1996

1. Étrangers - Séjour des étrangers - Autorisation de séjour - *Demande de titre de séjour* - Réfugiés et apatrides - *Qualité de réfugié et apatride*
2. Actes législatifs et administratifs - Accords internationaux - Applicabilité- *Convention de Genève du 28 juillet 1951 relative au statut de réfugié*
3. Droits civils et individuels - Convention européenne des droits de l'homme - *Droits garantis par la convention*

Summary

The appellants were Bosnian citizens. The State Secretary for Justice refused their claim for admission as refugees and for a residence permit. The President of the District Court of Hague dismissed their recourse (judgement of the September 16th 1994). The appellants appealed this judgement to the Administrative Law Division of the Council of State. Nevertheless, State Secretary for Justice submitted that their appeal was not admissible, in application of Article 33 of the Aliens Act. But the plaintiffs submitted that application of Article 33 of the said Act was not compatible with Article 16, paragraph 2 of the Geneva Convention of July 28th 1951 relating to Status of Refugees, as amended by the Protocol of New York of January 3rd 1967.

Administrative Law Division of the Council of State assumes that paragraph 2 of Article 16 is applicable to the asylum procedure, but as the States that are parties to the Convention are free to organize the asylum procedure as they see fit, in other words with or without the involvement of the courts of law and with or without provision for judicial assesment at two instances, it is difficult to regard appeal as a "matter pertaining to access to the courts" within the meaning of Article 16 paragraph 2. It is true that this Article guarantees a refugee the same treatment as a national, but this guarantee does not oblige the State to organize the asylum procedure in such a way that decisions on refugee status are subject to judicial review in the form of appeal.

Moreover, the Division assumes that the decision of State Secretary of Justice does not constitute a violation of the prohibition of discrimination under the meaning of Article 26 of the International Covenant and of Article 14 of the European Convention on Humans Rights and that this decision is conformable to the fact of being entitled to a fair and public hearing of Article 6 of the said Convention and to the right to bring proceedings before a court at one instance of Article 13 of this Convention.

Résumé

Les requérants, de nationalité bosniaque, se sont vu refuser par le secrétaire d'État à la justice leur demande de reconnaissance du statut de réfugié et de permis de séjour. Le président de la cour de district de La Haye a rejeté leur recours par un jugement en date du 16 septembre 1994. Ceux-ci ont fait appel de ce jugement devant la section de la juridiction administrative du Conseil d'État. Cependant, le secrétaire d'État à la Justice, se fondant sur l'art. 33(e) de la loi sur les étrangers, prétend que l'appel des requérants n'est pas recevable. Ceux-ci ont néanmoins contesté ces allégations en soulevant le moyen de l'incompatibilité de l'art. 33(e) de ladite loi avec l'art. 16, alinéa 2 de la convention de Genève du 28 juillet 1951 relative au statut du réfugié, modifiée par le protocole de New-York du 31 janvier 1967.

La section de la juridiction administrative du Conseil d'État considère que l'art. 16-2 de la convention est applicable à la procédure en matière d'asile, mais puisque les États parties à cette convention sont libres d'organiser cette procédure comme il leur convient et que la convention se contente d'imposer un standard minimum, on ne peut considérer l'appel comme une "matière ayant trait à l'accès aux tribunaux" au sens de l'art. 16(2). Cet article garantit certes aux réfugiés le même traitement qu'aux nationaux, mais cette garantie n'entraîne pas pour autant une obligation permettant l'appel en matière d'asile.

Au surplus, le Conseil d'État considère que la décision du secrétaire d'État à la Justice ne constitue pas une infraction à l'interdiction de toute discrimination inscrite à l'article 26 du Pacte international relatif aux droits civils et politiques et à l'article 14 de la Convention européenne des droits de l'homme, ni au droit de chaque personne à avoir sa cause entendue équitablement, contenu dans l'article 6 de cette convention, ni enfin au droit à un recours effectif auquel se réfère l'article 13 de cette convention.

Décision

The Facts : The appellants, who were of Bosnian nationality, applied on 3 January 1994 for admission as refugees and for a residence permit. The State Secretary for Justice dismissed the applications. The appellants contested this decision by applying to the President of the District Court of the Hague (sitting in Haarlem). The President held that the objections to the dismissal were unfounded (judgement of 16 september 1994). The appellants then appealed against this judgement to the Administrative Law Division of the Council of State.

Held : Under Article 37, paragraph 1, of the Council of State Act, an interested party and the administrative authority may appeal against a judgement of the court as referred to in the General Administrative Law Act, namely - with certain exceptions - to the [Administrative Law] Division.

Under the system of the law, the situation is different where judgements of the court under the Aliens Act are concerned. No appeal lies against such judgements because Article 33 (e) of that Act provides that Article 37 of the Council of State Act does not apply to it.

It is on the ground that the State Secretary has submitted that the appeal of the appellants is not admissible, but the appellants have challenged this submission by arguing that the said article 33 (e) must not be applied since its application is not compatible with Article 16, paragraph 2, of the Geneva Convention of 28 July 1951 relating to the Status of Refugees, as amended by the Protocol of New York of 31 January 1967. The appellants have alternatively submitted that application ofArticle 33 (e) is not compatible with Article 6, paragraph 1, and Article 13 in conjunction with Article 14 of the European Convention for the Protection of Human Rights and Fundamental Freedoms and Articles 14 and 26 of the International Covenant on Civil and Political Rights, hereinafter referred to as the International Covenant.

The Division holds as follows with regard to the admissibility of the appellants in the instituted appeal.

Article 16 of the Refugee Convention

The Article reads as follows : "1. A refugee shall have free access to the courts of law on the territory of all Contracting States. 2. A refugee shall enjoy in the Contracting State in which he has his habitual residence the same treatment as a national in matters pertaining to access to the Courts, including legal assistance and exception from *cautio judicatum solvi*. 3. A refugee shall be accorded in the matters referred to in paragraph 2 in countries other than that in which he has his habitual residence the same treatment granted to a national of the country of his habitual residence."

Just as the former Judicial Division (for example in the judgement of 10 April 1979, n°s A-2.0131 - A and B (1977), RV 1979, 3), the AdministrativeLaw Division considers that Article 16, paragraph 2, is suitable for direct application and is therefore a provision that is binding on all persons, within the meaning of Article 94 of the Constitution. Under this provision of the Constitution, the Aliens Act, in particular Article 33e, is not applicable if such application would be incompatible with this treaty provision.

The Division reads Article 16 as meaning that there is free access to the courts (in the first paragraph) and that as regards matters relating or pertaining to such access - a couple are mentioned - refugees are guaranteed the same treatment in their country of habitual residence as that to which nationals of that country are entitled. In the case of the appellants, this country is - as the Division agrees with the appellants - the Netherlands.

The Convention leaves the decision on wether a person is a refugee to the Parties to the Convention. The asylum procedure to be followed in this connection is not regulated in the Convention ; this too is therefore left to the Parties to the Convention. The Convention does not prescribe that an application for asylum should be decided by a court ; in particular, Article 16, paragraph 1, does not contain such a provision. In consequence, paragraph 1 does not constitute a basis for a right to judicial review of an asylum decision.

In accordance with previous case-law, the Division assumes, however, that paragraph 2 of Article 16 is applicable to the asylum procedure. But is judicial review in the form of an appeal a "matter pertaining to access to the Courts"? The subjects referred to in the text - legal assistance and exemption from *cautio judicatum solvi* (exemption for aliens from the duty to provide security for costs, damages and interest in civil proceedings) - in any event satisfy this definition.

Another example is the requirement that was applicable until recently in some cases that aliens wishing to appeal to the administrative courts should have had their principal residence in the Netherlands for at least one year. The common feature of these examples is that they make access to the courts more difficult. The purpose of the institution of appeal is, by contrast, to provide the edifice of legal protection with an extra floor.

The Division would recall in this connection that the States that are parties to the Convention are free to organise the asylum procedure as they see fit, in other words with or without the involvement of the courts of law and with or without provision for judicial assesment at two instances. In addition, it should be pointed out that the Convention merely lays down a minimum standard. In view of all of this, it is hard to regard appeal as a “matter pertaining to access to the courts” within the meaning of Article 16 paragraph 2.

It is true that the Article guarantees a refugee the same treatment as a national. And it is also true that Dutch nationals may in general appeal against a decision of a court on an application challenging a decision of a government authority. It follows, however, from the previous paragraph that this guarantee does not oblige the Netherlands as a Contracting Party to organise the asylum procedure in such a way that decisions on refugee status are subject to judicial review in the form of appeal.

The Division would add that the judgement of 10 April 1979 referred to above related to requirement of admissibility should not be applied. In this new case it is submitted by the appellants that the Administrative Law Division should declare itself competent under Article 16 of the Refugee Convention to hear aliens cases although this power has been expressly withheld from the Division by the legislature. This would also go beyond the limits of the review envisaged in Article 94 of the Constitution. This Article of he Constitution relates to the non-application of statuatory regulations. It was originally thought above all that this related to the non-application of provisions of a criminal law nature. Later, the Article was interpreted more widely, and private law provisions too were excluded on the basis of incompatibility with treaty provisions binding on each person. However, Article 94 does not have such a wide scope that it empowers the courts to bring a given area of law within their jurisdiction of their own volition (In which connection they would then have to make up for any procedural gaps by drawing up their own rules).

The Division thus dismisses the arguments of the appellants based on Article 16, paragraph 2.

Prohibition of discrimination

The appellants have put forward an alternative argument based on Article 26 of the International Covenant and Article 14 of the European Convention on Human Rights. Article 26 of the International Covenant reads : "All persons are equal before the law and are entitled without any discrimination to the equal protection of the law. In this respect, the law shall prohibit any discrimination and guarantee to all persons equal and effective protection against discrimination on any ground such as race, colour, sex, language, religion, political or other opinion, national or social origin, property, birth or other status."

According to the appellants, application of Article 33e of the Aliens Act (exclusion of appeal in proceedings under the Aliens Act) is contrary to the above-mentioned provisions of the Convention. The argument based on Article 26 is linked to Article 2, paragraph 3 (b), of the International Covenant, under which the States Parties undertake among other things to develop the possibilities of judicial remedy. As the appellants themselves acknowledge, however, this last provision does not have any direct effect.

The exclusion of appeal in proceedings under the Aliens Act is justified on the grounds of the need to reach a final decision as quickly as possible. In the view of the Division, the legislature took the position that this need is connected with the - evidently undesirable - integration of aliens who have no right of residence. The exclusion or non-introduction of a right of appeal therefore serves a reasonable purpose. The means (non-introduction of right of appeal) cannot be said to be disproportionate to the ends. In these circumstances the treaty articles have not been infringed. It should be noted in this connection that other administrative law disputes in which a need for rapid decision-making plays a role are also excluded from judicial review.

The Division now goes on to consider Article 33b of the Aliens Act. This does not contain the requirement of consent by the parties. In corresponding cases, Article 36, paragraph 1, of the Council of State Act, Article 17, paragraph 1, of the Social Security Appeals Act, Article 19, paragraph 1, of the Administrative Justice (Regulatory Industrial Bodies) Act and Article 119, paragraph 1, of the

Student Finance Act do stipulate this requirement. In so far as the discrimination prohibition of Article 26 of the International Covenant and Article 14 of the European Convention on Human Rights have thus been infringed, this infringement cannot result in a declaration that the appeal of the appellants is admissible. The Division refers in this connection to its comments on Article 94 of the Constitution.

Fair hearing

Article 6 of the European Convention on Human Rights, in so far it is relevant here, reads as follows : “In the determination of his civil rights and obligations or of any criminal charge against him, everyone is entitled to a fair and public hearing within a reasonable time by an independent and impartial tribunal established by the law.”

The appellants’ submission is that a fair hearing can be said to exist only where the case is heard at two judicial instances, but this submission cannot be accepted as correct. The argument based on this Article is therefore not well-founded.

Effective remedy

Article 13 of the European Convention on Human Rights reads as follows : “Everyone whose rights and freedoms as set forth in this Convention are violated shall have an effective remedy before a national authority notwithstanding that the violation has been committed by persons acting in an official capacity.”

The Aliens Act does not provide for the possibility of appeal and merely allows proceedings to be brought before the courts at one instance. This does not constitute an infringement of Article 13. The right to bring proceedings before a court at one instance may be regarded - even in the case of application of Article 33b of the Aliens Act - as an effective remedy within the means of the Convention. The argument based on this provision of the Convention is therefore of no avail to the appellants.

The argument based on Article 26 of the International Covenant and Articles 6, 13, and 14 of the European Convention also fails in view of what the Division has observed above in respect of the scope of Article 94 of the Constitution.

Principle of legal certainty

In 1981 the Dutch Government informed the UN Commission for Human Rights in writing that aliens are in any event entitled to bring proceedings before the Council of State. This right has now been replaced by the right to bring proceedings before the District Court in The Hague. Neither the principles of proper administration nor the principle of legal certainty have been infringed by this.

Conclusion

All of the submissions of the appellants must be dismissed. The appeal of the appellants is not admissible.

■

Cour centrale d'appel pour les questions relatives au service public et à la Sécurité sociale Décision X, Y et Z c/ B.A.Z. Regional Compulsory Insurance Fund, 29 mai 1996

Actes administratifs et législatifs - Accords internationaux - Applicabilité - *Convention sur les normes minimales de la sécurité sociale de l'OIT*

Summary

Article 10 (1) (b) and Article 49 (2) of the Convention concerning minimum standards of social security (ILO Convention 102) must be regarded as provisions of Treaties binding all persons within the meaning of Articles 93 and 94 of the Constitution. The description of the benefits to be provided and the imperative wording of the provisions in relation to the minimum nature both of the Convention as a whole and of these provisions in particular mean that they can be invoked by the protected persons to review the entitlement granted pursuant to national law by reference to the standards of the Convention ; it follows that in this respect they can be considered as Treaty provisions that are binding on all persons.

Article 3a of ther Health Insurance Fund (Hospital Care) Decree has been repealed with effect from January 1rd 1996 following repeated direct requests from the Committee of Experts of the International Labour Organisation to comply with the minimum standards laid down in the international conventions. It can be inferred from this that the Dutch position with regard to the content and scope of the relevant provisions of the ILO Conventions in relation to the point at issue here is the same as that taken by the Committee of Experts. It follows that there is no further role for the courts to play in interpreting the Convention in so far as the aim of such interpretation can only be a more limited interpretation of the relevant provisions than that envisaged by the party to the Conventions, in accordance with the view of an authoritative body of the relevant international organisation.

Art. 3a of the Health Insurance Fund (Hospital Care) Decree is therefore incompatible with treaty's provisions binding on all persons and can not, for this reason, be applied.

Résumé

Les articles 10 (1) et 49 (2) de la convention sur les normes minimales de la Sécurité sociale (Convention de l'Organisation international du travail 102) doivent être regardés comme les dispositions de traités liant toutes les personnes en vertu des articles 93 et 94 de la Constitution. L'énumération des prestations sociales et le caractère obligatoire de l'énoncé de ces dispositions signifient qu'elles peuvent être invoquées par les personnes protégées pour réviser l'allocation accordée conformément à la loi nationale en référence aux normes de la convention; par conséquent, on peut dire que les dispositions du traité lient toutes les personnes.

L'article 3a du décret concernant le fonds d'assurance santé a été abrogé depuis le 1er janvier 1996 a la suite des requêtes répétées de la part du comité d'experts de l'Organisation internationale du travail, afin de remplir les normes minimales énoncées par les conventions internationales. On peut en conclure que la position allemande, au regard du contenu et de l'étendue des dispositions des conventions de l'Organisation internationale du travail, est la même que celle tenue par le comité d'experts. Par conséquent, cela ne joue pas un rôle important en ce qui concerne l'interprétation de la convention par les juridictions, dans la limite où une telle interprétation peut seulement être une interprétation plus limitée des dispositions applicables que celle envisagée par la partie aux conventions, en accord avec l'avis d'une autorité de l'organisation internationale.

L'article 3a du décret concernant le fonds d'assurance santé est par conséquent incompatible avec les dispositions du traité liant toutes les personnes et doit pour cette raison ne pas être appliqué.

Décision

The Facts : The Stichting Regionaal Ziekenfonds B.A.Z. (B.A.Z. Regional Compulsory Health Insurance Fund) informed X, Y and Z by letters of 12 April 1991 that it had decided not to reverse the decision taken in respect of each of them and that the contribution each of them was required to pay for the maternity care already provided would be maintained in accordance with the provisions of Article 3a of the Health Insurance Fund (Hospital Care) Decree. The District Court of Arnhem held in its judgements of 15 December 1992 that the appeals lodged against these decisions were unfounded. In January 1993 X, Y and Z then appealed to the Central Appeals Court for the Public Service and for Social Security matters. The appeal was not heard by the Central Appeals Court until April 1996. Article 3a had by this time been revoked (with effect from 1 January 1996) in order to fulfil the minimum standards contained in international conventions. In contesting the decisions taken in their respect the plaintiffs invoked *inter alia* ILO Convention 102 concerning minimum standards of social security and ILO Convention 103 concerning maternity protection.

Held : "... In the view of the Central Appeals Court both conventions are in principle relevant to the matter presently in dispute. The Central Appeals Court does not subscribe to the view taken by the District Court that Convention 102 has lost its significance as a result of the adoption of Convention 103, as a result of the provisions of Art. 75 of Convention 102, which reads : “If any Convention which may be adopted subsequently by the Conference concerning any subject or subjects dealt with in this Convention so provides, such provisions of this Convention as may be specified in the said convention shall cease to apply to any member having ratified the said Convention as from the date at which the said convention comes into force for that Member.”

First of all, the Convention in question was adopted not “later” but at the same time, and Convention 103 contains no provisions to the effect that the provisions of Convention 102 cease to be applicable.Moreover, the Central Appeals Court does not consider that there is any evidence to show that the wider protection afforded by Convention 102 in terms of the categories of person covered - as regards medical care, co-insured persons under the Compulsory Health Insurance Act such as plaintiff X come within the operation of Convention 102 - would be negated by the adoption of Convention 103.

On the basis of the facts established in the action, all three plaintiffs could in principle base a claim on ILO Convention 102 and plaintiffs Y and Z could also do so on ILO Convention 103.

The next question that arises, namely wether in particular the parts of the above-mentioned provisions of ILO Convention 102 relevant in this action, i.e Article 10 (1), opening words and (b), and Article 49 (2), should be regarded as provisions of treaties binding on all persons within the meaning of Articles 93 and 94 of the Constitution, is answered by the Central by the central Appeals Court in the affirmative.

The description of the benefits to be granted and the imperative wording of the provisions in relation to the minimum nature both of the Convention as a whole and of these provisions in particular mean that they can be invoked by the protected persons to review the entitlement granted pursuant to national law by reference to the standards of the Convention ; it follows that in this respect there can be said to be treaty provisions that are binding on all persons within the meaning of Article 93 of the Constitution.

A debate on the content and scope of the relevant provisions as conducted during the present action - in particular as regards the questions whether the possibility of requiring the person concerned to pay an own contribution is excluded in the provisions and whether "post-natal care" and "hospitalisation care" should be taken to include the maternity care which mother and child receive from the hospital after confinement - is considered by the Central Appeals Court to be no longer relevant.

After the Committee of Experts of the International Labour Organisation had informed the Dutch Government by means of so-called direct requests (in 1988, 1990 and 1993) of its view that the present provisions of ILO Conventions 102 and 103 bar the imposition of an obligation on the persons concerned to contribute towards the costs of maternity care in the event that the confinement takes place in the hospital for medical reasons, and had confirmed its view even after a further explanation had been provided by the Dutch Government, Article 3a of the Health Insurance Fund (Hospital Care) Decree was [...] repealed with effect from 1 January 1996. The reasons given were as follows :

"This has been done in order to comply with the minimum standards contained in international conventions. The conventions in question are in particular the ILO Convention n° 103 and the European Code of Social Security, with annex, addenda and protocol".

The Central Appeals Court infers from this that the Dutch position with regard to the content and scope of the relevant provisions of the ILO Conventions in relation to the point at issue here is the same as that taken by the Committee of Experts and accordingly considers that there is no further role for the courts to play in interpreting the Convention in so far as the aim of such interpretation can only be a more limited interpretation of the relevant provisions than that envisaged by the party to the Conventions, in accordance with the view of an authoritative body of the relevant international organisation.

The Central Appeals Court therefore holds that article 3a of the Health Insurance Fund (Hospital care) Decree is incompatible with Treaty provisions binding on all persons and must for this reason not be applied;

It follows from the finding thus that the challenged judgments and the disputed decisions of the defendant must be quashed ..."

POLOGNE

Haute Cour administrative

Compétences et attributions

La Haute Cour administrative (HCA) est installée à Varsovie. Il existe dix bureaux locaux, pourvus chacun des mêmes compétences que la Haute Cour administrative.

L'activité juridictionnelle de la Haute Cour administrative ne comporte qu'une instance. Les décisions de la Haute Cour administrative ne peuvent être modifiées que par la voie des recours extraordinaires introduits devant la Cour suprême. Les décisions de la Haute Cour administrative ont un caractère de cassation. La règle générale prévoit que toutes les décisions administratives rendues dans un cas individuel peuvent faire l'objet d'un recours.

Peuvent également faire l'objet d'un tel recours les décisions rendues par les organes d'autogestion locale et les organes de contrôle. En dehors des décisions, les recours peuvent aussi être formulés contre les décisions intérimaires. Le recours devant la Haute Cour administrative peut en outre être formulé contre la non-prononciation d'une décision dans le délai prévu.

La Haute Cour administrative contrôle les décisions administratives uniquement du point de vue de leur conformité à la loi.

Haute Cour administrative
Arrêt BP/GKO/Odw - 8 - 96 rendu le 17 juin 1997

1. Comptabilité publique - Jugement des comptes - Chambre régionale des comptes
2. Actes législatifs et administratifs - Différentes catégories d'actes - Accords internationaux - *Pacte international sur les droits civils et politiques de 1966 - Convention européenne des sauvegarde des droits de l'homme*
3. Procédure - Introduction de l'instance - Décisions pouvant ou non faire l'objet d'un recours - Actes constitutant des décisions susceptibles de recours

Summary

The appellant, Mister Jan Matuszek, treasurer of Cieszyn's town, has been found responsible, by the regional chamber of accounts, in the decision dated December 11th 1995 for committing an act which constitutes a breach of budgetary discipline, affected by Article 57-1 paragraph 9 of the law of December 5th 1991 related of budgetary law.

The appellant invoked the lack of conformity of the decision of the central Commission with the law dated December 5th 1991 and claimed the annulment of this decision and of the regional chamber of accounts'one.

Jury of Supreme Administrative Court considered the character of the decision of the central Commission and examined if it constituted an administrative ruling or an other act which was susceptible of appeal by the Supreme Administrative Court. It held that the decision was susceptible of appeal, insofar as Article 64-1 of the law dated December 5th 1991 related to budgetary law constitutes a legal ground to admit that sentences, which allow penalty for the breach of budgetary discipline are administrative rulings of a special nature. The Supreme Administrative Court specifies that a such interpretation of national Law's provisions is based on provisions of international conventions ratified by Poland, notably Article 14 of international Pact related to civil and politic rights and Article 6-1 of the European Convention for the Protection of Human Rights and Fundamental Freedoms, which guarantees to each person the right to access to a tribunal, and on the advice n°R(91)1 of council of Ministers related to administrative sanctions.

Résumé

Le requérant, Monsieur Jan Matuszek, trésorier de la ville de Cieszyn, a été reconnu responsable par la chambre régionale des comptes, dans sa décision du 11 décembre 1995, d'avoir commis un acte constituant une violation de la discipline budgétaire, visée à l'article 57 alinéa 1 paragraphe 9 de la loi du 5 décembre 1991 relative au droit budgétaire. A l'occasion d'un recours formé par le requérant contre ladite décision, la commission centrale près le ministre des Finances, dans une décision du 13 mai 1996, a confirmé cette décision.

Le requérant, à l'appui de son recours devant la Haute Cour administrative, a soulevé le moyen de la non-conformité à la loi du 5 décembre 1991 de la décision de la commission centrale et a demandé l'annulation de cette décision ainsi que de celle de la chambre régionale des comptes.

Le jury de la Haute Cour administrative s'est posé la question de la nature de la décision de la commission centrale, à savoir si celle-ci constitue une décision administrative ou si elle est un autre acte susceptible de recours devant la Haute Cour administrative. Il a considéré que cette décision était susceptible d'un recours devant la Haute Cour administrative, dans la mesure où l'art. 64 al.1 de la loi du 5 décembre 1991 relative au droit budgétaire constitue un fondement légal pour admettre que les sentences prévoyant une peine pour la violation de la discipline budgétaire sont des décisions administratives d'un genre spécial. La Haute Cour administrative précise qu'une telle interprétation des dispositions du droit interne se fonde sur les dispositions des conventions internationales ratifiées par la Pologne, notamment l'art. 14 du pacte international relatif aux droits civils et politiques et l'art.6 al.1 de la convention européenne de sauvegarde des droits de l'homme, qui garantit à tout individu le droit d'accès à un tribunal, ainsi que sur la recommandation n° R(91)1 du conseil des ministres relatif aux sanctions administratives.

Décision

Dans une affaire de recours de Jan Matuszek du 13 mai 1996 n° BP/GKO/Odw - 8 -96 contre la décision de la commission centrale près le ministre des Finances statuant dans les cas de violation de la discipline budgétaire.

En cas de considération de responsabilité pour violation de la discipline budgétaire.

Après examen, le 17 juin 1997, en séance publique, de la question juridique posée ci-dessous par le jury statuant de la Haute Cour administrative, dans l'arrêté intérimaire du 18 décembre 1996, dans l'affaire III SA 1422/96, devant être éclaircie selon le mode prévu à l'article 49 alinéa 2 de la loi du 11 mai 1995 sur la Haute Cour administrative (Dz. U. - Journal des Lois n° 74 texte 368 avec modifications ultérieures):

“La décision de la commission centrale près le ministre des Finances statuant dans les cas de violation de la discipline budgétaire est-elle une décision administrative ou un autre acte susceptible de recours devant la Haute Cour administrative?”

A adopté la résolution suivante:

La décision de la commission centrale près le ministre des Finances statuant dans les cas de violation de la discipline budgétaire est susceptible de recours devant la Haute Cour administrative.

Exposé des motifs

Le jury de la Haute Cour administrative statuant dans l'affaire du recours de Jan Matuszek contre la décision de la commission centrale près le ministre des Finances statuant sur les cas de violation de la discipline budgétaire (Doss. N° III SA 1422/96) s'est adressé, par voie d'arrêté intérimaire du 18 décembre 1996, au président de la Haute Cour administrative en lui demandant de faire éclaircir par un jury composé de sept juges de la HCA la question juridique suivante : “La décision de la commission centrale près le ministre des Finances statuant dans les cas de violation de la discipline budgétaire est-elle une décision administrative ou un autre acte susceptible de recours devant la Haute Cour administrative?"

La question juridique citée a été posée dans le contexte d'un état des faits suivants :

La commission statuant près la chambre régionale de comptabilité, en vertu de la décision n° DB - 0941/72/95/96 du 11 décembre 1995 a reconnu Jan Matuszek, trésorier de la ville de Cieszyn, responsable, par l'inexercice de surveillance adéquate, de prélèvements, en 1994, des fonds du compte bancaire destinés à payer les salaires sans paiement simultané des cotisations dues au fonds d'assurances sociales et au fonds du travail, c'est-à-dire de la commission de l'acte constituant une violation de la discipline budgétaire visé à l'art. 57 al. 1 p. 9 en rapport à l'art. 61 al. 2 de la loi du 5 décembre 1991 sur le droit budgétaire (texte uniforme Dz.U. - Journal des Lois de 1993, n° 72 texte 344 avec modifications ultérieures) et a renoncé à prononcer une peine en liaison avec cet acte. Dans le recours formé contre cette décision, la personne en question a soulevé le moyen selon lequel elle encourt une responsabilité liée uniquement aux décisions du domaine du budget de la commune et a prétendu que l'on pouvait parler de violation de la discipline budgétaire uniquement dans le cas où une réalisation incorrecte de ce budget aurait pour résultat un dommage. Selon son opinion, la disposition de l'art. 57 al. 1 p. 9 de la loi sur le droit budgétaire ne constituait pas un fondement à la base duquel on pouvait lui imputer une violation de la discipline budgétaire car une telle charge pouvait être considérée à l'égard des entités fonctionnant dans le cadre d'un budget, en l'espèce le budget de l'État. En rapport avec ce qui précède, l'auteur du recours a demandé l'acquittement.

En résultat de l'examen du recours, la commission centrale près le ministre des Finances statuant dans les cas de violation de la discipline budgétaire, par voie de décision n° BP/GKO/Odw - 8/96 du 13 mai 19962, a confirmé la décision attaquée en estimant non justifiées les charges formulées par l'auteur du recours. Dans l'exposé des motifs de sa décision, l'organe de seconde instance a constaté que la disposition de l'art. 57 al. 1 p. 9 de la loi sur le droit budgétaire n'est adressée qu'à un groupe très limité de destinataires - les entités budgétaires et les entités de l'économie hors-budgétaire-, en imposant une obligation précise aux employeurs qui payent les salaires et les cotisations dues au fonds d'assurance sociale et au fonds du travail à partir des fonds publics du budget de l'État ou des budgets des organes de l'autogestion locale. Ainsi, la norme légale impose à ce groupe (les employeurs) l'obligation de payer les cotisations "simultanément" au prélèvement du compte bancaire des fonds destinés à payer les salaires. La négligence de les payer simultanément doit donc être traitée comme une violation de la discipline budgétaire.

Dans son recours porté devant la Haute Cour administrative, Jan Matuszek a soulevé le moyen de la non-conformité à la loi de la décision de la commission centrale près le ministre des Finances statuant dans les cas de violation de la discipline budgétaire et a demandé de constater la nullité de la décision attaquée ainsi que de la décision rendue en première instance.

Dans sa réponse au recours, la commission centrale près le ministre des Finances statuant dans les cas de violation de la discipline budgétaire a demandé son rejet, en rappelant et en développant les arguments cités dans les décisions déjà rendues.

En examinant le recours, le jury de la HCA statuant dans l'affaire s'est posé la question juridique de savoir si la décision de la commission centrale près le ministre des Finances statuant dans les cas de violation de la discipline budgétaire était soit une décision administrative soit un autre acte susceptible de recours devant un tribunal administratif.

Dans l'exposé des motifs développé dans l'arrêté intérimaire visant à l'éclaircissement de la question juridique apparue, le jury s'est attaché à démontrer que semble discutable l'opinion de la Haute Cour administrative exprimée dans l'arrêté intérimaire du 28 septembre 1994 - Doss. N° III SA 56 - 57/94 (OSP 1995, texte 90) selon laquelle les décisions de la commission centrale révèlent des traits de décision administrative, et de là la procédure dans ces affaires, dans la mesure où elle n'est pas régie par d'autres dispositions légales, est soumise aux règles contenues dans le code de procédure administrative, et donc est admissible un recours devant le tribunal administratif contre les décisions de ladite commission.

Ces doutes sont nés de la position adoptée par la Haute Cour administrative, sans fondements juridiques suffisants, queles dispositions du code de procédure administrative sont applicables de manière appropriée à la procédure en matière de violation budgétaire. L'adoption de la thèse selon laquelle la décision de la commission a le caractère d'une décision administrative semblait également discutable. Dans les conclusions de l'arrêté intérimaire, le jury statuant dans l'affaire constata qu'il estimait nécessaire la soumission des décisions de la commission statuant dans les cas de violation de discipline budgétaire au contrôle judiciaire, au moins pour assurer à la personne punie l'accès à un tribunal. Cependant, c'est le législateur et non un tribunal qui est responsable de la création du droit, c'est donc lui qui devrait procéder à des modifications appropriées des dispositions légales en vigueur pour que les solutions adoptées dans les actes législatifs soient conformes aux standards internationaux. L'interprétation judiciaire ne peut pas ingérer dans le domaine réservé au pouvoir législatif.

La Haute Cour Administrative a pris en considération les faits suivants:

Conformément à l'art. 58 de la loi relative au droit budgétaire du 5 décembre 1991 (texte uniforme - Dz.U - *Journal des Lois de 1993* n° 72 texte 344 avec modifications ultérieures), sont responsables de violation de la discipline budgétaire les personnes auteurs d'actions visées à l'art. 57 de la loi précitée. La personne coupable de violation de la discipline budgétaire encourt une responsabilité indépendante de la forme de sa culpabilité. L'intention de l'auteur de la violation (action volontaire ou involontaire) est considérée selon le mode prévu dans les dispositions du code des contraventions. La loi prévoit pour la violation de la discipline budgétaire les peines suivantes : admonition, blâme, peine financière. Lors du prononcé de la peine, on prend en considération l'intention de l'auteur et les conséquences de la violation de la discipline budgétaire. La constatation d'une action intentionnelle et du fait que l'auteur avait déjà été puni dans le passé pour violation de la discipline budgétaire entraîne le prononcé obligatoire de la peine de blâme ou de la peine financière. Si l'auteur s'avère responsable de plusieurs actions et si la procédure les concerne toutes, une peine cumulative est prononcée à l'égard de toutes ces actions (art. 62 du droit budgétaire).

Pour définir l'acte finalisant la procédure en matière de violation de la discipline budgétaire, les dispositions du droit budgétaire n'emploient pas la notion de "décision". Dans ces dispositions on emploie d'une matière conséquente la notion de "sentence prononcée pour la violation de la discipline budgétaire".

Les traits spécifiques de la procédure en matière de violation de la discipline budgétaire peuvent révéler des doutes si cette procédure se termine par le prononcé d'une décision dans le sens des dispositions de code de procédure administrative. En conséquence, le fait que la sentence de la commission prononcée dans un cas de violation de la discipline budgétaire soit susceptible d'un recours devant la Haute Cour administrative peut susciter un doute.

Ces problèmes juridiques pouvaient avoir une plus grande importance dans l'ordre juridique avant l'entrée en vigueur de la loi du 11 mai 1995 sur la HCA (Dz. U. - *Journal des Lois n° 74* texte 368 avec modifications ultérieures), puisqu'on prévoyait parfois qu'étaient soumises au contrôle judiciaire de la Haute Cour administrative les décisions administratives prononcées selon les dispositions du code de procédure administrative, à moins qu'une disposition spéciale ne statuât autrement, c'est-à-dire qu'étaient soumises au contrôle judiciaire d'autres décisions prononcées en vertu des dispositions spéciales. Cette situation, comme on le sait, a considérablement changé après l'entrée en vigueur de la loi sur la HCA (1er octobre 1995). L'art. 16 al. 1 p. 1 de ladite loi soumet au contrôle judiciaire toutes les décisions administratives, aussi bien celles prononcées selon le mode prévu dans les dispositions du code de procédure administrative que celles prononcées dans le cadre des procédures spéciales. On peut donc valablement admettre que dans le cadre juridique actuel, il n'est pas important, comme c'était le cas auparavant, que l'acte, la décision, la solution ou la sentence aient été prononcées selon le mode prévu dans les dispositions du code de procédure administrative, conformément à ses règles générales d'application ou en résultat d'une application auxiliaire de ces dispositions par délégation prévue dans une disposition spéciale. Tels sont, en conséquence, les résultats du règlement de la compétence de la Haute Cour administrative dans une loi distincte et l'abrogation des dispositions de la section VI du code de procédure administrative. Aujourd'hui, il est important de savoir si l'on peut ou non attribuer à une sentence ou à une solution le caractère d'une décision administrative.
D'autres conséquences spécifiques résultent également du règlement de la compétence d'attribution de la Haute Cour administrative. Cette compétence d'attribution est régie par les dispositions des art. 16-20 de la loi sur la Haute Cour administrative ainsi que par les dispositions des lois spéciales qui peuvent prévoir, et prévoient parfois expressément le contrôle judiciaire des affaires non visées à l'art. 16 al. 1.

La clause générale permettant la formation de recours contre les décisions administratives devant le tribunal administratif a été limitée à l'art. 19 de la loi sur la Haute Cour administrative au moyen de l'énumération des cas dans lesquels on exclut la possibilité du contrôle judiciaire du tribunal administratif. La Haute Cour administrative n'est pas compétente entre autres dans les cas relevant de la compétence d'autres tribunaux liés à la hiérarchie organisationnelle des organes d'administration publique, les cas de hiérarchie de service entre supérieurs et subordonnés dans les offices de ces organes ainsi que dans les affaires disciplinaires dans les entités militaires. Il faut mentionner ici que les affaires en matière de violation de la discipline budgétaire n'ont pas été citées dans ce catalogue. Ce qui est plus important, c'est que dans le système légal en vigueur il n'y a aucune disposition excluant d'une matière générale ou spéciale un cas du domaine du droit budgétaire de la compétence d'attribution de la Haute Cour administrative. Il faut ici remarquer que dans plusieurs cas du domaine du droit budgétaire, en tant qu'élément du droit administratif compris dans un sens large, la Haute Cour administrative est compétente pour statuer. La matière de la discipline budgétaire est une matière du domaine public et concerne les fonctionnaires publics qui, en vertu de la loi sur le droit budgétaire, doivent veiller sur l'état des finances publiques. L'exécution du budget par les fonctionnaires publics (réception des recettes et dépenses budgétaires) constitue une action d'administration publique.

Pour définir le caractère des sentences de la commission statuant en matière de violation de la discipline budgétaire, la détermination du caractère de la procédure devant cette commission est d'une importance considérable.

Les règles fondamentales de procédure dans les cas de violation de la discipline budgétaire ont été établies dans les dispositions de la loi sur le droit budgétaire. Conformément à l'art. 65 al. 1 de cette loi, cette procédure comporte deux instances. L'art. 63 de la loi sur le droit budgétaire indique les circonstances permettant le prononcé de la suspension et du non-lieu de la procédure ainsi que du refus de son initiation. L'art. 68 prévoit une délégation législative pour le Conseil des ministres qui lui permet de régler par voie d'ordonnance la compétence des organes statuant en matière de violation de la discipline budgétaire, la procédure devant ces organes ainsi que les règles régissant la désignation et le mode de fonctionnement des porte-paroles de la discipline budgétaire. Dans les actes exécutoires appropriés et en particulier dans l'ordonnance du Conseil des ministres du 10 avril 1996 sur les règles de procédure en matière de violation de la discipline budgétaire (Dz. U. - Journal des Lois n° 57 texte 258) ont été définis la compétence des organes statuant en la matière, les personnes exerçant les fonctions de porte-parole de la discipline budgétaire et leurs obligations, les parties à la procédure, la voie d'initiation et de clôture de la procédure, les formes de procédure examinatoire, les modes et les mesures de vérification des organes statuant en la matière, les règles régissant le recouvrement des frais de procédure, l'éxécution des solutions pronocées en la matière ainsi que l'exercice par le ministre des Finances de la surveillance sur l'activité juridictionnelle des organes qui lui sont subordonnés. Les dispositions d'actes exécutoires imposent en plus d'appliquer d'une manière appropriée dans la procédure en matière de violation de la discipline budgétaire de multiples dispositions du code des contraventions. De là, on peut généralement constater que la procédure en matière de violation de la discipline budgétaire est régie par les dispositions de la loi sur le droit budgétaire, un acte exécutoire à cette loi ainsi que, d'une manière auxiliaire, par les dispositions du code des contraventions. En rapport à cela on peut donc affirmer que la procédure en matière de violation de la discipline budgétaire est, par la volonté du législateur, une procédure spéciale avec un mode distinctement régi, avec des références à la procédure en matière de contraventions. Ici, il faut expressément affirmer que les règles fondamentales de cette procédure ont été régies par la loi sur le droit budgétaire et par les dispositions de l'ordonnance exécutoire à cette loi, donc par des actes législatifs relevant du domaine du droit administratif, ce qui au moins d'une façon indirecte indique le caractère administratif de la procédure en matière de violation de la discipline budgétaire. Pour des raisons évidentes, la délégation d'un tel acte exécutoire pour l'application dans une telle procédure des dispositions de la procédure relative aux contraventions ne peut pas impliquer qu'il s'agit ici de transformer, en dehors de la loi, une procédure administrative en une procédure relative aux contraventions.

L'application, dans une procédure en matière de violation de la discipline budgétaire, des dispositions du code des contraventions, n'est pas et ne peut pas être un argument décisif pour admettre que les sentences de la commission statuant en matière de discipline budgétaire ne sont pas suceptibles de recours devant la Haute Cour administrative. Il est cependant indubitable que la personne coupable ne jouit pas de la protection garantie par les dispositions du code des contraventions car la violation de la discipline budgétaire n'a pas été définie par le législateur comme une contravention. Il faut ici encore une fois rappeler qu'une application auxiliaire des dispositions du code des contraventions dans la procédure en matière de violation de la discipline budgétaire n'attribue pas à cette dernière procédure un caractère quasi pénal. Il ne fait non plus aucun doute que la procédure en matière de violation de la discipline budgétaire n'a pas le caractère d'une procédure dsiciplinaire. Bien qu'il s'agisse d'une procédure relative à une violation de la disicpline budgétaire, celle-ci n'est pas traitée par le législateur comme une procédure disciplinaire.

Les remarques mentionnées ci-dessus nous amènent à des conclusions précises. Dans le domaine du droit administratif compris dans un sens large, le législateur prévoit différentes formes de responsabilité pour la violation des dispositions de ce droit. Le plus souvent, en rapport avec les relations existant entre les sujets de la relation administrative, ce sont des sanctions exécutoires, disciplinaires ou de type pénal (y compris les cas des contraventions). On doit cependant mentionner que ce domaine comporte des solutions législatives à caractère spécial. A titre d'exemple on peut citer ici la responsabilité pour la violation de la certaines dispositions de la loi du 31 janvier 1980 sur la protection et le développement du milieu naturel (texte uniforme - Dz. U. - Journal des lois de 1994 texte 196 avec modifications ultérieures) prévoyant des peines pour un abattement et un découpement sans autorisation des arbres et des buissons. Une solution semblable a été adoptée pour la procédure en matière de violation de la discipline budgétaire. Dans de tels cas, ce qui est décisif pour définir le caractère de la décision prononcée par un organe d'administration publique ou un autre organe exécutant des tâches relevant du domaine de l'administration publique n'est pas la dénomination de la décision mais sa nature. A de nombreuses reprises, il a été indiqué aussi bien dans la jurisprudence de la Haute Cour administrative que celle de la Cour suprême que ce n'est pas la dénomination mais le contenu qui est décisif pour admettre qu'un acte soit une décision administrative (v. P. Ex. Le jugement de la Cour suprême du 18 octobre 1985, n° II Cr 320/85, publié : OSNCP 1986, n° 10, texte 158). Pour la qualification légale d'un acte donné (solution, sentence, autorisation, constatation, etc...), une importance fondamentale est accordée à l'interprétation des dispositions légales constituant le fondement de cette qualification.

L'art. 64 al. 1 de la loi sur le droit budgétaire constitue, dans l'opinion du jury élargi de la Haute Cour Administrative, un fondement légal pour admettre que les sentences prévoyant une peine pour la violation de la discipline budgétaire sont des décisions administratives d'un genre et d'un caractère spécial. Cette constatation est fondée sur la réunion des prémisses suivantes, reconnues d'une manière générale comme décisives pour admettre qu'il s'agit d'une décision: l'acte en question est un acte extérieur, le destinataire de l'acte est précisé, le destinataire de l'acte n'est pas subordonné à l'organe statuant en la matière dans la hiérarchie de service et la sentence se prononce sur les conséquences de la violation des dispositions de la loi par le destinataire.

Il n'est pas nécessaire d'analyser ici plus profondément le caractère juridique des commissions statuant en matière de violation de la discipline budgétaire. Il est dorénavant indubitable que la commission centrale près le ministre des Finances statuant dans les cas de violation de la discipline budgétaire fonctionne près un organe de l'administration de l'État. Cela se manifeste, en l'espèce, sous la forme d'une décision, dans la mesure où il n'existe pas dans les dispositions de la loi sur le droit budgétaire de norme qui exclut expressément une telle forme pour la sentence prévoyant une peine pour la violation de la discipline budgétaire. Un tel caractère de cette sentence ne peut pas être attaqué, au motif que le législateur admet que les membres de la commission statuant en matière de violation de la discipline budgétaire sont indépendants lors du prononcé de leur décision car il s'agit ici d'une indépendance spécifique, comprise comme indépendance juridictionnelle de l'organe de l'administration de l'État près duquel fonctionne la commission.

Il n'est pas permis de douter, selon l'affirmation du jury posant la question juridique, de la nécessité de rechercher toujours une telle interprétation des dispositions légales en vigueur pour assurer le mieux possible la réalisation des valeurs résultant des dispositions de l'article 1 de la Constitution de la république populaire de Pologne, et donc le droit des citoyens à l'accès à la justice. C'est cette direction qu'emprunte d'une façon conséquente la jurisprudence de la Cour constitutionnelle qui, en particulier dans sa décision du 25 septembre 1991 (v. W 1/91/OTK 1991 texte 19), s'est prononcée en faveur de l'application d'une procédure appropriée répondant aux critères d'un Etat de droit. Dans l'opinion de la Cour constitutionnelle, une telle interprétation du droit doit - si le contenu exprès des dispositions ne le prévoit autrement - être dirigée sur "l'extension de la garantie des droits du citoyen en matière de procès".

Au surplus, une telle direction d'interprétation du droit en vigueur dans notre pays, y compris, pour des raisons évidentes, du droit budgétaire, trouve son fondement dans les dispositions des conventions internationales ratifiées par la Pologne. Il faut surtout mentionner ici l'art. 14 du Pacte international des droits civils et politiques (Dz. U. - Jouranl des Lois de 1977 n° 38 textes 167 et 168) et l'art. 6 al. 1 de la Convention européenne de sauvegarde des droits de l'homme et des libertés fondamentales (Dz. U. - Journal des Lois de 1992 n° 85, texte 427), qui imposent l'obligation de garantir à l'individu le droit d'avoir son affaire examinée par un tribunal.

Dans le cas analysé, sont d'une importance particulière les recommandations et les résolutions du Comité des ministres du Conseil de l'Europe. Dans ce cas, de moindre importance seront celles de ses recommandations et résolutions qui se rapportent aux charges formulées à l'égard d'une procédure pénale citées par le jury formulant la question juridique et le poussant à formuler un doute quant à l'admissibilité devant la Haute Cour administrative du recours formé contre les sentences pronocées en matière de violation de la discipline budgétaire. Dans le cas étant l'objet de la résolution du jury élargi de la HCA, la recommandation n° R(91) 1 du Comité des ministres adressée aux Etats membres en matière de sanctions administratives, adoptée le 13 février 1991, est d'une importance particulière. Le p. 8 de cette recommandation stipule que "l'acte infligeant une sanction administrative doit être soumis - en tant que critère minimal - à un contrôle légal exercé par un tribunal indépendant et impartial légalement fondé " (v. T. Jasudowicz, "L'administration et les droits de l'homme", Torun 1996, p. 132). Il est également indubitable que des références à de telles recommandations et résolutions dans la jurisprudence des tribunaux polonais sont non seulement admissibles mais nécessaires car on ne peut pas, par voie d'interprétation de la loi par les tribunaux polonais, arriver à la situation dans laquelle l'unique forme de protection des droits des citoyens serait les procédures qui pourraient être initiées par eux devant, par exemple, la Cour européene des droits de l'homme à Strasbourg.

Vu ce qui précède, la Haute Cour administrative, en vertu de l'art. 49 al. 2 de la loi sur la Haute Cour administrative a adopté la résolution au contenu comme au début.

PORTUGAL

Tribunal administratif suprême
Compétences et attributions

Le Tribunal administratif suprême est compétent pour connaître: des recours contre les actes en matière administrative, douanière et fiscale ; des déclarations d'illégalité de normes réglementaires; des litiges sur les contrats administratifs et responsabilité civile; de l'exécution des jugements.

Le Tribunal administratif suprême juge en premier et dernier ressort les actes administratifs de portée nationale et les actes réglementaires des autorités régionales, en appel les recours contre les décisions des tribunaux administratifs de circonscription et en cassation les recours contre les décisions des tribunaux tributaires de première instance (lorsqu'ils portent sur des questions de droit) et de deuxième instance.

Tribunal administratif suprême
Arrêt rendu le 18 décembre 1997, affaire n° 42211

1. Outre-mer - Litiges liés aux transferts de souveraineté
2. Fonctionnaires et agents publics - *Fonctionnaires et agents de l'ancienne administration portugaise d'outre-mer*
3. Droits civils et individuels - Etat des personnes - Nationalité
4. Pensions - Pensions civiles et militaires de retraite - Questions communes - Conditions d'octroi d'une pension
5. Actes législatifs et administratifs - Différentes catégories d'actes - Accords internationaux

Summary

Portuguese nationality is not one of necessary conditions to the obtaining of retirement pension. Article 1-1 of decree 362/78 dated November 28th 1978 provides that renouncing to the preservation of Portuguese nationality does not prevent the way of grant of retirement pension to civil servants of ancient overseas administration who have accomplished more than five years of service and executed required deductions. Moreover, this article is conformable to Portuguese Constitution and to International Conventions ratified by Portugal.

Résumé

La nationalité portugaise n'est pas une des conditions nécessaires pour l'obtention d'une pension de retraite. L'article 1-1 du décret-loi 362/78 du 28 novembre 1978 prévoit que la renonciation à la conservation de la nationalité portugaise ne fait pas obstacle à l'octroi de la pension de retraite aux fonctionnaires de l'ancienne administration portugaise d'outre-mer qui ont accompli plus de cinq années de service et effectué les déductions demandées pour cet effet. Cet article est, par ailleurs, conforme à la Constitution portugaise et au conventions internationales ratifiées par le Portugal.

Décision (résumée)

I- La nationalité portugaise n'est pas une des conditions nécessaires pour l'obtention d'une pension de retraite.

II- Donc, le fait de posséder la nationalité portugaise n'est pas une exigence qui puisse être imposée aux fonctionnaires et agents de l'ancienne administration portugaise d'outre-mer pour que la pension de retraite leur soit octroyée, d'après le décret-loi 362/78, daté du 28/11/1978.

III- Le point d) du n° 1 de l'article 82 du statut de la retraite doit être écarté dans l'analyse de la possibilité d'octroi de la retraite aux fonctionnaires et agents mentionnés ci-dessus, car il est manifestement incompatible avec le régime qui découle du DL 362/78.

IV- Le n° 1 de l'article 1 du DL 362/78, lorsqu'on l'interprète comme disposant que le renoncement à la conservation de la nationalité portugaise ne fait pas obstacle à l'octroi de la pension de retraite aux fonctionnaires et agents de l'administration publique des anciens départements portugais d'outre-mer qui ont accompli plus de cinq années de service et effectué les déductions demandées pour cet effet, n'est pas contraire à ce qui est prévu par les articles 13, 15-2, et 8-2 de la Constitution de la République portugaise, et n'est donc pas inconstitutionnel.

V- Les règles de droit international public ont une autorité supérieure à celle des règles ordinaires de droit interne.

VI- L'État ne peut pas adopter des règles de droit interne contraires au droit international lorsque les règles de droit international sont contraignantes pour les parties contractantes.

VII- En droit international, le principe "pacta sunt servanda" rend impératifs les engagements internationaux (traités ou accords vinculatifs) en ce qui concerne les parties contractantes.

VIII- Les règles conventionnelles de droit international public cessent d'être en vigueur par dénonciation, suspension, par la conclusion et la ratification d'un nouveau traité ou accord international, ou par l'extinction de son objet.

IX- La primauté du droit international n'empêche pas que dans l'ordre juridique interne des États signataires soient octroyés aux nationaux de l'autre partie contractante des droits qui ne sont pas consacrés par la voie conventionnelle.

X- Le n° 1 du DL 362/78, en rendant possible l'attribution de la pension de retraite aux ex-fonctionnaires et agents des anciens départements d'outre-mer qui n'ont pas conservé la nationalité portugaise, n'est contraire à aucun droit conventionnellement accordé en faveur de l'État du Cap-Vert et ne s'oppose donc pas à son application.

■

Tribunal administratif suprême
Arrêt rendu le 20 mai 1997, n° 37585

1. Étrangers - Réfugiés et apatrides - Qualité de réfugié ou d'apatride
2. Actes législatifs et administratifs - Différentes catégories d'actes - Accords internationaux - *Convention de Genève du 28 juillet 1951 relative au statut des réfugiés*

Summary

Refugees mentioned by Article 1 of the Geneva Convention are persons who fulfil the conditions laid down by Article 2-2 of the Law n°70/93 dated September 29th 1993. The claims of asylum are justified when there is a preliminary verification of a situation of persecution. It is enough that the impetrant produces reasonable proof of his adherence to a persecuted group for grounds of race, religion or membership of some social group or of political opinions. But it is difficult to produce the proof of reasonable dread of persecution when a situation of generalized persecution in the country which the refugee hails is not recognized by international community. The possibility of grant of political asylum is conformable to Portuguese Constitution. The claim of asylum formed, in this case, constitutes a claim of exceptional authorization of residence to aliens who are in the impossibility to go back to their original country because of armed conflicts or systematic transgressions of human rights.

Résumé

Les réfugiés auxquels l'article 1 de la convention de Genève fait référence sont des personnes qui remplissent les conditions posées par l'article 2-2 de la loi n°70/93 du 29 septembre 1993. Les demandes d'asile sont justifiées dès lors qu'il existe une vérification préalable de la situation de persécution requise et il suffit que l'impétrant apporte une preuve raisonnable de sa condition d'élément d'un groupe persécuté pour des raisons de race, de religion, de nationalité d'appartenance à un certain groupe social ou même pour ses opinions politiques. Il est toutefois difficile d'apporter la preuve d'une crainte raisonnable de persécution lorsqu'il n'existe pas une reconnaissance, par la communauté internationale, d'une situation de persécution généralisée dans le pays d'où le réfugié est originaire. La possibilité d'octroi d'asile politique est conforme à la Constitution portugaise. La demande d'asile formée en l'espèce constitue une demande d'autorisation exceptionnelle de résidence à des étrangers qui se trouvent dans l'impossibilité de retourner dans leur pays d'origine en raison de conflits armés ou de violations systématiques des droits de l'homme.

Décision (résumée)

I- Les réfugiés auxquels l'article 1 de la convention de Genève, en vigueur dans l'ordre juridique interne portugais, fait référence, sont des personnes qui remplissent les conditions posées par le n° 2 de l'article 2 de la loi n° 70/93 du 29 septembre 1993.

II- La convention de Genève sur le statut des réfugiés a été élaborée pour répondre aux demandes des réfugiés qui vivent dans des conditions reconnues par la communauté internationale comme étant des conditions de persécution en vertu de facteurs tels que la race, la religion, la nationalité, l'appartenance à un certain groupe social ou les opinions politiques. L'expression "persécutés sans raison" s'applique exactement à la situation objective décrite.

III- Chaque fois que l'article 2, n° 2 de la loi n° 70/93 emploie cette expression, il fait référence à des situations objectives que la Convention internationale consacre, et non à des situations individuelles de persécution injuste, lesquelles sont consacrées par le n° 1 de ce même article, mais avec des présupposés différents et plus restrictifs.

IV- Il résulte des points antérieurs que la demande d'asile politique aux termes du n° 2 de l'article 2 sera justifiée dès lors qu'il existe une vérification préalable de la situation objective de persécution, et il suffit que l'impétrant apporte une preuve raisonnable de sa condition d'élément d'un groupe persécuté pour des raisons de race, de religion, de nationalité, d'appartenance à un certain groupe social ou même pour ses options politiques. Il est cependant difficile d'apporter la preuve d'une crainte raisonnable de persécution lorsqu'il n'existe pas une reconnaissance, par la communauté internationale, d'une situation de persécution généralisée dans le pays d'où le réfugié est originaire.

V- La possibilité d'octroi d'asile politique, aux termes du n° 1 de l'article 2 de la loi n° 70/93, s'accorde avec la disposition constitutionnelle de l'article 33-6, constituant une concession que l'État portugais établit en dehors de l'obligation internationale qu'il a contractée en signant la convention de Genève. Par conséquent, cette possibilité s'appuie sur des situations subjectives de l'impétrant et la vérification de ses présupposés est soumise à la condition de présentation préalable de preuve concrète de l'existence de ces situations individuelles, exposée par le candidat réfugié (l'asile politique pour des raisons nobles).

VI- L'octroi d'une autorisation exceptionnelle de résidence à des étrangers qui sont empêchés ou se trouvent dans l'impossibilité de retourner dans leur pays d'origine en raison de conflits armés ou de violations systématiques des droits de l'homme, prévu par l'article 10 de la loi n° 70/93 et par l'article 64 du DL n° 59/93 du 3 mars, est une mesure de caractère exceptionnel, donc sans aucun caractère définitif. Cela signifie que cette autorisation est octroyée pour une période de temps limitée et se fonde sur des raisons humanitaires ponctuelles et ne crée pas un régime d'asile ni un succédané de celui-ci. Voilà pourquoi la demande d'asile formée en vertu de cette disposition normative ne peut être un sous-entendu sur lequel l'administration a le devoir de se prononcer, mais doit, au contraire, être spécifiquement requise pour que l'administration puisse émettre une décision valide sur cette matière.

Tribunal administratif suprême
Arrêt rendu le 11 juillet 1996, n° 40095

1. Outre-mer - Litiges liés aux transferts de souveraineté
2. Fonctionnaires et agents publics - *Fonctionnaires et agents de l'ancienne administration portugaise d'outre-mer*
3. Droits civils et individuels - État des personnes - Nationalité
4. Pensions - Pensions civiles et militaires de retraite - Questions communes - Conditions d'octroi d'une pension
5. Actes législatifs et administratifs - Différentes catégories d'actes - Accords internationaux

Summary

Decree n°362/78 rules retirement of civil servants who have worked in public administration of ancient overseas departments. The Agreement between Portugal and Cap-Vert, approved by Decree n°524-M/76 must not be applied on behalf of Decree n°362/78.

Résumé

Le décret loi n°362/78 régit la retraite des fonctionnaires qui ont travaillé dans l'administration publique des anciens départements d'outre-mer. L'accord contracté par le Portugal et le Cap-Vert approuvé par le décret-loi n°524-M/76 ne doit pas être appliqué au profit du décret loi n°362/78.

Décision (résumée)

I- La “ratio legis” de l’octroi d’une pension de retraite à un fonctionnaire ou agent de l’ancienne administration portugaise d’outre-mer se fonde sur la situation “sui generis” de ces fonctionnaires qui, ayant travaillé dans l’administration publique des anciens départements d’outre-mer et rassemblant les conditions de fait nécessaires à l’obtention de la pension de retraite, étaient empêchés d’entrer dans le cadre général des attachés à cause de leur défaut de nationalité portugaise.

II- Le régime prévu par le DL n° 362/78 régit la retraite des fonctionnaires et des agents, en vertu de leurs conditions spécifiques, de façon différente mais pas opposée à celle prévue par le régime général de retraite en vigueur au Portugal.

III- A ce régime spécial sont applicables les dispositions du régime général qu’il invoque directement ou qui ne sont pas incompatibles avec lui.

IV- L’article 82 du statut de la retraite, en déclarant comme cause de l’extinction de la retraite, aux termes du n° 1, al. D), la perte de la nationalité portugaise est évidemment une disposition qui ne peut pas être appliquée au cas “sub judice”, parce qu’elle est manifestement inconciliable avec le régime spécial disposé par le DL n° 362/78.

V- Bien que le droit international conventionnel, lorsqu’il est approuvé ou ratifié, selon le cas, et publié dans le *Diario da Republica,* devienne automatiquement du droit interne, ce qui est arrivé à l’accord contracté par le Portugal et le Cap-Vert et approuvé par le DL n° 524-M/76 du 5 juillet, on peut douter que ces dispositions normatives occupent une position de parité par rapport au droit ordinaire interne ou si elles ont une valeur supérieure. Ce différend n’est pas résolu par la Constitution.

VI- Dans le cas “sub judice”, il semble cependant plausible que l’État portugais, lorsqu’il a régi postérieurement et de façon différente la matière qui a été objet de cet accord et a pris sur soi, à travers le DL n° 362/78, la responsabilité pour des situations qui dans le cadre de l’accord appartenaient à la sphère de responsabilité de la république du Cap-Vert, a voulu nier à cette convention toute sa force contraignante interne et externe.

VII- Soit en reconnaissant la parité hiérarchique de ces instruments juridiques, soit en conférant la primauté au droit international, il faudra toujours reconnaître, dans le premier cas, la révocation de l'accord à cause de son incompatibilité avec le DL n° 362/78 et, dans le second cas, la cessation de son effet, car en prenant sur soi toutes les obligations, l'Etat portugais a vidé les responsabilités auparavant assumées par la république du Cap-Vert.

SÉNÉGAL

Conseil d'État
Compétences et attributions

Le Conseil d'État sénégalais connaît des recours pour excès de pouvoir : il est juge en premier et dernier ressort de l'excès de pouvoir des autorités exécutives. Il peut annuler les actes et les décisions de l'administration.

Il est également compétent pour le contentieux des inscriptions sur les listes électorales et des élections aux conseils municipaux et ruraux. Il est juge d'appel des décisions rendues en la matière par les tribunaux départementaux. Il a pouvoir de réformation.

Le Conseil d'État, en sections réunies, connait des recours en cassation contre la Cour de discipline budgétaire et se prononce sur les demandes de révisions dirigées contre ces mêmes décisions. Il connaît également des pourvois en cassation dirigés contre les décisions rendues en dernier ressort par les organismes administratifs à caractère juridictionnel.

Il a enfin un pouvoir d'assistance et de contrôle en matière de comptabilité publique.

Le Conseil d'État sénégalais possède aussi des attributions consultatives : il donne au gouvernement un avis motivé sur les projets de loi et de décret qui lui sont soumis par le Premier ministre ; il donne un avis motivé, non seulement sur la constitutionnalité ou la légalité des dispositions sur lesquelles il

est consulté, mais aussi sur la pertinence des moyens juridiques retenus pour atteindre les objectifs visés par les pouvoirs publics; il donne son avis sur les propositions de loi, lorsqu'il est saisi par le président de l'Assemblée nationale après examen de la commission compétente.

Conseil d'État
Décision rendue le 27 mai 1998

1. Actes législatifs et administratifs - Accords internationaux - Applicabilité - *Traité instituant une organisation intégrée de l'industrie des assurances dans les États africains* - Validité des actes administratifs - Détournement de pouvoir - absence

Summary

The Council of State held that, when the Minister of Finance takes a decision which nominates a provisory administrator of a insurance company and creates management committee to control the management of this society, he does not disregard the provisions of Article 17 and 22 of Treaty instituting an integrated organization of insurance industry in the African states, when his decision is taken after the one's of Regional Commission of Insurance Control pronouncing the suspension of directing organs of the insurance company. Moreover, when there is no proposition of civil administrator's nomination, the Minister can legally take the necessary measures of conservation, without this decision being illegal.

Résumé

Le Conseil d'État a jugé que lorsque le ministre de l'Économie prend une décision portant nomination d'un administrateur provisoire d'une compagnie d'assurances et crée un comité de gestion chargé de suivre la gestion de ladite société, il ne méconnaît nullement les dispositions des articles 17 et 22 du traité instituant une organisation intégrée de l'industrie des assurances dans les États africains dès lors que sa décision fait suite à celle de la commission régionale de contrôle des assurances prononçant la suspension des organes dirigeants de la compagnie d'assurances. En outre, en l'absence d'une proposition de nomination d'un administrateur provisoire, le ministre peut légalement prendre les mesures conservatoires qui s'imposent, sans que cette décision puisse être considérée comme étant entachée de détournement de pouvoir.

Décision

A l'audience du Mercredi vingt sept Mai mil neuf cent quatre vingt dix huit ;

Entre André Altounian et la Compagnie Financière de l'Ouest Africain d'une part et l'État du Sénégal, représenté par l'agent judiciaire de l'État d'autre part;

VU la requête enregistrée au secrétariat du Conseil d'État le 27 août 1997 sous le numéro 103/RG/97 par laquelle Mes Bourgi et Gueye avocats à la Cour agissant au nom et pour le compte de André Altounian, Président Directeur général des Assurances générales du Sénégal, domicilié à la rue des Batteries à Gorée, ont saisi la première section du Conseil d'État d'un recours tendant à l'annulation pour excès de pouvoir de l'arrêté n°000026/MEFP/DA en date du 7 janvier 1997 par lequel le ministre de l'Économie des Finances et du Plan a d'une part nommé Monsieur Ibrahima Cisse, assureur conseil en qualité d'administrateur provisoire des Assurances générales du Sénégal et d'autre part créé un conseil de surveillance chargé de suivre la gestion de la société durant cette période ;

VU la décision attaquée ;

VU la loi organique n°96.30 du 21 octobre1996 sur le Conseil d'État ;

VU les conclusions de l'Agent judiciaire de l'État ;

VU les autres pièces versées au dossier ;

OUI Monsieur Malick DIOP en son rapport ;

OUI Mes Bourgi et Gueye, avocats à la Cour en leurs observations ;

OUI Monsieur Mamadou SALL, commissaire du droit en ses conclusions.

Après en avoir délibéré conformément à la loi ;

Sur le moyen tiré de la violation des articles 17 et 22 du traité instituant une organisation intégrée de l'industrie des assurances dans les États africains

Considérant que la commission régionale de contrôle des assurances a, par décision en date du 31 décembre 1996, prononcé la suspension des organes dirigeants des Assurances générales sénégalaises (A.G.S), sanction prévue à l'article 17 alinéa C du traité instituant une organisation intégrée de l'industrie des assurances dans les États africains ;

Que suite à cette décision, le ministre de l'Économie, des Finances et du Plan a pris un arrêté en date du 7 janvier 1997 par lequel, d'une part un administrateur provisoire des A.G.S a été nommé et d'autre part un comité de surveillance chargé de suivre la gestion de la société a été créé.

Considérant que le requérant affirme que l'arrêté ministériel attaqué a été pris en méconnaissance des dispositions de l'article 17 du traité instituant une organisation intégrée de l'industrie des assurances dans les États africains en ce que la décision de suspension des organes dirigeants des Assurances générales sénégalaises prononcée par la commission régionale de contrôle des assurances n'était assortie d'aucune proposition de nomination d'un administrateur provisoire ; que par conséquent, pour le requérant, l'acte attaqué, intervenu en l'absence de proposition préalable est entaché d'illégalité et encourt l'annulation.

Considérant que le requérant ajoute qu'il y a en outre méconnaissance des dispositions de l'article 22 du traité qui prévoit une faculté de saisir le Conseil des ministres dans les deux mois à compter de la notification de la décision de la commission régionale de contrôle des assurances en ce que le Ministre de l'Économie, des Finances et du Plan avait l'obligation de surseoir à la prise de l'arrêté attaqué soit jusqu'à l'expiration du délai de deux mois en l'absence d'un recours devant le Conseil des ministres soit jusqu'à ce que le Conseil ait effectivement vidé sa saisine en cas d'exercice d'un recours ;

Considérant d'une part qu'aux termes de l'article 17 du traité " pour l'exécution des sanctions prévues à l'article 17 alinéa C, la commission propose au ministre en charge du secteur des assurances, le cas échéant, la nomination d'un administrateur provisoire " ;

Considérant qu'en cas de suspension des organes dirigeants, la proposition de nommer un administrateur provisoire n'est pas une formalité substantielle dont la non observation ferait encourir la nullité à l'arrêté ministériel ayant suppléé à cette carence et permis d'assurer la continuité du service puisque en pareil cas le ministre de l'Économie, des Finances et du Plan est tenu de prendre des mesures conservatoires dans l'intérêt du service ;

Qu'il suit de là que la première branche du moyen n'est pas fondée ;

Considérant d'autre part qu'aux termes de l'article 22 du traité, les recours n'ont pas de caractère suspensif ; que par conséquent le ministre de l'Économie, des Finances et du Plan n'était nullement tenu d'observer un quelconque délai avant de prendre l'acte attaqué qu'il suit de là que la seconde branche du moyen n'est pas fondée ;

Sur le moyen tiré du détournement de pouvoir

Considérant que sous ce moyen le requérant soutient qu'il y a détournement de pouvoir en ce qu'il n'y avait pas dans l'immédiat un risque de perturbation dans le fonctionnement des organes dirigeants statutaires de la Société A.G.S ainsi que dans les activités de celle-ci ; que la décision attaquée ne se justifiait nullement à la date à laquelle elle a été prise puisque c'est le Directeur Général délégué qui a été nommé administrateur provisoire ;

Mais considérant que le requérant se borne à de simples affirmations sans pour autant administrer la preuve que le ministre de l'Économie, des Finances et du Plan a utilisé ses pouvoirs dans un but autre que celui pour lequel ils lui ont été conférés ; Qu'il s'ensuit que le moyen n'est pas fondé ;

Sur le moyen tiré de l'absence de motifs

Considérant que sous ce moyen le requérant soutient que l'acte attaqué encourt l'annulation en ce qu'en s'abstenant d'indiquer les éléments de fait ayant fondé sa décision, le ministre de l'Économie, des Finances et du Plan n'a pas satisfait aux exigences prescrites pour l'exercice d'un contrôle minimum ;

Mais considérant que l'administration n'est pas tenue en l'absence de texte le prévoyant expressément d'indiquer dans l'acte les motifs sur lesquels elle s'est fondée ;
Qu'il s'ensuit que le moyen ne peut prospérer ;

Par ces motifs

Rejette le recours pour excès de pouvoir introduit par André Altounian contre l'arrêté n°000026/MEFP/DA en date du 7 janvier 1997 ;

Ordonne la confiscation de l'amende.

Conseil d'État
Décision rendue le 31 août 1994

Actes législatifs et administratifs - Validité des actes administratifs - Accords internationaux - *Déclaration universelle des droits de l'Homme du 10 décembre 1948 - Traité de l'Union économique et monétaire ouest africaine*

Summary

The Council of State held that the Assembly of University can delegate its powers to a restricted formation to determine students'registration fees. It held that the practice of differentiation in the tariffs of registration fees which consists to fix a more expensive price for foreign students does not constitute a discrimination.

Résumé

Le Conseil d'État a décidé que l'assemblée de l'université pouvait, conformément au statut de l'université, déléguer ses pouvoirs à une formation restreinte pour fixer les droits d'inscription des étudiants. Il a d'autre part jugé que le fait de pratiquer une différenciation dans les tarifs des droits d'inscription en fixant un montant plus élevé pour les étudiants étrangers ne constitue pas une discrimination fondée sur la nationalité.

Décision

A l'audience du Mercredi trente et un août mil neuf cent quatre vingt quatorze ;

Entre Prosper Guéna Nitchen [...] et l'Université Cheikh Anta Diop de Dakar ;

VU les requêtes, reçues les 06 et 17 mai 1994 au Greffe du Conseil d'Etat et introduites par maîtres Ndoye et Ndoye ; [...]

VU la décision attaquée ;

VU la loi organique n°92-24 du 30 juin 1992 sur le Conseil d'État ;

VU la loi n°69 –33 du 19 juin 1969 relative à l'université de Dakar ;

VU le décret n°70-1135 du 13 octobre 1970 portant statut de l'université de Dakar et fixant les attributions et la composition de l'Assemblée de l'université de Dakar ;

VU les autres pièces de la procédure jointes au dossier ;

OUI Madame Maïmouna Kane, président en son rapport ;

OUI Madame Irène Attolode, commissaire du Gouvernement en ses observations ;

Après en avoir délibéré conformément à la loi ;

Considérant que les recours sus-visés, introduits aux noms des étudiants étrangers de l'université de Dakar et dirigés contre la décision objet de la lettre circulaire n°3443 du Recteur de l'université de Dakar, en date du 9 octobre 1993 présentent à juger la même affaire, qu'il y a lieu de les joindre pour être statué par une seule décision ;

Considérant que les requérants, à l'exception de Richard Moulombo Nombo, ont introduit le 14/12/1993 un recours gracieux demeuré sans suite ; il s'en suit, qu'en application de l'article 35 de la loi organique sur le Conseil d'État, il échet de déclarer le recours découlant de la décision implicite de rejet recevable, et le recours de Richard Moulombo Mombo irrecevable pour tardiveté.

Considérant que les requérants soulèvent deux moyens :

1°) de la violation des articles 5 et 8 du décret n°70-1135 du octobre 1970 ;

2°) la violation de l'article 1er de la loi n°69-33 du 19 juin 1969 de l'article 26 de la résolution 217 sur la déclaration universelle des droits de l'homme et l'article 96 de la convention de l'Union économique monétaire ouest africaine.

Considérant qu'il résulte des pièces du dossier notamment du procès-verbal de l'assemblée de l'Université du 22 octobre 1992, qu'en sa séance du 05 octobre 1992, l'assemblée de l'université de Dakar, siègeant en formation restreinte présidée par le Recteur, en présence de chefs d'établissements et du secrétaire général, a arrêté la proposition issue des conclusions de la concertation sur l'Enseignement supérieur, et a fixé, pour les étudiants étrangers à compter de l'année universitaire 1992-1993, les droits d'Inscription à 250.000 francs pour les facultés et 300.000 francs pour les écoles de formation, " taux pratiqués dans les autres universités " ;

Sur le 1er moyen tiré de la violation des articles 5 et 8 combinés du décret 70-1135 du 13 octobre 1970 portant statut de l'université de Dakar et fixant les attributions et la composition de l'assemblée de l'université en ce que la décision fixant les nouveaux taux des droits d'inscription pour les étudiants étrangers a été prise par une formation restreinte de l'université alors que l'article 8 du décret sus-visé attribue cette compétence à l'assemblée de l'université dont la composition est fixée à l'article 5 dudit décret ;

Considérant que si en application des articles 4 et 8 alinéa 2 du décret visé au moyen, l'université de Dakar, placée sous la tutelle du ministre de l'Éducation nationale, est administrée par le Recteur et par l'assemblée de l'université dont la composition est fixée à l'article 5, il découle cependant des dispositions de l'article 11 du même décret que l'assemblée de l'université peut désigner en son sein une commission permanente réduite, qui peut suppléer l'assemblée en cas de besoin dans l'intervalle des sessions pleinières ;

Considérant que c'est cette formation restreinte qui, en sa séance du 05 octobre 1992, a arrêté la décision objet de la lettre circulaire du Recteur, laquelle décision a été soumise ensuite à l'appréciation de l'assemblée de l'université qui l'a approuvée sous réserve que son application soit différée pour l'année universitaire 1992-1993 ;

Il s'en suit qu'en siégeant en formation restreinte, et en statuant sur une matière relevant de sa compétence, l'assemblée de l'université a valablement délibéré. Il en résulte que le moyen invoqué n'est pas fondé ;

Sur le second moyen tiré de la violation de l'article 1er de la loi 69-33 du 19 juin 1969 modifiant l'article 3 de la loi 67-45 du 13 juillet 1967 relative à l'université de Dakar, de l'article 26 de la déclaration universelle des droits de l'homme et de l'article 96 de la convention sur l'Union économique monétaire ouest-africaine ;

Sur la 1ère branche du moyen en ce que l'article visé au moyen stipule : " l'université de Dakar est ouverte à tous les étudiants justifiant des titres requis sans distinction de nationalité de race ni de religion dans la limite des places disponibles ".

Considérant que l'article dont la violation est invoquée réglemente les conditions d'accès à l'université fondées notamment sur l'obtention des titres requis c'est-à-dire des diplômes exigés ou admis en équivalence ;

Que l'interdiction de discrimination fondée sur la nationalité vise le fait, alors que des places sont disponibles, de refuser d'inscrire un étudiant qui remplit les conditions d'accès, en se basant uniquement sur sa nationalité ;

Que l'assemblée de l'université en prenant la décision d'augmenter les droits d'inscription pour les étudiants étrangers ne leur a nullement interdit d'accéder à l'université et n'a donc pas violé l'article 3 visé au moyen ;

Sur la 2ème branche du moyen en ce que l'article 26 de la déclaration universelle des droits de l'homme du 10/12/1948 stipule " l'accès aux études supérieures est ouvert en pleine égalité à tous en fonction du mérite ".

Considérant que si l'autorité administrative est tenue de respecter les principes généraux du droit, en l'espèce l'égal accès de tous aux études supérieures, principe résultant de la déclaration universelle des droits de l'homme mentionnée

dans le préambule de la Constitution et qui s'imposent à elle, il n'en demeure pas moins que l'égalité ne signifiant pas uniformisation, elle peut, sous le contrôle du Juge de l'excès de pouvoir et sous réserves des engagements pris, réglementer les conditions d'exercice du droit d'accès à l'université et fixer le montant des frais d'inscription en pratiquant une tarification différenciée fondée sur l'intérêt général et sur la situation objective des requérants qui au même titre que les Sénégalais peuvent bénéficier des dispenses de droits prévues à l'article 8 du décret 70-1135 portant statut de l'université de Dakar.
Il en résulte que l'article 26 sus-visé n'a pas été violé.

Sur la 3ème branche du moyen
Considérant qu'en ce qui concerne la violation alléguée de l'article 96 du traité de l'Union économique et monétaire ouest africaine qui interdit aux États d'introduire ou de maintenir dans leur législation et dans leur pratique administrative toute mesure ayant un effet discriminatoire entre les ressortissants de leur Union, l'examen des pièces versées au dossier révèle que parmi les requérants, seuls 6 ont produit des documents attestant leur nationalité ; ce sont les Camerounais Nkaktcham Youga Jean Christ, Guéna Ntichen, Dzokem Doumo Yvette, Tsachoua Dissi Anne Polcherie, Noob Charles Christian et le Tchadien Hamia Tao Gouacken ;

Considérant que ces étudiants n'étant pas ressortissants d'un des États membres de l'Union, le traité invoqué ne saurait leur être appliqué pas plus qu'il ne saurait l'être pour ceux dont la nationalité n'a pas été établie ; d'où il suit que la violation invoquée n'est pas fondée ;

Par ces motifs

Ordonne la jonction des deux procédures ;

Déclare irrecevable le recours de Richard Moulomba Mombo ;

Dit n'y avoir pas lieu à statuer sur la requête aux fins de sursis à exécution et rejette le recours en annulation de la décision objet de la lettre circulaire n°3443 du Recteur de l'Université de Dakar ;

Ordonne la confiscation de l'amende et met les dépens à la charge des requérants ;

SUÈDE

Supreme Administrative Court

Functions and powers

The field of jurisdiction is mainly that of administrative law. The Court has the power to annul and amend decisions by administrative authorities in individual cases and it has full jurisdiction to assess both facts and law. Decisions by municipal political authorities may, however, only be annulled and never amended. The Court may also, on certain conditions, revoke administrative decisions, including those of the Government, if the legal decision concerns civil rights, is incompatible with a legal provision and cannot otherwise be tried by a court.

Cour administrative suprême
Arrêt rendu le 25 novembre 1997

Communautés européennes - Portée des règles de droit communautaire- Règlements communautaires

Summary

According to a provision of a Government ordinance, appeals were not allowed against some decisions of the National Agricultural Authority. The provision was considered incompatible with general legal principles of community law. The provision was therefore not applied. The Supreme Administrative Court decided, in the absence of provisions appointing a competent court, that the appeal should be made to a general administrative court.

Résumé

L'interdiction de recours, prévue dans un règlement gouvernemental, de certaines décisions prises par la direction nationale d'agriculture, a été jugée incompatible avec les principes généraux de droit communautaire. Ainsi la disposition d'interdiction de recours n'a pas été appliquée. En l'absence de dispositions prévoyant la juridiction compétente pour examiner ce recours, la Cour administrative suprême a décidé qu'un tribunal administratif général doit faire cet examen.

Décision

Par requête déposée à la préfecture du département de Halland, le 18 mai 1995, une société anonyme a demandé une aide agricole pour l'année 1995. La préfecture a rejété la demande par la décision du 10 juillet 1995. La décision fait référence à l'article 8 paragraphe 1 du règlement (CEE) no 3887/92 de la Commission, du 23 décembre 1992, portant sur les modalités d'application du système intégré de gestion et de contrôle relatif à certains régimes d'aides communautaires et constate que la demanderesse n'avait pas droit à l'aide car la demande a été déposée avec plus de 20 jours de retard. La société a introduit un recours. La direction nationale d'agriculture a rejeté le recours le 31 janvier 1996 en précisant que la décision n'était pas susceptible d'un recours.

La société ayant pourtant introduit un recours contre la décision de la direction nationale d'agriculture devant un tribunal administratif départemental et ensuite devant une cour d'appel administrative, la cour d'appel administrative a constaté que l'affaire devait être examinée par un autre tribunal administratif départemental.

Le tribunal adminstratif départemental a examiné cette affaire au fond mais il a rejeté le recours.

La société a introduit un recours contre l'arrêt du tribunal administratif départemental devant la cour d'appel administrative de Göteborg qui a declaré que la compétence d'un tribunal administratif doit être préscrite par une loi, qu'il n'y avait aucune loi qui attribuait compétence au tribunal administratif compétent et qu'un tribunal administratif général ne pouvait pas être considéré comme compétent pour examiner le recours de la société.

La cour d'appel administrative a introdit un recours devant la Cour administrative suprême qui a déclaré dans son arrêt du 25 septembre 1997:

Dans la loi sur les règlements de la CEE sur les produits agricoles, ci-après "la loi agricole", figurent les dispositions nécessaires à la mise en œuvre en Suède de la régulation des prix et du marché, faisant partie de la politique agricole commune. Le gouvernement ou l'autorité désignée par le gouvernement peut prévoir, en ce qui concerne les règlements communautaires sur les produits agricoles, des dispositions complémentaires aux règlements et des modalités de mise en œuvre des règlements. La loi agricole contient également entre autres des dispositions sur la voie de recours. La loi prévoit qu'il est possible d'introduire un recours contre une décision de la préfecture, portant sur une aide, devant la direction nationale d'agriculture mais que les recours contre les décisions de la direction nationale d'agriculture ne sont pas permis (33 §). Selon la règle principale relative aux autres décisions, celles-ci sont susceptibles d'un recours devant un tribunal administratif général. Cependant une déclaration de recevabilité est nécessaire à l'occasion d'un recours introduit devant la cour d'appel administrative.

En vertu des dispositions de la direction nationale d'agriculture, une demande d'aide agricole pour l'année 1995 se fait sur une fiche déterminée qui doit être déposée à la préfecture le 25 avril au plus tard.

Les dispositions de la direction nationale d'agriculture n'indiquent pas les conséquences d'une demande d'aide agricole déposée trop tard. Des indications à ce sujet sont prévues dans un des règlements visés dans les dites dispositions, notamment le règlement (CEE) no 3887/92 de la Commission, du 23 décembre 1992, portant sur les modalités d'application du système intégré de gestion et de contrôle relatif à certains régimes d'aides communautaires. L'article 8, paragraphe 1 du règlement prévoit que sauf cas de force majeure, tout dépôt tardif d'une demande donne lieu à une réduction de 1 % par jour ouvrable des montants des aides affectées par la demande auxquels l'exploitant aurait droit en cas de dépôt en temps utile. En cas d'un retard de plus de vingt jours, la demande est irrecevable et ne peut plus entrainer l'octroi d'un montant. Le règlement ne contient pas de dispositions sur la voie de recours.

L'octroi de l'aide agricole est réglé, d'une part, par la loi agricole et le règlement agricole et, d'autre part, par un certain nombre de règlements communautaires relatifs aux produits agricoles. Ces derniers sont obligatoires et directement applicables dans tous les États membres de l'Union européenne.

Dans cette affaire la question est essentiellement de savoir si la société, malgré l'interdiction de recours du règlement agricole, a le droit d'obtenir un examen de sa demande par un tribunal et si c'est le cas, quel est le tribunal qui va faire cet examen. A cet égard, il convient de constater que la disposition à l'article 15 de la loi agricole, prévoyant qu'aux termes de cette loi certaines décisions ne sont pas susceptibles d'un recours devant un tribunal administratif général, ne vise pas les décisions relatives aux aides agricoles. Ainsi la disposition susmentionnée n'est pas applicable dans la présente affaire.

Il n'existe aucune disposition explicite dans les règlements communautaires pertinants qui accorde à celui dont la demande d'aide agricole a été refusée, droit à ce que sa cause soit entendue par un tribunal. Cela n'implique pas nécessairement l'inexistence d'un tel droit. Il faut également tenir compte des principes généraux de droit communautaire tels qu'ils sont interprêtés et développés par la Cour de justice des communautés européennes, ci-après "la Cour" .

L'objet du recours de la société est une demande fondée sur le droit communautaire d'aide financière relative à l'exploitation agricole. La Cour a relevé, en se référant a une jurisprudence antérieure, dans l'affaire Borelli (l'arrêt du 3 décembre 1992, C-97/91, Rec. p. I-6313) quiconque fait valoir ses droits à un tel concours, a droit à ce que sa cause soit entendue par un tribunal. La Cour a déclaré que l'exigence d'un contrôle juridictionnel de toute décision d'une authorité nationale constitue un principe général de droit communautaire, qui découle des traditions constitutionnelles communes aux États membres et qui a trouvé sa consécration dans les articles 6 et 13 de la Convention européenne des droits de l'homme (voir l'arrêt, point 14). Cette relation entre le droit communautaire et d'autres sources de droit est intimement liée aux amendements au traité CEE, déterminés par le traité du 7 février 1992 sur l'Union européenne (le traité de Maastricht). L'article F 2 des dispositions communes du traité de Maastricht énonce notamment que l'Union respecte les droits fondamentaux tels qu'ils sont garantis par la Convention européenne et tels qu'ils résultent des traditions constitutionnelles communes aux États membres. Dans l'article 6 de la Convention on peut lire que toute personne a droit à ce que sa cause soit entendue équitablement, publiquement et dans un délai raisonnable, par un tribunal indépendant et impartial, établi par la loi.

Ce qui précède est un argument important pour que la société aie droit à ce que sa demande "agricole" soit examineé par un tribunal. En outre, ce sont uniquement les tribunaux qui, en application de l'article 177 du traité CEE, sont autorisés ou obligés de faire une demande adressée à la Cour pour obtenir une décision à titre préjudicielle. Une interdiction de contrôle juridictionnel empêcherait une application uniforme des règlements communautaires sur les produits agricoles.

A la lumière de ce compte rendu, la Cour administrative suprême constate que les dispositions prévues au § 33 du règlement agricole sur l'interdiction de recours contre les décisions de la direction nationale d'agriculture ne sont pas conformes aux principes généraux de droit communautaire, tels qu'ils sont exprimés notamment dans l'affaire Borelli. Dans ce cas le droit communautaire a la primauté. Il s'ensuit que les dispositions sur l'interdiction de recours ne doivent pas être appliquées. Il n'y a aucune raison de saisir la cour pour avis.

La Cour administrative suprême relève, en se fondant sur ce qui a été dit, que la société, nonobstant les dispositions prévues au §33 du règlement agricole, a le droit d'avoir sa demande d'aide examinée par un tribunal.

La question est donc de savoir,en l'espèce, quelle est la juridiction compétente pour examiner le recours contre la décision de la direction nationale d'agriculture. Selon une règle principale du règlement agricole, les décisions de la direction nationale d'agriculture sont susceptibles d'un recours devant un tribunal administratif général et une déclaration de recevabilité est exigée lors d'un recours devant la cour d'appel administrative. On est porté à appliquer ces dispositions également aux décisions visées au 33 § du règlement. La Cour administrative suprême constate que les dispositions doivent être appliquées et qu'en conséquence, selon la loi sur les tribunaux administratifs généraux, la décision de la direction nationale d'agriculture fera l'objet d'un recours devant le tribunal administratif départemental dans le département duquel l'affaire a été jugée pour la premère fois.

Ainsi dans le cas d'une demande agricole qui a été examinée initialement par la préfecture du département de Halland, la juridiction compétente est le tribunal départemental du département de Halland.

A cet effet la Cour administrative suprême a infirmé la décision de la cour d'appel administrative de Göteborg et elle a renvoyé l'affaire à la cour d'appel administrative.

Cour administrative suprême
Arrêt rendu le 23 décembre 1997

Communautés européennes - Portée des règles de droit communautaire - Traité de Rome

Summary

According to national law motor vehicles purchased in and imported from a EC member country could not be registered in Sweden unless they were in compliance with national requirements concerning exhaust emissions. There were no special requirements in this field for vehicles registered in Sweden when transfered to a new owner. The obstacle for registration of imported vehicles was considered to be in conflict with Article 11 of the EEC Treaty and Article 30 of the Treaty of Rome. The obstacle could not be justified on grounds specified in Article 13 of the EEC Treaty and Article 36 of the Treaty of Rome. No other grounds for accepting the obstacle could be found.

Résumé

Les dispositions nationales d'immatriculation de véhicules à moteur, acquis dans un autre État membre et importés d'un autre État membre (la Belgique et l'Allemagne) posent des conditions de contrôle des émissions de gaz à l'immatriculation des véhicules. En revanche, aucune condition particulière n'est prévue en cas de cession de véhicule immatriculé en Suède. Les conditions prévues à l'immatriculation en Suède des véhicules en question a été considéré comme une mesure illicite au titre de l'article 11 du traité EEE et de l'article 30 du traité CEE. et ne peuvent être justifiées au regard de l' article 13 du traité EEE et de l'article 36 du traité CEE. La cour d'administrative suprême a considéré qu'aucun autre moyen ne pouvait être soulevé à l'appui de la justification de telles conditions.

Décision

Une société a importé trois autobus à moteur diesel, modèle 1980-81 de Belgique et d'Allemagne. En février 1994 la société a fait une demande de dispense individuelle des conditions, en vigueur, de contrôle des émissions de gaz des véhicules, auprès de la direction nationale pour la protection de la nature.

La direction nationale pour la protection de la nature n'a pas fait droit à cette demande.

La société d'autobus a introduit un recours devant la cour d'appel administrative de Stockholm qui a rejeté le recours.

La société a introduit un recours. La société a essentiellement fait valoir que l'Acquis Communautaire était en vigueur en Suède à partir du 1 janvier 1995 et qu'il était permis d'importer des autobus d'occasion sans inspection particulière de catégorie.

La Cour administrative suprême a declaré qu'en vertu de la loi sur les émissions de gaz d'automobiles, les véhicules à moteur doivent être construits et équipés de façon à ce qu'ils n'émettent pas de gaz d'échappement ou d'autres matières en une plus quantité supérieure à ce qui est acceptable en matière de santé publique et d'environnement. Dans le règlement sur les émissions de gaz d'automobiles, le gouvernement a arrêté des dispositions concernant notamment les conditions du contrôle des émissions de gaz. Le règlement prévoit que les automobiles qui sont utilisées pour la première fois doivent remplir les conditions de contrôle des émissions de gaz.

Les autobus de la présente affaire ont été acquis par la société dans le but d'être utilisés dans ses activités de transport en commun. On doit considérer que les dispositions du règlement sur les émissions de gaz d'automobiles signifient que les autobus vont être utilisés pour la première fois, dans le sens du règlement, lorsqu'ils commencent à être utilisés en Suède. En conséquence ils doivent remplir les conditions de contrôle des émissions de gaz, indiquées pour les automobiles utilisées pour la première fois. Il résulte de la décision de la direction nationale pour la protection de la nature que l'importation par une entreprise, de véhicules n'ayant pas été approuvée quant à leurs émissions de gaz, n´était pas du tout possible et que l'importation des autubus, dont il était question, ne serait plus possible lorsque les dispositions du traité CEE entreraient en vigueur, le 1 janvier 1995.

Il n'y a pas de conditions particulières de contrôle des émissions de gaz lorsqu'un véhicule immatriculé en Suède est cédé à un nouveau propriétaire.

Ce qui a été dit ne signifie pas que les dispositions susmentionnées s'opposaient à l'acquisition des autobus en Belgique et en Allemagne pour utilisation en Suède et qu'un obstacle équivalent n'aurait pas existé s'il avait été question d'une acquisition d'autobus immatriculés en Suède.

Lorsque la direction nationale pour la protection de la nature a pris sa décision, l'article 11 du traité EEE n´avait pas le statut de loi en Suède. En vertu de cet article, dont le contenu correspond à l'article 30 du traité CEE, les restrictions quant à l'importation ainsi que les mesures d'effets équivalents sont interdits entre les états qui sont parties au traité EEE. L'article 11 du traité EEE a, selon la loi nationale, la primauté sur ce qui autrement est prescrit par la loi. Depuis le 1 janvier 1995 l'article 30 du traité CEE s'y est substitué. Tant le traité EEE (article 13), que le traité CEE (article 36), partent du principe que les interdictions ou restrictions d'importation sont admises dans certains cas à condition qu'elles ne constituent ni un moyen de discrimination arbitraire ni une restriction déguisée dans le commerce.

Selon l'avis de la Cour administrative suprême, il est évident que les conditions posées à l'immatriculation des autobus en question est une mesure illicite, en vertu de l'article 11 du traité EEE et à l'article 30 du traité CEE. Ces conditions ne peuvent être justifiées par les moyens prévus à l'article 13 du traité EEE et à l'article 36 du traité CEE. Il n'existe aucun autre moyen à l'appui de ces conditions.

Il s'ensuit qu'une admission en matière d'émissions de gaz n'est pas subordonnée à l'immatriculation du véhicule en question. Ainsi l'arrêt attaqué et la décision de la direction nationale pour la protection de la nature ont été annulées.

SUISSE

Tribunal fédéral suisse

Compétences et attributions

Le tribunal fédéral connaît en dernière instance des recours de droit administratif dirigés contre des décisions des instances cantonales ou de l'administration fédérale, pour autant qu'elles soient du domaine du droit administratif fédéral. Les particuliers touchés et, dans certains cas, l'administration fédérale ou des organismes sont habilités à former un recours de droit administratif. Le Tribunal fédéral revoit librement l'application du droit administratif fédéral (y compris la constitution fédérale); les constatations de faits ne sont librement revues que dans les cas où le recours est dirigé contre une décision d'une autorité administrative. Lorsque le Tribunal fédéral annule la décision attaquée, il peut soit statuer lui-même sur le fond, soit renvoyer l'affaire pour nouvelle décision à l'autorité inférieure.

En principe, le Tribunal fédéral n'a aucune compétence consultative, mais le Conseil fédéral ou l'un de ses départements peut lui demander son avis sur un projet de loi en préparation, dans le cadre d'une "procédure de consultation" générale préalable à la soumission du projet au Parlement. Le Tribunal fédéral se limite en général aux questions formelles.

Tribunal fédéral suisse
Arrêt n° 119 V 171 du 25 août 1993 - X. c/ Caisse cantonale valaisanne de compensation et tribunal des assurances du canton de Valais

1. Actes législatifs et administratifs - Diffférentes catégories d'actes - Accords internationaux - *Convention de l'OIT n°128 du 29 juillet 1967 et code européen de sécurité sociale du 16 avril 1964*
2. Sécurité sociale - Prestations

Summary

In this judgement, the Federal Tribunal held that the Convention of ILO and the European Code of National Health were directly applicable on the Article 7 of the Federal Law on invalidity insurance. Therefore, they don't allow the reduction of a insurance pension on the ground that the insured has made a non intentional serious mistake.

Résumé

Dans cette décision, le Tribunal fédéral a jugé que la convention de l'OIT et le code européen de sécurité sociale étaient directement applicables et l'emportaient sur l'article 7 de la loi fédérale sur l'assurance-invalidité. Par conséquent, elles ne permettent pas la réduction d'une rente de l'assurance-invalidité en raison de la faute grave non intentionnelle commise par un assuré. Le Tribunal opère ainsi un revirement de jurisprudence.

Décision

A.- X, né en 1933, marié, est atteint d'éthylisme chronique apparamment contracté dans l'exercice de la profession de cafetier-restaurateur et qui a entraîné une diminution de la capacité de travail significative à partir de 1978 en tout cas.

X a requis des prestations de l'assurance-invalidité en mars 1984. Se fondant sur un prononcé de la commission de l'assurance-invalidité qui avait fixé le taux d'invalidité à 50 pour cent, la Caisse cantonale valaisanne de compensation lui a alloué, par décisions des 23 juillet et 27 novembre 1985, une demi-rente simple, assortie de deux demi-rentes complémentaires pour l'épouse et une fille, à partir du 1er juin 1984. La rente de l'ayant droit fut toutefois réduite de 50 pour cent pour faute grave, au motif que les troubles de santé à l'origine de l'invalidité provenaient de l'éthylisme chronique.

B.- Par la suite, le médecin traitant de l'assuré ayant attesté que son patient était devenu abstinent, la commission de l'assurance-invalidité, à l'issue d'une procédure de révision de droit à la rente, a maintenu le taux d'invalidité à 50 pour cent , mais supprimer à dater du 1er septembre 1986 la réduction pour faute grave. En conséquence, par décision du 24 avril 1987, la caisse de compensation alloua à X une demi-rente simple non réduite, dès le 1er septembre 1986.
L'épouse de l'assuré ayant atteint l'âge de 62 ans le 26 mars 1988, la caisse de compensation accorda une rente entière de couple à l'assuré, à partir du 1er mars 1988.
Le droit à la rente d'invalidité fut révisé et confirmé par un prononcé du secrétariat de l'assurance-invalidité du 6 mars 1990.

C.- Le 12 août 1991, l'assuré déclara par écrit, dans un document intitulé "procuration", qu'il autorisait son médecin traitant " à entreprendre les démarches nécessaires pour l'obtention d'une rente AI complète". La commission de l'assurance-invalidité considéra ce document comme une demande de révision du droit à la rente d'invalidité. A l'issue de l'instruction de cette demande, constatant que l'état de santé de l'assuré s'était aggravé parallèlement à une récidive de l'éthylisme chronique, elle fixa le degré d'incapacité de gain à 74 pour cent à partir du 1er avril 1992, mais réduisit la rente d'invalidité de35 pour cent pour faute grave.
En conséquence, par décision du 19 février 1992, la caisse alloua à l'assuré une demi-rente de couple réduite de 35 pour cent et à son épouse une demi-rente de couple non réduite, dès le 1er avril 1992.

D.- X a recouru contre cette décision en contestant toute réduction de son droit à la rente. Par jugement du 8 juin 1992, le Tribunal des assurances du canton du Valais a rejeté le recours.

E.- X interjette un recours de droit administratif dans lequel il conclut derechef à la reconnaissance de son droit à une rente d'invalidité non réduite.

La caisse de compensation conclut impicitement au rejet du recours. Au terme de son préavis, l'Office fédéral des assurances sociales (OFAS) déclare s'en remettre à la justice.

Considérant en droit

1. Selon l'art. 33 LAI, ont droit à la rente d'invalidité pour couple entière, notamment, les hommes invalides mariés dont l'épouse a 62 ans révolus. En d'autres termes, lorsque cette dernière condition est remplie, il suffit que le mari puisse prétendre une rente d'invalidité - peu importe qu'il s'agisse d'un quart de rente, d'une demi-rente ou d'une rente entière (art.28 al. 1 LAI) - pour avoir droit à une rente pour couple entière (cf. Aussi le tableau 2 annexé au message du Conseil fédéral concernant la deuxième révision de l'AI, du 21 novembre 1984, FF 1985 I 86 ou RCC 1985 p. 10).

Par conséquent, contrairement à ce qu'il semble avoir cru lorsqu'il chargea son médecin traitant d'entreprendre des démarches en vue d'obtenir un rente "complète", le recourant ne pouvait toucher plus que la rente de couple entière qu'il recvait déjà depuis le 1er mars 1988, même si, par hypothèse, le degré de son invalidité avait augmenté. C'est pourquoi, si la commission de l'assurance-invalidité s'était bornée à se pronocer sur le taux d'invalidité de l'assuré, sans remettre en cause le droit de ce dernier à une rente d'invalidité, la juridiction cantonale aurait dû refuser d'entrer en matière sur un recours de l'assuré contre la décision ultérieure de la caisse de compensation , faute d'intérêt digne de protection du recourant (ATF 115 V 418 consid. 3b/aa, 106 V 92 consid. 1).

Toutefois, dans le cas particulier, la commission de l'assurance-invalidité n'a pas seulement fixé l'invalidité à un degré plus élevé (74 pour cent au lieu de 50 pour cent) - ce qui en soi, on vient de le voir, , n'a aucune incidence sur la quqotité de la rente - mais elle a aussi réduit de 35 pour cent le droit propre du recourant sur la moitié de la rente de couple qui lui est allouée (v. sur ce dernier point ATFA 1962 p. 106 consid. 4a; RCC1990 pp. 309 ss consid. 4b). Ce dernier a, dès lors, un intérêt digne de protection à recourir.

2. *a.* Selon l'art. 7 al. 1 LAI, les prestations en espèce peuvent être refusées, réduites ou retirées, temporairement ou définitivement, à l'assuré qui a intentionnellement ou par faute grave, ou en commettant un crime ou un délit, causé ou aggravé son invalidité.

Par cette disposition, l'on vise à empêcher que l'assurance-invalidité ne soit par trop mise à contribution pour couvrir les dommagesque les intéressés auraient pu éviter en faisant preuve de la prudence nécessaire. Ce but est atteint en privant l'assuré de l'intégralité ou d'une partie des prestations , proportionnellement à la faute commise (ATF 111 V 187 consid. 2a; RCC 1990 p. 308 consid. 2a).

b. Dans les cas d'abus d'alcool, il y a faute grave lorsque l'assuré était en mesure de comprendre à temps, en disposant d'une instruction moyenne et en faisant preuve de la prudence qu'on pouvait attendre de lui, que l'abus de boissons alcooliques des années durant risquait de porter une atteinte grave à la santé, et qu'il aurait été capable de s'abstenir, en conséquence, de tels abus (ATF 111 V 189 consid. 2c; RCC 1990 p. 308 consid. 2b).

Le fait de causer ou d'aggraver son invalidité par sa propre faute n'entraîne pas, en principe, la suppression totale des prestations en espèces, mais seulement une réduction appropriée de celles-ci. Le taux de réduction est déterminé uniquement d'après la faute commise par l'assuré (ATF 111 V 196 consid. 5a, 104 V 2 consid. 2b, 97 V 229 consid. 1b; voir aussi ATF 106 V 23 consid. 1a et les arrêts cités).

En pratique, on considère comme jusitifiée une réduction de 50 pour cent au plus lorsque l'invalidité a été causée uniquement par l'alcoolisme et que l'assuré en est entièrement responsable. Si ce dernier présente encore une autre atteinte à la santé qui a contribué à provoquer l'invalidité, il faut examiner les relations des divers facteurs ayant entraîné celle-ci; on tiendra alors compte de l'alcoolisme, en tant que facteur de causalité, pour fixer la quotité de la réduction (ATF 111 V 196 consid 5a; RCC 1990 p. 308 consid. 2b; Échenard, Les risques exclus de l'AVS/A1, in: IRAl, Colloque de Lausanne 1989, Risques totalement ou partiellement exclus de l'assurance sociale [y compris la prévoyance professionnelle], p. 11).

3. *a.* Aux termes de l'art. 32 § 1 let. e de la convention OIT n° 128 concernant les prestations d'invalidité, de vieillesse et de survivants du 29 juin 1967, en vigueur pour la Suisse depuis le 13 septembre 1978 (RO 1978 II 1493) et de l'art. 68 let. F du Code européen de sécurité sociale (CESS) du 16 avril 1964, en vigueur pour notre pays depuis le 17 décembre 1978 (RO 1978 II 1518), les prestations d'assurances sociales auxquelles une personne aurait droit peuvent être "suspendues", c'est-à-dire refusées, réduites ou retirées, lorsque l'éventualité a été provoquée "par une faute grave et intentionnelle", selon la convention n° 128, ou "par une faute intentionnelle de l'intéressé", selon le CESS.

Ces normes internationales visent notamment les prestations d'assurance selon la LAI (partie II de la convention OIT n° 128 et partie IX CESS; cf. RAMA 1989 n° U 63 p. 56, consid. 4c non publié dans ATF 114 V 315).

b. Dans l'arrêt Courtet du 23 octobre 1985 (ATF 111 V 201), le Tribunal fédral des assurances a jugé, contre l'avis de la doctrine dominante, (Villars, Le code européen de sécurité sociale et le protocole additionnel, 1979, p. 16; Berenstein, *La Suisse et le développement international de la sécurité sociale*, SZS 1981 p. 186; GREBER, Droit suisse de la sécurité sociale, 1982, p. 228), que ces dispositions conventionnelles ne sont pas directement applicables ("self executing"); elles ne font donc pas obstacle à une réduction d'une rente d'invalidité en raison d'une faute grave *non intentionnelle* commise par l'assuré. Le recourant, ainsi qu'il l'avait déjà fait en première instance, conteste le bien-fondé de cette jurisprudence. Il fait valoir qu'elle a été condamnée par la doctrine unanime, ce qui lui paraît une raison suffisante pour l'abandonner.

c. L'arrêt Courtet a suscité, en effet, de nombreux commentaires et critiques en doctrine.
Le premier auteur à s'être exprimé à son sujet semble avoir été le professeur Maurer. Dans un article paru dans la *Neue Zürcher Zeitung* le 12 juillet 1986, l'auteur -qui avait déjà antérieurement exprimé des réserves au sujet de la jurisprudence en matière de réduction des rentes d'invalidité pour faute grave, notamment dans les cas d'alcoolisme (*Fragwürdige Kürzungen der Invalidenrenten wegen grober Fahrlä ssigkeit*, SZS 1984 pp. 65 ss., spéc. P. 87) - préconise des directives de l'autorité fédérale de surveillance afin, écrit-il, d'éviter à la Suisse de violer plus longtemps ses engagements internationaux (voir aussi, du même auteur, *SchweizerischesUnfallversicherungsrecht, Ergängzungsband*, p.65 et *Bundessozialversicherungsrecht*, 1993, p. 21; le commentaire précité dans la NZZ est assez longuement évoqué par Fischli dans sa chronique annuelle de jurisprudence, in: RJB 123 [1987] pp. 576 ss).
Un autre commentaire consacré à cet arrêt s'inquiète aussi du refus par le Tribunal fédéral des assurances d'appliquer les normes de droit international, qui, de l'avis de son auteur, rend illusoires les engagements pris par la Suisse en ce domaine (Despland, "Droit des assurances sociales et conventions internationales: A propos d'un arrêt du Tribunal fédéral des assurances", *Journal de la Fédération suisse des employés d'assurances sociales* [FEAS] n°0 3/1986 pp. 4 ss).
Dans un article intitulé "L'applicabilité directe des traités internationaux en Suisse: histoire d'un détour inutile" (ASDI, vol. XLV [1989] pp. 129 ss), Jacot-Guillarmod, après avoir résumé l'argumentation du Tribunal fédéral des assurances, qualifie celle-ci d'"inquiétante", parce "qu'elle s'écarte délibérément

d'un texte clair au profit de considérations politico-juridiques"; à cet égard, il estime que le tribunal a accordé trop de poid au préavis de l'OFAS "qui était en l'espèce, juge et partie, puisqu'il avait participé aux négociations" (loc. cit., p. 139).

[...]

4.a. L'arrêt Courtet ne met pas en cause la jurisprudence constante du Tribunal fédéral des assurances qui donne au droit international conventionnel de la sécurité sociale la primauté sur le droit national [...]. Au demeurant, sur un plan plus général, le principe de la primauté du droit international n'est plus guère contesté aujourd'hui, en particulier s'agissant de l'application des articles 113 al.3 et 114 bis al.3 [...].
Certains auteurs ont vu d'autre part dans l'arrêt Courtet une confirmation de l'arrêt Schubert (ATF 99 Ib, p.44 consid.4), selon lequel une exception à la prééminence du droit international doit être admise lorsque le législateur, en toute connaissance de cause, a voulu s'écarter de la norme internationale en édictant une norme qui la viole. Mais l'opinion de ces auteurs n'est pas justifiée, le tribunal ayant expressément admis qu'en l'occurrence -et contrairement à la situation examinée dans l'arrêt Schubert- on ne pouvait déduire des travaux préparatoires une volonté délibérée du législateur d'accorder la préférence au droit national en dépit des engagements internationaux de la Suisse.
b. Cela étant, pour autant qu'elles apparaissent directement applicables, les règles conventionnelles sont susceptibles d'imposer des obligations et de conférer des droits non seulement aux autorités, mais également aux particuliers. Cela implique qu'elles soient suffisamment précises et claires pour constituer le fondement d'une décision concrète. Inversement, l'applicabilité directe doit être déniée aux normes qui se bornent à esquisser la réglementation d'une matière ou aménagent un pouvoir d'appréciation considérable; de telles normes s'adressent en priorité au législateur national (ATF 118 Ia 117, 116 Ib 303, 112 Ib 184 et la doctrine citée)
En l'espèce la convention OIT n°128 et le CESS contiennent tout à la fois des dispositions qui fixent des lignes directrices en matière de sécurité sociale et des règles à caractère "self-executing" [...]. Presque tous les auteurs suisses qui se sont exprimés sur ce sujet soutiennent que parmi cette seconde catégorie de dispositions figurent les articles 32 § 1e de la convention OIT n°128 et 68f CESS. Leur opinion emporte la conviction : selon les règles conventionnelles , une faute grave non intentionnelle ne permet pas la "suspension" (et donc, en particulier, une réduction) des prestations d'assurance. Ces règles n'exigent pas l'adoption par le législateur national de normes plus précises d'exécution; elles peuvent au contraire s'appliquer comme telles et constituer le fondement d'une

décision concrète.

En conséquence, la jurisprudence critiquée ne peut être maintenue. Les normes de droit international sont en l'occurrence directement applicables. Elles l'emportent sur l'article 7 al. 1 LAI, dans la mesure où cette norme du droit fédéral permet, notamment, la réduction de prestations pour une faute grave commise par négligence.

c. Au demeurant, dans l'arrêt Courtet, le tribunal n'a pas considéré que lesdites normes conventionnelles étaient imprécises ou peu claires. Il a tiré argument, pour l'essentiel, du fait que le législateur fédéral -non qu'il eût refusé de respecter les obligations internationales de la Suisse (cf. supra let.a)- avait maintenu, dans la nouvelle LAA, le principe d'une réduction des prestations (en espèces seulement) en cas d'accident provoqué par une négligence grave (art. 37 al.2 LAA) et que, d'ailleurs, il n'avait pas prévu de modifier l'art. 7 al.1 LAI à l'occasion de la deuxième révision de l'AI alors en cours (les dispositions de la loi révisée sont entrées en vigueur, pour la plupart d'entre elles, le 1er janvier 1988); le tribunal a accordé aussi un poids tout particulier au fait que la réduction pour faute grave non intentionnelle était un principe profondément ancré dans le droit fédéral des assurances sociales.

Mais cette motivation a perdu de sa justification. Le projet de loi sur la partie générale du droit des assurances sociales, adopté par le Conseil des États au cours de sa session d'automne 1991 (BO 1991 CdE II 773 ss.), prévoit de limiter le refus oula réduction des prestations aux cas où la réalisation du risque est provoquée intentionnellement ou par un comportement délictueux (art. 27; FF 1991 II 188), pour tenir compte, justement, des règles du droit conventionnel (FF 1991 II 250). Pour la même raison, la nouvelle loi sur l'assurance militaire du 19 juin 1992 (FF 1992 III 880 ss), qui entrera prochainement en vigueur , contient une semblable limitation à son art. 65.

d. Quant aux conséquences du présent changement de jurisprudence dans d'autres régimes d'assurance sociale, elles n'ont pas à être examinées ici. Il convient, bien plutôt, d'en réserver l'examen de cas en cas. Pour le moment, l'on se contentera de rappeler, en ce qui concerne l'assurance-accidents, que cette nouvelle jurisprudence ne fait pas obstacle à une réduction des prestations pour négligence grave en cas d'accident non professionnel. En effet, les normes de droit international applicables en matière d'assurance-accidents visent uniquement les accidents du travail et ne s'appliquent donc pas aux accidents non professionnels (art. 31 de la convention OIT n° 102 et art. 31 CESS; ATF 118 V 309 consid.4).

5. Admettant, sur le vu de la restriction apportée par les deux règles du droit international à considérer, que seule une faute grave et intentionnelle permet de réduire la part de la rente de couple revenant au recourant, en application de l'art. 7 al. 1 LAI, il convient de se demander maintenant si cette double condition est

remplie dans le cas particulier.

L'évolution qui a conduit le recourant à devenir un alcoolique chronique est retracée dans un rapport d'expertise du professeur A., du 2 décembre 1991. Il s'agit d'un cas classique de ce que l'expert lui-même qualifie d'"alcoolisme professionnel" chez un cafetier qui a débuté dans cette activité professionnelle en 1970 et a dû changer d'occupation lucrative à partir de 1980. Aucun élément du dossier ne permet de conclure à l'existence, chez lz recourant, d'une volonté délibérée et consciente de s'adonner à l'alcool dans une mesure propre à provoquer un état maladif d'une telle gravité. On peut d'ailleurs se demander si, dans les cas d'alcoolisme ou de tabagisme chronique, il est possible de réaliser l'état de fait de la faute intentionnelle. Jusqu'àprésent en tout cas, la jurisprudence toujours considéré les cas de réduction des prestations pour abus d'alcool ou de nicotine sous l'angle, uniquement, de la négligence grave. [...]

Quoi qu'il en soit, s'il faut admettre que le comportement du recourant, considéré dans son ensemble, procède d'une faute grave, en raison de la durée de la consommation abusive d'alcool et de l'échec -attesté par le dossier- de tous les traitements de désintoxication, en revanche, cette faute ne peut être considérée comme intentionnelle, même pour dol éventuel. Au reste, il est certain, sur le vu du dossier, que l'état psychique du recourant s'est fortement dégradé au cours des dernières années et qu'il n'était, très probablement, plus capable de discernement, en ce qui concerne ses habitudes alcooliques, lors des récidives les plus récentes.

6. En conclusion, il n'y a pas lieu de réduire la moitié de la rente de couple allouée au recourant. Il convient, par conséquent, d'annuler le jugement attaqué et de réformer la décision administrative litigieuse en ce sens que X a droit à la moitié d'une rent de couple non réduite.

SUISSE

Tribunal fédéral des assurances
Compétences et attributions

En Suisse, le droit de la sécurité sociale relève du droit administratif. Le Tribunal fédéral des assurances joue le rôle de Cour suprême en matière d'assurances sociales fédérales (10 régimes).
Le Tribunal fédéral des assurances peut : soit annuler la décision contestée , soit s'écarter des conclusions des parties, à l'avantage ou au détriment de celles-ci, soit enfin renvoyer pour nouvelle décision "au sens des motifs".

Tribunal fédéral des assurances (1ère chambre)
Arrêt du 20 novembre 1995

1. Sécurité sociale - Prestations - Prestations d'assurance vieillesse - Pensions de retraite - *Age d'ouverture du droit à une rente de vieillesse*
2. Actes législatifs et administratifs - Actes législatifs - *Loi fédérale sur l'assurance-vieillesse et survivants (LAVS)*
3. Actes législatifs et administratifs - Accords internationaux - *Pacte international relatif aux droits civils et politiques du 16 décembre 1966 - Convention européenne de sauvegarde des droits de l'homme*

Summary

According to Article 21-1 of the Swiss Federal Law on old-age and survivors'insurance, the right to a simple retirement annuity is accorded to mens who are 65 year old and to women who are 62 year old. The appellant B..., born the February 14th 1933, has presented, February 14th 1995 a claim of retirement annuity, although he was only 62 year old. As the fund of compensation refused his claim, B... refered the matter to the Tribunal of Insurances of Vaud's canton, which dismissed the recourse in a judgement dated April 19th 1995. B... has appealed against this decision to the federal Tribunal of Insurances.

The Tribunal holds, on theone hand, that the appellant does not satisfy the legal conditions to benefit from a retirement annuity. It confirms that the judgement of Tribunal of Insurances of Vaud's canton, which stipulates that the appellant does not invoke successfully Article 14 of the Convention for the Protection of Human Rights and Fundamental Freedoms, on the ground that it can only be invoked when a discrimination concerns the enjoyment of other freedoms mentioned by the Convention, and it is not the case here, insofar as the Convention does not confer any right to social prestations of the State. On the other hand, the Tribunal dismissed the grief founded on Article 3 of International Covenant on Economic, Social and Cultural Rights of the United Nations Organization dated of December 16th 1966, which states that "States bound by the present Covenant undertake to assure equality of rights between mens and women to gain by all economic, social and cultural rights mentioned in the present Covenant". As this Pact only determines objects to attain and allows states to determine means to materialize these objects, the Tribunal holds that this Pact is not a directly applicable norm. Consequently, Article 3 of the said Pact is applied only in relation with obligations that states undertake to realize.

Résumé

Selon l'article 21 alinéa 1 LAVS, le droit à une rente de vieillesse simple est ouvert aux hommes qui ont accompli leur 65ème année et aux femmes qui ont accompli leur 62ème année. Le requérant B..., né le 14 février 1933, a présenté le 14 février 1995 une demande de rente de vieillesse, alors qu'il n'avait accompli que sa 62ème année. Cette demande lui ayant été refusée par la caisse de compensation AVS commerce de gros et commerce de transit, B... a introduit un recours devant le tribunal des assurances du canton de Vaud, qui a été rejeté par celle-ci dans un jugement du 19 avril 1995. B... a ensuite interjeté un recours de droit administratif contre ce jugement devant le Tribunal fédéral des assurances.

Le tribunal considère, d'une part, que le requérant ne remplit pas les conditions légales pour bénéficier d'une rente de vieillesse. Il rappelle et confirme, de surcroît, le jugement du tribunal des assurances du canton de Vaud qui stipule que le requérant ne peut invoquer avec succès l'article 14 de la Convention européenne de sauvegarde des droits de l'homme, au motif que celle-ci ne peut être invoquée que lorsqu'une discrimination touche à la jouissance des autres libertés reconnues dans la convention, ce qui n'est pas le cas en l'espèce dans la mesureoù la CEDH ne confère aucun droit à des prestations sociales de l'État. D'autre part, le tribunal n'a pas non plus fait droit au moyen, soulevé par le requérant, tiré de l'article 3 du Pacte international relatif aux droits économiques, sociaux et culturels des Nations unies du 16 décembre 1966, qui dispose que "les États parties au présent pacte s'engagent à assurer le droit égal qu'ont l'homme et la femme au bénéfice de tous les droits, économiques sociaux et culturels qui sont énumérés dans le présent pacte". Ce pacte ne fixant que des objectifs à atteindre et laissant les États déterminer les moyens à mettre en oeuvre pour réaliser ces objectifs, le Tribunal considère que celui-ci n'a pas le caractère de norme directement applicable. Par conséquent, l'article 3 du pacte ne vaut qu'en relation avec les obligations programmatiques que les États s'engagent à réaliser.

Le Tribunal fédéral des assurances prononce donc le rejet du recours.

Décision

B..., 1933, recourant, représenté par Me W..., avocat, contre Caisse de compensation AVS commerce de gros et commerce de transit, Schönmattstrasse 4, Reinach BL, intimée, et
tribunal des assurances du canton de Vaud, Lausanne

A. L'assuré B..., marié, est né le 14 février 1933. Ayant accompli sa 62ème année le 14 février 1995, il a présenté ce même jour une demande de rente de vieillesse. Il invoquait le principe de l'égalité des droits entre l'homme et la femme.

Par décision du 9 mars 1995, la caisse de compensation AVS commerce de gros et commerce de transit a rejeté cette demande, au motif que le requérant n'avait pas accompli sa 65ème année.

B. Par jugement du 19 avril 1995, le tribunal des assurances du canton de Vaud a rejeté le recours formé contre cette décision par B.... Il a considéré qu'il n'appartenait pas au juge de se prononcer sur la constitutionnalité des dispositions de la LAVS en matière d'âge d'ouverture du droit à une rente de vieillesse, différent pour les hommes et pour les femmes, et que, par ailleurs, le recourant ne pouvait se prévaloir avec succès des dispositions de la Convention européenne des droits de l'homme en matière d'égalité des droits.

C. Représenté par Me W..., avocat, B... interjette un recours de droit administratif contre ce jugement en concluant au versement par la caisse de compensation d'une rente de vieillesse simple à partir du 1er mars 1995.
La caisse de compensation renvoie à ses déterminations antérieures. De son côté, l'office fédéral des assurances sociales propose de rejeter le recours.

Considérant en droit

1. Selon l'art. 21 al. 1 LAVS, ont droit à une rente de vieillesse simple, autant que n'existe pas de droit à une rente de vieillesse pour couple :

a. Les hommes qui ont accompli leur 65ème année ;
b. Les femmes qui ont accompli leur 62ème année.

Le droit à une rente de vieillesse simple prend naissance le premier jour du mois

suivant celui où a été atteint l'âge prescrit (art. 21 al. 2, première phrase, LAVS). Malgré le principe de l'égalité des sexes consacré par l'art. 4 al. 2 Cst., qui n'autorise pas de discrimination entre les hommes et les femmes en matière d'âge d'ouverture du droit à la rente de vieillesse (ATF 117 V 318 ; arrêt W. du 18 juin 1993, partiellement publié dans la SZS 1995 p. 141 ; Meyer-Blaser, Die Bedeutung von Art. 4 Bundesverfassung für das Sozialversicherungsrecht, RDS 111 [1992] p. 406 ss ; Riemer-Kafka, Die Gleichstellung von Mann und Frau in der schweizerischen Sozialversicherung, SZS 35/1991 p. 233 sv.), le législateur, à l'occasion de la dixième révision de l'AVS (dont l'entrée en vigueur est prévue pour le 1er janvier 1997), a maintenu dans la loi un âge différent pour les hommes et pour les femmes. Dans son message concernant la dixième révision de l'assurance-vieillesse et survivants du 5 mars 1990 (FF 1990 II 25), le Conseil fédéral relevait à ce propos qu'un abaissement de l'«âge de la retraite» (selon sa propre terminologie) des hommes au niveau de l'âge de la retraite des femmes n'était pas envisageable pour des raisons purement financières. Les travaux préparatoires en vue de la dixième révision de l'AVS avaient démontré que l'objectif d'un âge de la retraite identique pour les hommes et pour les femmes ne pouvait pas être dissocié de la réalisation du principe de l'égalité de traitement dans d'autres secteurs essentiels de la société. Or, poursuivait le Conseil fédéral, il était démontré que les inégalités recensées au détriment des femmes étaient encore nombreuses et de poids, notamment dans le secteur de l'emploi, de la formation et des rémunérations.
Finalement, le législateur a opté pour une élévation de l'âge d'ouverture du droit à la rente des femmes, qui passera, en deux étapes successives, de 62 à 64 ans (art. 21 LAVS modifié par la loi du 7 octobre 1994 et chiffre 1 let. d des dispositions transitoires de la dixième révision de l'AVS [FF 1994 III 1788 et 1806]).

2. Il est évident que le recourant ne remplit pas les conditions légales pour être mis au bénéfice d'une rente de vieillesse.
En procédure cantonale, le recourant a invoqué le principe de l'égalité des sexes consacré par l'art. 4 al. 2 Cst., mais, comme l'a relevé la juridiction cantonale, cette objection était vaine dès lors que le juge n'est pas habilité à contrôler la constitutionnalité d'une loi fédérale (art. 113 al. 3 et 114bis al. 3 Cst. ; ATF 120 V 3 consid. 1b, 118 V 4 consid. 3). C'est également en vain que le recourant s'est prévalu de l'interdiction de toute discrimination formulée par l'art. 14 CEDH. Cette norme conventionnelle ne consacre pas un droit de portée générale et autonome à l'égalité de traitement ; elle ne peut être invoquée que lorsqu'une discrimination touche à la jouissance des autres libertés reconnues dans la convention. Or, la CEDH ne confère aucun droit à des prestations sociales de l'Etat. C'est ainsi que le Tribunal fédéral des assurances a jugé que la perte de

droits ou d'avantages découlant de lois d'assurance sociale en raison du mariage (in casu : remplacement de deux rentes simples de vieillesse par une rente pour couple) ne violait ni le droit au respect de la vie familiale consacré par l'art. 8 par. 1 CEDH ni le droit au mariage garanti par l'art. 12 CEDH (ATF 120 V 4 consid. 2 ; voir aussi l'arrêt T. du 17 février 1994, publié dans SVR 1994 AHV no 12. p. 27 ; cf. toutefois les remarques critiques de Koller, portant sur l'interprétation de l'art. 12 CEDH par le Tribunal fédéral des assurances et par la Commission européenne des droits de l'homme, in : PJA 1994 p. 1193 ss).

3. Devant le Tribunal fédéral des assurances, le recourant invoque l'art. 3 du Pacte international relatif aux droits économiques, sociaux et culturels des Nations Unies du 16 décembre 1966, entré en vigueur pour la Suisse le 18 septembre 1992 (RO 1993 725 ; RS 0.103.1), disposition qui est ainsi libellée :

«Les États parties au présent pacte s'engagent à assurer le droit égal qu'ont l'homme et la femme au bénéfice de tous les droits économiques, sociaux et culturels qui sont énumérés dans le présent Pacte».

a) Le pacte contient à ses art. 6 à 15 un catalogue de droits économiques, sociaux et culturels que chacun des États parties s'engage à mettre en oeuvre progressivement, tant par son effort propre que par l'assistance et la coopération internationales, au maximum de ses ressources et par tous les moyens appropriés, y compris en particulier l'adoption de mesures législatives (art. 2 al. 1). L'art. 9 dispose que les États parties reconnaissent le droit de toute personne à la sécurité sociale, y compris les assurances sociales.
Les dispositions de ce pacte se bornent à prescrire aux États, sous la forme d'idées directrices, des objectifs à atteindre dans les divers domaines considérés. Elles leur laissent la plus grande latitude quant aux moyens à mettre en oeuvre pour réaliser ces objectifs. Dès lors, conformément à la jurisprudence et à l'opinion de la doctrine, elles ne revêtent pas, sauf exception (par exemple l'art. 8 al. 1 let. a, relatif au droit de former des syndicats et de s'affilier au syndicat de son choix) le caractère de normes directement applicables (ATF 120 Ia 12 consid. 5c ; Nowak, in : *La Suisse et les Pactes des Nations Unies relatifs aux droits de l'homme*, 1991, p. 8 ; Malinverni, même ouvrage, p. 54 - 56; Burgenthal/Kiss, *La protection internationale des droits de l'homme*, Kehl-Strasbourg-Arlington, 1991, p. 30 ; cf. le Message du Conseil fédéral du 30 janvier 1991 sur l'adhésion de la Suisse aux deux Pactes internationaux de 1966 relatifs aux droits de l'homme et une modification de la loi fédérale d'organisation judiciaire : FF 1991 I 1141 sv ; voir aussi, à propos des droits sociaux et des buts sociaux dans les constitutions cantonales : Urs Bolz, in : Handbuch des bernischen Verfassungs- rechts, Teil II, Materialen und

Kommentare, p. 312 ss ad art. 29 et 30).
A propos de l'art. 2 al. 2 du pacte, qui proclame l'interdiction de toute discrimination, notamment les inégalités fondées sur la race, la couleur et le sexe, le Tribunal fédéral des assurances a récemment constaté que cette disposition n'avait pas de portée autonome, mais formulait des garanties seulement en liaison avec les obligations programmatiques que les États s'engagent à réaliser progressivement, en particulier le droit de toute personne à la sécurité sociale et aux assurances sociales formulé par l'art. 9 du pacte. Faute d'applicabilité directe du pacte, notamment en matière d'assurances sociales, l'art. 2 al. 2 ne pouvait ainsi être invoqué par les particuliers devant les tribunaux (ATF 121 V 246).
Il n'en va pas différemment de l'art. 3, relatif à l'égalité des sexes. Cette norme ne fait que préciser la règle de l'interdiction de toute discrimination posée par l'art. 2 al. 2. Comme cela ressort de son texte («de tous les droits économiques, sociaux et culturels qui sont énumérés dans le présent Pacte»), elle ne vaut, de même que l'art. 2 al. 2, qu'en relation avec les obligations programmatiques que les États s'engagent à réaliser.

b) On peut ajouter, par comparaison, que l'égalité des droits entre hommes et femmes est garantie, de la même manière qu'à l'art. 3 précité, par l'art. 3 du pacte international relatif aux droits civils et politiques (RO 1993 750; RS 0.103.2), qui est aussi entré en vigueur pour la Suisse le 18 septembre 1992. Or, il est incontestable que ce droit, également, n'est applicable qu'en liaison avec les droits garantis par ledit pacte (cf. Tomuschat, Der Gleichheitssatz nach dem Internationalen Pakt über bürgerliche und politische Rechte, EuGRZ 1989 p. 37). En revanche, l'art. 26 du pacte relatif aux droits civils et politiques érige le droit à l'égalité - en particulier l'égalité des sexes - en une garantie autonome, qui a une portée indépendante et dont l'application n'est donc pas limitée aux droits proclamés par le pacte ; il interdit toute discrimination dans chaque domaine réglementé et protégé par l'État (Peter Mock, *Quelques réflexions sur les réserves déposées par la Suisse lors de la ratification du Pacte international relatif aux droits civils et politiques*, PJA 8/1994, p. 990; Rouiller, *Le Pacte international relatif aux droits civils et politiques*, RDS 111 [1992] p. 115 sv. ; Nowak, remarques à propos du cas Pauger, EuGRZ 1992 p. 346 ; Tomuschat, loc. cit., p. 37). C'est sur la base de cette disposition (et non de l'art. 3) que peut donc être invoquée une violation du principe de l'égalité des sexes en dehors des droits reconnus par le pacte, par exemple en matière d'assurance sociale : dans ce cas, il ne s'agit pas de savoir s'il convient ou non de mettre en oeuvre progressivement un système de sécurité sociale, mais si une loi de sécurité sociale existante viole l'interdiction de discrimination formulée par l'art. 26 du pacte, ainsi que les garanties de protection égale et efficace contre la

discrimination que ce même article confère à tout un chacun (décision du Comité des droits de l'homme du 9 avril 1987, Zwaann-de-Vries c./Pays Bas, RUDH 1989 p. 95 : relatif à la discrimination d'une femme mariée au chômage ; décision de ce même Comité du 26 mars 1992, Pauger c./Autriche, EuGRZ 1992 p. 344 : à propos d'une rente de veuf).
Mais l'art. 26 du pacte n'est d'aucun secours au recourant, car la Suisse a émis une réserve à son sujet (RO 1993 797), précisément en vue de lui ôter toute portée autonome, réserve qui prévoit que l'égalité de toutes les personnes devant la loi et leur droit à une égale protection de la loi sans discrimination ne seront garantis qu'en liaison avec d'autres droits contenus dans le Pacte (cf. Rouiller, loc. cit., p. 116 ; Mock, loc. cit., p. 990 ss).

c) Il suit de là que le recours est mal fondé.

Par ces motifs, le Tribunal fédéral des assurances

p r o n o n c e :
I- Le recours est rejeté.
II- Il n'est pas perçu de frais de justice.
III- Le présent arrêt sera communiqué aux parties, au Tribunal des assurances du canton de Vaud et à l'Office fédéral des assurances sociales.

Lucerne, le 20 novembre 1995.

Tribunal fédéral des assurances (1ère chambre)
Arrêt du 19 décembre 1994

1. Sécurité sociale - Prestations - *Bénéfice de l'exemption de la sécurité sociale*
2. Actes législatifs et administratifs - Actes législatifs - *Loi fédérale sur l'assurance-vieillesse et survivants (LAVS)* - Actes administratifs - *Règlement sur l'assurance-vieillesse et survivants (RAVS)*
3. Actes législatifs et administratifs - Accords internationaux - *Convention de Vienne sur les relations diplomatiques du18 avril 1961 - Convention hispano-suisse de sécurité sociale du 13 octobre 1969*

Summary

The appellant, a Spanish citizen, has been employed as a driver in Switzerland, from 1977 to 1990, successively, at the service of two permanent missions beside international organizations in Geneva, one in Gabon and one in Republic of Ivory Coast. He was a graduate in 1990 and the cantonal Genevese fund of compensation has refused his affiliation to rules of Swiss social insurances by a decision dated January 20 th 1992. The appellant has formed a recourse versus this decision to the cantonal Genevese Commission of recours. His recourse was dismissed. Then, the appellant has refered the matter to the federal Tribunal of Insurances.

The federal Tribunal of Insurances dismissed the recourse too. It rejected arguments of appellant, who asserted that he should not benefit from the exemption from the Social Security, according to diplomatic prerogatives and immunities inscribed in the Vienna Convention on Diplomatic Relations dated April 18th 1961. According to Article 37-3 of this Convention, the benefit of social security exemption extends to the members of the domestic service staff of the diplomatic mission who are not national of the receiving State or who have not their permanent residence in this State. The Tribunal does not recognize the quality of permanent resident to the appellant, which would allow him not to be exempted from Social Security, and so it deduced that he gained by social immunity by theVienna Convention. Moreover, the Tribunal dismissed the grief, based on the Social Security Agreement between Switzerland and Spain dated October 13th 1969, which lays down principle of the submission of Social legislation of place of work, in the ground that the said convention does not apply oneself to case in point.

Résumé

Le requérant, qui est de nationalité espagnole, a exercé en Suisse, de 1977 à 1990, un emploi de chauffeur, successivement, au service de deux missions permanentes auprès des organisations internationales à Genève, celle du Gabon, puis celle de la République de la Côte d'Ivoire. Licencié en 1990, il s'est vu refuser sa demande d'affiliation aux régimes d'assurances sociales suisses par la caisse cantonale genevoise de compensation (décision du 20 janvier 1992). Le requérant a déposé un recours contre ce rejet auprès de la commission cantonale genevoise de recours en matière d'AVS qui a, à son tour, rejeté le recours. Puis le requérant a formé un nouveau recours devant le Tribunal fédéral des assurances contre le jugement de la commission cantonale genevoise de recours.

Le Tribunal fédéral des assurances a également rejeté le recours. Il n'a pas fait droit aux arguments du requérant, qui prétendait qu'il n'aurait pas dû bénéficier de l'exemption de la sécurité sociale en vertu des privilèges et immunités diplomatiques, inscrite dans la convention de Vienne sur les relations diplomatiques du 18 avril 1961. Selon l'article 37 § 3 de cette convention, le bénéfice de l'exemption de la sécurité sociale s'étend aux membres du personnel de service de la mission qui ne sont pas ressortissants de l'État accréditaire ou n'y ont pas leur résidence permanente. Or, le tribunal n'a pas reconnu la qualité de résident permanent au requérant, qui lui aurait permis de ne pas être exempté de sécurité sociale, et en a donc déduit que celui-ci bénéficiait de l'immunité sociale au sens de la convention de Vienne. En outre, le tribunal a rejeté le moyen, tiré de la convention de sécurité sociale entre la Suisse et l'Espagne du 13 octobre 1969, qui pose le principe de la soumission à la législation sociale du lieu de travail, au motif que ladite convention ne s'applique pas au cas d'espèce.

Décision

M..., recourant, représenté par Me G..., avocat, contre caisse cantonale genevoise de compensation, route de Chêne 54, Genève, intimée, et commission cantonale de recours en matière d'AVS, Genève

A.- M..., de nationalité espagnole, marié, père de trois enfants, a exercé une activité lucrative en Suisse, de 1971 à 1973, au bénéfice d'un permis A (saisonnier).

En 1977, il est revenu en Suisse sans être au bénéfice d'une autorisation de travail ou de séjour. Il a trouvé un emploi de chauffeur au service, successivement, de deux missions permanentes auprès des organisations internationales à Genève, tout d'abord la représentation du Gabon, puis la représentation de la République de Côte d'Ivoire, pour laquelle il a travaillé à partir du 16 février 1979. Il a été licencié pour le 30 septembre 1990, à la suite de mesures d'austérité décidées par le gouvernement de la Côte d'Ivoire. Pendant la durée de ces deux engagements, il fut titulaire d'une carte de légitimation (de type E) délivrée par le Département fédéral des affaires étrangères. Durant cette même période, il n'a été affilié à aucun régime de sécurité sociale, ni en Suisse ni à l'étranger.

B.- Après son licenciement, M. n'a pas retrouvé d'emploi. Il a obtenu une autorisation de séjour en Suisse (permis B).
Le 19 juin 1991, il a demandé à la caisse cantonale genevoise de compensation de l'affilier aux régimes d'assurances sociales suisses (AVS/AI/APG, assurance-chômage) en tant que salarié d'un employeur non tenu de payer des cotisations, avec effet rétroactif au 1er janvier 1986, soit dans les limites de la péremption quinquennale selon l'art. 16 al. 1 LAVS.
Par décision du 20 janvier 1992, la caisse de compensation a rejeté la demande, au motif que l'intéressé, durant la période pour laquelle il demandait à payer des cotisations, bénéficiait des privilèges et immunités diplomatiques et que, de ce fait, il ne pouvait pas être considéré comme faisant partie du cercle des personnes assujetties à l'AVS.

C.- Par jugement du 23 juin 1993, la commission cantonale genevoise de recours en matière d'AVS a rejeté le recours formé contre cette décision par M...

D.- Contre ce jugement, M..., représenté par Me G..., avocat, interjette un recours de droit administratif dans lequel il demande au tribunal de constater qu'il était obligatoirement assuré à l'AVS depuis 1977 et qu'il doit, de ce fait, payer des cotisations sur le revenu qu'il a réalisé dès le 1er janvier 1986.
La caisse de compensation conclut au rejet du recours, ce que propose également l'Office fédéral des assurances sociales (OFAS).

Considérant en droit

1.- La décision litigieuse n'ayant pas pour objet l'octroi ou le refus de prestations d'assurance, le Tribunal fédéral des assurances doit se borner à examiner si les premiers juges ont violé le droit fédéral, y compris par l'excès ou par l'abus de leur pouvoir d'appréciation, ou si les faits pertinents ont été constatés d'une manière manifestement inexacte ou incomplète, ou s'ils ont été établis au mépris des règles essentielles de procédure (art. 132 en corrélation avec les art. 104 let. a et b et 105 al. 2 OJ).

2.- Le litige porte uniquement sur l'assujettissement à l'AVS du recourant pour une période pendant laquelle il était au service d'une mission diplomatique. En effet, après la cessation de ses rapports de travail, à la fin septembre 1990, et l'obtention d'un permis B, il est devenu obligatoirement assuré à l'AVS en vertu de l'art. 1er al. 1 let. a LAVS (cf. RCC 1989 p. 398 ; pour les autres assurances, voir notamment l'art. 1er LAI et l'art. 2 LACI).

3.- a) Selon l'art. 1er al. 2 let. a LAVS, ne sont pas assurés les ressortissants étrangers qui bénéficient de privilèges et d'immunités diplomatiques ou d'exemptions fiscales particulières. L'art. 1er let. c RAVS considère comme tels les membres des délégations étrangères auprès des organisations internationales ayant leur siège en Suisse, ainsi que les familles de ces personnes.
L'exemption de la sécurité sociale en vertu des privilèges et immunités diplomatiques repose, en droit international, sur la convention de Vienne sur les relations diplomatiques, du 18 avril 1961 (RS 0.191.01), ratifiée par la Suisse le 30 octobre 1963, par le Gabon le 2 avril 1964 et par la république de Côte d'Ivoire le 1er octobre 1962.
A propos de cette exemption, l'art. 33 de ladite convention dispose ce qu'il suit:

1. Sous réserve des dispositions du paragraphe 3 du présent article, l'agent diplomatique est, pour ce qui est des services rendus à l'État accréditant, exempté des dispositions de sécurité sociale qui peuvent être en vigueur dans l'État accréditaire.

2. L'exemption prévue au paragraphe 1 du présent article s'applique également aux domestiques privés qui sont au service exclusif de l'agent diplomatique, à condition :

a. Qu'ils ne soient pas ressortissants de l'État accréditaire ou n'y aient pas leur résidence permanente ;

b. Qu'ils soient soumis aux dispositions de sécurité sociale qui peuvent être en vigueur dans l'État accréditant ou dans un État tiers.

3. L'agent diplomatique qui a à son service des personnes auxquelles l'exemption prévue au paragraphe 2 du présent article ne s'applique pas doit observer les obligations que les dispositions de sécurité sociale de l'État accréditaire imposent à l'employeur.

4. L'exemption prévue aux paragraphes 1 et 2 du présent article n'exclut pas la participation volontaire au régime de sécurité sociale de l'État accréditaire pour autant qu'elle est admise par cet État.

5. Les dispositions du présent article n'affectent pas les accords bilatéraux ou multilatéraux relatifs à la sécurité sociale qui ont été conclus antérieurement et elles n'empêchent pas la conclusion ultérieure de tels accords.

Conformément à une décision du conseil fédéral du 31 mars 1948/20 mai 1958 (cf. RSDIE 1991, p. 553), le régime des privilèges et immunités diplomatiques s'applique également aux membres des missions permanentes auprès des organisations internationales à Genève, qui jouissent d'un statut analogue à celui des missions diplomatiques établies à Berne.

b) Le bénéfice de l'exemption de la sécurité sociale (dite aussi immunité sociale) s'étend aux membres du personnel de service de la mission qui ne sont pas ressortissants de l'État accréditaire ou n'y ont pas leur résidence permanente (art. 37 § 3 de la convention). A l'inverse donc, les ressortissants de l'État accréditaire ou les résidents permanents, membres du personnel de service, sont assujettis aux assurances sociales de l'Etat accréditaire (voir la note de la direction du droit international public du 25 juin 1990, in : Caflisch, *La pratique suisse en matière de droit international public*, RSDIE, 199, p. 552 ad 7.9) ; ces ressortissants ou résidents sont traités, en Suisse, comme des salariés dont l'employeur n'est pas tenu de cotiser selon l'art. 6 LAVS (arrêt non publié G. du 17 novembre 1976. En effet, l'obligation d'observer, comme employeur, les dispositions de la sécurité sociale de l'État accréditaire n'est applicable à l'agent diplomatique que pour les personnes qui sont à son propre service (art. 33 § 3 de la convention ; voir la communication à ce sujet de la direction du droit international public à l'office fédéral des assurances sociales, in : Caflisch, *La pratique suisse en matière de droit international public*, ASDI 1988, p. 241 ss).

c) Par «membre du personnel de service», il faut entendre des membres du personnel de la mission employés au service domestique de celle-ci (art. 1er let. g de la convention). Il s'agit, notamment, des chauffeurs, des gouvernantes, des jardiniers et des cuisiniers (Salmon, *Manuel de droit diplomatique*, Bruxelles 1994, no 525 ; Menétrey, *Le statut fiscal des représentations diplomatiques et consulaires et de leur personnel*, RDAF 1978, p. 88).

4.- a) Il y a lieu de constater, tout d'abord, que le recourant n'était pas au service privé d'un agent diplomatique, de sorte que le problème à résoudre ne se pose pas sous l'angle de l'art. 33 § 2 et 3 de la convention. Il apparaît, en revanche, qu'il faisait partie du personnel de service d'une mission diplomatique au sens des dispositions conventionnelles précitées, comme en atteste d'ailleurs le fait qu'il était titulaire d'une carte de légitimation remise par le département fédéral des affaires étrangères. Du reste, le recourant n'a jamais manifesté, dans le passé, la volonté de renoncer aux exemptions sociales (et aussi fiscales ; cf. art. 37 § 3 de la convention) dont il bénéficiait. A cet égard, on peut se demander si sa requête d'affiliation rétroactive aux assurances sociales suisses, après de longues années de silence et au moment seulement où le besoin d'une couverture d'assurance se fait sentir de manière concrète (notamment celle de l'assurance-chômage), n'est pas incompatible avec les règles de la bonne foi et si elle ne devait pas, pour ce motif déjà, être rejetée. Compte-tenu de ce qui va suivre, il n'est toutefois pas nécessaire d'approfondir cette question.

b) Le recourant, de nationalité espagnole, n'est pas ressortissant de l'État accréditaire. Dès lors, sauf à considérer qu'il avait sa résidence permanente en Suisse, durant ses deux engagements successifs au service d'une représentation étrangère, on doit admettre qu'il n'était pas assujetti aux régimes de sécurité sociale suisse. A ce propos, le recourant fait valoir qu'il avait acquis, avec les années, une résidence permanente en Suisse à la date à laquelle sa demande d'affiliation à l'AVS devrait normalement prendre effet (1986), car, à cette date, il résidait à Genève depuis pratiquement dix ans.

La notion de résidence permanente au sens de la convention de Vienne n'est, a priori, définie ni dans le droit international ni dans le droit interne suisse. En Suisse, ainsi que dans d'autres pays européens, notamment en Allemagne et en France, on considère comme déterminant, pour décider de la résidence permanente, le moment du recrutement de l'agent ; le statut est alors fixé pour toute la durée des fonctions ; la durée des fonctions et de résidence dans l'État accréditaire ne joue à cet égard pas de rôle (Salmon, op. cit., no 500). Le Tribunal fédéral des assurances a déjà eu l'occasion d'adopter ce point de vue, indirectement tout au moins et dans un autre contexte il est vrai. C'est ainsi qu'il a jugé que les années – même nombreuses - passées en Suisse par un étranger au bénéfice de privilèges et d'immunités diplomatiques ne comptaient pas comme années de résidence au sens des dispositions de conventions bilatérales de sécurité sociale permettant d'étendre conditionnellement aux ressortissants étrangers le bénéfice de l'art. 42 al. 1 LAVS, relatif au droit à une rente extraordinaire de vieillesse (arrêt non publié R. du 6 novembre 1990).

Conformément à cette notion de la résidence permanente, la pratique et la jurisprudence helvétiques considèrent comme résidents permanents toutes les personnes engagées sur place par l'État accréditant, sauf si elles sont au bénéfice d'une carte d'identité spéciale (carte de légitimation) au moment du changement d'emploi et/ou sont entrées en Suisse avec un visa ou une autorisation ad hoc pour occuper en emploi donnant droit à une carte d'identité spéciale (Menétrey, loc. cit., p. 73 ; décision de la commission cantonale argovienne de recours en matière fiscale du 26 novembre 1982, signalée par Caflisch, in : *La pratique suisse en matière de droit international public* 1983, ASDI, 1984, p. 187 ch. 7.7; réponse du Conseil fédéral à une motion Spielmann du 2 mars 1992 concernant le respect des conventions de Vienne sur les relations diplomatiques par les missions accréditées en Suisse, BO 1992 CN 1198 ss). En résumé, si une mission diplomatique en Suisse engage un ressortissant étranger résidant déjà en Suisse (normalement au bénéfice d'un permis B ou C délivré par la police des étrangers), ce ressortissant ne pourra pas se prévaloir des immunités consacrées par la convention de Vienne (Menétrey, loc. cit., p. 74).

c) Lors de ses deux engagements en qualité de chauffeur, le recourant ne bénéficiait d'aucun permis de séjour ou d'établissement. C'est pour cette raison, d'ailleurs, que le département fédéral des affaires étrangères lui a délivré une carte de légitimation qui le dispensait, justement, du règlement de ses conditions de séjour en Suisse (Bourgnon, Fiche juridique suisse no 831b p. 5). Le titulaire d'une telle carte doit en principe quitter la Suisse à la fin de sa période d'activité au service d'une mission diplomatique. Le fait que le recourant a obtenu un permis de séjour, après la cessation de son emploi au service de la représentation ivoirienne, ne saurait lui conférer, a posteriori, le statut de résident permanent pour la période antérieure à son licenciement. Par conséquent, on doit admettre que, jusqu'à la fin de cet emploi, le recourant bénéficiait de l'immunité sociale au sens de la convention de Vienne.

5.- Le recourant invoque aussi le principe de l'égalité de traitement entre ressortissants suisses et ressortissants espagnols consacré par la convention de sécurité sociale entre la Suisse et l'Espagne du 13 octobre 1969. Il fait valoir, à ce propos, que, même s'ils bénéficient de privilèges et d'immunités diplomatiques ou d'exemptions fiscales particulières, les ressortissants suisses sont obligatoirement affiliés à l'AVS (art. 1er al. 2 let. a LAVS a contrario). L'égalité de traitement postulerait qu'il en soit de même pour les ressortissants espagnols. Le recourant invoque, en outre, le principe, découlant de la même convention, de la soumission à la législation sociale du lieu de travail. La convention bilatérale précitée pose pour principe, à son art. 2, que, sous réserve de dispositions contraires de cet accord international et de son protocole final, les ressortissants suisses ou espagnols sont soumis aux obligations et admis au bénéfice de la législation de l'autre partie dans les mêmes conditions que les ressortissants de cette partie. Elle part, en outre, du principe de l'affiliation à la législation du lieu de travail, principe qui découle de l'art. 3 § 1.

L'art. 5 de la même convention prévoit toutefois une réglementation spéciale (réservée par l'art. 33 § 5 de la convention de Vienne) relative aux membres des missions diplomatiques et postes consulaires. La teneur de cette disposition est la suivante :

1. Les ressortissants de l'une des parties contractantes envoyés comme membres des missions diplomatiques et postes consulaires de cette partie sur le territoire

de l'autre sont soumis à la législation de la première partie.

2. Les ressortissants de l'une des parties qui sont engagés sur le territoire de l'autre pour des travaux dans une mission diplomatique ou un poste consulaire de la première partie sont soumis à la législation de la seconde partie. Ils peuvent opter pour l'application de la législation de la première partie dans les trois mois suivant le début de leur emploi.

3. Les dispositions du paragraphe 2 sont applicables par analogie aux ressortissants de l'une des parties qui sont employés au service personnel d'une des personnes visées au paragraphe premier.

4. Les paragraphes 1 à 3 ne sont pas applicables aux employés des membres honoraires des postes consulaires.

Cette disposition, de toute évidence, n'est pas applicable en l'espèce, dès lors que le recourant n'était pas au service de l'une des parties contractantes. Celles-ci n'ont réglé, sous l'angle de la sécurité sociale, que la situation de leurs ressortissants au service de missions diplomatiques ou de postes consulaires de l'une des parties, en dérogeant, partiellement tout au moins, au régime de la convention de Vienne (art. 5 § 2).
La question de l'assujettissement à la sécurité sociale des agents diplomatiques ou consulaires ressortissants de l'une des parties est réglée ici de manière exhaustive. Les membres et employés des missions diplomatiques ou postes consulaires qui ne sont pas visés par l'art. 5 (c'est le cas du recourant) tombent, logiquement, sous le régime de la convention de Vienne. Par rapport aux art. 2 et 3 de la convention hispano-suisse, les dispositions pertinentes de la convention de Vienne apparaissent en effet plus précises, puisqu'elles traitent de catégories de personnes bien déterminées. Conformément à une règle classique d'interprétation, valable aussi en cas de concurrence de deux traités internationaux (JAAC 1984, 48/IV, no 61, p. 423), on doit considérer qu'elles l'emportent, en tant que lex specialis, sur les dispositions, plus générales, des art. 2 et 3 de la convention hispano-suisse. Du reste, le Tribunal fédéral des assurances a déjà eu l'occasion de juger, à propos de ressortissants français, que la règle de la soumission à la législation du lieu de travail, également contenue dans la convention franco-suisse de sécurité sociale, devait céder le pas devant les dispositions de la LAVS qui excluent de l'assurance les ressortissants étrangers au bénéfice de privilèges et d'immunités diplomatiques ou d'exemptions fiscales particulières (ATF 110 V 154 consid. 3c; arrêt non publié D. du 22 septembre 1977).

6.- Quant à la possibilité réservée par l'art. 33 § 4 de la convention de Vienne d'une participation volontaire au régime de la sécurité sociale de l'État accréditaire elle n'existe pas s'agissant de la Suisse. En effet, la seule forme d'assurance volontaire que connaît le droit de l'AVS est l'assurance facultative des ressortissants suisses résidant à l'étranger, aux conditions fixées par l'art. 2 LAVS (ATF 110 V 153 consid. 3c).

7.- Il suit de là que le recours de droit administratif est mal fondé. La procédure, qui ne concerne pas des prestations d'assurance, n'est pas gratuite en l'espèce (art. 134 OJ a contrario). Succombant, le recourant en supportera les frais (art. 156 al. 1 OJ en relation avec l'art. 135 OJ).

Par ces motifs, le Tribunal fédéral des assurances prononce :
I. Le recours est rejeté.
II. Les frais de la procédure, consistant en un émolument de justice de 500 fr., sont mis à la charge du recourant et sont compensés avec l'avance de frais, d'un même montant, qu'il a versée.
III. Le présent arrêt sera communiqué aux parties, à la commission cantonale genevoise de recours en matière d'assurance-vieillesse et survivants et à l'office fédéral des assurances sociales.

RÉPUBLIQUE TCHÈQUE

Cours supérieures de Prague et d'Olomouc
Compétences et attributions

La Cour supérieure de Prague et la Cour supérieure d'Olomouc sont des juridictions de troisième degré. Il n'existe pas de juridiction spécifiquement administrative. Aussi la Cour constitue-t-elle la juridiction d'appel des jugements rendus par les tribunaux d'arrondissement (premier degré) et les cours régionales (deuxième degré) dans les affaires d'ordre civil et pénal. La Cour suprême de la République est juge de cassation: c'est la juridiction de cassation en matière de contentieux administratif.

Cour supérieure d'Olomouc
Arrêt du 29 novembre 1996 - réf. 2A 6/96

1. Communautés européennes - Règles applicables - Droit de la concurrence - Règles applicables aux entreprises - Relations avec les pays tiers
2. Actes législatifs et administratifs - Accords internationaux - *Accord européen d'association entre la République tchèque et les communautés européennes - Traité de Rome*

Summary

The appellant claims the annulment of the decision of the Minister of Competition which recognized that he has misused his dominant position on the market of cars'metallic spare parts, which constitutes a breach of article 9-3 of the law 63/1991. But, the European Association Agreement between the Czech Republic and European Communitees, in its Article 64-1 (letter ii), says that the abuse of dominant position on the Czech or communal territory is incompatible with the correct application of this Agreement. Its includes too, in its Article 69 and 70, the obligation done to the Czech Republic to render its rules compatible with communautary rules. Moreover, the law 63/1991 recapitulates the fundamental principles of Treaty of Rome, notably Articles 85, 86 and 92, and the Supreme Court of Olomouc considers that the Minister of Competition has correctly acted by bringing this law compatibly with European Court law cases. The Supreme Court of Olomouc holds that the grounds of the Minister are not against provisions of Article 9-3 of the law 63/1991 and that the limitation of production, to the prejudice of consumers, by a dominant enterprise constitutes really an abuse of dominant position.

Résumé

Le requérant demande l'annulation de la décision du ministre de la Concurrence reconnaissant que celui-ci a abusé de sa position dominante sur le marché des pièces détachées métalliques de voitures, ce qui constitue une violation du parag. 9, alinéa 3 de la loi n° 63/1991. Or, l'accord européen d'association entre la

République tchèque et les Communautés européennes, dans son art. 64 al.1 (lettre ii), prévoit que l'abus de position dominante sur le territoire tchèque ou communautaire est incompatible avec la bonne application de cet accord. Il comprend également, dans ses articles 69 et 70, l'obligation faite à la République tchèque de rendre sa réglementation compatible avec la réglementation communautaire. En outre, la loi n° 63/1991 reprend les principes fondamentaux du traité de Rome, notamment les art. 85, 86 et 92, et la cour supérieure d'Olomouc considère que le ministre de la concurrence a bien agi en appliquant cette loi de façon compatible avec la jurisprudence de la CJCE. La cour supérieure conclut que la motivation du ministre n'est pas contraire aux dispositions du parag. 9, al.3 de la loi n° 63/1991 et que la limitation de la production au préjudice des consommateurs par une entreprise dominante constitue bien un abus de position dominante.

Décision

Le requérant, dans sa requête déposée dans les délais prévus, a réclamé l'annulation de la décision du ministre de la Concurrence, contre qui la requête a été introduite et qui a conclu dans sa décision que le requérant avait abusé de sa position dominante sur le marché des pièces détachées métalliques de voitures en violant ainsi l'interdiction de tels comportements prévue à l'article 9, alinéa 3 de la loi n° 63/1991 du *recueil des lois*.

Le requérant n'a pas contesté les faits établis par le défendeur, à savoir que dans la période en question - du mois d'octobre 1994 au mois de février 1995 - le marché tchèque éprouvait une pénurie de pièces détachées métalliques bon marché, de garde-boue avant et de capots de moteur. Il est ainsi possible de partir de ces faits présentés par le défendeur et de se concentrer sur la question de savoir si ces faits justifient les démarches du défendeur en vertu du paragraphe 11, alinéa 1, lettre d) de la loi à la lumière de la position du requérant selon laquelle celui-ci n'avait pas l'intention de cesser la fabrication desdites pièces détachées métalliques, n'a pas obtenu de bénéfice financier, ne s'est efforcé de réaliser de tels bénéfices ni n'a poursuivi d'autres objectifs contraires aux règles de la libre concurrence.

Le *recueil des lois*, partie 2/1995 contient l'accord européen qui instaure l'association entre la République tchèque, d'une part, et les Communautés européennes et leurs États membres, d'autre part. L'article 64, alinéa 2 de cet accord indique que toutes les pratiques contraires à cet article seront jugées en fonction des critères découlant de l'application des règles prévues dans les articles 85, 86 et 92 du traité fondateur de la CEE. L'alinéa 1, lettre ii) prévoit que l'abus par une ou plusieurs entreprises de la position dominante sur le territoire tchèque ou communautaire dans sa totalité ou dans une partie substantielle de celui-ci est incompatible avec la bonne application de cet accord (dans la mesure où le commerce entre la République tchèque et le Communauté pourrait être affecté). Les démarches en vertu de la réglementation interne pour une période transitoire sont prévues par l'alinéa 3 dudit article et l'obligation d'assurer une compatibilité progressive de la réglementation tchèque avec la réglementation communautaire découle notamment des articles 69 et 70 de l'accord.

En vertu de l'article 86 du traité, sont considérées comme abus de position dominante toutes les pratiques consistant à imposer de façon directe ou indirecte des prix d'achat ou de vente ou d'autres conditions de transaction non équitables, à limiter la production, les débouchés ou le développement technique au préjudice des consommateurs.

Les dispositions du paragraphe 9, alinéa 3, énumèrent les comportements intentionnels. Il s'agit alors de savoir si la motivation présentée par le défendeur, qui considère comme violation de la loi tout comportement dont le but initial n'est même pas de porter atteinte aux autres entreprises ou consommateurs alors que les consommateurs sont victimes de cette atteinte, est conforme à ces dispositions. Les délits administratifs commis par les personnes morales étant poursuivis sans tenir compte de la faute, la responsabilité de celles-ci est ainsi engagée sans prendre la faute en compte. L'énumération indique les formes les plus graves que peut revêtir l'abus de position dominante, qui doivent être obligatoirement considérées comme une violation du paragraphe 9, alinéa 3.

Le but recherché par la loi n'est pas de protéger les entreprises individuellement, mais de protéger la libre concurrence. La cour ne conteste pas l'avis du requérant à cet égard, mais elle ne le suit pas totalement car cela conduirait à contester l'impact positif de la loi portant sur les consommateurs. Le paragraphe 9, alinéa 3 a un double effet. D'abord, il protège la concurrence, mais il agit par l'intermédiaire de la protection de l'intérêt public, des autres entreprises et finalement des consommateurs. L'application de cette disposition est conditionnée par l'existence du préjudice causé aux tiers. Cette condition est considérée comme remplie dans les cas énumérés aux lettres a) à d).

La protection de la concurrence est un domaine caractérisé par une insuffisance de la terminologie, qui recourt souvent aux notions couramment utilisées dans les pays ayant une longue tradition législative en matière d'ententes illicites (Allemagne, États-Unis). La loi n° 63/1991 sur la protection de la concurrence n'a pu éviter la nécessité de reprendre les principes fondamentaux du traité de Rome, notamment les articles 85, 96 et 92, ce qui est primordial dans le contexte de l'harmonisation de la législation nationale avec le droit communautaire. Dans cette perspective, le défendeur a eu raison d'avoir appliqué la loi de façon compatible avec la jurisprudence de la Cour de justice des Communautés européennes (ou la Commission de la CE). Ce faisant, il est obligé de veiller à l'application de la réglementation relative à la concurrence qui est en vigueur en République tchèque : les arguments juridiques et les procédures doivent être conformes aux normes nationales.

N'est pas contraire aux dispositions du paragraphe 9, alinéa 3 de la loi la motivation soumise par le défendeur, qui déclarait que le requérant avait abusé de sa position dominante parce qu'il n'avait pas livré sur le marché une quantité suffisante de certaines pièces détachées en invoquant la clause générale, à savoir la première phase dudit alinéa, sans s'occuper de la faute du requérant et après avoir exclu un incident vis maior. La CJCE ne s'est pas contentée non plus d'une simple application de l'article 86 en indiquant dans l'affaire Continental Can qu'"il découle des lettres c) et d) de l'article 86 que la disposition vise non seulement les pratiques qui peuvent causer un préjudice direct aux consommateurs, mais aussi celles qui les affectent par l'impact qu'elles ont sur la structure effective de la concurrence, comme prévu dans l'article 3, lettre f) du traité". La jurisprudence de la Commission et de la CJCE a bien évolué depuis trente ans et reconnaît désormais d'autres catégories d'abus sans nécessiter une modification de l'article 86. Il s'agit par exemple de "prix prédateurs", de refus de livrer sans causes objectives, d'abus de la propriété inellectuelle et industrielle, d'obstacles au concours de commerce, etc.

Aucun obstacle s'oppose au défendeur d'inclure ces formes d'abus dans ses décisions s'il estime qu'elles constituent une des infractions prévues par le paragraphe 9, alinéa 3, leur interdiction relevant du champ d'application de la loi aux termes du paragraphe 1, alinéa 1.

Il ne fait pas de doute que la limitation de la production au préjudice des consommateurs par une entreprise dominante constitue un abus de position dominante objectif. Ceci es confirmé par les dispositions précitées de l'article 86, lettre b) du traité.

Au nom de la République tchèque,

Dans l'affaire examinée, en interprétant la notion d'abus de position dominante d'une entreprise, les autorités ont recouru à l'article 64 de l'accord européen instituant l'association entre la République tchèque, d'une part, et les Communautés européennes et ses États membres, d'autre part (Publié sous n° 7/1997 du Receuil de Lois) et à l'article 86, lettre b) du traité sur l'Union européenne auquel renvoie ledit accord d'association. Bien qu'en vertu de cet accord la République tchèque continue d'appliquer sa propre législation nationale contre les pratiques incompatibles avec l'alinéa 1 de l'article 64 de l'accord d'association jusqu'à l'adoption par le conseil d'association de règles régissant la concurrence, il n'est pas possible de considérer comme inconstitutionnelle l'interprétation fondée sur les règles de la concurrence prévues par le traité de la CE. Ce traité, ainsi que le traité sur l'Union Européenne, part des mêmes principes que ceux sur lesquels repose l'ordre constitutionnel de la République tchèque.

TUNISIE

Tribunal administratif

Compétences et attributions

Le contentieux de la responsabilité administrative en Tunisie présente la spécificité d'être confié en premier ressort au juge judiciaire et d'être déféré, en appel et en cassation, devant le tribunal administratif.

Ceci remonte au décret beylical du 27 novembre 1888 sur le contentieux administratif qui n'a pas été modifié, sur ce point, par la loi du 1er juin 1972 créant le Tribunal administratif.

Devant les tribunaux, et en matière de responsabilité administrative, l' État est représenté par le Chef du contentieux de l'État.

La compétence en matière d'annulation d'actes administratifs relève exclusivement du tribunal administratif. Lorsque l'affaire est simple, elle est jugée par un juge unique, appelé conseiller délégué, à charge d'appel devant l'une des quatre chambres contentieuses du tribunal administratif.

Mais en règle générale, la compétence est exercée par l'une des quatre chambres contentieuses. L'arrêt est alors rendu en premier et dernier ressort.

Tribunal administratif (3ème chambre)
Arrêt du 26 juin 1996 - Naceur Ben Mohamed BRAHEM c/ Ministre de l'Enseignement supérieur - Affaire n° 4314

1. Actes législatifs et administratifs - Accords internationaux - Applicabilité
2. Enseignement - Questions propres aux différentes questions d'enseignement - Enseignement supérieur et grandes écoles - Universités - Organisation des études universitaires - Diplômes - Equivalences de diplôme

Summary

Article 32 of the Tunisian Constitution says that "Treaties have Law's authority only after their ratification. Treaties duly ratified have an authority above laws'one, without prejudice of their application by the other party". According to the Constitution, treaties are ratified by the law (Article 33), and promulgated by President of Republic.
Although the Tunisian Constitution has not laid down the obligation to publish treaties, their effective application by judge necessarily requires this formality, insofar asthe judgecan't enforce the respect of a text, whose the content is not known.
As far as treaties'interpretation is concerned, Tunisian administrative jurisprudence implicitly considered that this task came within his province, and that it was not necessary to call on Foreign Office. So, in the present case, the Administrative Court annuled the decision of the Minister of higher education which refused a Tunisian student the equivalence of his bachelor's degree in law.
Although the Administration asserted its discretionary power in this sphere, the Administrative Court considered that the Administration's refusal to apply an International Convention ratified and published (in the present case the Convention related to the recognition of higher education, diplomas and certificates obtained in Arab States) constituted a breach of the Constitution which involved the annulment of the decision by the administrative judge.

Résumé

L'article 32 de la Constitution tunisienne dispose que "les traités n'ont force de loi qu'après leur ratification. Les traités dûment ratifiés ont une autorité supérieure à celle des lois, sous réserve de leur application par l'autre partie". Selon la Constitution, les traités sont ratifiés par la loi (article 33), et promulgués par le Président de la République.

Même si la Constitution tunisienne n'a pas institué l'obligation de publier les traités, leur application effective par le juge passe nécessairement par cette formalité, dans la mesure où il ne peut imposer le respect d'un texte dont le contenu n'est pas connu.

En ce qui concerne l'interprétation des traités, la jurisprudence administrative tunisienne a considéré implicitement que cette tâche lui appartenait, et qu'il n'y a pas lieu de recourir au ministère des Affaires étrangères. Aussi dans la présente affaire, le Tribunal administratif a annulé la décision du ministre de l'Enseignement supérieur, refusant à un étudiant tunisien l'équivalence de sa licence en droit obtenue au Maroc.

Alors même que l'administration arguait de son pouvoir discrétionnaire dans ce domaine, le tribunal administratif a considéré que le refus de l'administration d'appliquer une convention internationale dûment ratifiée et publiée, en l'espèce la convention relative à la reconnaissance des études supérieures, diplômes et titres obtenus dans les États arabes, a constitué une violation de la constitution de nature à entraîner l'annulation de cette décision par le juge administratif.

Décision

Au nom du peuple tunisien, le tribunal administratif a rendu le présent arrêt entre le requérant, Naceur Ben Mohamed BRAHEM, et le défendeur, le ministre de l'Enseignement supérieur.

Vu la requête introductive d'insistance présentée par Monsieur Naceur Ben Mohamed BRAHEM le 14 février 1994 tendant à l'annulation de la décision du ministre de l'Enseignement supérieur du 14 août 1993, lui refusant l'équivalence de sa licence en droit obtenue au Maroc en 1993.

Le requérant invoque les moyens suivants :
1. la violation du principe d'égalité ;
2. la non motivation de la décision attaquée ;
3. l'application de circulaires non publiées ;
4. l'existence d'une convention internationale en matière d'enseignements et d'échanges culturels exigeant des deux pays la reconnaissance mutuelle des diplômes scientifiques.

Vu le mémoire présenté en défense le 10 juin 1994 par le ministre de l'Enseignement supérieur soutenant:
- Que le moyen relatif à la violation du principe d'égalité n'est pas fondé.
- Que la loi n'oblige pas la commission des équivalences à motiver ses décisions.
- Que la commission des équivalences ne s'est appuyée sur aucune circulaire pour prendre sa décision. Par ailleurs, le requérant n'en produit aucune copie ni n'en mentionne la référence.
- Que ladite convention ne prévoit pas l'équivalence automatique des diplômes mais exige l'étude préalable du dossier.

Vu le rapport présenté par le requérant aux greffes du tribunal le 16 novembre 1994, invoquant notamment la convention relative à la reconnaissance des études supérieures, diplômes et titres obtenus dans les États arabes, telle que ratifiée par la loi n° 85-58 du 29 juin 1985.

Vu la décision attaquée, les pièces du dossier et conformément à la procédure d'instruction prévue par la loi.

Vu la loi n° 72-40 du 1er juin 1972 relative au Tribunal administratif, telle que modifiée et complétée par la loi organique n° 83-67 du 21 juillet 1983.

Vu la convention relative à la reconnaissance des études supérieures, diplômes et titres obtenus dans les États arabes telle que ratifiée par la loi n° 85-58 du 29 juin 1985.

Après convocation des parties pour l'audience du 5 juin 1996.

Après avoir entendu le conseiller rapporteur, le requérant, le représentant du ministre de l'Enseignement supérieur, et après lecture des conclusions du commissaire d'État.

L'affaire est renvoyée en délibéré. Le prononcé du jugement est fixé pour l'audience du 26 juin 1996.

Après délibéré, il a été décidé ce qui suit:

En la forme

Considérant que le recours sus-visé est recevable pour avoir été introduit dans les formes et délais prévus par la loi.

Au fond

Sur le moyen tiré du refus de l'administration d'appliquer la convention relative à la reconnaissance des études supérieures, diplômes et titres obtenus dans les États arabes:

Considérant que le requérant s'est prévalu de l'application des dispositions de la convention relative à la reconnaissance des études supérieures, diplômes et titres dans les États arabes afin d'obtenir l'équivalence de sa licence de droit acquise au Maroc.

Considérant que la convention précitée, signée au nom de l'État tunisien au siège de l'UNESCO à Paris le 5 novembre 1983, a été ratifiée par la loi n° 85-58 du 29 juin 1985. Que celle-ci a prévu sa publication et son exécution en tant que loi de l'État. Que de ce fait, elle bénéficie d'une autorité supérieure à la loi conformément à l'article 32 de la Constitution.

Considérant qu'il ressort de l'article premier de la convention sus-indiquée , que la reconnaissance des études, diplômes et titres par l'un des États cosignataires s'étend non seulement aux études, mais aussi à l'exercice d'une activité professionnelle ou aux deux à la fois.

Considérant que cet article prévoit également que la reconnaissance du diplôme ou du titre ne dispense pas le bénéficiaire de se conformer aux conditions supplémentaires, prévues par les lois ou exigées par les autorités administratives ou professionnelles, pour l'exercice de l'activité concernée dans chacun des États.

Considérant que le défendeur s'en est tenu à la décision attaquée, invoquant le pouvoir discrétionnaire de la commission des équivalences dans ce domaine.

Considérant que le pouvoir discrétionnaire reconnu à l'administration en matière d'équivalence des diplômes ne la dispense pas de se conformer aux dispositions de la convention.

Considérant que la non observation par le défendeur des dispositions de la convention précitée constitue une violation de la loi n° 85-58 du 29 juin 1985 sus mentionnée, et entraîne en conséquence l'annulation de la décision attaquée.

Pour ces motifs, le Tribunal décide,

1. L'annulation de la décision attaquée.
2. La condamnation de l'État aux dépens.
3. La notification du présent arrêt à chacune des parties.

Arrêt rendu par la chambre des affaires culturelles et sociales.

TURQUIE

Conseil d'État

Compétences et attributions

Le Conseil d'État turc, possédant des attributions juridictionnelles et consultatives, est placé au sommet de l'ordre administratif. Il est à la fois un tribunal suprême et un organe d'étude et de consultation.

En tant que tribunal administratif suprême, le Conseil d'État est compétent pour statuer en dernier ressort sur les recours en cassation des arrêts rendus par les formations collégiales des tribunaux d'administration et des tribunaux des impôts, sur les recours contre les arrêts pris par chaque section du contentieux du Conseil d'Etat statuant comme tribunal du premier degré, et en premier ressort sur les recours en annulation et de pleine juridiction contre les actes administratifs limitativement énumérés par la loi du Conseil d'État, ainsi que ceux nés des contrats de concession.

Conseil d'État - 10ème chambre
Arrêt rendu le 10 novembre 1992, n° 1991/1262, 1992/3911

1. Fonctionnaires et agents publics - Statuts, droits, obligations et garanties - Droit syndical
2. Actes législatifs et administratifs - Accords internationaux - *Convention européenne de sauvegarde des droits de l'homme*

Summary

The request, formed by a trade union of civil servants working in the education, contests a Circular issued by the Minister of Interior, which forbids civil servants to set up trade unions or even attend such activities.

The Turkish Council of State held to annul this Circular, on the ground that worker's right to set up trade unions and attend such activities is part of fundamental rights and freedoms, although civil servants'right to set up unions was not drawn up in the Constitution, and that one cannot be prevented from making use of these rights, on the ground that they have not been granted by the Constitution. Unionise civil servants'right is guaranteed by Article 11 of the Convention for the Protection of Human Rights and Fundamental Freedoms. Moreover, in the Constitution and in legal order in general, it is assumed that the administrative organs may not interfere in the establishment and activities of such personalities by means of the police force. Their activities may only be ceased by a judgement of law courts and they may only be closed down as a result of such a judgement.

Résumé

La requête déposée par un syndicat de fonctionnaires de l'enseignement est dirigée contre une circulaire du ministère de l'Intérieur, qui interdit aux fonctionnaires de créer des syndicats ou de participer à des activités syndicales.

Le Conseil d'État turc a décidé d'annuler ladite circulaire, au motif d'abord que le droit des travailleurs de créer des syndicats ou de participer à des activités syndicales fait partie des droits fondamentaux et des libertés, même s'il n'est pas inscrit expressément dans la Constitution, et que l'on ne peut être empêché de faire usage de ce droit au motif qu'il n'est pas garanti par la Constitution. Au demeurant, le droit des fonctionnaires de faire partie de syndicats est consacré par l'article 11 de la Convention européenne de sauvegarde des droits de l'homme et des libertés fondamentales. En outre, la Constitution en particulier et l'ordre juridique en général stipule que les autorités administratives ne peuvent intervenir dans la création et les activités des syndicats, notamment au moyen des forces de police. Seul un jugement d'une cour juridictionnelle peut mettre un terme aux activités d'un syndicat créé par des fonctionnaires.

Décision

A trade union of civil servants working in the education field challenged a Circular issued by the General Police Directorate of the Ministry of Interior.

In the Circular it was stated that civil servants may not set up trade unions or even attend such activities.

The union claimed that the Circular was contrary to the Constitution and also to the laws in effect. No provision existed in the law system prohibiting civil servants from unionizing. The legal basis of their union were international agreements put into effect according to Article 90 of the Constitution.

The Ministry of Interior pleaded that according to article 128 of the Constitution, legal status, duties, competences, liabilities and personal affairs of civil servants are matters of law.

Civil Servants Act n° 657 includes no provision on the issue. On the other hand, Act on Trade Unions n° 2821 which was put into effect according to article 51 of the Constitution prohibited teachers working in private schools from being members of trade unions. No provisions are to be found in international agreements. Though, ILO Convention n° 87 and articles 5 and 6 of the European Social Charter gave civil servants the right to unionise, these provisions were declined to endorse by the Government. The Circular, therefore, was not in conflict with the law.

The Court held on behalf of the Turkish Nation that :

"On 28.5.1990 the plaintiff applied to the Governership of Ankara and notified that they set up the "Trade Union of Civil Servants in Education Field" and supplied necessary documents. The Governership's opinion was that the union was not legal. They appealed, therefore, to the Public Prosecutor's Office claiming that the activities of the union had to be stopped. It had to be closed down and its founders had to be prosecuted.

The Public Prosecutor of Ankara decided, on 12.6.1990, that actions of the union's founders had not constituted a crime and the issue whether establishment of the union was in conformity with the law fell into the competence of Labour Court. Then Ankara Labour Court ruled that there was no need to take Governership's claim into account. This decision, however, was quashed by the High Court of Appeal on the ground that the case was within the competence of the Ordinary Court of First Instance.

The case, therefore, has been forwarded to the Court of First Instance. Before the Court decided on dispute, the Ministry of Interior issued the Circular of 28.2.1991. It was stated in the Circular that civil servants may not organize trade unions or attend such activities.
The Circular has been sent to the Governerships and ordered them to enforce it.

This action was brought to have annulled the Circular in issue.

Workers' right to unionise and attend such activities is part of fundamental rights and freedoms. Although civil servants' right to set up unions was not drawn up in our Constitution, there is no provision preventing them from making use of this right.

One cannot be prevented from making use of the rights placed among fundamental rights and freedoms, merely, on the ground that they have not been granted by the Constitution. As a matter of fact, it may not be possible to draw up in the Constitution all rights of the citizens, one by one.

It is important that fundamental rights and freedoms have been defined and guaranteed in the Constitution.

The right to unionise of civil servants is guaranteed in article 11 of the Convention For the Protection of Human rights and Fundamental Freedoms which was ratified by the law n° 6366.

This Convention has been duty put into effect and incorporated into domestic law. According to Article 90 of the Constitution, no appeal can be made to the Constitutional Court on the ground that this agreement is contrary to the Constitution.

Article 11 of the Convention states that every person has the right to organize associations and also the right to attend meetings not violating public order, the right to set up trade unions and the right to benefit from taking place within unions.

In our national law, establishment of private legal personalities like trade unions and associations, except companies, is not subject to permission. According to the provisions of the Constitution, the civil Code, Act on Associations and Act on Trade Unions, trade unions and associations obtain their legal personalities when they supplied necessary documents to the authority concerned.

In the Constitution and in legal order in general, it is assumed that the administrative organs may not interfere in the establishment and activities of such legal personalities.

Consequently, it is not possible for administrative authorities to intervene in the activities of such personalities by means of the police force. Their activities may only be ceased by a judgement of law courts and they may only be closed down as a result of such a judgement.

Disputes on how civil servants use their right to unionise must be solved by the courts which have competence to hear cases on such issues. The power of administrative authorities is limited to appeal to the court if they think that such unions are illegal. It cannot be thought that administrative organs have competence to determine the right to unionise of civil servants ;

Subsequently, the Circular in issue must be annulled for lack of competence".

Conseil d'État - 12 ème section
Arrêt rendu le 24 avril 1978, n° 1978/955 - Société audiovisuelle suédoise c/ Ministère de l'Intérieur

1. Actes législatifs et administratifs - Accords internationaux - *Acte final d'Helsinki de 1975*
2. Étrangers - Expulsion - Procédure

Summary

A Swedish audiovisual firm claims the annulment, by the Turkish Council of State, of a decree issued by Ministry of Interior dated January 28th 1977, on the basis of which a swedish gang of television was arrested and deported from Turkey, on the ground that it has filmed, without preliminary authorization by the Foreign Office. The firm invoked the final Act of the Agreement of European Security and Cooperation dated August 1st 1975, signed by Turkey, by which the signatory States have committed to facilitate journalists'conditions of labour and not to deport them arbitrarily.
The Council of State held that the attacked act was illegal.

Résumé

Une société audiovisuelle suédoise demande l'annulation par le Conseil d'État turc de l'arrêté du 28 janvier 1977 du ministère de l'Intérieur par lequel une équipe de télévision suédoise a été appréhendée puis expulsée de Turquie, au motif qu'elle avait filmé sans autorisation préalable du ministère des Affaires étrangères. A l'appui de son recours, cette société invoquait l'acte final de l'accord de sécurité et de coopération européenne du 1er août 1975, signé par la Turquie, dans lequel les États signataires s'engageaient à faciliter les conditions de travail des journalistes et à ne pas les expulser arbitrairement.

Le Conseil d'État a fait droit à ce moyen, ainsi qu'aux autres moyens tirés des principes généraux du droit et de dispositions législatives, et a décidé que l'acte attaqué était entaché d'illégalité.

Décision

La douzième section du Conseil d'État, après avoir rejeté le pourvoi des avocats du requérant concernant l'inconstitutionnalité de l'article 6 de la loi 2559 sur la mission et les pouvoirs de la police et de l'article 19 de la loi 5683 sur les séjours et les voyages des étrangers en Turquie, a examiné le fond de l'affaire.

Le recours déposé par la société audiovisuelle suédoise demande l'annulation de l'arrêté du 28 janvier 1977 du ministère de l'Intérieur par lequel une équipe de la télévision suédoise, composée de quatre journalistes, qui avait été envoyée pour tourner un film documentaire à Istanbul en date du 10 janvier 1977, avait été appréhendée et, par suite, expulsée pour avoir filmé sans autorisation.

L'article 19 de la loi 5683 dispose que "les étrangers dont les séjours sont considérés comme comportant un risque pour la sécurité publique, et pour des nécessités politiques ou administratives, sont invités à quitter le pays dans un délai déterminé par le ministère de l'Intérieur".

Il est indubitable que les termes de "sécurité publique", de "nécessités politiques ou administratives" précités sont des concepts juridiques incertains qui, en pratique, exigent une plus grande attention compte tenu de l'intensification des relations internationales actuelles.

L'administration prétend, dans son plaidoyer, qu'alors que les dispositions du décret gouvernemental du 15 juillet 1973 obligeait les étrangers désireux de filmer en Turquie à obtenir l'autorisation préalable du ministère des Affaires étrangères, l'équipe de la télévision suédoise avait commencé à filmer sans autorisation, ce pour quoi elle avait été expulsée.

Le décret en cause, dont l'exemplaire n'a pas été envoyé à notre section alors que nous l'avions demandé par une décision d'instruction, n'a pas été publié dans le *Journal Officiel* pour qu'il entre en vigueur. Dès lors, les tiers ne pouvant être informés des dispositions dudit décret, ils ne peuvent lui être liés et ne sauraient être accusés de ne pas s'y être conformés.

D'autre part, dès lors que les dispositions du décret en cause et de l'article 6 de la loi 2559 sont relatives au tournage de films en Turquie, il n'est pas possible de concilier l'expulsion des étrangers, dont la mission consiste à tourner un reportage et à filmer, sans autre moyen que l'absence des formalités prévues par lesdites dispositions, avec le but de la loi 5683.

La loi 5683 disposant en effet les conditions de séjour en Turquie pour les étrangers et celles de leur expulsion, il n'est possible de décider l'expulsion des étrangers qu'en justifiant l'existence de ces conditions. En l'espèce, l'absence des formalités prévues par l'article 6 de la loi 2559 a vocation à être comblée postérieurement. Le simple séjour d'étrangers n'ayant pas d'autorisation de filmer ne constitue pas un risque pour la sécurité publique ni pour les nécessités politiques ou administratives.
Le pouvoir discrétionnaire de l'administration ne peut être utilisé que par des moyens objectifs, conformément au but de la loi et aux nécessités du service public. Dès lors, avant d'avoir édicté l'acte attaqué, l'administration devait tenir compte des dispositions législatives et générales et, si elles existent, de celles des traités internationaux, en plus des dispositions de la loi 5683 entrant en vigueur en 1950, et faire une appréciation de la situation;

La République turque, en vertu de l'article 2 de la Constitution de 1961, est un État de droit respectueux des droits de l'homme, dont la Cour constitutionnelle a donné la définition dans divers arrêts ainsi que dans celui du 29 décembre 1966: "L'État de droit est celui qui est respectueux à l'égard des droits de l'homme et les protège, qui crée un ordre juridique juste, qui se sent obligé de le maintenir et qui se comporte conformément au droit et à la Constitution".

En outre, dans l'acte final de l'accord de sécurité et de coopération européennes du 1er août 1975, signé par 24 États, dont la Turquie, qui prévoit le développement des droits et libertés de l'homme dans une conception de coopération et de sécurité et qui rappelle les textes internationaux relatifs aux droits et libertés de l'homme déjà acceptés et déclarés, les États signataires se sont engagés à faciliter les conditions de travail des journalistes et à ne pas les expulser arbitrairement.

A la lumière des principes généraux du droit et des dispositions législatives et internationales précitées, on constate que l'administration n'est pas bien fondée à expulser l'équipe de télévision suédoise, sans notification écrite ni moyen justifiant l'application des lois 5683 et 2559.

Pour les motifs expliqués ci-dessus, l'acte attaqué concernant l'expulsion de ladite équipe est entaché d'illégalité et est annulé à l'unanimité en date du 24 avril 1978.

DÉCISIONS DIVERSES

AUTRICHE

Cour suprême administrative
Compétences et attributions

La Cour suprême administrative contrôle la légalité de l'action de l'administration publique (les affaires de finances et une grande partie des affaires d'assurances sociales sont également soumises à son contrôle).

La Cour administrative statue exclusivement sur les recours dans lesquels sont alléguées : l'illégalité d'une décision des autorités administratives, la carence d'action des autorités administratives, l'illégalité de certaines directives dans le domaine scolaire.

Les juges de la Cour administrative statuent régulièrement à l'annulation (à l'exception des cas d'inaction, dans lesquels la Cour statue sur l'affaire elle-même).

Cour administrative suprême (Verwaltungsgerichtshof) Decision of September 6th, 1995, n° 94/01/0787 (VwSlg. 14.310/A 1995)

Droits civils et individuels - État des personnes - Nationalité - Perte de la nationalité

Summary

The naturalization into the German Reich of an "optant" (resettler) from Southern Tyrol, who did not move to the so-called Altreich (the German Reich before 1938), but to (Northern) Tyrol, was contrary to "generally recognized rules of International Law" as incorporated into Austrian Federal Law by Art. 9 (1) B-VG (Federal Constitution Law).

Above-mentioned naturalization was therefore inconsequential under Austrian Law. The optant lost his Italian citizenship when released by Italy and became stateless.

Résumé

La naturalisation en tant que citoyen du Reich allemand d'une personne de nationalité italienne originaire du Tyrol du Sud, qui, ayant opté en vertu d'un accord germano-italien pour la nationalité allemande ne s'est pas installé dans l'Altreich (territoire du Reich dans ses frontières de 1938) mais dans le Tyrol du Nord (territoire autrichien annexé au Reich allemand) est contraire aux "règles généralement reconnues du droit international" telles qu'incorporées dans la Loi fédérale autrichienne. En effet, l'Autriche ayant été annexée sur le fondement d'un acte contraire au droit international, l'acquisition de la nationalité allemande est sans effet sous le régime de la loi autrichienne. Aussi la personne, par la perte de la nationalité italienne, est-elle devenue apatride.

Décision[1]

The complainant has based his petition for ascertainment of citizenship (also) on § 3 (1) StbG 1949. According to this law, minor legitimate children derived citizenship either from the father, or, if the father was a stateless person, from the mother. Both questions - that of statelessness of the complainant's father and that of Austrian citizenship of the complainant's mother at the moment of the complainant's birth - are disputed among the parties before this Court.

The two questions are, in this case, closely connected to each other. The first legal rule in point is § 1 of the Staatsbürgerschafts-Überleitungsgesetz 1949 (St-ÜG 1949). According to this law, Austrian citizens as of April 27, 1945 are those persons who [...]on March 13, 1938, have possessed Austrian citizenship, [...]but only if, by April 27, 1945, these persons have not fulfilled any of the conditions which were liable to lead to the loss of federal citizenship under the Bundesgesetz 1925 über den Erwerb und den Verlust der Landes- und Bundesbürgerschaft (federal law of 1925 on the acquisition and loss of Land- and federal citizenship) as amended by March 13, 1938 (LBbG 1925/1938).

The complainant's mother, who was born in Vienna, had acquired by descent (ius sanguini) from her father the right of citizenship to the Land of Vienna and, at the same time, federal citizenship. She still held federal citizenship on March 13rd 1938. On May 12th 1943, however, she's got married (in Vienna) to the complainant's father, who had received German citizenship by decree of the Landeshauptmann of Tyrol dated January 25, 1940.

---

[1] La décision ne prend sens qu'au vu du contexte historique dans lequel elle s'insère. Suite à la première guerre mondiale, le Tyrol du Sud, de langue et de culture allemande, a été rattaché à l' Italie. L'accord germano-italien de 1939 vise le déplacement de ces populations d'origine ethnique allemande, les "Volksdeutschen", leur incorporation au sein du Reich et leur naturalisation. L'accord ne distingue pas entre l'Altreich *i.e* le Reich allemand dans ses frontières de 1938 et le Tyrol du Nord *i.e.* le territoire autrichien annexé au Reich allemand en 1938. Cette annexion est cependant considérée contraire au droit internatrional public ce qui exonère, selon la doctrine officielle, la République autrichienne de toute responsabilité quant aux actes adoptés au cours de cette période.

According to § 9 (1) of the LBVG 1925/1938, a woman lost her citizenship to the Land and therefore, according to § 15 leg.cit., also her federal citizenship, by marriage to a foreigner, if it was established that, according to the laws of her husband's home country, she would acquire citizenship to that country by marriage (*ex lege*).

The WrLReg assumed that this had been the case because, at the time of marriage, the relevant law in force was the German Reichs-und Staatsangehörigkeitsgesetz 1913 (RSaG 1913) - according to whose § 6 a woman marrying a German citizen acquired German citizenship instantly and ex lege. The WrLReg assumed therefore, that, if the complainant's father was a German citizen, the complainant's mother lost her Austrian citizenship by marriage fictitiously according to the above-cited § 1 St-ÜG 1949, notwithstanding the fact that, according to the regulation dated July 3rd 1938 and published in dBGBl. No. I, 790, all Austrian citizens - and therefore also the complainant's mother-were declared German citizens, since the latter regulation was inconsequential for the Austrian legal sphere.

The WrLReg has cited a number of decisions of this Court regarding loss of citizenship by marriage of Austrian women to German citizens during the time of occupation. The complainant, however, has pointed out the difference between the facts of these cases, where the husbands were German citizens from the "Altreich", *i.e.*, the German Reich before 1938, and his mother's case, considering that his father was a so-called "Volksdeutscher", *i.e.*, of German ethnicity, but an Italian citizen until his naturalization as a German citizen, which was contrary to international law and therefore inconsequential for the Austrian legal sphere.

The WrLReg has rejected this argument in its ruling, holding that the question of whether or not the naturalization of the complainant's father had been contrary to international law was not decisive in this case. Differing opinions were represented in the legal literature, there were good reasons for as well as against a conflict of this naturalization with international law. However, if the naturalization was contrary to international law, then the entailed loss of the complainant's father's Italian citizenship would be, too, and the complainant's father, from an Austrian and international legal standpoint, would have to be regarded as still holding the Italian citizenship and would therefore not be stateless either. From the opposite standpoint (that the naturalization of the complainant's father was not contrary to international law), the complainant's father would obviously also not be stateless, but, from an Austrian viewpoint, have to be regarded as a German citizen.

The Court cannot recognize this argument (which the WrLReg has not upheld in front of this Court) as correct.

It is true that the complainant's father has had to abandon Italian citizenship because of his opting for German citizenship. The loss of Italian citizenship, however, would be valid under international law in any case, since States are free in depriving their nationals of their citizenship (see Thienel, Österreichisches Staatsbürgerschaftsrecht I, 149 - 150). This is also supported by the fact that, later, the optants had the opportunity to re-apply for Italian citizenship under the Italian law-decree dated February 2nd 1948, No. 23, on the revision of options (see Goldemund-Ringhofer-Theuer, Das österreichische Staatsbürgerschaftsrecht, 376).

According to the record, the complainant's father has not made use of this opportunity. It is therefore only decisive whether the complainant's father's naturalization into the German Reich in the year 1940 was contrary to international law. In the affirmative, this naturalization would have entailed no consequences for the Austrian legal sphere, since, according to Art. 9 (1) B-VG, the generally recognized rules of international law are regarded as integral parts of Federal Law.

The Southern Tyrolean "optants" were so-called "Volksdeutsche", *i.e.*, ethnic Germans, who, before World War II, had been citizens of States other than Austria and Germany, and were naturalized into the German Reich within a larger resettlement scheme. Only the question of citizenship of this group of ethnic Germans (see Thienel, above, 74) is of interest here. It is therefore not relevant to this case when the complainant refers to the literature regarding ethnic Germans expatriated by the Republic of Czechoslovakia in 1945. (...).

Seidl-Hohenveldern's article (published in ÖJZ 1948, 516 and quoted by Magerstein in an article published in ZÖR 1953, 338) mentions that the naturalization of ethnic Germans by the German Reich was partly a legal consequence of the resettlement treaties.

However, in order to support the hypothesis that these naturalizations were, altogether, contrary to international law "and therefore supposedly null and void", the article only provides reasoning in as far as the inhabitants of territories occupied since 1938 are concerned. This argument is based on Art. 45 of the Haager Landkriegsordnung, prohibiting the coercion of the population of an occupied territory to pledge allegiance to the occupier, and sustains that the

Nuremberg verdicts were based on this legal rule.

Among the judgments and decisions reviewed in this article are two cases of Southern Tyroleans who had been naturalized as German citizens on the basis of resettlement, but in these cases (OGH JBl 1947, 61 and OLG Graz EvBl 357/1946), where the issue at cause was application of foreign law and domestic jurisdiction, the question which is decisive here remained unresolved. This reference is also lacking in a further, more comprehensive article by Seidl-Hohenveldern in ZÖR 1950, 305, at 336, about the citizenship of ethnic Germans. The author does refer in both articles to the decision of this Court in JBl 1946, 509. That decision, however, concerned the case of an ethnic German from Czechoslovakia, and the Court proceeded (in the context of a motion for exemption from the production of a certificate of fitness to marry) from the concerned person's assertion of statelessness without legally examining the issue.

In the latter article, Seidl-Hohenveldern has also discussed the question whether the naturalization of ethnic Germans by the German Reich was contrary to international law, and has answered this question in the affirmative as far as all resettlements were concerned (Id., 314 - 315).

He argues that apparently the Haager Landkriegsordnung is not applicable to the naturalization of "resettlers". At the time of resettlement, their home countries had, in most cases, not yet been occupied by the German Reich. Later, German troops had been stationed in these countries, but the German Reich had been their official ally, so that it was hardly possible to speak of the coercion of a pledge of allegiance by an occupier. However, given that the resettlement activities of the "Volksdeutsche Mittelstelle" had been enumerated in the verdict of Nuremberg as one of the criminal activities of the SS, and given that the naturalizations of "resettlers" are not recognized in other cases, this "leading home" (Heimführung) and "resettlement" was generally condemned as part of the criminal German policy of aggression (referring to Art. 2 lit. b of the regulation of the French High Commissioner in Austria dated January 17th 1948, reprinted in ZÖR 1950, 333, and the judgment regarding "resettlers" from the Bukowina by the OLG Vienna, JBl 1947, 244. The latter, however, only stated that "ethnic Germans would have to be regarded as stateless, as long as no decision about their citizenship has been taken" by German authorities. Further reference is to the judgment OGH JBl 1949, 394, which referred to Southern Tyrolean "resettlers" but did not examine the question either).
Seidl-Hohenveldern continues that this only theoretically voluntary resettlement, which was often executed under extreme duress, had only the purpose of

pressing recruits into the German war machinery which would have evaded it otherwise, and to create German-speaking settlers for the eastern territories ("Ostgebiete") which had been systematically stripped of their Slavic population. The resettlement activity of the Volksdeutsche Mittelstelle therefore stood in a causal relationship with the German aggression and was therefore seen as part of this, according to the Nuremberg verdict, crime under international law.

According to Seidl-Hohenveldern, it also emanates from a report of the Economic and Social Council of the United Nations, that the naturalizations of (among others) the resettlers must be regarded as contrary to international law and null and void. In a compilation of international treaties containing clauses regarding the citizenship of wives, this report also lists "Treaties in connection with the aggressive activity of the axial powers before and during World War II."

This compilation contains, among others, the "Guidelines with Italy dated Oct. 21st 1939" (ZÖR 1950, 305, FN 3), concerning Southern Tyrol.

The report states "that the changes in sovereignty in connection with these treaties were not recognized by the powers in question. These agreements cannot be regarded as treaties which were valid under international law at any time. They are currently positively not in effect." As to the "Austrian practice" with regard to "citizenship status of ethnic Germans in Austria" (id., 334 et seq.), the article largely concurs with the one in ÖJZ 1948, 516, where Southern Tyroleans who had acquired German citizenship are only mentioned in connection with the question of domestic jurisdiction in the aforementioned judgment OGH JBl 1949, 394.

The complainant's assertion that Austrian legal literature and courts are uniformly of the opinion that the naturalizations in question are contrary to international law, and that Southern Tyrolean "resettlers" are therefore to be considered stateless, does not correspond to the facts. As shown above and as far as surveyed otherwise, the courts have not yet adjudicated this matter comprehensively. In the literature, Heinl has asserted the opposite in "Das österreichische Staatsbürgerschaftsrecht[3], at 66 et seq., essentially on the grounds that the "resettlers" were naturalized by the German Reich by means of individual rulings. Heinl claims that there is no reason to regard these naturalizations as null and void, e.g., because the Reich was guilty of violating international law; it would therefore have to be assumed that the resettlers were still German citizens at the end of the war.

The WrLReg states - not until its reply - that "other authors" proceed for good reason on the assumption that the naturalization of ethnic Germans into the German Reich was not contrary to international law and therefore also relevant for the Austrian legal sphere. In this context, the WrLReg refers to Heinl (above) and Seeler, Das Staatsangehörigkeitsrecht Österreichs, Sammlung geltender Staatsangehörigkeitsgesetze, Bd. 20, Frankfurt am Main 1957, 68. Whereas, however, it does emanate from these sources on the one hand that the German naturalization of "resettlers" was legal, the WrLReg then mentions that the ethnic Germans who came to Austria during resettlement "therefore to this day" hold the German citizenship, unless their naturalization was contrary to international law, in this context referring to Seidl-Hohenveldern, ZÖR 1950, 334.

The fact that resettlers were naturalized by means of individual rulings does not necessarily imply that these naturalizations were not contrary to the generally recognized rules of international law (see Thienel, above, 74, FN 23). Rather, what is relevant in this context of the examination of a possible contradiction to international law are the more specific circumstances in fact and in law which were relevant for the naturalization. If, according to these circumstances, a naturalization was contrary to international law, it could not be legalized by the fact that it was accomplished by individual ruling.

In the present case, the naturalization of the complainant's father into the German Reich was based on the German-Italian agreement of Rome about Guidelines for the re-migration of "Reich-Germans" and migration of ethnic Germans from the Alto Adige to the German Reich dated October 21st 1939. Thienel (above, 149) holds the opinion that, in the case of "resettlement treaties", where two States agree that certain persons should lose citizenship of one State and acquire the one of the other, such agreements were in principle unobjectionable, as long as the concerned persons had some kind of free option as to one of these citizenships and it was provided that the concerned persons could enter into a sufficiently close relation to their new homeland. Only in the event that the "resettlers" had the right to decide only in theory, where the decision was, in reality, coerced, the acquisition of the new citizenship had to be regarded as inconsequential. Thienel (id., FN 213) refers to Seidl-Hohenveldern, ZÖR 1950, 314 - 315, where - as related above - reference is made to the resettlement activities of the German Reich as only theoretically voluntary, and in reality often achieved by means of extreme duress.

While it was true that the aforementioned "resettlement treaty" from the year 1939 provided not only for an option, but also for the creation of a geographical link of the optant to the German Reich, it disregarded the fact that Austria was only part of the German Reich on the basis of an act contrary to international law. The agreement did therefore not distinguish whether the concerned person established such a relation to the so-called "Altreich" or to a territory which had not been part of the German Reich before 1938.

In spite of the fact that the complainant's father had moved from Southern Tyrol to Tyrol (and not to the so-called "Altreich") the German Reich claimed him as a citizen, even though he had never had the opportunity to opt for Austria. The "close relationship" of the naturalized person to the naturalizing State demanded by international law was therefore - contrary to the opinion assumed by the WrLReg in its reply - not "definitely present" in this case.

The lack of this relationship alone is sufficient to assume that the naturalization of the complainant's father into the German Reich was contrary to international law. (...)

Meanwhile, the complainant's parents have acquired Austrian citizenship as of August 31st 1976, by naturalization (on the part of the WrLReg), however, since the complainant had reached majority at that point, the naturalization could not be extended to him. The WrLReg has, in support of the ruling contested here, also taken into consideration that, in the course of the naturalization proceedings regarding the complainant's parents, the German embassy in Vienna had confirmed by letter dated May 8th 1972, that the complainant's father was "to this day" a German citizen unless he had acquired another citizenship upon application or renounced his German option after World War II. By doing so, however, the WrLReg has disregarded the fact that such a confirmation cannot be binding for Austria and that it was the sole duty of the WrLReg itself to assess the problem whether the complainant's father had to be regarded as stateless within the Austrian legal sphere.

(...)

Since the WrLReg has misjudged the applicable law in various respects and has therefore assumed that the complainant's father was not stateless at the time of the complainant's birth and that it therefore followed that the complainant's mother was not an Austrian citizen either, the contested ruling is reversed on material grounds.

BÉNIN

Chambre administrative de la Cour suprême

Compétences et attributions

La chambre administrative du Bénin examine les recours pour excès de pouvoir, recours en interprétation et en appréciation de légalité, litiges de plein contentieux mettant en cause une personne morale de droit public et également le contentieux des élections locales.

La chambre administrative est juge de droit commun en premier et dernier ressort en matière administrative. Elle connaît, comme juge d'appel, les décisions rendues en premier et dernier ressort par les organismes administratifs à caractère juridictionnel. Ces mêmes décisions rendues en dernier ressort sont susceptibles de cassation devant la Cour suprême statuant en Assemblée plénière.

Les décisions de la chambre administrative de la Cour suprême ne sont susceptibles d'aucun recours. Elles s'imposent au pouvoir exécutif, au pouvoir législatif ainsi qu'à toutes les juridictions.

D'autre part, la Cour suprême du Bénin possède des attributions consultatives : d'une part, en vertu de l'article 132 de la Constitution, elle est consultée par le Gouvernement sur toutes les matières administratives et juridictionnelles et d'autre part, elle peut, à la demande du Chef de l'État, être chargée de la rédaction ou de la modification de tous les textes législatifs et réglementaires, préalablement à leur examen par l'Assemblée Nationale. Ses avis ne sont pas publics et ne s'imposent pas à l'autorité administrative.

Cour suprême du Bénin
Arrêt de la chambre administrative n° 97-07 CA, Collectif des enseignants de l'ENA c/ MENRS, rendu le 15 mai 1998

1. Actes législatifs et administratifs - Validité des actes administratifs - Forme et procédure - *Délais*
2. Actes législatifs et administratifs - Validité des actes administratifs - Violation directe de la règle de droit - Actes réglementaires - *Violation d'un arrêté ministériel*

Résumé

Dans cette décision, la chambre administrative de la Cour suprême a réaffirmé que les actes réglementaires s'imposent aux actes à caractère individuel quelle que soit leur place dans la hiérarchie des normes.

Summary

In this judgement, the Supreme Court has reaffirmed that general administrative acts impose on individual administrative acts, whatever their place in the norms hiérarchy may be.

Décision

La Cour,

Vu la requête en date du 22 janvier 1997, enregistrée aux greffes de la Cour le 6 février 1997 sous N° 18/GCS par laquelle, un collectif d'enseignants de l'École Nationale d'Administration, a introduit un recours pour excès de pouvoir contre le décret N° 96-368 du 29 août 1996 portant nomination au ministère de l'Éducation nationale et de la Recherche scientifique ;

Vu la communication faite pour ses observations au ministre de l'Éducation nationale et de la Recherche scientifique de ladite requête valant mémoire ampliatif du collectif d'enseignants par lettre N° 1046/GCS du 13 août 1997 ;

Vu la mise en demeure adressée par lettre N° 1238/GCS du 9 octobre1997 au Ministre de l'Éducation nationale et de la Recherche scientifique ;

Vu la lettre N° 0049/MENRS/CMB/DC/SP-C du 12 janvier 1998, enregistrée aux greffes de la Cour le 14 janvier 1998 sous le N° 033/GCS par laquelle le ministre de l'Éducation nationale et de la Recherche scientifique a présenté son mémoire en défense ;

[...]

Vu toutes les pièces du dossier ;

Vu l'ordonnance N° 21/PR du 26 avril 1966 organisant la procédure devant la Cour suprême, remise en vigueur par la loi N° 90-012 du 1er janvier 1990 ;

Vu la loi N° 90-32 du 11 décembre1990 portant Constitution de la république du Bénin ;

[...]

Ouï le conseiller-rapporteur en son rapport ;

Ouï l'avocat général en ses conclusions ;

Après en avoir délibéré conformément à la Loi.

EN LA FORME

Sur le premier moyen de l'administration tiré de la tardiveté du recours préalable en ce que le recours préalable a été adressé au ministre de l'Éducation nationale après l'expiration du délai.

Considérant que l'article 68 de l'ordonnance N° 21/PR du 26 avril 1966 remise en vigueur par la Loi 90-012 du 1er Juin 1990 dispose :

" Le délai de recours pour excès de pouvoir est de deux mois. Ce délai court de la date de publication de la décision attaquée ou de la date de la notification. Avant de se pourvoir contre une décision individuelle, les intéressés doivent présenter un recours hiérarchique ou gracieux tendant à faire rapporter ladite décision ".

Considérant que la signature constitue l'élément central dans le processus d'émission d'un acte administratif ; que la date de signature constitue le point de départ de la validité dudit acte.

Considérant que dans la procédure administrative contentieuse, le point de départ de la computation du délai à agir est la date de publication pour les actes réglementaires de portée générale et la date de notification pour les actes à portée individuelle ;

Considérant que le compte rendu radiophonique et l'information par un journal ne constituent pas des voies régulières de publicité pour les actes administratifs ; lesquels actes sont dans le droit positif béninois publiés au *Journal Officiel* ;

Considérant qu'il ne saurait y avoir de publicité d'un acte sans la signature préalable dudit acte par l'autorité compétente ;

Considérant que le décret N° 96-368 du 29 août 1996 portant nomination au ministère de l'Éducation nationale et de la Recherche scientifique a été signé le 29 Août 1996 ;

Que cette date est la première date pouvant constituer un point de départ pour la computation du délai à agir.

Considérant que le recours administratif des requérants est du 28 octobre 1996 et que leur recours contentieux est du 6 février 1997 que ces dates ne violent pas les délais légaux.

Qu'en conséquence, le recours préalable adressé au ministre de l'Éducation nationale et de la Recherche scientifique a été fait dans le délai.

Sur le deuxième moyen de l'administration tiré de l'incompétence du ministre de l'Éducation nationale et de la Recherche scientifique à recevoir le recours préalable en ce que ledit ministre n'est pas l'auteur de l'acte attaqué.

Considérant que la décision de nomination a été prise par le Gouvernement en conseil des ministres ;

Considérant que la nomination contestée a été faite dans le cadre du ministère de l'Éducation nationale et de la Recherche scientifique sur proposition du ministre de l'Éducation nationale et de la Recherche scientifique ;

Qu'à ce titre, et conformément aux normes en vigueur au Bénin, le décret a été contresigné par le ministre de l'Éducation nationale et de la Recherche scientifique, en tant qu'il est chargé de son application ;

Considérant donc qu'à l'origine de la proposition de nomination et à la mise en œuvre des effets de la nomination se trouve le ministre de l'Éducation et de la Recherche scientifique, membre d'un gouvernement dont le Président de la République signataire du décret attaqué est le chef ;

Considérant que le recours administratif peut être adressé à l'autorité la mieux informée ou à son supérieur hiérarchique ;

Que dans le cas d'espèce, l'autorité la mieux informée est bien celle de qui émane la proposition de nomination et qui, par surcroît est chargée de l'exécution de la décision en sa qualité d'autorité administrative, responsable du département ministériel concerné, ce qu'atteste son contreseing ;

Considérant que les décrets pris en conseil des ministres et signés par le chef du gouvernement, supérieur hiérarchique de tout membre du gouvernement doivent être contresignés par les ministres chargés de leur exécution et plus particulièrement le ministre premier responsable du département ministériel concerné, autorité la mieux informée ;

Que c'est donc à bon droit que le requérant a adressé son recours administratif préalable au ministre de l'Éducation nationale et de la Recherche scientifique, autorité la mieux informée ;

Au total, il échet donc de déclarer le recours du collectif des enseignants de l'ENA recevable pour avoir été introduit dans les délais et formes prévus par la loi ;

AU FOND

Sur le moyen tiré de la violation de la légalité en ce que le décret N° 96-368 du 29 août 1996, portant nomination au ministère de l'Éducation nationale et de la Recherche scientifique, viole d'une part l'article 21 de l'arrêté N°82-196/MESRS/DGM du 29 juillet 1982 portant statut de l'université nationale du Bénin, d'autre part l'article 6 de l'arrêté ministériel N° 674-88/MEMS/DGM du 28 juin 1988 portant attribution, organisation et fonctionnement de l'École nationale d'administration en ce que le Directeur et le Directeur-adjoint sont nommés parmi les enseignants de l'établissement.

Considérant qu'il résulte de l'instruction du dossier que dame Lydie Pognon née Akibode a été nommée par décret N° 96-368 du 29 août 1996 portant nomination au ministère de l'Éducation nationale et de la Recherche scientifique ;

Que ledit décret a été pris en conseil des ministres en sa séance du 21 août 1996 ;

Considérant que l'article 21 de l'arrêté N° 82-196/MESRS/DGM du 29 juillet 1982 portant statut de l'université nationale du Bénin dispose que :

" Chaque institut, école ou faculté est dirigé par un Directeur, ou un Doyen nommé parmi les enseignants de l'établissement par décret pris en Conseil exécutif national sur proposition du ministre de l'Éducation et de la Recherche scientifique après avis du conseil national de l'université. Il est assisté d'un Directeur-adjoint ou d'un vice-doyen nommé dans les mêmes conditions " ;

Que l'article 6 de l'arrêté ministériel N°674-88/MEMS/DGM du 28 juillet 1988 portant attribution, organisation et fonctionnement de l'École nationale d'administration dit ceci :

"Le Directeur et le Directeur-adjoint sont nommés par décret en conseil exécutif national parmi les enseignants du corps de l'enseignement supérieur. Il est mis fin à leurs fonctions dans les mêmes formes ".

Considérant que les deux arrêtés constituent des actes réglementaires à portée générale, lesquels actes comportent les dispositions relatives au statut de l'uninversité nationale du Bénin d'une part, à l'attribution, organisation et fonctionnement de l'École nationale d'administration d'autre part ;

Considérant qu'à la date de signature du décret de nomination, lesdits arrêtés étaient toujours en vigueur, que donc les conditions et procédures essentielles pour être nommées Directeur, Directeur-adjoint d'une école ou d'un institut sont :

1°) Être membre du corps enseignant ;

2°) Que la proposition soit soumise à l'avis du conseil national de l'université ;

Considérant qu'il ressort de l'instruction du dossier que l'avis du conseil national de l'université n'a pas été requis ;

Que par ailleurs les pièces relatives à la carrière de dame Lydie Pognon née Akibode démontrent qu'elle ne fait pas partie du corps de l'enseignement supérieur, mais plutôt du corps des administrateurs ;

Considérant en effet que par arrêté N° 1820/MFPTRA/DPE/SGC/CNP du 18 avril 1997 dame Akibode épouse Pognon a été promue au titre de l'année 1995 au grade des administrateurs de la catégorie A échelle 1 échelon 12 (A1- 12) à compter du 1er janvier 1995 ;

Qu'il ressort de là que dame Akibode épouse Pognon ne fait pas partie du corps de l'Enseignement supérieur et ne saurait donc être proposée, encore moins être nommée à un poste de Directeur ou de Directeur-adjoint d'une école ou d'un institut ;

Considérant que dans son mémoire en défense l'administration soutient ceci : " Le décret 96-368 du 29 août 1996 comporte outre un article 1er disposant de la nomination de Madame Lydie Akibode Épouse Pognon au poste de Directeur de l'ENA, un article 2 ainsi libellé.

"Le présent décret qui abroge toutes dispositions antérieures contraires prend effet pour compter de la date de prise de fonction des intéressés et sera publié et communiqué partout où besoin sera". Cette disposition fait disparaître pour l'avenir toutes les dispositions antérieures incompatibles avec la nouvelle donne qui résulte du décret 96-368 , elle crée donc une règle et une situation juridique nouvelle, dès lors se trouvent explicitement abrogées toutes les dispositions antérieures à son édiction susceptibles de constituer un obstacle à son application ".

Considérant que cette interprétation est parfaitement erronée ;

Considérant en effet que les actes administratifs se subdivisent en deux catégories à savoir les actes réglementaires à portée générale et les actes administratifs à caractère individuel ;

Que les actes à portée générale s'imposent aux actes à caractère individuel quelle que soit leur place dans la hiérarchie des normes ;

Considérant que le décret portant nomination du Directeur de l'ENA est un acte administratif à portée individuelle qui doit s'inscrire dans le cadre des mesures réglementaires à portée générale régissant l'UNB et l'ENA , en l'occurrence l'article 21 de l'arrêté N° 82-196/MESRS/DGM du 29 juillet 1988 portant attribution, organisation et fonctionnement de l'ENA ;

Considérant qu'entre le décret de nomination querellé, à savoir le décret N° 96-368 du 29 août 1996 portant nomination au ministère de l'Éducation nationale et de la Recherche scientifique et les arrêtés N° 82-196/MES/RS/DGM du 29 juillet 1982 portant statut de l'université nationale du Bénin et N° 674-88/MEMS/DGM du 28 juin 1988 portant attribution, organisation et fonctionnement de l'École nationale d'administration , il ne s'agit pas d'un problème de hiérarchie des normes , mais d'un problème de conformité à une norme de référence non abrogée ;

Considérant que l'autorité administrative est tenue de se conformer à une norme de valeur juridique inférieure quand elle prend un acte réglementaire dès lors que cet acte a pour objet de faire application de la norme et non de la modifier ou de l'abroger ;

Considérant que le décret N° 96-368 du 29 août 1996 portant nomination au ministère de l'Éducation nationale et de la Recherche scientifique doit donc s'inscrire dans le cadre des arrêtés N° 82-196/MESRS/DGM du 29 juillet 1982 portant statut de l' UNB et N° 674-88/MEMS/DGM du 28 Juin 1988 portant attribution, organisation et fonctionnement de l'ENA ;

Que ledit décret qui a pour objet de procéder à des nominations ne saurait donc abroger que les décrets de nomination antérieures et non les actes réglementaires qui lui servent de soubassement, en l'occurrence les arrêtés N° 82-196/MESR/DGM du 29 juillet 1982 portant statut de l'UNB et N° 674-88/MEMS/DGM du 28 juin 1988 portant attribution, organisation et fonctionnement de l'ENA.

Il échet donc au total de dire que le décret N° 96-368 du 29 août 1996 portant nomination au ministère de l'Éducation nationale et de la Recherche scientifique viole effectivement et flagramment la légalité.

PAR CES MOTIFS
DÉCIDE

Article 1er : La requête du collectif d'enseignants de l'ENA en date à Cotonou du 22 janvier 1997 est recevable.

Article 2 : Le décret N° 96-368 du 29 août 1996 portant nominations au ministère de l'Éducation nationale et de la Recherche scientifique en ce qui concerne Madame Pognon Lydie née Akibode est annulé pour violation de la légalité.

Article 3 : Les dépens sont mis à la charge du Trésor public.

Article 4 : Notification du présent arrêt sera faite aux parties et Procureur général de la Cour suprême.

Article 5 : Le présent arrêt sera publié au *Journal Officiel.*

■

Cour suprême du Bénin
Arrêt n° 33/CA de la chambre administrative, Collectif des agents permanents de l'État dégagés de la fonction publique représentés par Amoussou Didier et consorts c/ État béninois, rendu le 20 novembre 1998

1. Actes législatifs et administratifs - Validité des actes administratifs - Violation directe de la règle de droit - *Loi - Violation*
2. Fonctionnaires et agents publics - Statuts, droits, obligations et garanties - *Statut général des fonctionnaires*

Résumé

Dans cet arrêt, la Cour suprême a jugé que la décision du gouvernement en date du 18 mars 1993, approuvant le dégagement de 438 agents dont la situation administrative a été régularisée après le 31 décembre 1986, et qui ont, de ce fait, acquis la qualité d'"agent permanent de l'État titulaire" a violé certaines dispositions de la loi du 26 février 1986 portant statut général des agents permanents de l'État qui les régit.

Summary

In this judgement, the Supreme Court held that the decision of government dated of March 18th 1993, which approbates the disengagement of 438 agents who have the quality of "Titular Permanent Agent of State" has broke some provisions of the Law of February 26th 1986 which establishes the General Status of Permanent Agents of State which rules them.

Décision

Vu toutes les pièces du dossier ;

Ouï le conseiller Joachim Akpaka en son rapport ;

Ouï le Procureur Général Alexis Noukoumiantakin en ses conclusions ;

Après en avoir délibéré conformément à la loi ;

EN LA FORME

Le recours en annulation pour excès de pouvoir des requérants est recevable pour avoir été introduit dans les forme et délai de la loi.

AU FOND

Sur le premier moyen des requérants en sa première branche tiré de la violation de la Loi n° 86-013 du 26 février 1986 portant statut général des agents permanents de l'Etat en ce qu'ils ont été engagés à la Fonction publique sur titre conformément aux dispositions de l'article 16 de ladite loi.

Considérant que l'article 16 alinéa 1er 1°-a de la Loi n° 86-013 du 26 février 1986 portant statut général des agents permanents de l'État dispose :

“ Les agents permanents de l'État sont recrutés :
1°- sur titre, lorsqu'ils justifient des qualifications requises et que leur nombre est inférieur ou égal au nombre de places disponibles. ”

Considérant que les requérants avaient été recrutés à la Fonction publique de 1982 à 1986 sur la base de diplômes académiques tels que BEPC, BAC, CAP et CEFEB pour servir dans les administrations centrales de l'État, en qualité d'agents occasionnels ;

Que par sa lettre n° 73/MTAS/DGM/DE/SMP en date du 21 avril 1986, le ministre du Travail et des Affaires sociales d'alors, suite à des échanges de correspondances avec son collègue des Finances et de l'Économie, mit à la disposition de ce dernier ainsi que d'autres ministères, une liste d'agents occasionnels de diverses qualifications, en vue de la régularisation de leur situation administrative ;

Considérant que par la communication n° 2458/87, objet du relevé n° 47/SGCEN/REL du 19 novembre 1987 et suite au message porté n° 3370/SGCEN/C en date du 02 Décembre 1987, le conseil exécutif national instruisait le ministre du Travail et des Affaires sociales de prendre conjointement avec le Ministre des finances et les départements concernés, les dispositions utiles en vue de régulariser pour l'année 1987 la situation administrative des 465 agents occasionnels en service dans les ministères, tandis que 2245 autres seraient programmés pour être régularisé progressivement en fonction des disponibilités budgétaires ;

Qu'en conséquence, des actes de mise à disposition et par la suite des décisions d'engagement des 438 agents dont les requérants concernés par la régularisation au titre de l'année 1987 ont été régulièrement pris ;

Que s'agissant des effets desdits actes les dispositions finales stipulent que “ la présente décision qui prend effet au point de vue ancienneté, à compter des différentes dates de prise de service des intéressés et du point de vue financier, à compter du 1er Janvier 1987 (pour les uns) ou du 1er janvier 1988 (pour les autres), sera enregistrée et publiée au *Journal Officiel de la république populaire du Bénin* " ;

Considérant qu'il est établi que c'est à l'autorité administrative investie du pouvoir de nomination et disposant d'un pouvoir discrétionnaire qu'est revenue l'appréciation de la qualification des agents concernés ; que ceux-ci, par la volonté manifeste et sans équivoque des autorités compétentes du Gouvernement d'alors, ont été nommés dans des corps réguliers de la Fonction publique, puis titularisés dans un grade de la hiérarchie des administrations centrales et services de l'État ;

Que dès lors, ils sont " agents permanents de l'État " et ont la qualité de " fonctionnaires de l'État " au sens strict du terme ;

Qu'ainsi, il apparaît sans équivoque que le 18 mars 1993, date à laquelle la décision du gouvernement relative au dégagement des agent occasionnels de la Fonction publique et objet du relevé n° 10/SGG/REL a été prise suite à la communication orale conjointe N° 175/93, les 438 agents ayant effectivement pris service à la Fonction publique avant le 31 décembre 1986 et dont la situation administrative a été déjà régularisée au titre de l'année 1987, se trouvaient dans une situation juridique statutaire bien différente de celle qui était faite à ceux dont la situation administrative n'était pas encore régularisée notamment les 1181 agents occasionnels dont la loi de finances 1992, confirmée en cela par celle de 1993 avait déjà prévu le dégagement ;

Qu'il en résulte que l'assimilation par la décision entreprise et le conseil de l'administration des 438 agents dont les requérants, à des agents occasionnels de la Fonction publique, et ce, en dépit des divers actes administratifs constatant dûment leur qualité d'agent permanent de l'État titularisé, est erronée et donc n'est pas fondée ;

Qu'en conséquence, le premier moyen des requérants en sa première branche, tiré de la violation de la loi n° 86-013 du 26 février 1986 portant statut général des agents permanents de l'État notamment en son article 16 est fondé et doit être accueilli ;

Sur le premier moyen des requérants en sa deuxième branche tiré de la violation de la loi n° 86-013 du 26 février 1986 susvisée, notamment en ses articles 156 et 159 en ce que le Gouvernement a décidé de leur dégagement de la Fonction publique sans que les dispositions législatives prévoyant notamment les conditions de préavis et d'indemnisation des intéressés n'aient été prises, sans qu'il soit besoin d'examiner les autres moyens du dossier.

Considérant que l'article 156 de la loi n° 86-013 du 26 février 1986 dispose :

" La cessation définitive des fonctions entraînant la perte de la qualité d'Agent Permanent de l'Etat résulte :
- de la démission
- du licenciement
- de la révocation
-de l'admission à la retraite. "

Qu'en l'espèce, seul le licenciement demeure l'hypothèse à envisager, d'autant plus que la décision entreprise concerne le dégagement des agents permanents de l'État de la Fonction publique ;

Considérant qu'en cette matière, l'article 159 de la loi précitée dispose :

" Le licenciement peut être prononcé pour des motifs suivants :
1°- perte de la citoyenneté ou des droits civiques ;
2°- inaptitude physique ;
3°- refus de rejoindre le poste assigné : le conseil de discipline est consulté ;
4°- suppression d'emploi, en vertu des dispositions législatives de dégagement des cadres prévoyant les conditions de préavis et d'indemnisation des intéressés. "

Que de tous ces motifs, seul celui évoqué au dernier alinéa, comme le souligne le conseil des requérants, "c'est-à-dire la suppression d'emploi, aurait pu concerner le cas d'espèce si certaines conditions étaient remplies " ; et que c'est à juste titre qu'il soutient que " si le législateur a envisagé l'hypothèse du licenciement des agents permanents de l'État (APE), il en subordonne la réalisation à une autorisation expresse du Parlement ; " ;

Considérant en effet que l'examen de l'alinéa 4 de l'article 159 susvisé fait apparaître deux conditions essentielles pour la suppression d'emploi des agents permanents de l'État à savoir d'une part, qu'une loi prévoit des dispositions spéciales pour opérer leur dégagement des cadres de la Fonction publique ; que d'autre part, cette loi prévoit plus particulièrement les conditions de préavis et d'indemnisation des intéressés ;

Qu'il s'ensuit que si le législateur reconnaît la possibilité de licencier les APE de la Fonction publique en leur qualité de fonctionnaires titulaires ou a envisagé l'hypothèse de leur licenciement par le biais des suppressions d'emplois, il en subordonne la réalisation à l'édiction d'une loi spéciale de dégagement des cadres prévoyant les conditions de préavis et d'indemnisation des intéressés ;

Qu'ainsi, en cas de suppression d'emploi offerts aux fonctionnaires appartenant à un corps déterminé de la Fonction publique, à qui s'applique un même statut particulier et qui ont vocation au même grade et à la même carrière, il revient au Parlement et non au Gouvernement d'autoriser par une loi spéciale le dégagement des cadres des agents concernés et de prévoir les conditions de préavis et d'indemnisation des intéressés ;

Considérant en l'espèce que l'article 8 de la loi n° 93-001 du 1er février 1993 portant loi de finances pour la gestion 1993 dispose :
“ Sous réserve des mesures d'accompagnement appropriées à prendre par le Gouvernement avec l'appui des partenaires financiers extérieurs, le programme de départ de la Fonction publique sera poursuivi en 1993 en vue de réaliser une économie de 2,430 millions de francs sur la masse salariale.”

Qu'il ressort de là que l'Assemblée nationale, à travers l'article 8 de ladite loi de finances, en autorisant la poursuite du programme de départ de la Fonction publique autorisait, comme en 1992 la poursuite du programme de départ volontaire, seul programme en cours d'exécution dans la Fonction publique dont le fondement repose essentiellement sur la démission des agents ; mais qu'elle n'autorisait aucun programme de licenciement ou de dégagement des cadres ou groupes d'emplois de la Fonction publique, ni ne prévoyait les conditions de préavis et d'indemnisation de fonctionnaires licenciés conformément aux dispositions de l'article 159 alinéa 4 du statut général des agents permanents de l'État ;

Considérant que cette analyse est paradoxalement soutenue et partagée par le conseil de l'administration qui, assimilant à tort les 438 agents aux agents occasionnels, reconnaît et confirme dans son mémoire en défense “ que dans le cas d'espèce, il ne s'agit pas d'un licenciement à proprement parler ; qu'il s'agit plutôt, dans le cadre du programme d'ajustement structurel, d'exécuter le programme de départ volontaire prescrit par l'article 8 de la loi n° 93-001 du 1er février 1993 ;

[...]

“ Qu'en effet, l'article 8 de la Loi n° 93-001 du 1er février 1993 autorise le Gouvernement dans le cadre de la politique de programme de départ de la Fonction publique à dégager tous les agents occasionnels dont le collectif des

438 agents et à procéder au paiement de leurs indemnités de départ..... "

[...]

" Que la politique de dégagement des agents occasionnels dont le collectif des 438 agents de la Fonction publique n'est pas assimilable à un licenciement ordinaire d'agents permanents de l'État de la Fonction publique conformément aux dispositions de l'article 156 et 159 de la loi n° 86-013 du 26 février 1986 ; " ;

Qu'il s'ensuit que l'article 8 de la loi de finances 1993 votée par l'Assemblée nationale, loi de finances qui, par définition, détermine pour une période donnée, " les charges et ressources " de l'État, ne correspond ni dans la forme ni dans l'esprit aux dispositions statutaires de la Loi n° 86-013 du 26 février 1986 qui, en son article 159 alinéa 4, prévoit qu'une loi spéciale de dégagement des cadres soit prise en cas de licenciement pour cause de suppression d'emplois ;

Considérant qu'en l'espèce, à la date du 18 mars 1993, aucune disposition légale n'a prévu la suppression des postes ou emplois offerts aux 438 agents qui, suite à la régularisation de leur situation administrative, sont devenus, par leur nomination et leur titularisation, des fonctionnaires titulaires de plein droit et donc bénéficient de la garantie de l'emploi ;

Qu'ainsi, ils ne peuvent être licenciés de leurs postes pour suppression d'emploi sans l'intervention d'une loi spéciale de dégagement des cadres prévoyant les conditions de préavis et d'indemnisation pour eux ;

Considérant qu'il s'agit là d'une des règles désormais bien établie et reconnue par la jurisprudence comme concernant les garanties fondamentales des fonctionnaires et dont l'édiction relève de la seule compétence du législateur ;

Que donc c'est à tort que le conseil de l'administration soutient que les requérants sont des agents occasionnels essentiellement révocables à tout moment et que l'article 8 de la loi de finances 1993 leur était applicable ;

Que dès lors, la décision du Gouvernement, objet du relevé n° 10/SGG/REM du 18 mars 1993 relatif à la communication n° 175/93 approuvant le dégagement des 438 agents dont la situation administrative a été déjà régularisée après le 31 décembre 1986 et qui de ce fait, ont acquis la qualité d' " agent permanent de l'État titulaire ", a violé les dispositions des articles 156 et 159 alinéa 4 de la loi n° 86-013 du 26 février 1986 portant statut général des agents permanents de l'État qui les régit, en ne respectant pas la procédure prescrite à cet effet ;

Qu'il échet donc au total d'accueillir comme valide et fondé le premier moyen des requérants tiré de la violation de la loi n° 86-013 du 26 avril 1986 portant statut général des agents permanents de l'État notamment en ses articles 16, 156 et 159 alinéa 4 et d'annuler la décision querellée exclusivement en ce qui concerne les requérants, sans qu'il soit besoin d'examiner les autres moyens du dossier.

PAR CES MOTIFS
DÉCIDE

Article 1er : Le recours pour excès de pouvoir en date du 23 juillet 1993 par lequel cent onze (111) requérants sollicitent, par l'organe de leur conseil, maître Bertin C. Amoussou, l'annulation de la décision du conseil des ministres, objet du relevé n° 10/SGG/REL du 18 mars 1993 relative au dégagement des agents occasionnels de la Fonction publique, est recevable.

Article 2 : Ladite décision est annulée pour violation de la légalité uniquement en ce qui concerne les cent onze (111) requérants, avec toutes les conséquences de droit y afférentes.

Article 3 : Les dépens sont mis à la charge du Trésor public.

Article 4 : Notification du présent arrêt sera faite aux requérants, au Président de la République, au ministre de la Fonction publique, du Travail et de la Réforme administrative, au Procureur général près la Cour suprême.

BURUNDI

Cour suprême
Compétences et attributions

La Cour suprême est la plus haute juridiction ordinaire du pays. Elle est composée de trois chambres :

- une chambre de cassation qui connaît des recours en cassation contre les décisions rendues en dernier ressort par les cours et tribunaux à l'exception de celles rendues par les autres chambres de la Cour suprême ;

- une chambre administrative qui statue sur les recours contre les décisions rendues par les juridictions administratives (au nombre de deux) et sur les autres recours prévus par les textes de loi ;

- une chambre judiciaire qui connaît des infractions commises par les mandataires politiques ou publics justiciables de la Cour suprême en premier et dernier ressort.

Cour administrative du Burundi
Arrêt n°180/GIT du 1er septembre 1998. N.D. contre l'État du Burundi.

1. Commerce, industrie, intervention économique de la puissance publique - Défense de la concurrence

Summary

Mister N.D., an economic operator, has tendered for the purchase of a tractor, in a parastate establishement. A sales commission was established and declared Mr N.D. the best offer, on April 23rd 1998. On April 24th 1998, Mr N.D. has payed the remaining sum. But the responsible of the establishement opposed the sale, on the ground that the price was below the real value of the tractor and he had proposed a new bid.
The Court accepted the claim of Mr N.D., on the ground that the expert value was in fact below the price he has payed.

Résumé

Monsieur N.D., opérateur économique a soumissionné pour l'achat d'un tracteur dans un établissement paraétatique. Une commission de vente a été instaurée et celle-ci a, le 23 avril 1998, déclaré plus offrant Monsieur N.D. Le 24 avril, celui-ci a versé le montant restant à payer. Mais le responsable de l'établissement s'est opposé à la vente au motif que le prix était inférieur à la valeur réelle de la machine et il a proposé un nouvel appel d'offres.
La Cour a fait droit à Monsieur N.D. au motif que la valeur d'expertise était en fait inférieure au prix qu'il a payé.

Décision

N.D. contre l'État du Burundi représenté par le directeur de l'I.N.E.C.N.

Vu le projet d'assignation contre l'I.N.E.C.N. du 4 mai 1998 et ses annexes ;
Vu l'ordonnance de saisie-conservatoire du 5 mai 1998 ;
Vu les actes de la procédure ;

De la recevabilité

Vu qu'en date du 4 mai 1998, Mr N.D. saisit la cour de céans en livraison d'un tracteur acheté à l'I.N.E.C.N. le 24 avril 1998 ;
Vu que la décision implicite de refus de livrer la chose vendue est très récente et se situe dans les délais acceptés par la législation ;
Par conséquent la cause est recevable quant aux délais.

Des faits

Attendu que Mr N.D. envoie à la cour un projet d'assigner l'INECN pour lui livrer le tracteur Ford 6610 en litige ;
Attendu que le 14 avril 1998, le Directeur général de l'I.N.E.C.N. signe un avis de mise en vente de trois véhicules dont un tracteur agricole Ford 6610
[...]

Attendu que cet avis demande aux intéressés de déposer leurs offres sous pli fermé au siège de Gitega ou au bureau de liaison de Bujumbura avec une caution de 50000 Fbu ;
[...]

Attendu que le 13 avril 1998, par lettre n°87/D.G. 3.2/97, le Directeur général de l'INECN désigne une commission de vente des véhicules de l'I.N.E.C.N. tracteur Ford sans plaque, Pajero IT 6342 et camionnette Hilux D.C. plaque 74 591 ;
[...]

Attendu que la mission assignée à cette commission est d'organiser la vente et d'en faire le suivi ;

Attendu que le 23 avril 1998 la commission a procédé à l'ouverture des offres dont les résultats ont révélé que Mr N.D. était le plus offrant sur cinq

soumissionnaires au tracteur Ford 6610 avec 1 720 000 Fbu ;
[...]

Attendu que MR N.D. fut invité par la commission de vente à verser au compte n°51145/05 ouvert à la Bancobu, agence de Gitega, au nom de l'I.N.E.C.N., le montant de la soumission déduit de la caution conformément à l'avis de mise en vente, soit 1 670 000 Fbu ;

Attendu que le versement de 1 670 000 Fbu fut effectué le 24 avril 1998 sur ce compte pour achat du tracteur suivant le borderau de versement en espèces n°519086 de la Banque commerciale du Burundi ;

Attendu que la livraison fut pourtant refusée à l'acheteur et qu'une nouvelle mise en vente fut projetée ;

Attendu qu'après avoir saisi la juridiction, celle-ci a ordonné une saisie-conservatoire le 5 mai 1998 ;

Attendu que le représentant du défendeur a conclu et souligné ce qui suit :

- le Directeur général est le représentant légal de l'I.N.E.C.N. auprès des tiers, lui seul est habilité à engager l'institut. C'est donc lui qui doit signer sur tout ce qui peut engager l'institut.

- l 'offre de mise en vente dispose que l'I.N.E.C.N. se réserve le droit de refuser toute offre inférieure à la valeur réelle du véhicule.

- un expert [...] a attribué à l'engin une valeur de quatre millions le 5 mai 1998, ce qui aboutirait à une lésion de 2 280 000 FBU;

- il requiert la désignation d'un expert ad hoc ou une descente de la cour pour constater l'état de l'engin.

Attendu que le requérant a réagi aux conclusions du défendeur en ces termes :

- le Directeur général est représentant au premier chef de l'institut mais quand il met en place une commission pour une tâche bien précise cette commission le remplace d'office.

- concernant l'offre, le requérant estime qu'elle est supérieure à la valeur réelle et que la commission n'aurait pas accepté un prix de complaisance avec son expérience.

- le demandeur réfute un document établi après la vente.

Attendu que Mr N.D. demande à la cour de déclarer non fondées les conclusions du Directeur général de l'I.N.E.C.N. et de le condamner à céder sans délais le tracteur nonobstant tout recours;

Attendu que le requérant demande des indemnisations pour les dépenses et les dommages occasionnés ;
[...]

Attendu que le requérant continue à affirmer que la commission de vente avait eu pleins pouvoirs par le Directeur général de l'I.N.E.C.N. de par la lettre du 13 avril 1998 leur demandant d'organiser la vente et d'en faire le suivi ;
[...]

Attendu que le requérant révèle à la cour que le Directeur général de l'I.N.E.C.N. voulait donner l'engin à un Zaïrois qui n'avait même pas déposé l'enveloppe dans les délais normaux ;
[...]

Attendu que le requérant se refuse à toute autre expertise que celle convenue entre le Directeur général et la commission avant la vente et qu'il s'estime le propriétaire légal du tracteur Ford 6610 depuis qu'il a versé 1 670 000 FBu en supplément de la caution de 50 000 FBu, lequel montant a déjà été consommé par l'I.N.E.C.N. ;

Attendu que le Directeur général reproche des irrégularités de procédure à sa commission qui a vendu sans expertise et surtout qui a affiché sans son autorisation ;
[...]

Attendu que par son arrêt avant-faire-droit du 23 juin 1998, la cour a décidé la réouverture des débats pour écouter les membres de la commission de vente des véhicules de l'I.N.E.C.N. mise sur pied le 13 avril 1998 ;

Attendu qu'à l'audience publique du 30 juin 1998, le Président de la commission Mr Bambara Léonidas et un des membres du nom de N.L. ont été entendus ;

Attendu que Mr Bambara déclare que le Directeur général de l'I.N.E.C.N. a mandaté une commission de trois personnes dont il était président pour organiser et suivre la vente de trois véhicules ;
[...]

Attendu que la commission et le Directeur général avaient convenu que le tracteur avait une valeur de un million cinq cent mille francs (1 500 000 FBu) et qu'il ne fallait pas accepter une valeur inférieure ;

Attendu qu'au lieu d'afficher les résultats le 22 avril 1998, la commission a attendu l'avis du Directeur général ;

Attendu que ce dernier a informé la commission par téléphone qu'il avait une offre du nommé Pene Risasik. Pour 1 671 100 FBu et 50 000 FBu de caution dans l'enveloppe ;

Attendu que la commission a fait le classement des offres en tenant compte de l'enveloppe dictée par le Directeur général ;

Attendu que le Direcreur général n'a pas enjoint à la commission de ne pas accepter cette enveloppe comme proposant un prix inférieur à la valeur réelle du tracteur ;

Attendu qu'on peut déduire de cette attitude du Directeur général qu'il a bel et bien cautionné la valeur de 1 671 100 Fbu ;

Attendu que le Directeur général a violé son avis en acceptant une offre sans caution et en dehors de la date limite ;

Attendu que l'avis de mise en vente du 15 avril 1998 stipulait que l'ouverture des enveloppes et la publication des résultats devaient avoir lieu le 22 avril 1998 à 17 heures au siège de l'I.N.E.C.N. à Gitega ;

Attendu qu'en affichant les résultats, la commission de vente a procédé à cette publication avec un jour de décalage car elle attendait l'avis du Directeur général ;

Attendu qu'en agissant de la sorte, la commission a exécuté la mission que lui avait assignée le représentant légal de l'I.N.E.C.N. d'organiser et suivre le vente ;
[...]

Attendu que le requérant a satisfait à l'avis de mise en vente en versant le montant requis, déduit de la caution, dans les cinq jours suivant la publication des résultats ;
[...]

Attendu qu'il est incompréhensible que le Directeur général de l'I.N.E.C.N. accepte 1 671 100 FBu pour P.R.K. et refuse 1 720 000 FBu pour N.D.

Attendu que Mr N.D. a satisfait aux conditions exigées par l'avis de mise en vente ;

Attendu que les deux membres de la commission de vente entendus affirment que la valeur de 1 500 000 FBu avait été convenue avec le Directeur général pour la Ford type 6610 ;

Attendu dès lors que la vente a été parfaite et qu'il ne reste plus que les formalités douanières ;

Attendu que concernant le dédommagement, la cour estime que le tracteur ne pouvait pas être immédiatement exploitable et qu'elle ne peut accorder le montant demandé ;
[...]

Attendu que l'expertise du 5 mai 1998 ne peut être prise en considération du moment qu'elle a été postérieure à la vente ;

Attendu que la chose vendue en bonne et due forme doit être livrée ;

Par tous ces motifs, la cour,

- vu le décret-loi n°1/008 du 6 juin 1998 portant acte constitutionnel de transition;
- vu la loi n°1/004 du 14 janvier 1987 portant réforme du code de l'organisation et de la compétence judiciaires ;
- vu le décret-loi n°1/009 du 20 juillet 1987 relatif à la procédure suivie devant les juridictions administratives ;
- vu le décret-loi n°100/188 du 5 octobre 1989 portant organisation de l'I.N.E.C.N. ;
- vu le code civil livre III spécialement et ses articles 276 et 280 ;

statuant publiquement, contradictoirement, après délibéré légal :

- déclare l'action recevable et partiellement fondée.
- ordonne à l'I.N.E.C.N. la livraison du tracteur type Ford 6610 au requérant en la personne de N.D..
- déboute le requérant des autres chefs de demande.
- charge la Direction Générale de l'I.N.E.C.N. de l'exécution du présent arrêt.
- met les frais d'instance à charge des deux parties à concurrence du tiers pour le requérant et des deux tiers pour l'I.N.E.C.N.

Ainsi arrêté et prononcé à Gitega en audience publique le 1er septembre 1998.

CHINE

The Supreme People's Court of the People's Republic of China

Court functions

According to Article 11 of the Administrative Procedure Law of the People's Republic of China, the People's Court shall accept suits brought by citizens, legal persons or other organizations against any of the following specific acts : an administrative sanction, a compulsory administrative measure, refusal by an administrative organ to issue a permit or licence, cases where an administrative organ is considered to have illegally demanded the performance of duties, or cases where an administrative organ is considered to have infringed upon other rights of the person and of property.

The administrative procedure in China is a system whereby the second instance is the last instance. Judgements and rulings of first instance against which no appeals have been made within the prescribed time limit and those of second instance shall take legal effect and be binding upon the parties concerned.

Supreme People's Court of the People's Republic of China No. (1997) Xing Zhong Zi Di 18 - Case of the Shenzhen Xiancheng Mansion dated of July 21st 1998

Actes administratifs et législatifs - Validité des actes administratifs - Motifs

Summary

The Thailand Xiancheng Lianghe Company and the Shenzhen Xiancheng Mansion Company have refused to comply with the cancellation of the enterprise registration of the Shenzhen Xiancheng Mansion Company by the Industrial and Commercial Bureau of Shenzhen City and the Foreign Investment Bureau of Shenzhen City, their official written reply concerning the establishment of the "Shenzhen Hongchang Plaza Co. Ltd." and their decision to form a liquidation team of the Shenzhen Xiancheng Mansion Co., and instituted an administrative action to the Higher People's Court of Guangdong Province. The Higher People's Court of Guangdong Province has revoked the three specific administrative acts according to law. The Industrial and Commercial Bureau of Shenzhen City, the Foreign Investment Bureau of Shenzhen City and others have refused to comply with the judgement of first instance and appealed to the Supreme People's Court. The Supreme People's Court has affirmed, according to law, the administrative judgement of the court of first instance and enjoined the Industrial and Commercial Bureau of Shenzhen City and the Foreign Investment Bureau of Shenzhen City to handle again, according to law, the relevant matters concerning the Shenzhen Xiancheng Mansion Co. And the Shenzhen Hongchang Plaza Co.

Résumé

La compagnie thailandaise Xiancheng Lianghe et la compagnie du château de Shenzhen Xiancheng ont refusé de se conformer à la résiliation de l'enregistrement de l'entreprise de la compagnie du château de Shenzhen Xiancheng par le bureau industriel et commercial de la ville de Shenzhen et le bureau d'investissement étranger de la ville de Shenzen, leur réponse écrite officielle concernant l'établissement de la "Compagnie de Shenzhen Hongchang Plaza" et leur décision d'établir la liquidation de la compagnie du château de Shenzhen Xiancheng, et ont formé un recours devant la Haute Cour populaire de la province de Guangdong. Celle-ci a revoqué les trois actes administratifs spécifiques, en vertu de la loi. Le bureau industriel et commercial et le bureau d'investissement étranger de la ville de Shenzhen ont refusé de se conformer au jugement de première instance et ont fait appel devant la Cour suprême populaire. Celle-ci a confirmé, en vertu de la loi, le jugement de la Cour de première instance et a demandé aux bureau commercial et industriel et au bureau des investissements étrangers de la ville de Shenzhen de revoir, en vertu de la loi, les matières applicables concernant la compagnie du château de Shenzhen Xiancheng et la compagnie de la Plaza de Shenzhen Hongchang.

Decision

[...]

The appealers - the Industrial and Commercial Bureau of Shenzhen City, the Foreign Investment Bureau of Shenzhen City [...], the Shenzhen Shangai Fashion Company, the Art Garment Industrial Company in Shenzhen City, the Shenzhen Kailong Investment Development Company, Huale Industrial Joint Stock Co. And the Shenzhen Hongchang Plaza Co. - have refused to comply with the administrative judgement of the Higher People's Court of Guangdong Province No. (1995) Yue Gao Fa Xing Chu Zi Di 1 and have instituted an appeal to this court. This court has formed a collegial panel according to law and held a public hearing of the case. Those who have been present in court for intervention are Gong Peilian, legal representative of the appealer, the Industrial and Commercial Bureau of Shenzhen City, and Long Yunfei and Yan Jianguo, agents *per proc* of the appealers ; [...] Now, the hearing of the case has ended.
It has been ascertained after hearing that on December 5, 1988, the Thailand Xiancheng Lianghe Company signed "a contract for cooperative operation of the 'Shenzhen Xiancheng Mansion' Co. Ltd." with the Shenzhen Shanghai Fashion Company, the Art Garment Industrial Company in Shenzhen City, the Shenzhen Kailong Investment Development Company and Huale Industrial Joint Stock Co. Ltd. in Shenzhen City (hereinafter called the four Chinese companies for short). It was agreed in the contract that the four Chinese companies shall invest with the land use right of the land block No.H116—1 totaling 12581.81 m^2 located in

Shennan Road East, Shenzhen City and the Thailand Xiancheng Lianghe Company shall invest with 15 million yuan RMB as a sum of indemnity for the land use and all the funds for the construction of the building for the purpose of cooperative construction of Xiancheng Mansion, and the time-limit for co-operation was preliminarily fixed as five years and that if the completion of the construction of the mansion was advanced or postponed, the time-limit for the co-operative operation would be advanced or postponed correspondingly. On March 28, 1989, the People's Government of Shenzhen City approved the cooperative contract in its document No. Shen Fu Jing Fu (1989) 180. After that, the Shenzhen Xiancheng Mansion Co. Ltd. registered with the Industrial and Commercial Administrative Bureau of Shenzhen City (hereinafter called the Industrial and Commercial Bureau of Shenzhen City for short), and received a business license for an enterprise as a legal person. The license was valid for the time period from April 13, 1989 to April 13, 1994. On November 23, 1990, the two co-operative parties again signed "the supplemental contract for the cooperative operation of the Shenzhen Xiancheng Mansion Co. Ltd.". It was agreed in the supplemental contract that the time-limit for the co-operative operation was five years and the mansion was planned to be completed before the end of 1995, that if any clauses in the original contract were inconsistent with those in the supplemental contract, this supplemental contract shall prevail and that this supplemental contract was an inseparable part of the original contract. On November 19 of the same year, the People's Government of Shenzhen City agreed to the supplemental contract in its official written reply No. Shen Fu Wai Fu (1990) 875, but the Shenzhen Xiancheng Mansion Co. Ltd. did not go to the Industrial and Commercial Bureau of Shenzhen City to go through the procedures for the change of the time-limit of the business license. On December 15 of the same year, the Shenzhen Xiancheng Mansion Co. Ltd. was issued a "real estate certificate" No. Shen Fang Di Zi Di 0034401 for the use of the land block No. H116—6 in Shennan Road East in Shenzhen City and the real estate certificate wrote clearly that the obligee was "the Shenzhen Xiancheng Mansion Co. Ltd". On November 29, 1991, the construction of the Shenzhen Xiancheng Mansion started. Afterwards, because there was an internal dispute on stock right in the Thailand Xiancheng Lianghe Company and the construction funds for the project could not be provided as planned, the construction of Xiancheng Mansion was totally stopped from September 20, 1993. On November 23, 1994, the Industrial and Commercial Bureau of Shenzhen City issued a "notice on examining and approving the cancellation of the registration" to cancel the enterprise registration of the Shenzhen Xiancheng Mansion Co. Ltd. The notice wrote: "the Shenzhen Xiancheng Mansion Co. Ltd. (No. Zi Di 200059) went through the procedures for the cancellation of the registration in this Bureau on November 23, 1994". But the Shenzhen Xiancheng Mansion Co.

Ltd. stated again and again it had never applied to the Shenzhen Industrial and Commercial Bureau for cancellation of the registration and the Industrial and Commercial Bureau of Shenzhen City was unable to provide the document for application signed by the President of the Shenzhen Xiancheng Mansion Co. Ltd. and the liquidation report on credits and debts of the company. On December 1 of the same year, the Office of the Leading Group for Introduction of Foreign Investment of Shenzhen City (hereinafter called the Foreign Investment Office of Shenzhen City for short) issued "the official written reply concerning the establishment of the Sino-foreign cooperative joint venture – the Shenzhen Hongchang Plaza Co. Ltd." No. Shen Wai Zi Ban Fu (1994) 976 and approved "the contract for cooperative operation of the Shenzhen Hongchang Plaza Co. Ltd." signed between the four Chinese companies and (Hong Kong) Hongchang International Investment Co. Ltd. on November 15, 1994. It was agreed in the contract that the four Chinese companies shall offer the land use right of the land block No. H116—1 located in Shennan Road East in Shenzhen City as investment for the cooperative operation of the Shenzhen Hongchang Plaza Co. Ltd. with (Hong Kong) Hongchang International Investment Co. Ltd. and that the Shenzhen Hongchang Plaza Co. Ltd. shall assume the credits and debts actually occurring in the lawful operation of the Shenzhen Xiancheng Mansion Co. Ltd. Afterwards, the Shenzhen Hongchang Plaza Co. Ltd. constructed Hongchang Plaza on the basis of construction of the former Xiancheng Mansion. On August 1, 1995, the Industrial and Commercial Bureau of Shenzhen City made "a decision concerning the establishment of a liquidation team of the Shenzhen Xiancheng Mansion Co. Ltd." No. Shen Gong Shang Qing Pan (1995) 1. The decision claimed that according to the Law of Companies of the People's Republic of China, it was decided to establish a liquidation team of the Shenzhen Xiancheng Mansion Co. Ltd. which would be responsible for the liquidation affairs of the company. The Thailand Xiancheng Lianghe Company and the Shenzhen Xiancheng Mansion Co. Ltd. refused to comply with the above-mentioned three specific administrative acts and instituted actions one after another. The court of first instance held a consolidated hearing of the case.

The court of first instance was of the opinion that the cancellation of the enterprise registration of the Shenzhen Xiancheng Mansion Co. Ltd. by the Industrial and Commercial Bureau of Shenzhen City was not in conformity with legal provisions, that the Industrial and Commercial Bureau of Shenzhen City violated legal procedures in its decision to form a liquidation team after the cancellation of the enterprise registration of the Shenzhen Xiancheng Mansion Co. Ltd. to liquidate the company, that it did not conform with legal provisions that the four Chinese companies co-operated with (Hong Kong) Hongchang International Investment Co. Ltd with the land use right possessed by the

Shenzhen Xiancheng Mansion Co. Ltd. and that the approval given by the former Foreign Investment Office of Shenzhen City to the four Chinese companies to sign the contract for co-operation with (Hong Kong) Hongchang International Investment Co. Ltd under the circumstances that they have not acquired the land use right did not comply with law. In view of the above, the court of first instance passed the following judgement on August 1, 1997: 1. Revoke the administrative act performed by the Industrial and Commercial Bureau of Shenzhen City on November 23, 1994 concerning the cancellation of the enterprise registration of the Shenzhen Xiancheng Mansion Co. Ltd.; 2. Revoke "the official written reply concerning the establishment of the Sino-foreign co-operative joint venture – the Shenzhen Hongchang Plaza Co. Ltd." No. Shen Wai Zi Ban Fu (1994) 976 given by the Foreign Investment Office of Shenzhen City on December 1, 1994; and 3. Revoke "the decision concerning the establishment of the liquidation team of the Shenzhen Xiancheng Mansion Co. Ltd." No. Shen Gong Shang Qing Pan (1995) 1 made by the Industrial and Commercial Bureau of Shenzhen City on August 1, 1995.

The Industrial and Commercial Bureau of Shenzhen City, the Foreign Investment Bureau of Shenzhen City, the four Chinese companies and the Shenzhen Hongchang Plaza Co. Ltd. refused to comply with the above judgement and instituted an appeal with this court. Before the calling of the court of second instance to order, (Hong Kong) Hongchang International Investment Co. Ltd. applied to this court for intervention. This court permitted its intervention in the capacity of a third party.

The appealers claimed in the action that the business license of the former Shenzhen Xiancheng Mansion Co. Ltd was out-of-date and it was lawful for the industrial and commercial institution to cancel its enterprise registration since its operation had stopped for more than one year; that it was in accordance with its faculties and functions that the Industrial and Commercial Bureau of Shenzhen City cancelled the enterprise registration of the Shenzhen Xiancheng Mansion Co. Ltd and the establishment of a liquidation team after the cancellation of the registration was in conformity with legal provisions, that since the department for administration of foreign-funded enterprises, when examining the contracts for co-operation of Sino-foreign joint ventures, carry out only formal rather than substantive examination, it was correct for the former Foreign Investment Office of Shenzhen City to approve the establishment of the Shenzhen Hongchang Plaza Co. Ltd., that the two plaintiffs in the first trial brought an action in the name of the company without a discussion and decision of the board of directors of the company and therefore they do not possess the subject qualifications of a plaintiff, and that the former Foreign Investment Office of Shenzhen City was entrusted by the People's Government of Shenzhen City to carry out examination of and give approval to joint ventures and therefore it was not a proper defendant. The judgement of the first instance was not clear in determining facts, was wrong in applying laws and was a breach of the procedural law, and accordingly the court of second instance was requested to revoke the judgement of the first instance.

The appellees defended that the time-limit for co-operation as stipulated in the supplemental contract signed between the Chinese and foreign sides of the Shenzhen Xiancheng Mansion Co. Ltd. had not expired and though the construction of Xiancheng Mansion stopped, its operative activities had not stopped, that according to relevant legal provisions, an industrial and commercial institution had no right to directly cancel an enterprise registration, that because liquidation should be carried out before cancellation in terminating a company, it was a breach of procedural law for the Industrial and Commercial Bureau of Shenzhen City to carry out cancellation before liquidation, that it was a violation of the law for the four Chinese companies to take the land, of which the Shenzhen Xiancheng Mansion Co. Ltd. had acquired the use right, as a condition for co-operation with (Hong Kong) Hongchang International Investment Co. Ltd. for the co-operative operation of Hongchang Plaza, and it was also illegal for the former Foreign Investment Office of Shenzhen City to approve that contract, that the three specific administrative acts brought to action had infringed on their lawful rights and interests and it was in conformity with the legal provisions that their legal representatives brought an action in the name of the company, and that the former Foreign Investment Office of Shenzhen City, by exercising the right of approval in its own name, was a natural defendant. The first-instance judgement was clear in determining facts, correct in applying laws and legal in following procedures, and accordingly the court of second instance was requested to maintain the judgement.

The third party stated that the subject qualifications of the two plaintiffs in the first instance were illegal and that (Hong Kong) Hongchang International Investment Co. Ltd. was the actual investor for the construction of the project and its lawful rights and interests should be protected. Therefore, it requested to remand the lawsuit for a new trial.

This court is of the opinion that the relevant laws and regulations such as the Law of Companies of the People's Republic of China, the Law of the People's Republic of China on Sino-foreign Contractual Co-operative Enterprises, the Regulations of the People's Republic of China on Administration of Registration of Companies, and the Regulations of the People's Republic of China on

Administration of Registration of Business Corporations have not clearly empowered any industrial and commercial administrative institution to cancel an enterprise registration without liquidation and application. Although the appealer, the Industrial and Commercial Bureau of Shenzhen City, claimed in the notice for cancellation of the registration that the Shenzhen Xiancheng Mansion Co. Ltd. had gone through the procedures for cancelling the registration in the bureau, it was unable in the proceedings to provide the document of application signed by the legal representative of the company and the liquidation report on credits and debts of the company, and in the notice for cancellation of the registration it did not adduce any relevant legal basis. Therefore, the cancellation by the appealer, the Industrial and Commercial Bureau of Shenzhen City, of the enterprise registration of the Shenzhen Xiancheng Mansion Co. Ltd. is lacking in legal and factual basis. The four Chinese companies took the land use right of the land block No. H116-1 located in Shennan Road East of Shenzhen City as investment for contractual co-operation with the Thailand Xiancheng Lianghe Company in the operation of the Shenzhen Xiancheng Mansion Co. Ltd. With approval of the authorized department, the company had acquired the land use right according to law. Without the agreement of the legal holder of right to the use of land and a change of registration according to law, the four Chinese companies used the land again for signing a contract for co-operation with (Hong Kong) Hongchang International Investment Co. Ltd. It belonged to a co-operative operation with a third party with non-self-owned property. And the co-operative agreement has a dispositive clause on the rights and interests of the third party. The act of the former Foreign Investment Office of Shenzhen City in approving the contract was in violation of the provisions of the Detailed Rules of the People's Republic of China for the Implementation of the Chinese and Foreign Contractual Co-operative Enterprises and the Principles for Examining and Approving and Main Points for Examining Contracts and Articles of Association of Foreign-invested Enterprises laid down by the Ministry of Foreign Trade and Economic Co-operation, and should be really invalid. According to the stipulation of Article 197 of the Law of Companies of the People's Republic of China, after the conclusion of the liquidation of a company, the liquidation team should make a liquidation report and submit it to the shareholder' meeting or the relevant competent department for affirmation, and forward it to the department responsible for registration of the company and apply for the cancellation of the registration. The appealer, the Industrial and Commercial Bureau of Shenzhen City, had violated the legal procedures by only deciding to establish a liquidation team for the liquidation eight months after its cancellation of the enterprise registration of the Shenzhen Xiancheng Mansion Co. Ltd. Under the relevant provisions of the Administrative Procedure Law of the People's Republic of China, the Thailand Xiancheng Lianghe Company and the Shenzhen Xiancheng Mansion Co. Ltd. hold that the specific administrative acts of the Industrial and Commercial Bureau of Shenzhen City and the former Foreign Investment Office of Shenzhen City have infringed on their lawful rights and interests and that their legal representatives have the right to institute an action in the name of the companies. The reason for appeal brought forward by the appealers and the third party that the appellees – the Thailand Xiancheng Lianghe Company and the Shenzhen Xiancheng Mansion Co. Ltd.-- do not possess the qualifications of a plaintiff is not tenable. The former Foreign Investment Office of Shenzhen City has carried out the examination and approval in its own name, and the reason put forward by the appealer, the Foreign Investment Bureau of Shenzhen City, that the former Foreign Investment Office has been entrusted to carry out the examination and give its approval and therefore is not a proper defendant is not tenable either. Before the opening of the court of second instance, (Hong Kong) Hongchang International Investment Co. Ltd. submitted an application to this court for intervention. Considering that the company was an interested party in this case, it was permitted to intervene in the capacity of a third party. But that company does not belong to a third party that must intervene. It was not in contravention of the legal procedures that the court of first instance did not notify the company to intervene, and its request for remanding the case for a new trial is not supported. The questions raised by the appealers and the third party involving the investment, the dispute on stock right between business corporations and the protection of the interests of actual investors belong to the domain of civil panel relationship rather than the scope of examination of administrative litigation. The interested parties may seek settlement in such ways as holding consultation with each other or through civil actions. The first-instance judgement was clear in determining facts, really abundant in providing evidences, correct in applying laws and regulations and consistent with legal procedures. In the light of the discussion and decision of the Adjudicatory Committee of this court, under the provisions in Article 54 and Item (1) of Article 61 of the Administrative Procedure Law of the People's Republic of China, it is hereby judged as follows:

1. Maintain the administrative judgement of the Higher People's Court of Guangdong Province No. (1995) Yue Gao Fa Xing Chu Zi Di 1.

2. The Industrial and Commercial Administrative Bureau of Shenzhen City and the Foreign Investment Bureau of Shenzhen City shall, according to law, re-hear the relevant matters concerning the Shenzhen Xiancheng Mansion Co. Ltd. and the Shenzhen Hongchang Plaza Co. Ltd.

The action fee of the second instance of this case totalling 660,100 yuan shall be borne jointly by the appealers - the Industrial and Commercial Administrative Bureau of Shenzhen City, the Foreign Investment Bureau of Shenzhen City, the Shenzhen Shanghai Fashion Company, the Art Garment Industrial Company in Shenzhen City, the Shenzhen Kailong Investment Development Company, Huale Industrial Joint Stock Co. Ltd. in Shenzhen City and the Shenzhen Hongchang Plaza Co. Ltd. - with each sharing a payment of 94,333 yuan.

This judgement is the judgement of final instance.

Supreme People's Court of the People's Republic of China No (1997) Xing Zhong Zi Di 20 dated of June 4th 1998

Actes législatifs et administratifs - Validité des actes administratifs - Forme et procédure

Summary

A joint venture was established between the Wuhan Cable Television Enterprise Company and the Hong Kong Wisdom Diffusion (Wuhan) Co. The specific administrative act performed by the Foreign Investment Office of the People's Government of Wuhan City has directly affected the rights and interests of the Hong Kong Wisdom Diffusion Compagny as a party to the joint venture. This one holds that the specific administrative act has infringed on its lawful rights and interests and instituted an administrative action to the People's Court, which held that the ruling of the Higher People's Court of Hubei Province concerning the dismissal of the action of the Hong Kong Wisdom Diffusion Co. was lacking in legal basis.

Résumé

Une entreprise à risques partagés a été formée entre la Compagnie de l'entreprise de télévision cablée de Wuhan et la Compagnie de diffusion de la sagesse de Hong Kong.
L'acte administratif formé par l'office d'investissement étranger du gouvernement populaire de la ville de Wuhan a directement affecté les droits et intérêts de cette dernière, en tant que partie à l'entreprise à risques partagés. Selon celle-ci, ledit acte administratif a porté atteinte à ses droits légaux et à ses intérêts ; elle a donc formé un recours devant la Cour populaire, laquelle a décidé que le jugement de la haute cour populaire de la province de Hubei, concernant le renvoi de l'action de la Compagniede diffusion de la sagesse, manquait de bases légales.

Decision

(...)

Refusing to comply with the administrative ruling of the Higher people's Court of Hubei Province No. (1996) E Xing Chu Zi Di 27, the Hong Kong Wisdom Diffusion (Wuhan) Co. Ltd. has instituted an appeal to this court. Pursuant to law, this court has formed a collegial panel to hear this case.

This court is of opinion that the Wuhan Wired Network Co. Ltd. is an equity joint venture between the Wuhan Cable Television Enterprise Company and the Hong Kong Wisdom Diffusion (Wuhan) Co. Ltd. The specific administrative act performed by the Foreign Investment Office of the People's Government of Wuhan City in "the official written reply of the Foreign Investment Office of the City concerning the revocation of the Wuhan Wired Network Co. Ltd" No. (1996) 184 dated June 28th 1996 has directly affected the rights and interests of the Hong Kong Wisdom Diffusion (Wuhan) Co. Ltd. as a party to the joint venture. The Hong Kong Wisdom Diffusion (Wuhan) Co. holds that the specific administrative act has infringed on its lawful rights and interest and instituted an administrative action to the People's Court according to law, which the People's Court should accept. The administrative ruling of the Higher People's Court of Hubei Province No. (1996) E Xing Chu Zi Di 27 dated June 17th 1997 concerning the dismissal of the action of the Hong Kong Wisdom Diffusion (Wuhan) Co. Ltd is lacking in legal basis. Under the provisions in Item, parag.

1, Article 11 and Item, Article 61 of the Administrative Procedure Law of the People's Republic of China, it is hereby ruled as follows :

1. Revoke the administrative riling of the Higher People's Court of Hubei Province No. E Xing Chu Zi Di 27.

2. The People's Court shall hear the case according to law.
The action fees of first and second instances, 100 yuan RMB each, shall be borne by the Hong Kong Wisdom Diffusion (Wuhan) Co. Ltd.

This ruling is a ruling of final instance.

CHYPRE

Cour suprême

Compétences et attributions

La Cour suprême de Chypre est à la fois Cour administrative, Cour constitutionnelle et juge d'appel en dernier ressort de toutes les cours de première instance. Si elle a un pouvoir d'annulation, elle ne peut pas ordonner de sanctions financières ou octroyer des dommages-intérêts dans le domaine administratif. Le requérant qui parvient à obtenir l'annulation d'un acte peut engager une action devant les juridictions civiles de première instance.

Supreme Court of Cyprus
Decision of November 26th 1985 - Case n°405/84

1. Étrangers - Séjour des étrangers - Emploi des étrangers
2. Actes législatifs et administratifs - Validité des actes administratifs - motifs - Pouvoir discrétionnaire

Summary

The applicant company applied for permission to be given to Donald Osmond Dacosta, an alien, to enter the Republic and assume employment in accordance with an agreement between him and the applicant company. The application was refused on grounds of public interest. The applicant challenged the decision by means of a recourse for the review of administrative action, under Article 146.1 of the Constitution. The file of the administration revealed that the authorities were apprehensive about applicant's connexion with an organization going by the name of "Amanda Marga" allegedly pursuing seditious activities in India. The applicant company questioned the soundness of this information.
The court dismissed the recourse holding :

- a decision to exclude an alien from the territory of the country constitutes an administrative act amenable to judicial review.

- under the provisions of the Aliens Law, Chapter 105, an alien may be excluded from the territory at the discretion of the competent authorities of the Republic.

Résumé

La compagnie requérante a demandé une autorisation afin que Donald Osmond Dacosta, un étranger, pénètre sur le territoire chypriote et occupe un emploi, en vertu d'un contrat qu'il a conclu avec la société demanderesse. La demande a été refusée au motif de l'intérêt public. Le requérant a alors contesté la décision, en formant un recours en vue de réviser ledit acte administratif, en vertu de l'article 146-1 de la Constitution. Le dossier de l'administration a révélé que les autorités

étaient méfiantes vis-à-vis des rapports entre le requérant et la société nommée "Amanda Marga" supposée poursuivre des activités séditieuses en Inde. La compagnie demanderesse a mis en cause la justesse de cette information.
La cour a rejeté le recours en décidant que :

- la décision d'exclure un étranger du territoire d'un pays constitue un acte administratif susceptible de recours.

- en vertu du chapitre 105 de la loi relative aux étrangers, un étranger peut être exclu d'un territoire, cette décision étant à la discrétion des autorités compétentes de la République.

Decision

The Aliens and Immigration Law, Cap. 105 as amended by Law 2/72 - The Aliens and Immigration Regulations, 1972 - Said law and regulations do not confer on citizens of the Republic any rights to employ aliens - The only right conferred is to an alien to apply for entry - The discretion of the Immigration Authorities is a broad as it can be in law - Their only obligation is to examine the application for entry in good faith.

[...]

The teaching and training in Yoga was among the objects of the applicant company. Seemingly for the promotion of Yoga the applicant applied for permission to be given to Donald Osmond Dacosta, an alien, to enter the Republic and assume employment in accordace with an agreement between him and the applicant company.

The application was refused on grounds of public interest. As a result the present recourse was filed. The file of the administration revealed that the authorities were apprehensive about applicant's connexion with an organization going by name of "Amanda Marga" allegedly pursuing seditious activities in India. Applicant questioned the soudness of this information.

Held, dismissing the recourse :

- Neither the Aliens and Immigration Law or the Regulations made thereunder confer upon citizens of the Republic the right to employ aliens. The only right conferred by law is a right of aliens to apply for entry in the Republic coupled with a corresponding obligation on the part of the authorities to consider their application. The fact that such an application for entry is made by a third person does not transfer any right to such a person whether he is a stranger or a prospective employer. The interest of the applicant in this case is not "direct". It is only indirect. Therefore the applicant company does not possess a legitimate interest to challenge the sub judice decision.

- A decision excluding an alien is an administrative act liable to review by this Court under Article 146 of the Constitution. The discretion, however, of the State Authorities under Cap. 105 is verywide, as broad as it can be in law, consistent with the supremacy and territorial integrity of the State. An alien, subject to any convention or bilateral agreement, has no right to enter the State. His only right is that his application for entry should be considered in good faith. In the present case, there is nothing to show lack of good faith on the part of the Immigration Authorities

Recourse dismissed. No order as to costs.

LUXEMBOURG

Conseil d'État

Compétences et attributions

Le Conseil d'État, Comité du contentieux, constituait la juridiction suprême en matière administrative.

Il connaîssait:
-en annulation, des recours dirigés pour incompétence, excès et détournement de pouvoir, violation de la loi ou des formes destinées à protéger les intérêts privés contre les décisions administratives individuelles pour lesquelles aucun autre recours n'est prévu ; son pouvoir se limitant à l'examen de la légalité des décisions attaquées et à leur annulation.
-en réformation, des recours dirigés contre les décisions administratives individuelles dans les matières prévues par la loi; son pouvoir s'étendant à l'examen au fond et à la réformation des décisions entreprises auxquelles se substituaient ses propres décisions.

Depuis le 1er janvier 1997, le Conseil d'État n'exerce plus de fonction juridictionnelle. Le contentieux administratif ressort de la compétence de deux juridictions à part, le Tribunal administratif au premier degré et la Cour administrative comme juridiction suprême de l'ordre administratif.

Cour administrative
Décision n°9864 C, rendue le 6 novembre 1997

1. Actes législatifs et administratifs - Validité des actes administratifs -
2. Urbanisme et aménagement du territoire - Plans d'aménagement et d'urbanisme

Summary

The appellants contested a decision of Minister of Environment dated January 23rd 1997, which refused the approbation of the Mompach's city council of August 7th 1995, which included their fund in a low denseness area subject to a particular survey of planning. The Court has considered this act as an act of administrative tutelage, because it was anterior to the Law of November 7th 1996. As this act constitutes an act of administrative tutelage, the Court has dismissed the recourse.

Résumé

Les demandeurs ont formé un recours en annulation contre la décision du ministre de l'Environnement du 23 janvier 1997, portant refus d'approbation de la délibération du conseil communal de Mompach du 7 août 1995 englobant leurs fonds dans une zone de faible densité soumise à un plan d'aménagement particulier. La Cour a examiné cet acte comme un acte de tutelle administrative, car antérieur à la loi du 7 novembre 1996. Parce qu'il ne constitue qu'un simple acte de tutelle, la Cour a rejeté le recours.

Décision

Recours formé par les époux Albert WEBER et Claire BECK contre le ministre de l'Environnement en matière d'aménagement des agglomérations.

Vu la requête déposée le 1er avril 1997 au greffe de la Cour administrative par Maître Edmond Dauphin, avocat inscrit à la liste I du tableau de l'ordre des avocats à Luxembourg au nom des époux Albert Weber-claire Beck, et tendant à l'annulation pour excès et détournement de pouvoir d'une décision du ministre de l'Environnement du 23 janvier 1997;

Vu le mémoire en réponse de Monsieur le délégué du Gouvernement déposé au greffe de la Cour administrative le 16 juin 1997;

Vu l'article 7 de la loi du 7 novembre 1996 portant organisation des juridictions de l'ordre administratif;

Vu les pièces versées en cause et notamment la décision attaquée;

Ouï le conseiller-rapporteur en son rapport, Maître Edmond Dauphin et Monsieur le délégué du Gouvernement Jean-Marie Klein en leurs plaidoiries respectives.

Les époux Weber-beck reprochent au ministre de l'Environnement de s'opposer à l'extension du périmètre d'agglomération régissant des fonds sis à Moesdorf, partant de la zone d'habitation qui porte sur la propriété des requérants, inscrite au cadastre de la commune de Mompach, section E de Moesdorf sous les numéros 758/1694 et 798/1695.

Ayant appris que leur fonds était exclu de la zone d'habitation selon le projet d'aménagement communal alors que les fonds jouxtant le leur faisaient l'objet d'un plan d'aménagement particulier, les requérants ont engagé le 25 décembre 1994 la procédure définie à l'article 9 de la loi du 12 juin 1937 concernant l'aménagement des villes et autres agglomérations importantes, aux fins de changement d'affectation de leur propriété qui serait à englober dans une zone de faible densité soumise à un projet d'aménagement particulier, à l'instar des autres fonds sis en cette partie du territoire communal.

Bien que la commission d'aménagement instituée au ministère de l'Intérieur ait émis le 23 février 1955 un avis défavorable, le conseil communal de Mompach approuva provisoirement le projet des requérants le 19 juin 1995 et définitivement le 7 août 1995.

En date du 23 janvier 1997, le ministre de l'Environnement, statuant sur base de l'article 2 de la loi du 11 août 1982 concernant la protection de la nature et des ressources naturelles, refusa d'approuver la délibération du conseil communal de Mompach adoptant le projet d'extension du périmètre d'agglomération.

Les requérants forment un recours en annulation pour excès et détournement de pouvoir contre la décision du ministre de l'Environnement du 23 janvier 1997 portant refus d'approbation de la délibération du conseil communal de Mompach du 7 août 1995 englobant leur fonds dans une zone de faible densité soumise à un plan d'aménagement particulier.

A l'appui de leur recours, les requérants soutiennent que la décision ministérielle attaquée est basée sur des motifs qui ne sont pas pertinents ou qui reposent sur des données inexactes.

Ils contestent les arguments avancés par le ministre de l'Environnement comme gisant à la base de sa décision, à savoir que la limite actuelle du périmètre d'agglomération suit la configuration naturelle du terrain, que l'extension projetée est située en bordure immédiate de la lisière forestière et qu'elle porterait un grave préjudice au site, ou qu'il existerait encore suffisamment de terrain à bâtir à l'intérieur du périmètre actuel et que de ce fait aucune considération d'ordre public ne justifierait l'extension du périmètre.

Le délégué du gouvernement réplique qu'au cours de la procédure prévue à l'article 9 de la loi du 12 juin 1937 concernant l'aménagement des villes et autres agglomérations importantes, les requérants n'avaient pas introduit de réclamation et que leur demande est postérieure à l'adoption provisoire du projet d'aménagement général de la commune de Mompach par le conseil communal de ladite commune.

Quant au fond, le représentant étatique fait valoir que le périmètre d'agglomération de la localité de Moesdorf se présente sous une forme arrondie répondant à une conception urbanistique cohérente cadrant avec une politique appropriée et efficace de la protection de l'environnement naturel, dictée par l'intérêt général et a laquelle porterait atteinte l'extension souhaitée par les requérants. La bande de terrain située entre la propriété des requérants et la forêt proprement dite est constituée d'anciens vignobles en friche qui ne tarderont pas à faire partie de la forêt en raison de la végétation spontanée qui s'y développe rapidement.

Il conclut au rejet du recours comme n'étant pas fondé.

A la base de leur recours, les requérants invoquent l'article 7 de la loi du 7 novembre 1996 en se référant à la jurisprudence administrative attribuant le caractère d'acte réglementaire aux décisions relatives à des projets d'aménagement.

En l'espèce, l'acte administratif dont l'annulation est demandée est une décision du ministre de l'Environnement du 23 janvier 1997 refusant d'approuver une délibération du conseil communal de Mompach en date du 7 août 1995 portant adoption définitive du projet d'extension du périmètre d'agglomération.

Selon la jurisprudence dégagée à ce sujet dans une suite de décisions du Conseil d'État et de la Cour administrative, le recours se trouve dirigé contre une décision administrative à caractère réglementaire.

Avant l'entrée en vigueur de la loi du 7 novembre 1996, le droit administratif luxembourgeois ne connaissait de recours que contre les décisions administratives individuelles. Il en découle que le recours actuellement exercé a été créé par l'article 7 de la loi précitée et était inexistant avant que cet article n'eut pris effet.

Il y a lieu en conséquence d'examiner la recevabilité du recours en tenant plus particulièrement compte du fait que la décision réglementaire approuvée par le conseil communal de Mompach le 7 août 1995 remonte à une époque antérieure à la création du recours direct contre les actes à caractère réglementaire.

Les approbations ou refus d'approbation visés à l'alinéa 5 de l'article 2 figurant au chapitre 2 de la loi du 11 août 1982 constituent des actes de tutelle administrative (C.E. 9 mars 1993 no.8674, C.E. 28 avril 1993 no.8573).

Il y a donc lieu de qualifier la décision du ministre de l'Environnement rendue en l'espèce d'acte de tutelle administrative se rapportant à une décision du conseil communal de Mompach du 7 août 1995 et de l'examiner suivant le régime général des actes de tutelle.

Les actes de tutelle rétroagissent à la date de la décision approuvée qui est censée être valable dès son origine.

La décision approuvée par le conseil communal le 7 avril 1995 est antérieure à l'entrée en vigueur de la loi du 7 novembre 1996 qui a créé le recours direct devant la Cour administrative contre les décisions administratives a caractère réglementaire.

L'existence d'une voie de recours est une règle de fond du droit et non une règle de forme et elle est régie, en l'absence de dispositions transitoires, ce qui est le cas en l'espèce, par la loi sous l'empire de laquelle la décision a été rendue.

Du fait du caractère de simple acte de tutelle de la décision du ministre de l'Environnement et de l'effet rétroactif de cette mesure de tutelle à la date de la décision approuvée, celle-ci étant antérieure à l'entrée en vigueur le 1er janvier 1997 de la loi du 7 novembre 1996, le recours en annulation contre la décision du ministre de l'Environnement, acte de la procédure d'élaboration d'un texte à caractère réglementaire ayant sorti ses effets avant la création du recours direct, est irrecevable.

Le recours introduit le 1er avril 1997 par les époux Weber-Beck contre la décision ministérielle du 23 janvier 1997 est dès lors irrecevable.

Par ces motifs

la Cour administrative, statuant contradictoirement,
déclare le recours du 1er avril 1997 irrecevable;
condamne les requérants aux frais et dépens de l'instance.

TABLE ANALYTIQUE

ACTES LÉGISLATIFS ET ADMINISTRATIFS

Actes administratifs et réglementaires

Validité des actes administratifs

Différentes catégories d'actes

Accords internationaux

AGRICULTURE, CHASSE ET PÊCHE

Produits agricoles

COMMERCE, INDUSTRIE, INTERVENTION ÉCONOMIQUE DE LA PUISSANCE PUBLIQUE

COMMUNAUTÉS EUROPÉENNES

Portée des règles de droit communautaire

Règles applicables

DROITS CIVILS ET INDIVIDUELS

État des personnes

Libertés publiques

ENSEIGNEMENT

ÉTRANGERS

EXPROPRIATION POUR CAUSE D'UTILITÉ PUBLIQUE

FONCTIONNAIRES ET AGENTS PUBLICS

Achevé d'imprimer en mai 2000
dans les ateliers de Normandie Roto Impression s.a.
61250 Lonrai
N° d'impression : 000923
Dépôt légal : mai 2000

Imprimé en France